U0071413

# 中國婚情報告

朱曉軍　梁春芳　著

# 目次

# 第一章　古老的繩索斷了……

對幾千年的人類文明史來說，百年只是一瞬。可是，在這一百年裡，中華民族穿越了清朝、中華民國、以及偽滿州國（指東三省），進入共和國。這百年的變遷是天翻地覆的，是過去幾個世紀都無法比擬的。

在歷史的長河中，家庭猶如水面上的樹葉，時沉時浮，時疾時緩漂泊而來……它的每一種狀態無不是對歷史轉折、社會變遷、觀念變化的一種詮釋。在二十一世紀的今天，從過去的歲月裡撈起幾片樹葉，便可窺出百年來婚姻、家庭及婦女地位之變化……

## 後府的悲抑歌聲

十九世紀末，清朝氣數將盡。

一九〇〇年，沙俄十五萬軍隊入侵東三省，製造了駭人聽聞的「江東六十四屯血案」。八國聯軍攻進北京，慈禧太后、光緒皇帝倉皇而逃。國難當頭，一片陰霾籠罩在國人的心。

一日吉林的烏拉街張燈結綵，鼓樂喧騰。一乘八抬大轎穿過街上酒館飯莊，穿過駐足於街頭的視線，在人們的簇擁下，在前後護衛的守護下，浩浩蕩蕩向總管衙門的後府而去。

轎裡坐著頭梳雙髻、身著旗袍的郭爾羅斯前旗王府的格格包靜嫻。她那顆十七歲的少女之心隨著歡喜的嗩吶聲，隨著顫悠的轎子時喜時憂，時慽時戚。她弄不清父母為何要把自己遠嫁到數百里之外的烏拉街，為何要把自己嫁給一個陌生的漢人。她從沒有見過新郎海安，不知道他長得高矮胖瘦、性格如何，只知道他姓趙，是清朝一品官員、振威將軍、管理打牲烏拉地方副都統銜打牲烏拉總管雲生的二孫子。她不知道自己踏上的是一條什麼樣的婚船，不知它將帶給自己的是什麼樣的命運。

俗稱結婚「小登科」，二十歲的海安騎著大馬，披紅戴花地走在迎親隊伍的前列，此時他回望一眼花轎，心裡踏實了許多，臉上浮現出微笑，但是那笑容裡隱含著一種常人難以察覺的憂戚與悲涼。幾個月之前，家裡曾為他定了一門親事，對方也姓趙，也是清朝宦官之家，家有旗杆，上下馬石。誰知「天有不測之風雲」，那姑娘偏偏在結婚之前暴病而卒。儘管她沒有過門，可是不知那戶人家是想巴結總管雲生，還是想沾打牲烏拉後府的光，抑或認為女兒訂了婚就是婆家的人，要求打牲烏拉後府承認這門姻親，認下了海安這個倒楣的女婿。

新娘還沒過門就死了，搭上一筆不菲的彩禮不說，再找還算續弦，海安夠晦氣的。俗話說，倒楣上卦攤。烏拉後府也難以免俗，他們請來一位算卦先生，給海安算了算。算卦先生說，海安命硬，克妻。牆外有耳，有此一說，過去一心一意想把女兒嫁給海安的人家也都改了主意。

聽說郭爾羅斯前旗的王爺有個女兒，雖說是蒙古姑娘，可是懂得漢語，長相也不錯，而且還是格格。於是，打牲烏拉總管雲生不由大喜，派人前往郭爾羅斯前旗王府提親。當時，打牲烏拉後府勢力很大，總管雲生頗得朝廷垂青，郭爾羅斯前旗的王爺欣允。打牲烏拉後府甚喜，急忙定親，送禮和迎娶。

此時，七十一歲高齡的雲生正端坐在後府，滿面春風地望著滿堂前來恭賀的達官顯貴、名門望族。雲生不是滿人，家譜上說，他姓李不姓趙，是明朝忠臣李國貞的後代。滿清入關後，李國貞自殺身亡，後裔淪為「包衣」（奴僕），為不辱祖先而改姓為趙。幾代之後，趙氏家族終見天日，被賜姓為「伊爾根覺羅」（自由人），成了正白旗的旗人。雲生自幼聰敏，精通滿文，先在總管衙門當差，年逾半百才擢升為三品總管，宦途悠悠，一點點地熬到了正一品。

總管雲生環視後府，躊躇滿志。烏拉後府占地近萬米，當初從京城請來工匠，從關內運來石料，仿北京王府結構，耗時十七載修建而成。二進的四合院式邸宅，雕樑畫棟，氣勢宏偉。迎門矗立著漢白玉底座的影壁，雕鐫著洶湧澎湃的海浪托起噴薄而出的紅日，上有篆字「當朝一品」。二門裡掛著牌匾「蘭桂有芬」，係滿清最後一位狀元陸潤庠所書。上屋的「福」、「壽」二字是慈禧太后所賜的御筆親書。如今，二孫子又娶了郭爾羅斯前旗王府的格格，烏拉後府的勢力日益壯大。想到此，雲生愜意地捋一把鬍鬚，威嚴的面容浮現一絲微笑。

在壁壘森嚴、氣勢宏偉的後府裡，生活如意的不多，不如意的不少，尤其是地位較低的人，因為任何一種威嚴和尊貴都建立在眾人的痛苦和壓抑之上。不管多麼隆重的婚禮都將如煙而逝，留給包靜嫻格格——二少奶奶的則是後府那沉悶的、漫長的、難以打發掉的日子。在後府這個封建的大家庭中，規矩繁多、禮教森嚴。據說，當年二少爺海安的祖母李氏病魔纏身時，海安的姑姑曾親手割下自己的肉來給母親做藥引。祖母病故後，姑姑哀毀身故。為此，祖母李氏誥封一品夫人。

在這個恪守「三從四德」、「男尊女卑」的封建大家庭裡，最沒有地位的是女人。在女人中，最沒地位的則是小媳婦，最有地位的則是老婆婆。俗話說，「多年的媳婦熬成婆。」在大宅門中許多女性之所以能夠在屈辱中活下來，也許就是心裡有那早早晚晚能夠「熬成婆」的燭光。年輕漂亮的小媳婦熬成滿面溝壑的老太婆，這是多麼可怕可悲的事情，不僅失去了青春、美貌、活力與嫵媚，也失去了男人的青睞。可是卻換來了地位，換來了當家做主的權利，所以在過去，女人從出嫁就盼望著「成婆」。

「熬」是一種艱難，痛苦、屈辱的過程。在大宅門裡，不知有多少年輕、恬美、嬌媚和有心計的女性在和你同時「熬」著，也許熬到最後你也成不了「婆」，只是在男人面前失寵，在女人面前無尊的「老媳婦」。

包靜嫻進了烏拉後府就成了這個三世同堂的封建大家庭的二少奶奶，她上有老公婆、老姑奶奶和公婆，下有叔姑，中間還有妯娌，幾十多口人，有的傲慢冷漠，有的疑心重重，有的性情怪異；有的貌似單純卻是老道，有的貌似正直卻陰險，有的貌似溫和卻暗藏殺機；得勢的頤指氣使、專橫跋扈，失寵的低眉順眼，暗自拆臺。當二少奶奶的，到東廂房的嬸婆那去多了，有人說三道四，挑撥離間；不去東廂房了，有人說東道西，群口啾唧。生長在蒙古王府，生性率直的二少奶奶總也弄不明白這個大宅門裡的微妙關係。另外，她是個蒙古人，對漢人的風俗人情、禮節事理不大瞭解，處人為事、舉止言行常常遭到揶揄和奚落，讓她不尷不尬，舉手無措。好在二少奶奶胸襟開闊，性情放達，對許多事情不大計較。

在這樣的大家庭裡，二少奶奶是很難當的。二少爺海安老實憨厚，有幾分窩囊；循規蹈矩，有幾分迂腐；為人隨和，唯命是從。他雖沒有八旗子弟的弄狗鬥雞、臂鷹騎馬的惡習，但大事做不了，小事又不做，在家裡整個是一個油瓶倒了都不扶的主兒。大家庭裡的事情，他從不敢過問；小家裡的事，他也不管。結親時，他和二少奶奶住在裡院的西廂房北屋，那裡環境幽雅寧靜，房間寬敞明亮。可是，當二少爺成親時，他將西廂房倒給了三弟，搬到了外院的西客廳。

「嫁雞隨雞，嫁狗隨狗，嫁根扁擔抱著走。」在封建社會，女人的榮辱尊卑取決於她的男人。二少爺海安的懦弱與窩囊，使得童心純真、毫無心計的二少奶奶時常遭受歧視與欺負。在那個時代，男人可以娶三妻六妾，而女人則從一而終，尤其是名門閨秀，寧死也不能做辱沒家族的事情。二少奶奶知道這樁婚姻好也罷，孬也罷，幸福也罷，痛苦也罷，滿意也罷，失意也罷，皆已塵埃落定，她只有認命了。

認命的過程是痛苦的，認命之後是麻木的。每當夜晚，殘月懸空，萬籟俱寂，二少奶奶那蒼涼悲抑、淒婉動聽的蒙古民歌繚繞後府，殷殷思鄉之情令人腸斷。二少奶奶唱著唱著心裡就漸然浮現一望無際的草原，如雲飄拂的牛羊，草地上汪著水的蹄痕和曲折的勒勒車轍；郭爾羅斯前旗王府的飄曳著奶香陶罐，那親昵悅耳的蒙古語……

大少奶奶婚後未育，二少奶奶進府後連生五子兩女（長子五歲時夭折）。《孟子》曰：「不孝有三，無後為大。」在封建的大家庭裡，傳宗接代被視為首要。隨著兒女的出生，二少奶奶在後府的地位漸漸有些變化，加之她豪爽熱情，心懷坦蕩，也博得一些人的尊重，尤其是下人，他們經常說：「二少奶奶人好，也有福氣。」可是，她的這點兒福氣也讓妯娌嫉妒。

不論烏拉後府多麼大，也不過是清朝那棵大樹上的一片葉子。辛亥革命後，清朝覆滅了，打牲烏拉總管衙門如片枯葉墜入歷史。在二少奶奶進門的第二年，總管雲生去世了。隨著清朝的覆滅，打牲烏拉總管衙門的最後一位總管——二少奶奶的公公烏音保和西藏拉薩候補知府——她的大伯兄海珠都失去頂戴花翎，朝服馬褂，成為前朝的遺老遺少。

清朝的覆滅使二少奶奶走出了烏拉後府的深宅大院，她剪去了長髮，參加民眾學校，去讀書識字了。在夫人的帶動之下，曾在總管衙門當筆貼式（一種低級文官）的二少爺海安居然也剪去辮子，在娘娘廟小學當了體育教師。

不知二少爺是吃不了那份苦，還是跟同事處不來，抑或遭受了父兄的阻撓，沒幹幾天就不幹了，回到家裡繼續過那種喝茶聊天、讀書寫字、玩弄古玩的養尊處優的日子了。從洋學堂出來的五少爺、六少爺腦袋活，接受新事物也快，都跑到民國政府做了官。

失去官職後，公公烏音保形槁心灰，無心再管後府的事，索性將後府的大權及牟昆（即族長）的位置統統交給了大少爺海珠。在封建的大家庭裡，人們猶如一群刺蝟擠在一起，誰都不好受，可是又不能分開。在這種大宅門裡，兄弟間的平等是難以實現的，尤其是在兄長一人當家的情況下。

當大權落入大少爺海珠手裡之後，後府的兄弟猶如當今國企改制，有權的合夥趁機瓜分企業的財產，成了企業的董事長、大股東；沒權沒勢的兩袖清風，甚至下崗回家，自謀出路。大爺海珠當家不久就腰纏萬貫，揮金如土了。窩囊懦弱的二爺海安卻囊橐蕭瑟、資用乏絕了。大少奶奶終生未育，大爺海珠又娶了兩房姨太太，生育一男二女。大權在握的大少爺對姨太太寵愛有加，任其揮霍，對於兄弟卻錙銖必較，十分苛刻，使得老實窩囊的二爺海安連理髮錢都不敢向大哥討，他的孩子粗衣舊衫，常常連學費都交不上……

腐敗與不公必然導致群體的崩潰。後府漸漸恚恨暗生，鬩牆迭起，鉤心鬥角，彼此算計。

在封建社會，最沉重的則是面子，兄弟分家是最丟臉面的事情，因此兄弟們手插在大家庭這個磨盤裡，再痛也得硬挺苦挨。家分不得，在家又倍感壓抑，所以其他的兄弟都在吉林市買房租室搬了出去。雖未分家，後府的大家庭已名存實亡。

民國初期，軍閥混戰，土匪滋亂。一九二二年中秋，烏拉後府慘遭土匪搶劫，將二少奶奶的公公烏音保綁票。兒女們均涕泗交流地表示要「贖回大人」，可是說到錢時，當家的大少爺海珠拒絕賣地，有錢的兒女不肯傾囊。在任何危難之中犧牲的都是最忠厚與最軟弱的，於是二爺海安便成了被送上祭壇的羔羊，家人們紛紛讓他動員二奶奶回娘家借錢。性情爽快、沒有心計的二奶奶風塵僕僕地趕回郭爾羅斯前旗的娘家。

當年，二奶奶披金掛銀，風風光光出嫁；如今，兩袖清風、囊橐蕭瑟地回娘家告貸。別人都為她難為情，可是她卻不大在意，一心想著借錢「贖大人」。娘家人聽說此事，不由驚詫地問道：

「你們那麼一大家子人，怎麼能讓你出來借錢呢？」

是啊，海安不當家，二奶奶借錢誰來還呢？

臨歸，娘家人忍不住塞給二奶奶一些錢，安慰她道：

「你有四個兒子，他們將來是你一張桌子的四條腿，要高就高，要矮就矮，要挪哪兒就挪哪兒。」

那年冬天，烏音保在土匪的折磨下病死在東山一個獵戶的家裡。

海安的六叔臨死前，一再叮囑兒子：「不論將來怎樣，都不得和你大爺（烏音保）分家。」烏音保去世了，六叔的兒子便名正言順地提出分家。於是，後府便有了第一次分家。

在這個大宅門裡，日子最難過的是二奶奶，丈夫拿不起來事兒，她在這個大家庭裡又沒有什麼地位。不知她是對丈夫海安已徹底失望，還是沒有文化的她體味到了知識文化的重要，她極力主張兒女讀書。大爺海珠拒絕支付學費，她就想方設法籌措。為供孩子讀書，她不僅變賣了衣物，還將娘家陪嫁的一副四百克重的金鐲子剪成一段段，每當交不上學費時，她就去賣一段。金鐲子賣完了，再沒什麼可賣的了，她只好求娘家接濟。有段時間，這位出身於王府的格格甚至動過去做保姆的念頭。

二奶奶非常愛她的孩子，愛到了忘我的境界。每逢換季，她不僅要想方設法給在外地讀書的兒子做套衣服，而且還要親自挾著包裹到郵局去寄。她不識幾個字，就求人代筆。她對每個孩子的脾氣秉性都瞭若指掌，從不為難他們。如小兒子趙君揚考取旅順工科大學時，家裡交不起學費，她就領著兒子去拜見在偽滿政府當蒙政部大臣的娘家叔叔齊王爺，以期得到資助。當見到齊王爺時，她示意兒子雙膝跪下磕頭，行蒙古族叩見之大禮。沒想到「傻而直，孤而傲」的小兒子只鞠一躬，讓齊王爺大為不悅，因此沒達到目的，兒子深感不安，她卻沒責怨半句。

後來，烏拉後府的兒孫們都心緒黯然地離開了烏拉街，二奶奶也在吉林市租了三間房子，一家人搬出了後府。可是老宅不能不要，總得有人看著，這種沒人肯幹的差事落在了二爺海安的頭上。當年喧闐的後府已蕭條冷落，門可羅雀。二爺海安領著兩個傭人守著這座空空蕩蕩的老宅。二爺海安閒得沒事，或找人聊天，或打坐念佛，消磨時光。若有人到烏拉後府參觀遊覽，這位當年的二少爺便給遊客義務講解。「九一八」事變後，日本侵佔了東三省，烏拉後府又屢遭洗劫，從此離壁斑駁，荒草淒迷，暮鴉低回……

歲月如梭，在兵荒馬亂、惶悚不安中，二爺海安和二少奶奶的兒女們漸漸長大成人，四兒兩女都讀了中專、大專。可以說，格格的名分並沒給二少奶奶帶來多少幸福，她的每一分快樂都是靠自己獲得的。

一九五二年，海安病逝。彌留之際，愧疚地對二奶奶說：

「我這輩子拖累你了。」

二奶奶聞後淚如雨下，有這句話她也就滿足了。結婚五十二年來，二爺是家事外事都不管，所有的事情都靠她一個人操勞。當年他辭去小學體育教師後就再也沒做過事。她埋怨過他，責怪過他，歲月可以使人相知，相

海安和包靜嫻，與女兒、孫輩合影，這本是一張全家福，因後排的四個兒子中有身著軍裝的，在「文革」中裁掉

知可以理解，到了晚年，二奶奶漸漸理解了二爺海安，學會了寬容他、包涵他了，可是他卻棄她而去。

二爺海安去世了，二奶奶的家就濃縮成一個包裹，她挾著包裹，攜著那支從不離手的兩尺長的旱煙袋，孤雁般地來往於吉林、長春、呼和浩特，不論在哪個兒女家，二奶奶都不管閒事，不操閒心，不給兒女添麻煩。她在哪家都不長住，且說走就走，哪怕颳風下雪都擋不住她。一次，在火車站候車時，她跑去看鐘點，將包裹託付給一位陌生人。回來時，包裹和那人都不見了。丟了也就丟了，她很想得開，連找都沒找。

一九六五年的隆冬，松遼平原雪虐風饕，地凍天寒，吉林市的鐵路醫院的一間病房裡，前清郭爾羅斯前旗的蒙古王府格格包靜嫻靜臥於病榻，她兩眼凹陷，慈祥與平和的目光落在岑寂而蒼白的天棚上。往事如煙，生命又何嘗不如此呢？在病前，她還到長春小兒子趙君揚家小住，兒媳婦孫力知道婆婆這一輩子不容易，對她十分孝順。在走時，孫子趙文加把她老人家背上了火車。

沒想到一轉眼孫子文加就長大了。十四、五年前，兒子在中專當老師，忙得經常不回家；兒媳孫力在長春市立醫院當醫生，邊工作邊帶著文加很是辛苦。她聽說後就跟二爺海安從吉林老家趕到長春，想幫兒媳一把。那時，文加五、六歲，正是淘氣的年齡，年邁的二奶奶哪裡看得住？動不動就把孫子丟失，弄得她著急上火。有一次，孫子說什麼也找不到了，她急得差點沒暈過去。結果，她和二爺只在長春待了兩個月就打道回府了。現在，她連火車都上不去了，要讓孫子文加背了。

「多多保重，過年再來。」君揚和孫力站在車下說道。

二奶奶微笑著點頭擺手。隨著列車一聲長鳴，二奶奶走了。

不知她想沒想到，這是最後一次來長春，最後一次旅行。

十二月二十六日，她這位歷經清朝、中華民國、偽滿州國和共和國的前清蒙古王府格格永遠地閉上了眼睛，享年八十一歲。

## 顛沛流離的鑽石婚

趙君揚和孫力的婚姻則是父母之命，媒妁之言。

一九三八年，旅順工科大學三年級學生趙君揚回家相親。他二十一歲，個頭不高，但英氣勃勃，一身正氣。他是名門之後——打牲烏拉總管雲生的曾孫、二爺海安的小兒子，排行老六，二奶奶包靜嫻稱他為：「六兒。」

二十歲的孫力也算得上清朝宦官之後，曾祖父做過鹽官，不過到了她父親那一代家已敗落。窮人的孩子早當家，她高小畢業後考取了打字學校，出校後又考取吉林省樺甸營林署。在那個年代，打字員不僅是受人尊重的職業，而且收入頗豐。她早早就替父親挑起養家糊口的重擔。

儘管孫力的家境較差，但跟趙家也算得上「門當戶對」。在傳統的婚姻中，人說不上會借到上幾代什麼人的光，也說不上會沾祖宗什麼晦氣。二奶奶之所以相中了孫力是她有文化，有工作，思想新潮；孫家認為，「寧挑高郎不挑高房。」雖然烏拉後府已經敗落，可是趙君揚卻是個洋學生，還在讀大學，將來肯定會出人頭地。

他們相識後才知道兩人竟是校友，都在永吉縣立模範小學讀過書。趙君揚比孫力高一屆，不過讀書時男女學生交往很少，再加上女大十八變，趙君揚對孫力卻一點印象都沒有。相過親後，他們開始交往，由於一個在旅順，一個在樺甸，只能鴻雁往來。

後來，因二奶奶實在籌不到學費，趙君揚只好肄業，在九台的偽協和會謀得一份差事。九台比旅順離樺甸近了許多，可是當時交通不便，他們也只有在節假日相見。在一起時，兩人去電影院看看電影，或到咖啡店喝喝咖啡。在當時，婚前談戀愛的甚少，僅限於讀書人，所謂的戀愛也只是相互瞭解，還沒真正進入談情說愛的層面。

一九四〇年四月二十四日，二十二歲的孫力和二十三歲的趙君揚結為夫妻。趙家雖今非昔比，可是望族的面子還是要的。婚禮辦得相當隆重，在吉林市租了個大院子，搭起棚子，大辦酒席，新娘是用轎車接回來的。

婚後，溫柔賢慧的孫力辭掉了工作，待在家裡安心相夫。他們和父母、已婚的幾位哥哥住在一起，又是一個三世同堂的大家庭。這時，海安的大哥已經去世，趙氏家族又有了第二次分家，安海分得三十多垧土地，經濟略有好轉。因長子夭折，次子在外做事，所以不理家政的海安將家庭大權交給了三子。在那種家庭體制下，不論誰當家都難以廉潔奉公，新當家人中飽私囊、趁機撈一把也就在所難免了。好在土地的進項不多，趙君揚他們兄弟幾個都在外面做事，各自都有收入，也不大在意家裡的進項。

儘管烏拉趙氏家族已經沒落，但規矩仍然很多，兒媳不僅天天早晚要為公婆請安，倒茶點煙，而且每次上街前後還要先到公婆屋裡去請安。這時，二奶奶包靜嫻已經五十六歲了，她喜歡像孫力這樣有文化、識文斷字，還有技能的女人，尤其對她有過工作經歷倍加賞識，覺得她比自己那代女性強多了。二奶奶喜歡抽旱煙，用的是長杆旱煙袋，孫力剛進門時怎麼也裝不滿煙袋，對此二奶奶也不大介意。二奶奶當了大半輩子受氣的小媳婦，十分體諒在一個大家庭裡當小媳婦的難處。她不是那種從小媳婦熬成婆婆後，便騎在兒媳頭上作威作福的女性，她待孫力平易隨和、親近理解。孫力結婚不久就懷了孕，她卻笑著說：「怎麼剛結婚就懷孕了，怎麼就不多玩幾年呢？」在她的心目中，置於首位的是兒子與兒媳的幸福，而不是急著抱孫子。

一九四二年，趙君揚夫婦遷至長春，離開了那個大家庭。趙君揚是位熱血青年，在偽滿統治下，不甘當亡國奴，利用在偽協和會編輯刊物的機會，編發李大釗等人的進步文章，傳播革命思想。他很快就上了日偽的黑名單，緊接著他的兩位同事被日本人殺害了。

孫力是賢妻良母，既為丈夫擔憂，又對他十分支持。在生第二個孩子時，她被丈夫送進醫院。晚上躺在床上卻不放心丈夫和女兒，於是悄悄地跑了回來，沒想到卻把孩子生在了家裡。長春光復後，趙君揚便參加了革命，在外邊四處奔波，她一人帶著兩不諳世事的孩子守在家裡。

一九四六年三月，他們的四歲女兒患了腦膜炎，趙君揚聞訊趕到家時，女兒那嬌嫩紅潤的小臉蛋已枯瘦蠟黃。聽到父親的聲音，女兒吃力地睜開那雙無神的眼睛，看了一眼父親，又看了一眼放在枕頭旁邊的小玩偶，有氣無力地告訴父親：「這是楊大叔給的。」趙君揚抱著女兒跑了幾家醫院都沒把女兒搶救過來，她還是走了。他們夫妻摟著女兒那幼小遺體痛不欲生。

一九四六年五月二十三日早晨，孫力出去買豆腐，聽說八路軍已撤離長春。她慌忙跑回家，叫醒在吉林日報社當記者的趙君揚。趙君揚聞訊趕到報社，報社已人去樓空，同志給他留下一張紙條，讓他火速撤離。

趙君揚完全不同於父親海安，是一個家庭責任感很強的男人。他又跑回家，猶豫不決地望著妻子，不知自己是走是留。女兒剛剛夭折，孫力心靈創傷還沒有恢復，他怎忍心丟她和不滿周歲的兒子獨自撤離呢？

孫力催促道：「你趕快撤離！不要管我們。」

「我走了，你和孩子怎麼辦？」他憂心忡忡地說。

「別想這些了，趕快走，萬一讓國民黨抓住了，命就沒了。」孫力焦急地催他。

孫力是位深明大義的女性，知道丈夫不想離開她和孩子。可是，他每天坐吉林日報社的大馬車上下班，左鄰右舍誰不知道他是共產黨？他要是被國民黨抓住肯定得坐牢，甚至於殺頭。在這緊要關頭，她怎麼能拖他的後腿呢？

在妻子的催促下，趙君揚一步三回頭地離開了家。

一九四六年五月二十三日，一列悶罐車沉重地開出了長春站。這是共產黨最後一列撤離長春的火車。車上除了解放軍戰士之外，都是各個部門的掉隊人員。趙君揚擠坐人群中，看著那些帶家屬撤離的同志，心緒像悶罐車廂似的黝暗，內疚像浪似的湧上心頭，妻子孫力和兒子在家會不會出事？他走了，妻子和兒子怎麼生活呢？他越想越痛悔沒把他們帶出來，沒盡到丈夫和父親的責任。

孫力抱著兒子文加，淚眼婆娑地望著丈夫一步三回頭地走出了自己的視線，淚水禁不住流了下來。

在趙君揚撤離長春的那天的下午，國民黨軍隊進入。聞窗外車馬聲，孫力不禁抱緊孩子，哭了起來。那些天，孫力茶飯不思，抱著孩子木呆呆地坐著，心裡空蕩蕩的；晚上瞪著兩隻眼睛，躺在床上望著天棚，牽掛著丈夫，不知他出城沒有？會不會被國民黨抓住？女兒沒了，如果丈夫再出什麼事，她還怎麼活啊！

國民黨進城的第十天，孫力和孩子被國民黨諜報隊抓走，關了一夜。孫力臨危不懼，一口咬定：「我丈夫是不是八路我不知道，我只是一個家庭婦女。如今，他自己走了，我只為我的孩子活著。」

國民黨特務毫無收穫，只好讓她找人保釋。孫力回家後，諜報隊天天到家來騷擾，搞得她惶恐不安，整天抱著兒子坐在馬路邊上，最後不得不棄家而走。

丈夫走後，家裡斷了經濟來源，孫力靠變賣結婚戒指和裘皮大衣等東西維生。最後見實在沒有什麼可賣的了，她通過關係找到了地下黨，經組織同意，朋友把她介紹到國民黨長春市政府謀得一份差事。

歲月載著無盡的牽掛緩緩流逝，孫力帶著孩子苦熬苦等著丈夫歸來。一年過去了，兩年過去了，丈夫一直沒有消息。不知他是死是活，是危是安，如絲的牽掛纏縛著她的心。一九四八年三月，四平、吉林等周邊的城市解放了，孫力心裡現出一片曙光。

一天，孫力剛上班就聽到有人喊：

「孫小姐，樓下有人找。」

會不會是丈夫有什麼消息？她匆匆跑下樓去。突然，背後上來兩個人，將她兩臂架住，硬邦邦的槍口抵在她的腰際：

「往前走，上那輛馬車。」低啞的聲音兇惡地說。

「幹什麼，光天化日之下你們就敢搶劫啊！」驀然，孫力大喊起來。她想讓周圍的人知道自己被國民黨抓走了。孫力這一喊特務慌了手腳，急忙把她丟上了馬車，劫持到了憲兵隊。

在憲兵隊，兩個特務輪番審訊孫力，軟硬兼施。

孫力說：「快到中午了，我得回家去看我的孩子，要不就把我的孩子給我送來，否則我什麼也不會說。」

陷身囹圄的孫力心裡想的是孩子，自己的安危卻置之度外。這究竟是一種母性使然，還是囿於傳統的女人觀：女人的價值只有通過男人和孩子來體現？前者是偉大的，後者是悲哀的。

那兩個特務無奈了，只好將她交給了一位人稱之為「張區長」的特務頭子。「張區長」裝出十分紳士地問道：「你近來與趙君揚有沒有聯繫？」

孫力頓時明白了，原來有人見她年輕漂亮，要給她介紹對象。她多次拒絕，那人卻糾纏不休，最後，她只得謊稱自己的丈夫前幾天來信了。沒想到這一資訊竟然傳到特務機關。

孫力說：「哪有什麼信來，他是死是活我都不知道！」說到這裡，她的兩眼濕潤了。

張區長說：「我知道你是個賢妻良母，很愛你的孩子，這很好。我們對像你這樣有知識的女性十分器重……」

張區長可能見問不出個什麼東西，也只好將她釋放。可是他並沒死心，幾天後又來找孫力，說要交給她一份任務。孫力害怕了，張區長會不會想讓她去當國民黨特務？她決計逃離長春

在一個週末的夜晚，她和表弟抱著兒子穿越了國民黨兩道封鎖線來到解放區。她徑直去中共長春市委政治部打聽丈夫的下落，可是沒有打聽到。她怕丈夫找不到自己，她抱著孩子回到了家鄉吉林。

在吉林老家，她和公公婆婆在一起住幾天後就租間房子搬了出去，對此二奶奶深表理解。搬出來後，孫力仍然早晚去給公婆請安、做飯。一天，她發現婆家已揭不開鍋了，就把自己的婚戒賣掉，給他們買了一袋糧食，剩下的錢也都給了婆婆。在那些日子，她一邊打聽丈夫的消息，一邊想法掙錢維持生活，她賣過烤苞米，在被服廠做過被服。她堅信丈夫很快就會回來。

一九四八年歲末，趙君揚的姐姐神色慌張地跑來，遞給孫力一張髒乎乎皺巴巴的香煙包裝紙。她見背面寫著幾行非常熟悉的鉛筆字。那是丈夫趙君揚的字跡，上面寫道，他現在被關押在吉林市看守所，請家人去探監。孫力蒙了，他不是隨同共產黨撤離了麼，怎麼會被關在共產黨的監獄裡呢？雖然他性情耿介倔強，但不至於做違法亂紀的事啊？

趙君揚撤離之後，隨隊伍輾轉到了延吉。當聽說報社的一位同事因妻子拖後腿沒撤離出來，最後被國民黨殺害了，趙君揚百感交集，感慨萬千，若不是孫力極力勸他撤離，也許他也像那位同事不在人世了。

一九四七年底，在「極左路線」的干擾下，報社開展了「三統五查運動」，生性耿介倔強的趙君揚總也「認識」不上去。在大宅門時，人們都稱他「六老顚」。那時乖巧的五哥討得了終生未嫁的姑姑喜歡，結婚時姑姑給

買了房子；而趙君揚讀大學放假回家，在家做了一個月的飯，才從大伯那討到返校的路費。

一九四七年底，趙君揚被送往延吉拘留所「反省」，然後轉到延吉監獄，又從延吉監獄轉到了吉林市看守所。

得知丈夫被關在看守所後，孫力背著孩子就去探監，沒獲得准許。從此，她天天她抱著孩子守在看守所門外，風雨無阻。她圍著看守所的高牆不知轉了多少圈，看了所有獄窗她突然想到，監號裡的人會不會透過獄窗看到外邊？她打聽到了監號裡的人能看到對面的馬路，於是她就整天抱著孩子坐在那條馬路邊上。寒風凜冽，雪花紛飛，身體凍僵了，她不斷地寬慰著自己，也許此刻，也許再過片刻，丈夫就會透過獄窗看見她和孩子。

幾個月過去了，管教都認識了這位整天守在門外的「背孩子的小媳婦」。

一天，有人悄悄地告訴她：有一批「囚犯」次日要轉換監獄。次日，天還沒亮孫力就和孩子來到看守所。當一輛輛載著「囚犯」的卡車開出來時，孫力奮不顧身衝上前去，緊張地在那些面色蒼白、兩眼無神的「囚犯」中尋找著。她終於看到了丈夫那張熟悉而陌生、親切而疏遠的臉，陣陣酸楚湧上心頭，淚水奪眶而出。

可是，蒼白憔悴、心緒黯然的趙君揚沒想到孫力能來看他，他站在車上，散漫的目光望向天空。孫力想喊他，又怕再給他帶來麻煩；不喊他，他又看不見她和孩子。孫力急中生智，突然聲嘶力竭地喊起了抱在懷裡的兒子：

「文加，趙文加！」

驀地，趙君揚聽到有人呼喚「趙文加」，那不是自己的兒子嗎？他不禁尋聲望去，看見披頭散髮的孫力抱著孩子跌跌撞撞地跟在囚車後面奔跑。車越開越快，孫力和孩子漸然遠去。突然，她被人攔在了路旁，她的手高高舉起向他招擺著……頓時，趙君揚的淚水洇濕了目光。

一九四九年二月十九日，趙君揚被釋。關起來的原因很簡單——反省，釋放的理也簡單——「問題一時查不清，再關下去對工作也是個損失。」

「如果說不清楚我就不出去。」趙君揚又來了 勁兒。

「你不出去不行，這裡的人滿了，沒有你待的地方。」

「那我現在上哪去？」

「你哪兒來的回哪兒去。」

「我回去幹什麼？」

「原來幹什麼還幹什麼。」

問的不滿，答的強硬。越君揚蹲了一年牢獄居然什麼都沒蹲明白。他回到吉林日報社，送他「反省」的社長已經調離，接待的人對他說：

「你要想回報社也不是不可能的。」

趙君揚一聽又來氣了，什麼叫「不是不可能的」？算了，此處不留爺，自有留爺處。我還不在你這兒幹了呢。於是，他離開了吉林日報社。

新中國成立後，趙君揚在長春師專中文系任教。孫力先在長春市衛生局工作，然後在醫士學校學習了三年，畢業後被分配到市立醫院當醫生。趙君揚的事業心很強，為不分散精力，他住進了學校的單身宿舍，只有週末才回家看看。孫力帶著兒子文加，一天忙到晚。

自從女兒夭折後，趙君揚夫婦非常渴望再生個女兒，可是夫妻倆工作繁忙，無暇顧及這事，直到一九五七年他們才有了第二個孩子，結果還是個男孩。男孩就男孩吧，可能命中就沒有女兒，於是他們徹底放棄了再要一個女兒的想法。

六〇年代初，在醫院當了九年醫生的孫力因身體不好，調到一所學校當校醫。隨之長春師專解散，趙君揚調到中學任教，從此他搬回了家，家庭生活總算步入正軌。他們夫婦各住一間房子，趙君揚愛讀書，每天看到子夜，孫力從不打擾；他不愛說話，孫力有話就找朋友嘮嘮。由於孫力身體不好，趙君揚常常早起生火做飯，但買柴、買煤、買糧等一直都是孫力的事，因趙君揚不愛買東西。

趙君揚的兩個兒子，大兒子文加在長春開一家飯店。二兒子趙博「文革」後考取了大連工學院，畢業後赴美國紐約大學學習。經人介紹與臺北大學中文專業畢業的常永真相愛並結婚。一九八九年，他們的兒子趙嘯贏出生於紐約。一九九四年，已加入美國國籍的趙博攜妻兒回大陸創辦了一家中美合資的多媒體技術有限公司。同年，他們的女兒凱西出生於鄭州。

孫力是個開明的婆婆，在兒子談戀愛時，她就明確表態：將兒子戀愛、結婚的權利完全下放給兒子。她說，只要兒子喜歡，媽媽絕不反對。她只希望兒媳個兒能高一些，可是兩個兒子找的媳婦個兒都不高，對此孫力表示理解。一輩子渴望有個女兒的孫力待兩個兒媳如同己出，疼愛有加，只要兒媳有困難，她就主動分擔。大兒媳婦楊百萃生下長子後，還沒有退休的孫力就一邊上班，一邊帶孫子，一直將孫子帶到上小學。所以孫子和奶奶十分親近，經常給奶奶洗襪子和襯衣。

孫力的兩個兒媳對她既尊重又孝順。小兒子在美國時，請他們到美國住了一年。現在，小兒子有時在北京，有時在上海，每逢冬天就請他們過去住些日子。不論孫力在自己家，還是在小兒子家，兩個兒媳都會問她：「媽媽，您想吃什麼？」為讓她每頓飯都能吃得開心可口，兒媳多次讓她擬定一個菜譜，早上吃什麼，中午吃什麼，晚上吃什麼，列個清清楚楚，兒媳按菜譜給她做菜。

孫力說：「我不能給兒媳定菜譜，那樣就把她們給限制了，我告訴她們我愛吃哪幾種菜，隨她們去做好了。」

趙君揚和老伴

白天，兒媳給她準備好出門打車的零錢，晚上兒媳給她放好洗澡水。兒媳們不僅經常給她買東西，而且還總給她錢。孫力幽默地說：「媽媽和爸爸的退休金足夠花的了，如果再要你們的錢，那媽媽不就太貪了嗎？」可是，兩個兒媳不管婆婆要不要都堅持給錢。

趙君揚和孫力年過八旬時，思維依然敏捷，記憶清楚。孫力說，他們現在的生活很幸福，孩子們都十分孝順。他們每年夏天去小兒子那兒過，兒媳見到她愛吃的東西不論多少錢都買。冬天回長春，大兒子不僅給送雞鴨魚肉，連飲料水果都想到了。談到他們的婚姻時，趙君揚欣慰地說：「我們結婚六十多年了，已經過了鑽石婚。我們對婚姻無所謂滿意不滿意，風風雨雨、打打鬧鬧地過了一輩子。有的時候能夠相互容忍，有的時候需要解釋，有的時候有點小小的摩擦，過後關係卻更好了。但是，我們從沒為金錢或個人什麼事兒鬧過矛盾。」

## 荒唐年代的尷尬抉擇

一九六八年，中國正值十年動亂，街道、工廠、學校都貼滿了大字報、大標語和大漫畫；到處都是穿著草綠色的軍裝、帶著「紅衛兵」袖標、捧著語錄本的造反派；隨處可見頭戴高帽、胸前掛著牌子、嘴裡嘟囔著「向毛主席請罪，向全國人民低頭認罪」的「牛鬼蛇神」……

學校停課了，清純秀麗的楊百萃沒有捲入那些造反的紅衛兵組織中去，她借紅衛兵大串聯之機，從北京到長春來看望父母。她的父親是從北京到長春支援三線建設的老工人。楊百萃沒有隨父母遷到長春，想留在北京讀完初中。在長春，她家就住在廠區附近，她寂寞無聊就跑到廠區裡轉一轉，沒想到認識了身材魁梧、儀錶堂堂的趙文加。趙文加對楊百萃一見鍾情。他是一個敢愛敢恨，敢作敢為的青年。在趙文加的追求下，楊百萃那顆少女之萌動了，倆人偷偷地相愛了。

趙文加是包靜嫻的孫子、孫力的長子。一九六一年，年僅十六歲的趙文加參了軍。在報名時，他沒有徵求父母的意見，可是體檢時偏巧遇到了父母的一位當醫生的朋友。趙君揚夫妻完全可以阻止兒子，他們多麼希望兒子能夠上大學啊。他們是開明的父母，知道文加的心思不在學習上，於是也就同意了兒子的選擇。

一九六四年，趙文加復員，被分配到長春氣象儀器廠當工人。他從小就渴望能幹一番轟轟烈烈的事業，可是他逆反心理很強，無論在部隊還是工廠都表現出與眾不同，因此不大得志。在「文革」中，趙文加拒絕參加任何造反派組織，躲在單身宿舍裡看中外名著。他以為自己參過軍，不會有什麼麻煩。不料，在單位劃線排隊時，造反派在全廠的大會上，批判他「無政府主義」。趙文加的性情比他的父親趙君揚更為倔強，越批他越不服，於是和造反派越搞越僵。

一天，楊百萃聽說造反派把趙文加找走了，她憂心如焚地趕到廠區，一連找了好幾個地方，最後在一間貼滿語錄與口號的房間裡看到了趙文加，見一群橫眉冷目的造反派正將他圍在了中間。

「說，你父親到哪兒去了？」造反派怒吼著。

原來，「文革」一開始，就有人貼了趙君揚的大字報，說他是「漏網右派」。當時，學校一片混亂，每天都有教師被揪鬥。有一位年輕教師因經受不住學生的污辱而自殺。多次被「運動」過的趙君揚預感到大災臨頭，一想「三十六計走為上」，於是請了病假跑到四平躲了起來。造反派找不到趙君揚，不僅抄了他的家，而且還逼著孫力交人。孫力被逼無奈，也帶著小兒子趙博逃離了長春。造反派只好跑到工廠來找趙文加。本來廠裡的造反派就對趙文加十分惱火，一見機會來了，趁機把他交了出去。

「他到哪兒去了，我怎麼知道？」趙文加硬邦邦地頂撞道。

「打，打他這個狗崽子……」

於是，高高舉起的拳頭、巴掌紛紛落在他的頭上臉上和身上。他牙掉了，眼睛腫了，臉青了，血順著嘴角流了下來……

望著趙文加挨打，楊百萃寸心如割，不忍再看下去，可是那是深愛自己的戀人，又怎能不理不睬呢？她多麼想撲過去，代他挨打，可是這不僅僅是情感的事，還關係到她的階級立場。她是工人階級的後代，是應該站在毛主席革命路線一邊的！另外，這不僅關係到她個人的前途和命運，弄不好還會牽連自己的父親。她孤苦無助地望著趙文加，淚水順她的臉頰默默流下了，又悄然擦去。

可能造反派打累了，也可能見問不出個什麼，十分無奈，所以就把趙文加放了。當趙文加磕磕絆絆地走出來時，一抬頭驀地見到了楊百萃，他兩眼一亮，那目光浸透著痛苦和委屈，也浸透著對她祈望。她多麼想撲到他的懷裡，抱頭痛哭一場。這時，她發現周圍的目光都在冷漠地注視著他，她膽怯了，咬了咬嘴唇，木然地轉過身而去。在轉身的那一瞬間，她感受到了他失望和痛苦。她為自己的懦弱而自恨不已，為在他最需要自己時沒有伸出那雙纖手而愧天怍人。

她在那漫長的白晝裡飽經煎熬，一會兒急匆匆地走出，一會兒又嗒然折回來，寸腸百結地坐在椅子上，心裡如一團亂麻。晚夜可以給懦弱以勇氣，可以讓膽怯悄然回避，楊百萃終於鼓起了勇氣，躲開了家人和外人的眼睛悄悄跑到了單身宿舍去看文加。她撫摸著文加的創傷，淚流滿面地把他抱在了懷裡……

楊百萃和趙文加的戀愛一波三折，飽經磨難。父母得知楊百萃與趙文加相愛後決然反對。在那個大多數人都不懂政治，又把政治口號喊得最響，並將政治視之為生命和靈魂的年代裡，一個深愛女兒的父母怎麼會同意女兒嫁給一位社會關係複雜、父親是「漏網右派」、本人又是「無政府主義」典型的青年呢？

楊百萃陷入了二難困境，一邊是慈愛的、養育自己近二十年的父母，一邊是自己戀人。她不想傷父母的心，也不忍傷害在逆境中的趙文加。

一九六九年，知識青年上山下鄉運動開始了，楊百萃下鄉到了長春郊區。心地善良、善解人意的楊百萃離父母遠了，漸漸放開膽子與趙文加約會了。在一起時，兩個深愛著的戀人沉浸在幸福之中；離開時，心時充滿了淒苦、彷徨與無奈。他們想結婚，讓事實來改變家庭和社會的態度，可是楊百萃還沒到晚婚年齡。他們同居了。

一九七〇年，楊百萃懷孕了。他們期待著孩子出生後，木已成舟，再求得百萃的父母同意、諒解和接納。可是在那個年代，人們對未婚同居、未婚先育還沒有像今天這麼寬容，雖然已不像封建社會那樣將之視為大逆不道，但也將受到鄙夷與歧視。楊百翠頂著家庭與社會的壓力生下了兒子。

孩子的出生，不僅沒使楊百萃的父母改變態度。女兒的未婚先孕給父母帶來了很大的社會壓力，為此那位父愛濃濃的父親主動申請從長春調到河北，附加條件是允許他把女兒百翠帶去，並辦理知青返城進廠手續。

在河北，楊百萃為了不再給父母帶來尷尬，她不敢對任何人說自己已有男友和孩子。白天她要像未婚的姑娘那樣面對世人，要與一撥撥給她介紹對象的好心人周旋，晚上守著孤燈思念遠方的趙文加和孩子。她一連兩三年沒回長春，沒見到趙文加和孩子。趙文加趕到河北看她。楊百萃百感交集，最後她一咬牙，跟著他返回長春，補辦了結婚證，這對飽經磨難的戀人終於結為夫妻。一九七八年，他們又生下了第二個兒子。

一九八四年，他們的生活剛穩定下來，生性不安分的趙文加毅然離廠，漂泊到了北京、深圳。楊百萃那顆柔弱的心隨著丈夫漂泊著，她不僅忙於工作，照顧孩子，還日夜牽掛丈夫的饑飽與冷暖。一年後，文加在她的牽念下返回長春，在一條小街創辦了一家日本風味餐廳。為了輔佐丈夫，楊百萃辦了停薪留職手續。早晨，她是採購員，蹬著三輪車四處採購；回來，她是服務員，每天忙到半夜。在他們的努力下，日子漸漸紅火了。

《禮記．婚義》曰：「婚姻者合二姓之好，上以事宗廟，下以繼後世。」在封建社會，達官貴人的婚姻首先是一種政治行為，是一種利用聯姻來擴大家族勢力的機會。其次是接續供奉祖先的香火，然後是繼承本族血統，延續家世，傳宗接代。婚姻當事人的利益、意願和情感全然不在考慮之列。海安夫婦雖然生在顯赫家庭，但是在婚姻上他們不過是捏在父母或祖父母指間的一枚棋子，想怎麼擺放就怎麼擺放。「親屬是從生育和婚姻發生出來的社會關係。」社會關係往往是根據生存需要而建立的。

在傳統的婚姻中，「成婦之禮」是重於「成婚之禮」的。「成婦之禮」也謂「廟見之禮」，即新娘到婆家的廟拜見祖宗。沒行「成婦之禮」便不能算作婆家的媳婦。趙氏家族將海安的前一位沒有行「成婦之禮」的未婚妻視為媳婦，將二少奶奶視為「續弦」，只不過是不願意放棄與那個有勢力的趙氏家族的聯繫。

在「男尊女卑」、「三從四德」等封建禮教下，女人僅被視為女，不被視為人。不論何等出身的女人都要嫁雞隨雞，嫁狗隨狗，嫁根扁擔抱著走的。而男人則不同，對髮妻不滿意不僅可以休妻，甚至可以納妾，如海安的大哥就納兩個妾。二少奶奶與二少爺是性格截然不同的兩種人，二少奶奶能幹，二少爺窩囊；二少奶奶剛強，二少爺懦弱；二少奶奶實際，二少爺虛浮。按理說，他們是難以生活在一起的（實際上他們也是離多聚少），可是「三從四德」等封建禮教若裹腳布一般將性情剛強的二少奶奶束縛了。

在封建社會，婚姻悲劇隨處可見。從某種意義上說，二少奶奶還算幸運，在那個時代，還盛行買賣婚姻、交換婚姻，還有童養媳等現象，那些女性不知比二少奶奶悲慘多少倍！

趙君揚和孫力這一代的婚姻已有了較大變化，雖然「父母之命」依然可以左右一切，可是在一些比較開明的家庭裡，已允許婚姻當事人有所選擇。如趙君揚和孫力婚前不僅可以見面，還可以在一起看電影、喝咖啡，這是他們父母那代人所不能想像的。趙君揚和孫力的婚姻割去了一些贅疣，如利用婚姻來擴大家族勢力，但是門當戶對、明媒正娶的意識還相當濃重。儘管趙君揚和孫力的婚姻有了許多自由的成分，但是他們在選擇上還不可能將愛情放在首位。

在半封建、半殖民地的中國，婦女的地位還很低，婦女仍然沒有擺脫男人附屬品的地位，包辦婚姻、買賣婚姻仍然盛行。因此，孫力並不能代表那個時代的婦女。孫力在婚前不僅經濟獨立，而且還能代替父親養家糊口，因此在婚姻選擇上，她自然比其他女性更為自由。由此可見，女性的自立、自強是婚姻自由的前提。

婚姻的基礎是決定婚姻性質的重要標誌。在趙氏家族的第三代——趙文加和楊百萃的身上，愛情真正成為了婚姻的主宰。儘管他們承受很大的來自家庭和社會的壓力，付出了相當大的代價，但有情人終成眷屬。

他們戀愛時，正值六〇年代末期，中國處於十年動亂，戀愛與婚姻的自由還蜷縮在法律的條文和標語上。但是，無可否認，他們的婚姻已比他們的父輩前進了一大步。

回眸中國百年婚姻的變遷，大有「輕舟已過萬重山」之感。在二十世紀，中國的婚姻、家庭及婦女的地位均發生了不可想像的變化。蒙古格格包靜嫻的婚姻還是「父母之命、媒妁之言」的封建式的包辦婚姻。在她過門時，烏拉後府還是一個三世同堂的封建大家庭（即社會學所稱之的擴大家庭），作為二少奶奶的她地位低微，家人和世人對她的態度還取決於她的丈夫——窩囊、懦弱的二少爺。儘管她很剛強，也很能幹，可是還是沒有走出封建家庭。

在孫力那代，雖然父母意見重要，但是她的婚姻已有了自己選擇的成分，但是她頭腦中的「男主外，女主內」、「男尊女卑」觀念還沒有消除，所以結婚後就辭退了工作，回家相夫教子了。孫力是一個富有犧牲精神的女性，她為了丈夫和孩子可以付出一切，為丈夫和孩子而活著。在那個封建的三世同堂的大家庭裡，孫力生活只有一年就離開了，所以說她的家庭是以夫妻為核心的小家庭（社會學稱之為核心家庭）。

到了楊百萃那一代，愛情已經左右了婚姻，儘管她為了愛情飽經磨難，付出了慘重的代價，但是她的婚姻已完全不同於上一代的「門當戶對」、「明媒正娶」，完全是憑著個人意願選擇的。

通過嫁到烏拉後府三個女人的命運，我們發現在二十世紀婚姻已向尊重愛情、尊重人性、尊重婦女邁進了一大步。

第二章

# 婚船之上的槍杆

周文雍、陳鐵軍結婚照

二十世紀是一個大革命的世紀，世界在這一世紀發生了天翻地覆的變化。

在這一世紀，許多中國人視事業高於一切，不惜為之拋頭顱，灑熱血，放棄愛情、親情、友情，捨棄婚姻家庭。

在一九二七年，中共領導的廣州起義失敗後，中共黨員周文雍和陳鐵軍繼續在廣州堅持地下鬥爭。由於叛徒的出賣，他們同時被捕入獄。在獄中，周文雍在牆上寫下：「頭可斷，肢可折，革命精神不可滅。壯士頭顱為黨落，好漢身軀為群裂！」

一九二八年二月六日，周文雍和陳鐵軍被押赴廣州紅花崗刑場。過去因工作需要，周文雍和陳鐵軍假扮夫妻，住在同一屋簷下，卻以事業為重，顧不上談戀愛。在生命的最後一刻，他們決定結為夫妻，舉行悲壯的刑場婚禮。他們向圍觀的百姓喊道：「現在，我們宣布結婚。讓國民黨劊子手的槍聲，作為我們結婚的禮炮吧！」

四年之後，陳鐵軍的胞妹陳鐵兒和丈夫林素一也在廣州紅崗刑場被國民黨槍殺，犧牲時年僅二十四歲。

在大革命的年代，這事業就是革命，就是追求理想，就是為真理獻身。

在改革開放前，這事業就是工作，就是全心全意為人民服務。

在改革開放後，在一些人心目中事業被私有化了，事業就是賺錢，就是創業，就是要擁有資產，可是，在另一些人心目中，這事業是公眾利益。

馬斯洛將人的需求從低到高分為五個層次，即生理需求、安全需求、社交需求、尊重需求和自我實現需求。他認為，人的需求的最高層次是自我實現。自我實現者往往關注的是這種最高層次需求的滿足，以至於自覺或不自覺地放棄滿足較低層次的需求。

如用馬氏理論來解釋，事業是一種我實現的需求。

## 紅色夫妻的人生之「路」

一九四二年四月。延安。黃土地林木蓊鬱，蝶翩蜂舞，春光明媚。

二十六歲的攝影家徐肖冰與十八歲的侯波在組織的介紹下結為連理。當時延安物資匱乏，組織上給了他們一間幾平方米的窯洞作洞房，在一張單人木床邊加了一塊木板作為婚床，上面放著他們兩人的行李。沒有條件擺喜宴，正好老鄉們送來了一籃延安的小棗，他們就用那籃小棗款待賓客。這對新人滿面喜氣，身著帶補丁的衣服。

當初，有人勸侯波要慎重考慮自己的婚姻大事，說徐肖冰是來自上海的知識份子，你們兩人的差距很大。徐肖冰是浙江桐鄉人。一九三一年冬，十五歲的徐肖冰離開故鄉，跟隨舅父來到上海，在天一影片公司學徒。有一天，他在上班時間跑出去捉蛐蛐，結果被老闆開除了。後來，經過同事司徒慧敏介紹，他進入電通影片公司。這家公司和「左聯」聯繫密切，他接觸到了袁牧之、陳波兒等進步電影人士，也逐漸瞭解了夏衍、陽翰笙、阿英、聶耳、田漢等左翼文化名人。他協助著名攝影師吳蔚雲和吳印鹹拍攝了《桃李劫》、《風雲兒女》、《馬路天使》等進步影片。盧溝橋事變後，在西北電影公司工作的徐肖冰一次次去八路軍太原辦事處，要求參加八路軍。八路軍辦事處的工作人員一聽徐肖冰是拍電影的，就告訴他八路軍沒有拍電影的設備，勸他慎重考慮一下。可是徐肖冰參加八路軍的決心非常大，辦事處的同志只好把徐肖冰的情況向周恩來作了彙報。周恩來親自接見了徐肖冰。當時，徐肖冰還不認識周恩來。他跟周恩來說，只要能參加八路軍，讓我幹什麼都行。於是，周恩來同意了他的請求，他希望徐肖冰最好能先到前線去感受一下八路軍的生活、戰鬥情況。吳印咸聽說徐肖冰要參加八路軍，把一架當時還算先進的「萊丁那」小型相機送給了他。徐肖冰又從西北電影公司借了一架小型攝影機和一盒膠捲，然後帶著行李，向山西五臺山地區的抗敵前線出發了。到了五臺山地區以後，他先被帶到了前線的八路軍指揮總部，剛好碰上朱德、彭德懷、聶榮臻等八路軍領導人在院子裡商量事情。出於職業習慣，他舉起手中的相機給他們拍了一張照片。一九三七年冬徐肖冰到達延安，進入八路軍後方政治部宣傳科從事攝影工作。

一九三八年秋，在周恩來的親自籌畫下，八路軍總政治部電影團成立了，徐肖冰有了用武之地。周恩來要徐肖冰到前線去，到人民群眾中去，多拍些戰士和百姓。在器材簡陋、膠片匱乏的情況下，徐肖冰不僅拍攝了《延安與八路軍》和《南泥灣》等頗有影響的紀錄片，還冒著槍林彈雨拍攝了百團大戰。在一次戰役中，徐肖冰和衝在最前面的戰士被敵人的炮火壓了下去，沒有了蹤影。在戰鬥結束打掃戰場時，幾位戰士看到一個土堆在輕微顫動，急忙過去扒開，徐肖冰從土裡鑽出來，舉起相機對著戰士一陣拍攝，原來他被炮彈炸昏過去。

婚後的第二年，大兒子出生了。侯波撕件舊衣做襁褓。有歌唱道：「窯洞暖和小米香。」可是那時延安的生活十分艱苦，平時是吃不到小米的，吃的是黑豆。現在黑豆成了保健食品，當時黑豆是餵牲口的，人吃後全身浮腫。沒有青菜，侯波只好採苦菜吃。苦菜苦得難以下嚥，她就先將苦菜焯了，然後用延河水漂去苦澀。物質生活的匱乏還好說，文化生活的貧乏則讓人難以忍受。一天，徐肖冰耐不住生活的單調，跑出去跳舞了。回來後，他傻了眼，烤在爐子上的尿布早已糊了。侯波為了那幾塊尿布和徐肖冰吵了一架。徐肖冰自知一針一線、一布一絲來之不易，那幾塊尿布讓他後悔了多日。當時日子雖苦，可是從上到下都在受苦，他們一想到毛澤東、周恩來、朱德等領導人與自己一樣吃苦便感到慰藉。

一九四五年，抗日戰爭勝利了，徐肖冰、侯波夫婦被組織派到了位於黑龍江鶴崗的東北電影製片廠。侯波被安排在攝影科，開始了攝影生涯。夫妻雖然在專業上有了焦點，但卻聚焦短暫，離別漫漫。從事新聞紀錄片拍攝的徐肖冰隨著部隊南征北戰，很少回來。在這一期間，他拍攝了長春解放、活捉土匪頭子謝文東，還拍攝了土改……在後方擔任攝影科科長的侯波也是一天忙到晚。她要忙著儘快沖洗出前線送回來的底片。她沒時間照顧倆孩子，只好給孩子請了一位白俄保姆。侯波說，那時候人都單純如水，每天就知道抓緊時間工作，支援前線，根本就不知道掛念在槍林彈雨中的丈夫。

一九四九年四月，徐肖冰隨部隊進京。不久，侯波隨之調入北京電影製片廠，任照相科科長。六月，毛澤東要在香山會見外國友人，組織上通知徐肖冰、侯波夫婦前去拍照。又要見到毛澤東了，他們夫婦無比激動地趕到香山。當外國友人走後，毛澤東邀請他們夫婦到院子裡坐一坐。

延安時期，毛澤東就認識徐肖冰，但卻不認識侯波。當知道侯波是徐肖冰的妻子後，毛澤東親切地問侯波是哪裡人，什麼時候到的延安。

聽說侯波的家鄉在山西夏縣時，毛澤東欣然道：「哦！你是關雲長的老鄉啊！」

侯波告訴毛澤東，她出生於一個貧窮家庭。一九三八年，日本軍隊入侵山西，年僅十四歲、剛剛小學畢業的她揮淚告別了祖母和三個弟弟，一路乞討奔赴延安。那年的十一月，她在陝西省安吳堡加入中國共產黨。到延安後，她先是在保安處工作，後來在中央醫院當護士，還在延安婦女合作社做過群眾掃盲工作。她在延安還讀過邊區中學、延安大學和延安女子大學。

「啊，你是吃延安小米長大的，要好好為人民服務啊。」毛澤東語重心長地說。

臨別，毛澤東站起身說：「來，咱們大家照張合影吧！」他們請毛澤東站在中間。毛澤東堅持讓侯波站在中間，並幽默地說：

「今天你要站在中間，因為你代表半邊天。」

於是，身材高大的毛澤東站在左邊，侯波站在中間，徐肖冰在右邊。「哢嚓」快門響一下，跟他們夫婦一起來的新華社記者拍下了一幅足以讓他們夫妻驕傲半輩子的照片。

一九四九年十月一日。北京，天安門廣場。旗如潮，人如海。

毛澤東站在天安門城樓上，用那濃重的湖南鄉音，莊嚴地向世界宣布：

「中華人民共和國中央人民政府成立了！中國人民從此站起來了！」

旌旗漫捲，人海沸騰，歡聲震盪。

徐肖冰心潮澎湃，不能自已，跨過天安門城樓的護欄，站在很窄的邊台，將攝影機的鏡頭對準毛澤東、周恩來、劉少奇等黨和國家領導人。

當過亡國奴的人最知道跪著的滋味。侯波用噙滿熱淚的目光凝視著取景框中的領袖，手指顫抖地按下相機的快門。歷史在瞬間定格……

開國大典之後，侯波調入中南海，任中共中央辦公廳警衛局攝影科第一任科長。雖說是科長，可是整個科就她一個人，負責的卻是所有中央首長的攝影工作。由於侯波一刻也離不開工作崗位，只好把一個家安在中南海，一個家安在新聞電影製片廠。平時，徐肖冰住在單位，兩個孩子住校。週末，徐肖冰回到中南海的家，兩個孩子也和毛澤東、劉少奇等黨和國家領導人的子女一起坐大客車回家團聚。說是全家人團聚，其實常常是徐肖冰和孩子一起過週末，侯波一年有半年的時間不在家。

侯波一口氣在中南海工作了十二年，跟隨毛澤東視察過黃河、長江、工廠、農村，還隨同其他中央領導出國訪問。她拍攝了《毛澤東視察黃河》、《毛澤東接見新疆農民庫爾班》、《毛澤東暢遊長江》、《最高國務會議》、《新政協會議》《毛澤東訪蘇》、《宋慶齡、周恩來訪斯里蘭卡》等珍貴歷史圖片。據不完全統計，毛澤東生前公開發表的七百多幅照片中，侯波拍攝的有四百多幅。

「文革」時期，在遠離京城一個鄉村，粗衣陋衫的侯波坐在農家的炕上，手茫然摸索著。她那紅腫地流淌著淚水的雙眼失明了。在水利工地上，造反派讓侯波扶著兩根要焊接的鋼筋，不許歪了。侯波只好用肉眼盯弧光。下工後，侯波的眼睛就疼痛難忍，接著就失明了。

江青對新華社的頭頭說：「侯波是個壞人，她沒給毛主席照過一幅好照片。」侯波心裡明白，這一切只緣於自己得罪了江青。她在中南海時，愛照相的江青多次讓警衛人員來找她，讓她去給照相。侯波不知道什麼時候有任務，不敢擅自離去。江青見警衛請不到侯波，就親自上門來找，侯波還是沒有去。為此江青一直懷恨在心。

於是，侯波被打成「投靠資產階級司令部的反革命」，被「批倒鬥臭」之後，又被下放到新華社的「五七幹校」監督勞動改造。走「五七」道路的幹部的名字都寫在了紅紙上，侯波的名字寫在了白紙上。為了不讓當地的群眾知道侯波就是那位給毛澤東拍過許多照片的記者，還明令禁止她再叫「侯波」。在農村，造反派規定她每個月的伙食費不能超過三元錢，而且讓她幹的卻是最髒最累的活。

侯波突然失明了，猶如墜入黑暗的深淵，煎熬、困苦、孤獨和無奈從四周逼過來。這對於遠離親人、被監督勞動改造的侯波來說就更淒苦了。她不僅不能勞動，還無法打飯和洗漱。在那個年代，有誰會關心「反革命」？侯波什麼也做不了，只有守在黑暗中思念親人。已經三年沒丈夫和孩子的音訊了，他們還好嗎？這是他們最長的分別，就是在戰爭時期也沒分別這麼久啊。

在「文革」初期，身為新聞電影製片廠廠長的徐肖冰首當其衝地被打成了「走資派」，被關進了牛棚，一天到晚挨批鬥、遊街。緊接著，在上海第二軍醫大學讀書的長子因反對張春橋而被打成「五•一六」分子，在解放軍畫報社印刷廠工作的小兒子也慘遭遊鬥。有人悄悄地告訴徐肖冰，周恩來總理一直關心他，當總理在天安門城樓接見紅衛兵時，還打聽他的情況。徐肖冰聽後，淚水潸然而下，總理啊，你在黑雲壓城之下還想著我，關心著我。在一次會議上，周總理直截了當地問新聞電影製片廠的造反派頭頭：「徐肖冰還有什麼問題？」頭頭說：「他歷史還有疑點，他怎麼參加革命的還沒有搞清楚。」總理氣憤地說：「介紹他參加革命的就是我！」這樣，他才被解放。可是，解放不久，他就被下放到新聞電影廠的「五七」幹校去勞動了。

禍不單行，侯波眼睛失明後發起了高燒。她煢煢無依地躺在床上。房東大嫂見侯波不能去吃飯，也沒人給她送飯，就偷偷地給侯波擀了一碗麵條，臥了幾個雞蛋，端到侯波的身邊。侯波怕連累大嫂，她不吃。大嫂就勸她：

「你要吃，他們不會看見的。你要不吃身體就好不了，身體不好就幹不動活；幹不動活，他們就要批鬥你。」怕人看見，大嫂把房反鎖上，自己坐在門口放哨。侯波流著熱淚吃下了那碗麵條。

在那苦難的歲月，這家淳樸而憨厚的農民給了侯波很多慰藉和關照。在她眼睛失明後，大嫂用自己的奶水給她沖洗眼睛，使她的眼睛恢復了光明。當造反派規定侯波每天下工後必須把房東家的水缸挑滿水時，房東大叔每天在她下工前就把水缸挑得滿滿的；割麥子時，房東大叔每天晚上悄悄為她磨兩把鐮刀……

歷經三年的磨難，侯波又回到北京。這對三年沒見面的夫妻又團聚了，三載的屈辱、千日的牽掛伴隨淚水潸潸而下。過去的房子早被收了回去，他們只好住在新聞電影製片廠裡的一間破倉庫裡。倉庫空蕩冷落，四外透風，一張雙人床孤零零地擺在中間，家裡的其他東西都被抄走了。倉庫沒有天棚，天黑時，晝伏梁上的蝙蝠

侯波和徐肖冰夫婦在當年與毛澤東合影的照片下，回憶當年拍照時的情景

「撲啦啦」地飛了出來，嚇得一家人直冒冷汗。一張床順著睡不下四口人，他們只好橫著睡。

從幹校回京後，不僅沒給侯波平反，而且還把她安排在暗房裡打雜。後來，當人們得知讓著名的攝影記者侯波在暗房打雜時，無不驚訝。頭頭又把侯波「藏」到樓頂上的圖書館裡。直到一九七八年，侯波才被平反，恢復工作。

一九八三年，侯波離休（即一九四九年九月三十日前參加革命的老幹部的退休）了。徐肖冰在七十三歲那年也離休了。過去，夫婦各自四處奔波，捕捉歷史瞬間，現在終於可以相守相伴了。人可以離休，事業永遠不能離休。徐肖冰和侯波並沒有離開為之獻出青春和年華的攝影，徐肖冰擔任起中國攝影家協會顧問，侯波擔任了中國女攝影家協會主席。耄耋之年，他們仍沒忘毛澤東的教誨，吃人民的飯，要為人民服務。一九八六年，他們不顧年邁體弱，將幾十年拍攝的底片找出來，精選之後，自己花費數萬元沖洗放大。在國慶前夕，他們的反映中國革命史的攝影作品在北京美術館及清華大學展出，並引起轟動。一九八七年，他們又帶著圖片前往杭州、廣州等地展出。

徐肖冰說：「我們已經年過古稀，因此要爭分奪秒，為人民多做點事。我們希望老同志能通過這些作品回顧過去，年輕人能通過這些作品來瞭解歷史。」侯波說，「我們出身於舊中國，參加了革命幾十年，深深地瞭解這個國家。我們知道今天的生活來之不易，在我們的每一寸土地上都灑有烈士的鮮血。現在，我們年紀大了，更覺得有必要把我們的情感和經歷告訴年輕人……」

兩位紅色攝影家的影展在國內外產生了強烈反響。許多看過他們影展的人都稱他們的作品為「看得見的歷史」。一位老教授在他們的作品前流連忘返，連去看了數日。當他們的攝影作品在日本展出時，許多參加過侵華戰爭的老人紛紛向徐肖冰和侯波鞠躬、道歉。他們說，通過徐肖冰和侯波攝影作品使他們回想起自己在中國所犯下的罪行，並對過去的罪孽深感內疚。徐肖冰在抗日前線拍攝的一位八路軍戰士的作品在許多日本人的心靈產生了震動。那位稚氣未褪的年輕戰士，為了不當亡國奴，為民族的解放事業，灑盡了最後一滴血。一位日本青年懇求徐肖冰將這幅作品賣給他，他要牢記日軍侵華的罪行。

一九八九年，徐肖冰、侯波的反映中國革命幾十年的攝影作品集《路》出版，在社會上引起強烈的反響。在建國五十週年之際，徐肖冰、侯波兩位老人又精選《開國大典》等二百多幅攝影作品，重新放大，在全國各地巡迴展出。

採訪時，侯老幽默地說：「革命幾十年，還是個炊事員。他是做飯的，我是買菜的。」他們還保持著延安的艱苦奮鬥精神，到外地巡展時，他們從不住高檔賓館。在家裡，殘羹剩飯他們捨不得倒掉。小孫子吃飯時，如將飯粒掉在桌子上，他們見了就要批評。可是，他們卻將多年的積蓄用於影展。有人想贊助，他們謝絕了。有人勸他們收取點報酬，侯老說：「我們宣傳的是革命傳統，我們不能跟人家要錢。我們在物質上非常容易滿足。對黨內和政府的腐敗分子很不理解。」他們的住房子十分簡陋，外國記者曾在文章中寫道，他們的家水泥地面，一台很小的電視機上蓋著一塊布……去年，組織上分給他們一套新房，他們謝絕了。他們說，舊房子已很不錯了。隨著年齡的增長，他們在家的時間越來越多了，兒孫們就將他們的住房裝修了一下，並給他們買了一台大螢幕彩電（即彩色電視機）。

他們的兩個兒子都沒有繼承他們的攝影。長子和長媳是學醫的，現在機關工作；從事製版工作的次子很喜愛攝影，本可以繼承父母的事業，可是他一九八七年在南京慘遭車禍。兩個孫子、一個孫女對攝影均不感興趣。不過，孩子們對他們的事業很支持，對他們的健康也很關心。

## 姓「油」人家的背景材料

在王啟民二十二歲的生日那天，我國在松遼盆地發現了一個大油田——大慶油田。

於是，他的命運就與大慶油田拴在了一起。

妻子陳寶玲抱怨他說：「你不該姓王，你應該姓油。」

這個姓「油」的家庭在一九九三年獲得了第二屆全國美好家庭銀獎。

一九六二年六月，松遼平原春意盎然。薩爾圖——「月亮升起的沼澤地」，天朗氣清，惠風和暢，大慶油田地質指揮部的技術員王啟民與陳寶玲結為連理。

婚禮簡樸，幾杯咖啡飄逸著濃情；洞房簡陋，僅有的一條新棉被，還是舊棉絮上罩個新被面。做新房的狹窄的活動房是借的。時值石油大會戰初期，大慶油田的住房緊缺，拖兒帶女的老同志三四家擠在一間乾打壘（指一種簡易的築牆方法）的小屋裡，年輕夫妻只有平日分居，週末幽會的份兒。為了讓這對新婚夫妻團聚三天，兩位老同志將剛分到的一間小活動房倒出來，一家擠進了單身宿舍，一家暫棲辦公室。

三天後，這對還沒度完蜜月的新婚夫婦搬回各自的單身宿舍。週末是年輕夫妻的節日，丈夫悄然在宿舍或辦公室占一席之地，期待妻子幽會。王啟民卻一頭紮在了試驗中，不僅不大張羅夫妻團聚，而且陳寶玲十天半個月也不見他的影兒。情意綿綿的陳寶玲眼看著人家小倆口親親熱熱、歡歡喜喜去度週末，自己卻守著那冷冷清清的宿舍和幾位未婚的姑娘。疑惑目光落在了她身上，這對新婚夫妻怎麼就不過週末呢？陳寶玲氣得一逢週末就早早吃完晚飯，爬上床，躺在那兒輾轉反側，生悶氣。

一次，王啟民忙完工作，驀然發覺自己在這段時間冷落了妻子，於是匆匆趕來叩她寢室的房門。同寢室的姑娘欣喜地對陳寶玲說：「快快起來，王啟民來找你了。」陳寶玲悻然地對那姑娘說：「告訴他，我睡覺了。」

一九六三年，陳寶玲懷孕了，偏偏這時油田出現了油層水淹一半的嚴重情況。在地質指揮部動態組工作的王啟民晝夜待在現場，取芯化驗，分析資料，無暇照顧妻子。十一月初，預產期一天天地迫近了，寶玲想回北京的娘家分娩。她收拾好了行裝，等待啟民送她。當時，大慶還沒有直達北京的列車，去北京得到哈爾濱中轉。王啟民為十大試驗年終報告忙得日無暇晷，已忘了這事兒。最後還是一位同學把他給找了回來。王啟民連夜把陳寶玲送到哈爾濱。

到哈爾濱後，陳寶玲到醫院檢查了一下，醫生說：「快要生了，你還是在這兒等著生吧。」這對年輕的夫妻面面相覷，不知如何是好。陳寶玲望著左右為難、心事重重的丈夫，故作輕鬆地安慰道：「沒事兒，坐一天車也就到家了。」她知道王啟民一心牽掛那還沒寫完的試驗報告。

列車扯著王啟民那牽腸的視線漸漸遠去。陳寶玲感到心裡失去了支點，隨著這晃動的車廂遊動，攪起的理智上的理解與情感上的幽怨、委屈在心衝激著。幽怨是通往昔日的捷徑，往事的底片漸漸顯出影來……

寶玲和啟民是北京石油學院地質專業的同窗。也許啟民的命運就該與大慶油田拴在一起。一九五九年九月二十六日，是啟民二十二歲生日，就在那天位於黑龍江省松遼盆地的第三號探井噴出原油，被外國人稱之貧油的年輕共和國發現了一個大油田——大慶油田。

一九六〇年四月，一個天寒地凍，風饕雪虐的日子，王啟民、陳寶玲和北京石油學院的一百多位同學來到嚮往許久的大慶油田實習。王啟民被安排到葡四井試油隊，陳寶玲被安排在地質指揮所，兩地相距八十公里。他們是同窗好友，幾近無話不談，朦朧的情感如山嵐般在寶玲的心裡縈繞，她不奢望他來看望，只渴盼他能寫封信來。日曆一頁頁隨著艱苦卓絕的日子飄落，漫長的八個月、二百四十天過去了，她竟沒收到他一紙半字。陳寶玲悵然若失，難道他就讀不懂我的心？

實習結束了，王啟民被評為二級紅旗手，那是唯一獲此殊榮的實習生。那時，大慶油田剛開發，到處都是亙古荒原。葡四井試油隊只不過是一群不懂技術的轉業軍人和漠漠大荒上的水泡子旁的幾口油井。隊裡把王啟民當成技術員，白天，他和工人蹚著沒膝的水泡取個資料；晚上，他給工人們講地質課和試油井操作課，連父親去世他都沒有回家。陳寶玲是位心胸開闊的女性，她只顧為啟民高興，抱怨和懊惱皆悄然化解。在畢業前夕，這對情投意合的同窗確立了戀愛關係。一九六一年八月，大學畢業時，家在浙江湖州的王啟民毅然決然地選擇了寒冷乾燥的北方，選擇了還是一片荒涼的大慶油田。家在北京的陳寶玲只得和戀人一起重返大慶。

黃昏中的落日漸漸墜下了，一種前所未有孤獨與無助淹沒了陳寶玲的心。她陡然感到陣陣的劇痛襲向小腹——讓她恐懼不安的宮縮產生。她汗如雨下，難以支持。見此，一位老大娘關心地說：「閨女，看你這樣怕是要生了吧！」陳寶玲孤苦無助地望著老大娘，不知所措。老大娘急忙找來了列車員。列車員愛莫能助地說：「車上沒有醫生，下一站是錦州，你就在錦州下車吧！」

夜涼如水，陳寶玲拖著沉重的即將分娩的軀體孑然一身在錦州站下了車。一輛三輪車把她送到了錦州鐵路醫院。半夜時分，幾經折騰，她生下了女兒。

「你的丈夫在哪兒，趕快通知他來錦州。」醫務人員對陳寶玲說。

陳寶玲心底浮現了丈夫那敦實強壯的身影，她不願驚動啟民，於是請他們給母親拍了封電報。

「她到底是未婚先育，還是生下的是私生子？」同病房的人都用同情而疑惑的目光打量著這位產前既沒有丈夫簽字，又不見丈夫蹤影的孤身一人的陳寶玲，在猜測著議論著。

陳寶玲的母親接到電報匆匆趕到錦州。母女相見，疼愛與委屈一言難盡，母親噙滿淚花，女兒潸然淚下。三天後，母女倆抱著剛生下的嬰兒，頂著漫天大雪，深一腳，淺一腳地離開了錦州。

幽怨沉入心底，無盡的理解浮上，陳寶玲是位襟懷若天、深明大義的女性，她知道圍著庭院轉悠的絕不是千里馬，是毛驢。站在有事業心的男人背後的女人是要承受無盡的艱辛和孤苦的。她當初選擇的就是王啟民這樣男人，她不後悔。

聽說陳寶玲將孩子生在了路上，單位的領導深感不安，給王啟民探親假，讓他去看望陳寶玲母女。王啟民為紀念女兒生於錦州，他為女兒起名為「錦梅」。兩個月後，陳寶玲給女兒斷了奶，這對獻身於油田工業的夫婦又返回油田。陳寶玲的父親在地壇體育場工作，母親在一家服裝廠當縫紉工，家裡還有兩個正在讀書的弟弟和妹妹，可是陳寶玲的父母為了女兒和女婿的事業，把錦梅留在了自己的身邊。

陳寶玲與女兒一別就是四載。當陳寶玲有機會回京看望女兒時，她回到家連口氣也沒有歇就跑去托兒所接女兒。當見到錦梅時，融融的母愛激蕩在陳寶玲的心間，她一把抱起了女兒，迫不及待地說：「錦梅，叫媽媽，快叫媽媽啊！」女兒用陌生的目光打量著她，怯生生地叫了聲：「媽媽。」陳寶玲陶醉了，熱淚順頰而下。

六〇年代，當大慶油田出現「注水三年、油井水淹一半、採出程度只有百分之五」的嚴重局面時，王啟民通過反重現場觀察試驗，提出了「因勢利導、逐步強化、轉移接替」的新方法，不僅為油田開發初期培養了一大批日產百噸以上的高產井，而且為探索我國自己注水開發油田的道路提供了理論和實踐依據。

一紙商調函擺在了王啟民的面前，那是北京規劃院發來的。

王啟民毫不猶豫地揮筆在上面寫下：「本人不同意調動。」

「我費了那麼大勁才辦成，你憑什麼一下子就回絕了？」陳寶抑制不住地和丈夫吵了起來。

「北京那裡有油田嗎？離開油田你讓我幹什麼？要去你自己去！」王啟民賭氣地說。

「我自己去算是怎麼回事？你到底去不去？你不去咱們就離婚。」

陳寶玲也火了，她一氣之下寫了份離婚協議書。她原想嚇唬一下他，萬沒想到他竟真的在協議書上簽了字。

陳寶玲捧著那紙協議書，看著王啟民的簽字心如箭穿，不禁淚下。自己費那麼大勁兒辦調轉歸根結底還不是為了啟民嗎？可他卻這般傷自己的心。

在大慶實習時，王啟民住在水泡旁的乾打壘房裡，十分潮濕，每天早晨起來，睡的墊子都濕淋淋的。不久王啟民患上了風濕病。艱苦之中，王啟民體味到了創業幸福與歡愉。「艱苦」和「幸福」相距何其遙遠而又何其親近啊。

分到大慶後，啟民一年到頭守在現場。寒風呼嘯，大雪紛飛，荒野的氣溫達到攝氏零下三十多度。狹窄的小屋只能放三張床，可是試驗組卻是四個人，每天王啟民搶著去睡辦公桌。

除夕之夜，試驗組的同志都回家了，小屋一下子冷清而空曠了。王啟民一個人守在那裡，屋裡冷得擁著三床棉被身體還凍僵了。可是，那凍得僵硬的手還頑強地在圖表上畫著。

實習時落下風濕病越來越重了，王啟民的腰彎了，夜裡痛得他睡不著覺，望著天空數星星；後來，星星也數不了了，風濕病引起眼睛虹膜發炎，發作起來頭痛眼睛也痛，痛得直想撞牆……

一天，陳寶玲為他買了一雙鞋送到現場，見王啟民穿上鞋後，怎麼也彎不下腰來繫鞋帶。她的眼淚一下子就湧了出來，心疼地說：「啟民啊，咱為了石油不能不要命啊！」王啟民卻安慰她說：「等忙完了這段我就去醫院。」當陳寶玲走後，他已忘記了許諾。

一天傍晚，他從作業隊返住地，驀地被絆了一下，他跌倒在地。讓他莫名其妙的是絆倒他的竟是一塊土坷垃（即土塊）。他想站起來，渾身像散了架似的，怎麼也站不起來。他不禁想起醫生的話：「你患的是類風濕強直性脊椎炎，如不抓緊治療，可能會引起癱瘓，眼睛也有失明的可能。」

威脅大慶油田穩產高產的含水量上升的問題還沒有解決，我身不能癱瘓，不能沒有眼睛啊！兩道淚線從臉頰淌過，他哭了。他咬緊牙關，緩緩地坐了起來，又忍著劇痛跪在地上，慢慢地站了起來……

陳寶玲見在大學裡曾是國家三級運動員的丈夫不僅成了駝背，而且躺下就坐不起來，坐著又站不起來，站起來又走不了。看他每一個動作之後都疼得喘好一會兒氣才能做下一個動作，她心如油煎。為了改變一下他的生活與工作環境，在一次公出時，她偷偷地托人幫助聯繫調動。時過不久，北京規劃院的商調函就到了，陳寶玲喜出望外，心想這回可好了，北京的工作環境好，醫療條件也好，啟民的身體有望康復了。不料，啟民不僅不同意調動，而且還同意和她離婚，真讓她感到身置冰窖，心寒透徹。

事後，王啟民對妻子說：「我們夫妻多年，別人不瞭解我，你還不瞭解我嗎？即使我人走了，心還在油田，你就忍心嗎？」陳寶玲又何嘗不瞭解丈夫呢？當啟民回家時，晚上他痛得躺在床上翻來覆去，難以成寐，那沉重的翻動聲音對她來說若箭戳肺腑——心疼啊！她何嘗不希望他在自己熟悉的崗位上實現人生最大價值？她何嘗不知道當初啟民選擇大慶不僅僅是一腔熱血，而且有著「國家利益高於一切」的責任感和使命感。

王啟民選擇了大慶，她選擇了王啟民，只要他不走，她就要陪他在這兒待下去，直到地老天荒。

七〇年代初，王啟民和其他科技人員通過長達十年的現場攻關，創立了開採新模式，為大慶油田年產上五千萬噸目標的確立和第一個十年穩產的實現提供了理論和實踐依據。美國專家認為，這一開採模式可以向世界各國的同行挑戰。

八〇年代，王啟民提出的兩次調整挖潛，使油田增加地質儲量二十多億噸，等於又為國家找到了一個大慶油田。

一九九二年十二月十四日，在這個西北風呼嘯著拍打窗櫺的寒夜，啟民黯然銷魂地坐在家裡的沙發上，失去母親的悲痛使得他的心似井噴的井架直往下陷。當年父親去世時，他沒有回去，他愧疚了數十年，如今母親去世了，他又沒有回去……

一九六〇年的一個殘星幾點的夜晚，王啟民面對荒原，眼噙淚水，哀哀欲絕。遠在浙江湖州的父親病逝了。父親王惟遂是位有民族氣節的剛直不阿的教師。在抗戰時期，為了不與汪偽政府沆瀣一氣，腿有殘疾並患有嚴重的氣管炎的父親領著家人四處漂泊。生活窘迫，使王啟民從小養成了吃苦耐勞，鍥而不捨的性格。王啟民上學很晚，以至於後來不得不一邊讀初中，一邊補習小學課程。父親也是師長，他教過啟民中學的語文。父親在去世前在信中悲戚地寫道：「原打算再苦再累也要讓你的弟弟妹妹念上大學，現在看來，王家只有你一個大學生了。啟民，你要珍惜學習機會。」王啟民多麼想再最後見慈愛的父親一面啊！可是，他怎忍心走啊，大慶人都在為摘掉共和國貧油的帽子而忘我奮戰，他怎麼能回家給父親送終？來回一趟需要半個多月的時間哪！儘管他是實習學生，可是他已把自己當成了石油大會戰中的一兵一卒了。對於中國人來說，生不能為父母盡孝、死不能為父母送終將是終生的缺憾和隱痛！王啟民很愛自己的母親，母親不僅給了他生命，還給了他做事一絲不苟，堅忍不拔的品性。在他小時，母親做針線活將針掉在了地上，家人找一會兒沒有找到，就不想找了。可母親卻說，這根針一定能找到，它就在地上，怎麼會找不到呢！母親執意地找下去，直至找到為止。

母親的形象又浮現在王啟民眼前。那是一九八九年的一天，王啟民趁到杭州開會之機，順便回闊別二十七年的家鄉小住三天。母親喜極而泣，她拉著啟民的手不肯鬆開。那三天，母親守在兒子的身旁，寸步不離。三天，對於思念兒子幾千個日夜的母親來說委實太少了。王啟民要離家返大慶了，已是風燭殘年的母親執意要把啟民送到大門口。臨別時，母親流著淚拉著兒子的手說：「啟民，再讓媽媽看看你。啟民哪，媽媽老了，沒有幾天活頭了，你若有機會一定回來看看媽媽……」啟民戀戀不捨地三步五步一回頭地上路了。當他回首時，母親白髮飄然地倚著門向他招手，再回首，母親的身影還在那兒。他的心一酸，淚水奪眶而出……

王啟民回家對妻子說，媽媽這輩子太苦了，有時間一定想法再回去看看媽媽。

母親一輩子很不易，由於啟民的父親工作不穩定，一家人隨著父親四處漂泊。她先後生了六個孩子，八歲的長子患病沒錢治，夭折了；唯一的女兒摔傷後無錢治，落下了終身殘疾——駝背；三子因生活窘迫而送人。生活稍有好轉，啟民的父親就去世了，家裡失去了生活來源，啟民的兩個弟弟沒有讀完初中就當了工人。所以在存活的五個孩子中，啟民是老大，也是唯一享受過高等教育的。啟民大學畢業後，只回過家鄉兩次，那次是一九六一年他大學畢業後，他惦念著母親和弟弟妹妹，臨到大慶報到前他回一次家。

啟民很體諒母親，當年父親去世後，家裡唯一的經濟來源斷了，妹妹輟學在家。啟民探家時，不僅安排妹妹重返校園，而且從每月的五十七元工資中取出三十元寄給母親。後來，他的工資上漲後，寄給母親寄的錢也隨之增多了。

一九七三年，母親和妹妹到大慶探親，啟民高興得將分到的一間磚房換成兩間乾打壘的房子，大的一間給母親和妹妹住，他和妻子帶著兒子住在狹窄得只能放一張床的小屋。晚上，他一遍遍地叮囑陳寶玲：「給媽媽把床鋪好，弄暖和了……」母親和妹妹吃不慣北方的麵食和粗糧，他不是讓妻子去市場買高價米，就是匯錢給弟弟，讓弟弟買米發到大慶。他工作緊張，一兩個月才能回趟家，一回家他不是帶母親和妹妹去看電影，就是陪著母親聊天，還擠出時間來領妹妹去看病。

一九九二年六月，八十一歲的老母親患了中風，生命垂危。弟弟妹妹一次次給王啟民來信，讓他回去。弟弟含淚在信中寫道：「媽媽已不能說話了，她總用手指著你的照片。哥哥呀，媽想你啊！為了媽媽能閉上眼睛，你就回來一趟吧！爸爸去世時，你就沒有回來，這次你無論如何也要回來啊！」可是，研究院正值穩油控水試驗關鍵之時，這一試驗關係到大慶油田的年產量能否繼續保持五千萬噸，王啟民作為院裡主管科研的領導，他每天加班加點都感到時間不夠用，他怎麼走得開啊！他默默祈求：媽媽，你一定要等兒子做完試驗回去啊！

他無限歉疚地給母親匯上四百元錢，在匯款單的附言處寫道：「工作脫不開身，望弟妹們代勞，照顧好母親。」又給家裡拍了兩份電報，告弟弟等試驗一結束他就回去。可是試驗還沒有結束，母親卻走了。他再也看不見慈祥的母親了，再也兌現不了當年答應母親的諾言了。

他知道母親會理解的，可是他又怎麼能理解自己呢？在他的心裡，試驗重要，母親也重要，儘管再給他一次選擇他還會選擇試驗，但是這絲毫也不能減輕他對母親的歉疚，不能減輕他內心痛楚啊。

次日，王啟民和往常一樣按時上班了。試驗在等著他，他沒時間歉疚，沒時間愧悔，也沒時間痛苦！

九〇年代，王啟民提出了「三分一優」的結構調整法和「控液穩油」新模式，使大慶油田在五年內多產原油六百多萬噸，經濟效益達一百五十多億元，同時使大慶油田實現了連續二十年穩產五千萬噸，創造了世界油田開發史上的奇跡。

表外儲層是指厚度在〇・五米以下的薄差油層，是沒有開採價值的。按國際慣例，表外儲層是不計算在儲量表內的。可是，王啟民卻提出開採表外儲層，他和同事歷經七年艱難探索，終於使表外儲層的開採獲得成功。

陳寶玲說，其實王啟民就是我們家的外表儲層。他是「開門七件事兒，一推六二五」。「他的心不在家，家裡的什麼事兒都指望不上他。」

四十來年，王啟民的心全然被油田佔有了，他沒日沒黑，沒節沒假，家人想和他吃頓團圓飯都很難，難怪陳寶玲說他：「你不該姓王，應該姓油。」

一九六九年，兒子慶文出生了。這時王啟民正忙於探索「非均質」開發新路。他只在家照顧妻子三天就返現場了。陳寶玲不僅要看孩子，還要洗尿布，若不是婆婆寄來一大口袋炒米粉，她不知要挨多少餓。

兒子滿月不久，陳寶玲的母親去世了，妹妹下鄉了，女兒在北京沒人照顧了，只好託採油六廠的一位回京探親的同志幫捎回大慶。女兒回來了，陳寶玲的負擔更重了，她既要照看小的，又要照料大的。女兒和爸爸熟了，爸爸卻很少回家，如不出大慶頂多也就是兩個星期回來一次，有時為的是取資料，回家看一眼就走了。

後來，他們又搬到了平房，房子的南面是荒野，據說有狼。冬天，屋子靠火牆取暖，女兒放學回家，家裡冷若冰窖。三四點鐘天就黑了，還經常停電，當陳寶玲回家，見女兒嚇得蜷縮在牆角，緊裹著被子，她那顆母愛之心就溢滿了酸楚。

那些年，家裡沒有自來水，別人家的男人都把缸挑得滿滿的，而他們家先是陳寶玲擔，後來是女兒擔。女兒小小的年紀就知道幫媽媽分擔家務，每天放學回家後就去擔水，冬天井臺結厚厚一層冰，十分滑，不小心摔倒了，水桶翻了，渾身都是水……

過去，黑龍江的居民都要挖個菜窖，否則冬天就沒菜吃。王啟民沒有時間挖菜窖，陳寶玲只好用別人丟棄的菜窖貯菜。別人家都有個存放破爛和凍肉的小倉房，陳寶玲知道指望不上丈夫，只好撿些磚頭瓦片，自己和泥在別人家的倉房邊上搭了個小棚子。別人家都是丈夫下窖取菜，而他們家是女兒下窖。女兒最不願幹的事兒就是下窖，窖裡沒有梯子，四周都是霜，一腳蹬不住，就「哧溜」一下掉了下去，摔得滿身泥水。

許多不正常的事一旦做久了，人們也就接受了。從不管家的王啟民偶爾為家裡幹點什麼，別人見了就會覺得奇怪。兒子小時，一次王啟民回家吃午飯，飯後陳寶玲著急收拾一下屋，就讓他把兒子送去托兒所。沒想到，事後許多人對陳寶玲說，你看王啟民背著兒子那個樣兒，他本來腰就彎，再背個胖兒子，真是慘不忍睹。陳寶玲心裡說，他背送兒子一次，你們大家就覺得慘了，我天天背送兒子怎麼就沒人看見？從此，陳寶玲再也不讓王啟民送兒子了。兒子上中學時，突然一條腿瘸了，眼看著腿漸漸地細了下去。陳寶玲愁白了頭，她背著兒子四處求醫。這是唯一驚動王啟民的家事，他只帶兒子去看了一次病。

王啟民擠不出時間去關心兒女的學習。女兒沒考上大學，有人說，兩個大學生連個大學生都沒培養出來。兒子高三時，陳寶玲逼王啟民去開了一次家長會，他回來說：「這孩子恐怕考不上大學。」也就不再管了……

陳寶玲知道丈夫愛家，愛孩子，可是他擠不出時間，沒有精力啊。

沒有矛盾也就不是夫妻。也許地質專業的女性有著一個大自然的性情，當年陳寶玲在大學時，她們專業的女生總也得不到衛生紅旗，就是使出渾身解數也趕不上人家煉製專業的女生。王啟民不挑吃不挑穿，就是喜歡家裡收拾得俐落整潔，因此他對陳寶玲收拾的屋子總不大滿意。儘管陳寶玲盡心盡力去做，還是難讓他滿意。搬入新居時，一次王啟民晚上十一時多才回家。可是，一個多小時過去了，還不見他回臥室休息，陳寶玲就起來找他。見他蹲在衛生間裡摳瓷磚上的水泥，一邊摳還一邊說：「誰說摳不掉，誰說摳不掉？」

王啟民先後榮獲「新時期鐵人」、「中青年有突出貢獻專家」等稱號。可是妻子對他卻有獨到見解。女兒大了，陳寶玲的同事給女兒介紹個對象。女兒問母親：「這個人怎麼樣？」陳寶玲說：「他最大的水準也就是和你爸爸差不多。」「跟我爸差不多就行啊！」女兒高興地說。如今，再說女婿和王啟民差不多時，女兒就感到不是什麼褒意了。陳寶玲說，王啟民確實有不太招人喜歡的地方，他不那麼場面，不那麼會處理人際關係，不那麼八面玲瓏。

王啟民癡迷於科研，有時對熟人視而不見，為此得罪了不少人。有一次，一位退休的女高級工程師和他打招呼，他沒注意，結果那個女性找到了陳寶玲，把王啟民大罵一通。

女兒結婚時，他認為年輕人應該有時間觀念，於是送了一臺鐘。人都說，結婚哪有送鐘的？女兒分到了一套新房，沒有彩電，他送給女兒一臺十四吋舊彩電。女婿在科研上取得了不少成果，可是在晉副高職稱時，只要王啟民說句話就能晉上，可是他就是不給說。兒子自費讀完大學，被分到工廠當工人，一天三班倒，一起分去的同學一個個調走了，兒子想讓父親給說句話，王啟民不僅不給說，反而把他教訓了一通。可是，為此女婿考取了北京地質學院的博士研究生，後來憑自己的能力擢升為研究院的副總地質師。女兒職業大學畢業後，憑自己的努力晉為工程師。兒子和兒媳在自己的努力下，工作也有所變動，不再倒班了。

王啟民一家

陳寶玲也有不服王啟民的時候，過去王啟民是專題負責人，陳寶玲也是專題負責人。她認為王啟民沒有什麼優勢，只不過他肯付出，肯下工夫，別人下班了他還在那兒幹。較量過幾次之後，她發現王啟民雖然並不比自己聰明，可是他的思路清晰，整理出來的材料十分工整，尤其在綜合分析方面更比自己強。她終於找出了自己與王啟民的差距。

如今，陳寶玲從高級工程師的位置上退休了，她幽默地說：「現在我雖然是個專業的看家人，可是讓我一天光收拾屋子我也不情願，我還關心著哪有石油啦，去哪兒開採呀。」她十分豁達地說：「我過去是搞靜態石油地質研究的，啟民是搞動態石油地質研究的。我的工作是探明地質石油儲量，他的工作是研究可採石油的儲量。在工作中，我的課題是他課題的基礎；在家裡，我是他的後盾。」

王啟民在六十一歲那年調離了大慶石油管理局勘探開發研究院院長的位置，改任局長助理，負責管理局的科研、規劃。職務變了，可是他仍然幹勁十足，仍然冬天不怕冷，夏天不怕熱，幹活不怕累，做事不怕苦。

兒女結婚後都搬了出去，每逢週末就回來看望他們，如王啟民在家他就和女婿談地質，談石油，交流學術，不過王啟民在家的時候較少。

在一條成功的小道上，常常擠不下夫妻二人，或讓一個過去，或兩人都別過去。陳寶玲把成功留給了王啟民。可以說，王啟民如果沒有這麼一位能深深地理解，默默地支持他的妻子恐怕難以有今天的成就。有容乃大，陳寶玲是一位襟懷若谷的女性，是一位融東方美德與現代知識為一體的女性，她幾十年如一日地帶著孩子過日子，而且她還要工作，還要出成果……王啟民榮獲「鐵人科技成就獎」金獎和十萬元獎金後，他用十萬獎金設立了一項科研獎勵基金，陳寶玲知道後表示支持。

在現實生活中，有多少「王啟民」被妻子改造成了心裡只有小家庭，而沒社會責任感的小市民？女人是男人的學校，如果沒有優秀的女人就不會有優秀的男人。「全國美好家庭」獎與其說授予王啟民家，不如說是授予陳寶玲的。她是一個不尋常的女性，一個優秀的女性。

## 悲情老總的濃濃愛情

二〇〇二年六月十九日晚八時，劉杰茹乘飛機從西安回到雞西。

她一進家門就看見丈夫趙文林躺在客廳的沙發睡著了，身旁立著「神燈」。看來他的肩周炎又犯了，她過去看看，他的肩膀已被烤得通紅，再烤下去恐怕就要熟了。他真是太累了，皮膚烤成這樣都不知道。她心疼地將「神燈」悄悄撤去，又進臥室給他鋪好了床鋪，叫醒他，讓他上床去睡。

趙文林睡眼惺忪地看了一眼妻子，說：「你回來了，我太累了，你也早點休息吧！」

他確實是太累了。五十五歲的人了，每個月下井在十四天以上，每天工作十幾個小時，怎麼能承受得了啊。人們不只一次地對劉杰茹說，趙局長太累了。去年雞西礦務局已改為雞西礦業（集團）有限責任公司，趙文林已由局長變為總經理，可是大家還稱他為局長。司機小李說，過去下礦回來，趙局長不是背外語單詞，就是看外文雜誌。現在下礦回來，他在車上睡著了。小李見他睡了，就千方百計地把車開得平穩些，生怕那些坑坑窪窪的路面把他顛醒。有時，小李把車開到他家門口，叫醒他：「趙局長，已經午休了，你回家睡一個小時吧。」

「不行，快把我送回辦公室，還有很多事等著處理呢。」

他只要回到辦公室，門就一直敞著。不論哪個職工或家屬來，他都給讓座，並認真聽取他們的要求。

二〇〇一年五月，他正要下礦，一位礦工的家屬來了。有人勸他躲一下，他說：「我是一局之長，應該聽聽他們的呼聲和要求。」他不僅耐心地聽取了那位家屬的上訪，而且還召集了相關部門給予了妥善解決。井下兩萬多礦工的安全，礦區四十六萬人的吃飯問題全都壓在他的心上，他怎能不累。

趙文林被妻子叫醒後，爬上了床，一轉身又睡著了。劉杰茹望著丈夫，旅途的疲頓消散了，躺在床上難以入寐。

讓劉杰茹有幾分掃興的是，本想給丈夫一個驚喜，他卻睡了。

她在西安給他買了四件小禮物：兩個白瓷的小豬、一掛玻璃葫蘆和一串雨花石。小豬肥嘟嘟的、憨頭憨腦，惹人憐愛。文林是屬豬的，他一定喜愛。那掛小葫蘆是她精心挑選的，還請藝人在裡面寫了「趙文林一生平安」幾個字。平時，文林的鞋裡總要放幾枚石子。她想，如果那些粗糙的石子換成雨花石，也許會舒服些……

往事如昨，劉杰茹不禁又想起和趙文林戀愛的日子。

在「文革」時，她是佳木斯師範學校的學生，趙文林是雞西煤礦學校的學生。學校都停課了，他們不願意留在學校造反，於是回到了家鄉——黑龍江省勃利縣。他們之間早就認識，都是勃利縣第二中畢業的。他比她高一屆。在班裡，他是班長，她是團支書；在樂隊，他吹小號，她打小鼓。他還是她姥姥的鄰居，所以她還得稱這位長得又黑又瘦的老趙家的小三子為「三舅」。

劉杰茹去姥姥家，就會和「三舅」聊聊天，向他借幾本書。讓她感到驚訝的是：別人都不讀書了，文林不僅讀書，還在牆上釘一頁英語或俄語的單詞，直到單詞都背下來了，才把那頁紙拿下來。他的好學與執著打動了她，返校之後他們開始通信。那時，她在信中寫得最多的一句話就是：「海內存知己，天涯若比鄰。」

一九六八年，趙文林被分配到七台河新興煤礦三井的採煤隊，劉杰茹被分到勃利縣的一所學校當老師。

當他們的愛情成熟時，劉杰茹的家裡知道了，沒想到不僅她父母表示反對，她的姥姥也不同意，趙文林不僅家境貧寒，而且還在井下採煤。劉杰茹長得很漂亮，街坊鄰居都給她介紹的對象有中國人民解放軍事工程學院畢業的，有農大畢業的，也有部隊的軍官。可是，她認為自己和文林已是知己，不能再選擇別人了。

一九七一年臘月，他們結婚了。婚後，他住在七台河，她和公公婆婆住在勃利。週末，他乘火車回來，週一早晨回去。不過，有時下班後，他騎兩個來小時自行車回來看她。

當兒子趙昕出生三個月後，劉杰茹調到七台河。趙文林以每月五元的租金租了一間破草房。那房子四處透風，冬天把爐子燒得旺旺的，烤得人滿臉通紅，可是爐火一熄，屋裡刷的一下子就冷了。剛搬進一個月，孩子就感冒發燒，得了肺炎。深更半夜，趙文林一手拎著礦燈，一手抱著孩子往醫院跑。醫生說，你的孩子快不行了。趙文林一邊晃動一邊掉淚。後來，趙文林花一百五十元，從一位礦工手裡買下了一間建礦初期蓋的乾打壘的房子。那房子矮矮的，屋裡比外邊低半米多，每當下雨時，在礦裡當秘書的趙文林就趕緊往家跑，要不屋裡就灌包——雨水從門和窗口湧進屋。

由於家境窘迫，碗櫥是趙文林自己動手打的，洗衣板是他用木板摳的；她常常去揀糧揀煤。一次，上面掉下來一塊石頭，砸在了在小學當校長的劉杰茹的腦袋，血流了下來，她卻不敢吱聲，怕被學生家長認出來……

他們住在礦工住宅區，經常有礦工遇難和致殘。那些礦工的孩子大都是劉杰茹的學生。那時，每天上班，她像一個孩子王，懷裡抱著兒子，前後左右簇擁著一大群孩子，大一點的孩子幫她拎著飯盒和尿布……

屈指一算，從結婚到現在，他們已經搬了六次家了。最後這次搬家是在趙文林來雞西一週年的那一天。家是偷偷搬的，誰也沒敢告訴，趙文林不僅不願興師動眾，而且害怕有人想借機表示表示。不過，客還是要請的，第二天他就主動請礦長們吃了一頓莫名其妙的飯。事後，礦長們聽說趙局長搬了家，紛紛讓他請客，他說：「我不是已經請你們了嘛！」「什麼時候啊？」「不就是那天嘛！」礦長們一聽直拍大腿：「你也沒說搬家呀！」

劉杰茹過去是七台河教育工會主席，也是一位處級幹部。當家搬到雞西後，趙文林對她說：「你該上班就上班，不要管我。你可以週五晚上過來，週一早晨回去。」

她跑了兩個月通勤之後，感到這樣不行。她不在家時，文林早晨顧不上吃飯，晚上回來筋疲力盡了，身邊卻沒人照顧。於是，她狠了狠心，提前辦理了退休手續。

她時常回憶那段日子，儘管生活貧寒，卻讓她感到幸福。趙文林騎著自行車馱著他們娘三個去上班，晚上一家三口人其樂融融。如今，趙文林早晨早早去上班，晚上很晚才回來，她退休了，孤零零地一個人待在家裡，想嘮嗑都沒人嘮，只好捧著一台電視從早看到晚。於是，他勸她出去走走。她這次去青島和西安探親，就是他給買的機票……

有時，她忍不住埋怨他幾句。他說，再等我幾年，礦工解困了，我就不幹了，我整天陪著你，你說上哪咱就去哪兒……

三十一年，怎麼這麼快就過去了呢。在感慨中，她漸漸進入夢鄉……

六月二十日，凌晨四時，劉杰茹就起來接水了。雞西供水緊張，居民要在清晨把一天的用水備足。

五時許，電話遽然響起。劉杰茹的心一下子被那急促的鈴聲給提了起來。他們家最怕的就是電話在不該響的時候響了，那大都是煤礦出了險情。她剛剛接起電話，趙文林就光著腳丫從臥室跑了出來，把話筒接過去。

杏花礦井出現了險情。

「有沒有傷亡？」

「沒有。」

「我馬上就到！」

他放下電話，匆匆穿好衣服，疾步向外走去。

「我給你熱一口飯，吃完再走吧！」聽說沒有傷亡，她對他說道。

「不吃了，我得馬上趕去看看。」說罷，他小跑下樓。

劉杰茹跑到陽臺，見丈夫上了車，並望著車疾駛而去，在視野消失了，才回到屋……

文林真是不易，不僅每天要工作十幾個小時，而且安全的那根弦二十四小時繃得緊緊的，須臾不敢鬆懈……

趙文林來雞西已經兩年了，兩年前的那個晚上她還記憶猶新。

那天，在七台河礦務局任副局長的文林憂心忡忡、滿腹心事地回到家，坐在床上，像個孩子似的抱著枕頭痛哭起來。劉杰茹莫名其妙地望著他，不知究竟發生什麼事？

文林告訴她，組織上決定讓他到雞西礦務局任局長。他從副廳級擢升為正廳級，這不是件好事嗎，為什麼還傷心呢？

雞西礦務局是一個擁有百年歷史的老礦區，有過輝煌——年產量高達二千萬噸，居全國第二位。可是，在二十世紀九〇年代，這一共和國特大型企業衰落了，年產量降至五百多萬噸，負債額高達九億多元，成為中國第一窮的礦務局，拖欠職工工資長達三十多個月，礦工不僅集體上訪告狀，甚至阻斷鐵路長達九天九夜。為此，國務院撥了二・七億元的封閉貸款；黑龍江省委、省政府號召全省機關幹部每人捐獻一個月工資，以解雞西礦務局之危，但這一切均沒有使雞西礦務局擺脫困境。它不僅成為黑龍江省沉重負擔，而且「成了共和國的一塊心病」。

雞西是高瓦斯地區，煤礦的裝備老化，通風很差，極易造成瓦斯超限。再加上長期拖欠礦工的工資，使得技術骨幹流失，新招的協議工較多，每天有兩萬礦工在井下作業，如有一個人不注意安全生產就會釀成大禍，到那去當局長無異於坐在火山口上。

有人認為，雞西礦務局已無力回天，讓它壽終正寢好了。可是，雞西礦務局破產了，那四十六萬職工和家屬怎麼辦？於是，省裡決定派一位富於開拓精神的、強有力的領導幹部去雞西，最後選擇了趙文林。

這時，趙文林已經五十三歲，再有幾年也就從領導崗位上退下來。在七台河，他輕車熟駕，去雞西不僅僅責任重大，弄不好還會身敗名裂，成為千古罪人！

「文林，你可要想開些，這個家還靠你呢！」她勸說道。

是啊，她怎麼能離得開他呢？這幾年，她生過兩次重病，出過一次車禍。如果身邊沒有趙文林，她怎麼能走出那一次次磨難和煎熬？

在她患腦溢血時住了一個月醫院，他在醫院侍候了三十宿。在礦務局當副局長的他白天忙於工作，晚上到醫院去侍候她。他給她洗腳擦身，接大小便。早晨，他早早起來，把病房打掃乾淨之後，給她洗臉洗頭，削水果。侍候完她之後，他趕回家給母親做飯，然後再去上班……儘管如此，他卻沒影響工作。

她舌頭變得僵硬，一側肢體癱瘓。趙文林不僅四處求醫，勸她服用中藥和針灸之外，天天陪她鍛鍊。白天沒有時間，他就每天早晨四點鐘叫醒她，然後攙扶她到院子裡去，用那隻不聽使喚的手去撿磚頭。她撿起來掉了，掉了再撿起來。她累得滿頭大汗，他也累得氣喘吁吁。可是，他不斷地鼓勵她堅持下去。幾個月後，她身體終於得到了康復。

他去雞西怎麼能行呢？不僅家裡離不開他，而且他身邊也需要有人照顧啊！

他默默地勸自己，去吧，為礦工所需就是福，讓礦工吃上飯就是當前的最大的政治。你不是說，如果一個人能夠造福於民，那是人生最大幸福麼。造福於民？那不是他小孫子嗎？小孫子出生後，兒子讓他給起個名字。他說，就叫「趙福民」吧！兒子說，爸，這個名字是不是太土了？他說，怎麼土呢？造福於民，這多好啊！

「別擔心，在七台河能幹，到雞西我也照樣能幹。不過，我去了雞西，家裡的事我就管不了了，擔子就都落在你肩上了。我要為雞西礦區的四十六萬人負責啊！」趙文林擦乾了眼淚，轉過來安慰妻子道。

五月四日，趙文林登上了被許多人視為中國煤炭領域的「鐵達尼」，要駕駛這艘國有特大企業的巨輪走出困境。有人說，趙文林到雞西不是來當官的，而是替共和國受難的。

上任後，他一頭紮到了井下。二十一天後，他總結出雞西礦務局擁有十八條有利的優勢，在失望與絕望的黑暗中點燃了希望之火。

怎樣才能提高原煤產量？文林經過井下調查瞭解到，當前影響生產的主要因素是事故多，開機率低。井下生產變化無常，如果領導幹部不深入井下，進行前沿指揮，就無法保證安全和產量。於是，文林提出雞西礦務局要走出困境必須堅持三精神：向極限挑戰的長征精神；沒有條件創造條件也要上的大慶精神，幹部率先垂範的九八抗洪精神。他規定：局長每月下井不得少於十二天，副局長不得少於十五天，礦長書記不得少於十八天，井區長不得少於二十四天，且幹部下井不能走過場，一定要同礦工一起幹。

在趙文林的心中，「礦工吃飯重於山」。他估算了一下，要讓礦區四十六萬職工、家屬人吃上飯，全域年產量必須達到八百萬噸；要吃飽飯，年產量要達到九百萬噸；要吃好飯，年產量要達到一千萬噸。於是，年產量一千萬噸成了趙文林執著不懈的追求。

為了這一千萬，文林是怎樣的嘔心瀝血，臥薪嘗膽啊！

他給自己規定每月下井十二天，可是他每月下井的天數都遠超過十二天。

他的辦公室在七層，他放著電梯不乘，天天爬上爬下。他已是年過半百的人，上午下井，回來還要工作十來個小時，哪裡吃得消啊？大家都勸他乘電梯，他卻說：「等全域的礦工都解困，我再坐電梯。」

他在自己的鞋裡放了幾粒石子。鞋裡有幾粒石子那是一種什麼感覺？腳會被硌痛，硌腫，硌出泡來。可是，他就是要用疼痛來提醒自己——要讓礦工吃好飯，年產要達到一千萬噸。

他的身份證一直放在辦公室。一次，上級組織各礦務局的領導去西歐考察，辦公室沒經他同意就把身份證交去辦理出國手續。他知道後愣是讓辦公室把身份證要了回來，他說：「一千萬噸沒實現，我哪也不去。」

如今，出國已經不時髦了，可是卻有這麼一位領導幹部，當了十多年廳級領導，只去過一次前蘇聯，而且還是在他當礦長時去的。

二〇〇一年，雞西礦業集團公司在趙文林的領導下，大井生產煤炭七百四十萬噸，增產一百二十八萬噸，增收一．九億元，減虧一．五億元，百萬噸死亡率低於省裡下達的安全控制指標。礦區職工基本上能月月開資，比前年淨增工資額四千多萬元。雞西礦區的廣大幹部和礦工的生產積極性被調動了，煤礦安定了，告狀的沒有了。礦工們說，有這麼好的領導，我們再上訪告狀那就沒有良心了……

杏花礦的險情牽動著劉杰茹的心，她知道在趙文林的心目中礦工的安全有多重。

從文林走後，她一邊擔心，一邊收拾旅行袋。她把給文林買的那兩個小瓷豬擺在了茶几上，把那掛葫蘆掛在了只要他回家就能看到的地方……

中午，突然有人打來電話：「嫂子，咱們城子河煤礦出事了，瓦斯爆炸，趙局長也在井下……」

她一聽腦袋就「嗡」的一聲，手就哆嗦了起來，心蜷縮成了一團，似乎再也跳不起來了。放下電話，她急忙撥打文林的手機，沒人接；她又撥打跟他在一起的辦公室主任劉丁力的手機，也沒人接。她慌了，感到心空空落落，茫然一片，似乎什麼都不存在了。還打電話給誰？她拿著電話想了好一會兒，才想起趙文林的司機李景軍。她急忙傳呼小李，可是連傳數遍都沒有回話。這時，她發現自己不僅話說不出來了，路也不會走了。

城子河煤礦，城子河煤礦……

城子河煤礦是雞西礦務局的最大礦，原煤儲量為一．八億噸，占全域儲量的三分之一，在產量高峰時，一個採煤隊年產量高達百萬噸。可是，這些年來它卻像一位彌留之際的老人，苟延殘喘著，等待著死亡。

二〇〇〇年五月十日，上任才五天的趙文林在連續兩天入井察看後提出，城子河礦在雞西礦務局有著舉足輕重的地位，不能破產！他的話猶如給這座行將倒閉的老礦注入了一針強心劑。一四五綜採隊是城子河礦的一支勁旅，年產量占全礦的一半。由於沒有新的採場，他們已處於停產狀態。

趙文林要求城子河礦必須在十五天內，將一四五隊新採面設備安裝完畢，如果超過一天，主管生產的副礦長撤職；超過兩天，礦長撤職。半個月安裝一個綜採工作面，這是前所沒有的速度。將設備從老面搬到新面，這是個什麼概念？是要將重達兩千多噸、可裝二十四列車皮的設備運到三千米之外。

從此，趙文林不管有什麼事纏身，他都要一天給城子河礦打幾次電話，隔一兩天就去一次現場。城子河煤礦出現了前所未有的緊張局面，礦領導提出：只有鐵的工作量，沒有鐵的工作時間。全礦上下齊努力，每位礦工下井時都隨身攜帶幾個備用礦燈，八小時幹不完，就幹十六小時，十六小時幹不完就幹二十四小時！十五天，他們終於安裝了一個綜採面，創下了全國紀錄。

劉杰茹的外甥女見她不知所措地呆坐在那裡，急忙勸道：「大姨，你坐下，我來打電話。」她接過電話，繼續傳小李。俗話說，井下那是「三塊石頭夾塊肉」。舊社會說，陰間有十八層地獄，礦工是在十九層。

安全是趙文林的一根最為敏感的神經。在他當井長時，劉杰茹就十分擔心，每當他回家晚時，她就坐立不安。她勸他少下井，他說：「井下危險，我不下去誰下去！」

他在七台河的新興礦當礦長時，有的礦井對安全不重視，出了事故把責任推給遇難的礦工。趙文林知道後就火了，他親自帶領幹部走訪遇難礦工的家屬。一位遇難礦工的妻子自從丈夫遇難後，她既當爹又當娘地拉扯著三個不諳世事的孩子，生活十分艱難。她一見趙文林就忍不住大哭起來。

一位幹部訓斥道：「你這人怎麼了，趙礦長來了，哭啥？」

她一聽更傷心了，哭得更悲切了。三個孩子見媽媽哭，也都跟著大哭起來，轉瞬間娘四個哭成一團。

「她為什麼就不能哭？」趙文林紅著眼圈冷著臉對那位幹部說。見此情景，在場的其他的幹部的眼睛也都濕潤了。

從那位遇難的礦工家出來，趙文林語重心長地說：「看到了吧，組織上對遇難礦工的家屬照顧得再好，也彌補不了他們失去親人的痛苦。作為領導，只要稍有點人情味，就應該認真抓好安全。」

在趙文林的領導下，煤礦不僅達到了品質標準化，創出了建礦以來薄煤層開採的最好水準，而且實現了全年無事故。當全國煤炭系統在七台河開現場會時，全國的同行到新興礦參觀都讚不絕口。

想消除位於地下千尺的井下隱患，就要不停地對井下進行全面檢查！趙文林在七台河礦務局任安全生產監督管理局局長和任礦務局副局長主管安全期間，為防止井下弄虛作假，應付檢查，他準備了三副牌，採取抽牌檢查法——早晨上班由抽牌來決定去檢查哪個礦，負責安全的礦長由抽牌定井，負責安全的井長由牌定掌子。在局裡，他下井次數最多，爬的掌子最險，他說：「咱做安監的，在井下多發現一個隱患，礦工就多一分安全。」為了確保安全，他還制定了一整套安全達標制度，並定期檢查，一旦發現隱患，不論有無事故發生，立刻令整頓，對拖延不辦者，嚴懲不貸。

七台河礦務局居高不下的百萬噸死亡率終於降了下來，每年全域減少死亡近百人！

有人說，下一次井，就是和死神打一次照面。死神一翻臉，你就再也見不到陽光，呼吸不到新鮮的空氣，見不到了親人。

可是，為了井下的安全，趙文林不僅自己下井，而且還經常帶著兩個兒子趙昕、趙璐下井。有人好心地勸道：「趙昕是科室的，沒必要總下井，那樣太危險了。」

「不行，他既然幹了這行，就必須從井下做起。」趙文林板著臉說。自己的兒子下井危險，那麼長年作業於井下的別人的兒子就不危險了嗎？

儘管文林礦業生涯三十多年，儘管他是礦業領域不可多得的安全生產專家，可是，劉杰茹仍然十分擔心。他是一個把危險留給自己，把安全讓給他人的人。在井下他最常說的一句話就是：「那裡危險，你們都別動，我過去。」

一次，趙文林從井下返回地面時，乘坐的罐籠上升三百米時突然失控，直墜而下。趙文林卻一個勁兒地告訴自己：不會出事的，不會出事的。我還有那麼多的事情沒有做完，礦區的產量還沒實現一千萬噸，四十六萬礦區人民還沒吃上好飯，老伴還等著和我安度晚年呢，我怎麼能走呢？在距井底一百米時，罐籠戛然而止，停了下來了。

劉杰茹聽說後，嚇出一身冷汗，她含淚勸他：「你儘量少下井吧……」

「你以為我願意下井嗎？你以為雞西礦務局長好當嗎？國務院撥的封閉貸款沒有了，全省人民支援的錢花光了，等、靠、要行不通了，現在就得靠實幹，實實在在地幹。只有井下多出煤，才能保證礦工開工資，保證礦工有飯吃。咱們要對得起礦工啊！什麼是局長？局長就是下井加工資！」他慷慨激昂地說。

趙文林每月都遠遠超過十二天，不知是不想給其幹部以壓力，還是不願讓別人知道他的下井次數，他每月最多只填報下井十四天。

作為一位領導著四十六萬人口的廳級領導幹部、一位特大企業的總經理，要保證每月下井十二天是多麼不容易的事！為了保證下井，他儘量在週六出差，在週一早晨回來下井。在他生病時，為了確保上午下井，他早晨五點鐘跑到醫院去輸液；他腿上長個癤子，爛了一個孔，流膿淌水。他洗洗傷口，纏上膠布，照常下井。怕傷口感染，他就從井下上來之後不洗澡。司機小李兩眼濕潤地去求劉杰茹：「嫂子，你和趙局長說說，讓他在家休息幾天吧。」

劉杰茹知道趙文林心裡想的是什麼，她知道勸也白勸，雞西礦區實現不了一千萬噸，礦工吃不上好飯，他怎麼會休息呢？她只好在心裡默默地牽掛著他，默默祈禱著雞西礦業集團早點實現一千萬。

到了雞西後，趙文林多次在井下負傷，常常「掛彩」回家。一次，他在井下摔倒了。滿臉是傷地回到七台河。劉杰茹望著他臉上的傷心如刀絞。他怕妻子難過，滿不在乎地反覆用蘆薈擦洗傷口。週一清早，他又趕回雞西去下井了。

趙文林就是這樣一次次地冒著生命危險，手提著可攜式瓦斯監測儀，出現在千尺井下的生產第一線，出現在礦工身邊，出現在最危險的地帶……

正值劉杰茹心如火焚，急得不知如何是好之時，雞西礦業集團的兩位女同志來了。她們說，聽說井下出事了，怕劉杰茹害怕，所以過來陪陪她。

「趙文林怎麼樣？沒有消息？」劉杰茹猶如見到救星似的，急切地說。

她哪裡知道趙文林已經和一百一十四位礦工和幹部以身殉職。

趙文林離家後，急速趕到杏花煤礦，他立即召集相關人員瞭解險情，制訂搶險和整改方案後，又對安全生產做了周密而細緻的部署。

上午八點多鐘，他離開了杏花礦，連早飯都沒顧上吃，帶著檢查組趕到城子河煤礦，進行每月一次井下工程品質達標檢查。城子河礦西二采區的瓦斯比較大，他一直放心不下。下井前，他對司機小李說：「等我檢查完一四五綜採隊工作面後，上來吃點飯，咱們再到東海礦去看看。」

上午九時四十五分，井下發生特大瓦斯爆炸，趙文林和城子河礦黨委書記、城子河礦礦長，公司辦公室主任及一四五綜採隊的礦工一百一十五人遇難……

噩耗傳來，箭穿眾心，百里礦區沉浸在悲痛之中。人們紛紛冒著淒冷的細雨趕到城子河礦……

人們企盼著奇跡的發生，希望趙文林能夠活著從井下出來。不時有電話打到城子河礦問道：「聽說，趙局長上來了，是真的嗎？」

「聽說，和趙局長聯繫上了，是嗎？」

願望是美好的，現實是殘酷的……

趙文林的司機小李從出事後一口飯沒吃，一口水沒喝，在井口整整守候了兩天兩夜，悲痛而焦灼地等待著趙文林的遺體運上來。他不知道怎麼給劉杰茹回電話，早晨開車拉著趙文林出來，卻再也不能拉他回去了……

人們怕患有高血壓且有過腦溢血的劉杰茹出現意外，礦業集團醫院的醫生和護士早已守候在鄰居家，隨時準備搶救。

那兩位女同志告訴她：「供應處說，趙局長正在井下指揮搶險呢！」

劉杰茹的心稍微平靜下來。她突然想到，他早飯沒有吃，午飯吃不上了，晚飯肯定也吃不上了，明天、後天的飯恐怕都吃不上了。她又想起了趙文林當井長的那年，井下著火，他七天七夜，不吃不喝，寸步不離井口……

作為妻子，劉杰茹是最知道礦工在趙文林心目中的分量的。在他當礦長時，一位掘進隊長克扣了礦工二百九十元錢。他知道後毫不留情地把那個隊長撤了。礦醫院的一位醫生，酒後向住院礦工要罐頭吃，沒要到就用煙頭燙礦工。趙文林聽說了，拍案而起，立即派人調查。那位醫生找趙文林的岳母說情，趙文林還是開除了他。岳母一氣之下，從趙文林家搬了出去，住進了小兒子家。

晚上，那兩位女同志要留下來陪劉杰茹。她警覺地說：「你們不回家，是趙文林有啥情況是咋的？」

「嫂子，你身體不好，城子河礦又出了那麼大的事情……」她們說。

二十一日早晨，招待所的小楊過來了，給送來了早點。他的臉和眼睛都紅紅的，一看就知道他剛剛哭過。平時，趙文林拿他就像自己的孩子似的。

「小楊啊，是不是你趙叔出了什麼事？一定要告訴劉姨。」劉杰茹急切地問道。

「沒事，沒事……我昨天晚上兩點鐘才睡覺……」小楊邊說邊往外走，他神色慌張，走得匆匆。

「趙文林肯定出事了，要不小楊不會這樣！」劉杰茹不安地喊道。

「沒有，沒有，有事我們能不告訴你嗎？」其他人掩飾道。

有人說，在這次礦難中，小恒山有一個老頭兒，四個兒子和一個侄兒、一個弟弟全部遇難了。這個礦工家庭一下子失去六位親人，怎麼承受得了呢？劉杰茹在震驚和悲痛之餘，又為丈夫而感到內疚。她心底突然冒出一個念頭：趙文林啊，這麼多的礦工為煤礦犧牲了，如果你真有什麼不測的話，那也是應該的。我作為妻子也應該能夠接受了。你是總經理啊，你沒有為礦工盡到的責任，造成了這麼多人的遇難。

二十二日晚，那兩位來陪劉杰茹的人說：「嫂子，這幾天你一直沒睡個好覺，你睡一會兒吧。」她們就走了。可是，劉杰茹如何能睡得著啊？對趙文林的生死牽掛盤桓在她心裡，須臾不曾離去。礦難已經兩天了，趙文林沒有回來，也沒有給家裡來電話。

她不停地安慰自己：文林不會有什麼事，他一定忙於指揮搶險，顧不上給家來電話。從到雞西後，他不是從來就是這樣嗎？

二〇〇〇年九月初，平崗煤礦井下著火，趙文林聞訊趕到後，把手機和包交給了別人，義無反顧地下了井。為了便於指揮，他把搶險指揮部設在了離火源只有四百米的洞室。火像被惹怒的猛獸撲過來，他手持高壓水槍衝在最前邊。那次搶險連續數日，他餓了，喝一口粥，吃一個包子；睏急了，躺在窄窄的條凳上眯一會兒。九月四日晚上九點多鐘，他剛剛上井，劉杰茹打來電話，明天是他小兒子趙璐結婚的日子，央求他回去一趟。他趕回了家，第二天兒子結婚典禮一結束，他就匆匆返回了雞西，連一口喜酒都沒喝。

二〇〇一年春節前夕，趙文林的八十三歲的母親病重，被送進醫院。趙文林是個孝子，可是母親在醫院住了一個星期，他也沒擠出時間陪母親一天，只有在週末晚上去醫院看看。一天，在井下檢查工作的趙文林突然接到劉杰茹打來的電話：「媽媽只剩一口氣了，你回不回來呀……」他急忙往回趕，到家時母親已經只有出氣沒有進氣了。他愧疚萬分地跪在了母親的床前，淚如雨下……

二十三日早晨，劉杰茹想，今天無論如何我都要去看看劉丁力的妻子。劉丁力是集團公司的辦公室主任。聽說，丁力一直和趙文林在一起，他的妻子心理負擔很重。

當她走進劉丁力的家時，感到氣氛十分沉悶，他妻子和女兒兩眼哭得通紅，他弟弟坐在那一聲不吭。有人告訴劉杰茹，劉丁力的妻子不吃不喝，已坐在那裡看了一夜影集。

「你這是幹什麼？你要堅強點啊！丁力和趙文林在一起呢，只要趙文林沒事，丁力肯定沒有事。我的心沒鬧，他們肯定沒有事。另外，就是有事，咱也應該挺起來。」劉杰茹對劉丁力的妻子安慰道。

當她回到家，見家裡來了許多人，有人對她說：「嫂子，你把這條花褲子換下來，換一條黑的吧。」

「我不換！我為啥要換？」盤桓在她內心深處的恐懼襲上心頭，似乎她若換去這條褲子，趙文林就再也回不來了。

「你不是說要去城子河煤礦去看看嗎？」一位女同志說。

「我什麼時候說要城子河煤礦了？趙文林他們還在搶險，我去了不是給他添亂嗎？我不去城子河！」她惱然地說道。

兩個兒子回來了，七台河的、大慶的親朋好友也都來了。

「三嫂，你可要有心理準備啊！」趙文林的弟弟勸說道。

「你別說了，你說你大哥是死還是活，告訴我一個准信吧。」她懷著最後一線希望問道。

「嫂子，我哥，我哥他沒有了……」他哭了，滿屋的親戚朋友也都哭了。

「他還沒吃早飯呢，怎麼就走了呢？」劉杰茹跌坐在那裡，連哭都忘了。這時，集團公司的領導也來了，可是不論他們和她說什麼，她都聽不到。

她突然感到身體發冷，希望和信念飄散了。

「嫂子，大哥受傷挺重啊！」

「嫂子，下午三點鐘，我們上靈堂去一下，再見我大哥最後一面……」這句話似乎從無限遠的地方飄來。

文林哪，你怎麼會這樣就走了呢？你不是說等過幾年天天陪著我，我說去哪兒就去哪兒嗎？你那麼認真的人怎麼就不守信用了呢？你那麼愛家，那麼愛兒子孫子，怎麼能捨得他們呢？劉杰茹的眼前又浮現了趙文林和小孫子玩耍的那一幕：他坐在沙發上，拿著報紙，小孫子拿著水槍射他，他就用報紙來擋，祖孫倆一射一擋，玩得那個開心哪。

他是一個很有責任心的男人，他愛家，愛父母，愛妻子，愛孩子。她得腦溢血康復後，他在卡片上寫上他的電話、家裡電話和親屬的電話，給她揣在兜裡。他說，萬一她病倒在街上，人們好知道怎麼樣通知家人。他出差時，怕兒媳婦分娩時劉杰茹找不到人，他給她留張紙條子，上面寫著如果用車給誰打電話，去醫院給誰打電話。他每次出差，給家人買衣服，買鞋，買藥。他母親是小腳，鞋不好買，他卻給母親買回了各種各樣的鞋，就是到前蘇聯考察，他還給母親買了一雙蘇聯的鞋！

一次，趙文林去北京出差，在專賣店看到了一套高檔的女式西裝。他想，劉杰茹穿的衣服不是廉價的就是處理的，於是，狠了狠心，掏出一千五百元買了一套。沒想到劉杰茹一看那西服就火了：「你以為我是什麼人哪，哪能穿這麼高檔的服裝？我不要，你給我退了。」他怎麼勸她也不要，最後他只好在半年後再次到北京出差時，搭了二百元錢，才把那套西服退掉。

趙文林啊，看來你是真的走了。你到雞西後，去的第一個單位是安監局，批的第一個文件是有關安全的，召開的第一次會議是安全會議，你提出了「安全重要，落實第一」的理念。直到你生命的最後一刻鐘，說的最後一句話，辦的最後一件事還是安全。可是，你卻殉職於井下的特大瓦斯爆炸。這不僅僅是你個人的悲劇，也是雞西礦業（集團）公司的悲劇，是共和國的悲劇啊！

二〇〇二年六月二十四日，五萬多群眾懷著無比悲痛的心情自發湧向礦業總醫院，為趙文林送行。

趙文林的靈堂內外擺滿了各界人士敬送的花圈，一幅挽聯上寫著：「五十萬職工家屬深切懷念解困親人揮淚痛別；八百個日日夜夜獻身雞西百里礦區鞠躬盡瘁。」礦區的退休職工來了；雞西市與趙文林素不相識的人也來了，下崗工人來了；因工致殘的礦工來了，中小學生也來了。一個孩子說，他爺爺來不了，讓他來替爺爺給趙爺爺磕幾個頭……

長街上，悲沉的哀樂讓人心碎。送別的人臉上掛著淚水，站在道路兩旁的人扯著一幅幅黑墨寫就的橫幅：

「好官，你連早飯都沒吃，怎麼就走了！」

「八百天，你下了六百天井，好好休息吧！」

「文林局長，我們永遠懷念你！」

從七台河趕來為趙文林送行的一位女工說，在家困難時，她每天中午只吃半包速食麵。一天，趙文林看見了，問她，你這樣到底是為了減肥還是為了節省？她笑笑沒吱聲。後來，他弄清了情況，就掏錢買了一箱速食麵，讓人給她送過來……

礦業集團機電廠的一位五十四歲的廠長說，到我這年齡已不是流淚的年齡了，可是這兩天我的眼淚流乾了，就是我爹死我媽死，我也不一定這麼哭。他在留言簿上寫道：「來生你當局長，我還跟你幹！」

由新發礦趕來的傷殘礦工吳國義流著淚水說，今年三月，在為特困中小學生捐款時，趙文林將自己的二百元塞到了他的孩子吳智揚的手中，並鼓勵孩子說：「你們是礦山的希望，要好好學習呀……」

七十六歲的竇玉山老人讓女婿用輪椅推著他從十幾公里之外的恒山礦趕來，他淚流滿面哽咽地說：「好人哪！」

一位女工二十三日就趕來為趙文林送行，一直等到晚上九點鐘。第二天一早又趕來了，她說：「礦區難得這樣的好領導啊……」說到這裡淚水若決堤而下，她再也說不下去了。

「儘管趙局長是事故的第一責任人，但是必須要給趙局長一個公正的評價，否則我們不答應，我不幹了，寧可回家賣冰棍去。」一位幹部說道。

趙文林在井下作業

趙文林夫妻年輕時

在送葬的車隊後面，跟著一長溜計程車，計程車司機們免費載客。他們真誠地說：「趙文林來了，礦山的經濟形勢好了，坐計程車的人也多了。」

在向遺體告別的儀式上，劉杰茹沉痛地說：

「送你的路上，我看到沿途群眾為你送行，我看到群眾送給你一幅幅告別橫幅上的話感人至深。那情景，那場面，使我沒有了眼淚，沒有了悲傷……文林，我們告別吧，你路上走好……」

國務院「六·二〇」事故調查處理組在新聞發佈會上，對趙文林給予肯定：「趙文林同志作風深入，群眾口碑好，威望高，他在雞西礦業集團工作期間工作很有成效，促進了企業生產經營形勢的好轉。」

在趙文林遇難後，礦業集團送來了他的五月份的工資：八百多元。這就是擔負著兩萬多井下礦工的安全、全礦區四十六萬職工和家屬吃飯問題的正廳級幹部的一個月的薪水！

劉杰茹說：「文林，當我看到雞西人民這樣擁戴你，這樣肯定你，眼淚和哭聲自然離我而去，我很自豪。在雞西群眾的自發弔唁隊伍中，在職工、家屬，老人、孩子的哭泣聲中，讓我看到了人格的魅力，這是任何權力和金錢都換不到的，人的一生能得到這樣的公論足矣！你這五十五年活得值啊！」

# 第三章 「圍城」之外那棵樹

西方人說，家庭婚姻是人生最重要的，為之可以放棄工作、愛好、興趣。可是，西方的離婚率仍然節節攀升，拒絕結婚的人數不斷增加。

在中國人看來，婚姻重要，不過當家庭婚姻成為人的全部時，人就庸俗了，人總需要在家庭婚姻之外有點追求，尤其是男人，儘管他們已經失卻了「主外」的優勢，可是他們仍然夢想在家庭之外栽棵樹。當樹上的果子成熟後，他可能把果子摘下來拎回家，也可能自己享受了，還可能乾脆就讓它掛在樹上。男人的思維和女人不同。有人說，男人天生就是個孩子，孩子總免不了要貪玩。如果把男人變得跟女人一樣，那麼最起碼這世界上少一種物種。

那麼，男人有家庭之外的尋求，女人是否也可以在家庭之外有個人空間呢？這種現象會給家庭和婚姻帶來什麼呢？

## 「第一人」的婚姻走合

人，要有自己的追求，要活出自己的精神。

一九三〇年，一位名叫潘德明的中國人悲壯地出發，要騎自行車環繞地球一圈。這是世人聯想都不敢想的，可是他卻用七年的時間完成了。中國人的這一壯舉轟動了整個世界，潘德明所到之處得到了國家元首和社會名流的接見。他們終於明白中國人並非「東亞病夫」，而是不畏艱險，敢於向自然挑戰的勇士。

六十四年後，在黑龍江省撫遠縣——中國太陽升起最早的地方，又一個中國人——童舉背著行囊上路了，他想用自己那雙的腳板丈量中國。

在北國邊陲的完達山下，有一個風景如畫的地方——雁窩島。這裡是北大荒精神的搖籃，電影《北大荒人》的拍攝地。上世紀五十年代，一大批轉業軍人開進了這片沼澤連天的漠漠荒原，在此創建了八五三農場。

二十年前，在八五三農場一分場的一間簡陋的教室裡，老師指著一幅中國地圖講道，我們的祖國有九百六十萬平方公里，地大物博，幅員遼闊……

講臺下，一個十五歲的男孩瞪著兩隻眼睛聽著。突然，他舉手問道，老師，九百六十萬公里有多大？老師被問住了。就在那一刻，那幅雄雞般的中國版圖銘記在男孩的心裡，他沒事就翻閱地圖。一天，酷愛長跑的他看著看著，驀地冒出一個念頭：我長大了，一定要沿著邊境跑一圈兒……

一九八二年，那個男孩變成二十七歲的小夥子，他結婚了。當他的新娘走進洞房時，目瞪口呆地望著四壁掛的地圖，他怎麼把新房布置成了作戰指揮所？是別出心裁，還是當六年汽車兵養成了看圖行車的習慣。

婚後，妻子發現丈夫不嗜煙酒，不玩麻將和紙牌，只有兩個嗜好：一是跑步，二是查閱地圖。不論酷暑嚴寒，颳風下雨，也不論新婚蜜月還是緊張勞累，他每天早晨都五點鐘起床跑步；不論家裡多麼窘迫，他一見到地圖冊和地理書就買，幾年下來，光地圖冊他就買了四十多本！

一九八三年，一個女孩降生於黑土地。孩子的媽媽——岑采貞，給她起個名字——「婷婷」；爸爸——童舉也給她起了個名字——「萌萌」。因此，她有了兩個名字，一個寄託著母親的期望，一個隱含著父親童年的夢想，每當父親喚她時，就提醒著他不要忘卻那個童年之夢。

在夫妻之間，一個人的奉獻往往意味著另一個人的犧牲；夫妻一方的癡情若得不到另一方的理解，那是痛苦的痴情；一方的追求若遭到另一方的攔阻，那是痛苦的追求。一九八九年初，童舉告訴采貞，他要在一月十五日從八五三農場的雁窩島起跑，用兩年的時間環跑完中國。

驀然，采貞的心宇傾圮了，要跑那麼遙遠的路，要穿過那環境險惡，野獸出沒，杳無人煙的地帶，他不是瘋了嗎？萬一他倒在什麼地方，上哪去找他呀，這個家不就毀了嗎？童舉說，這是他多年的願望，如果實現不了，他的下半輩子都活不好。采貞萬般無奈，只好用離婚來阻止他，童舉卻說：「離婚也好，只要你把孩子帶好，我也就沒有牽掛了。」

看來童舉鐵心了。采貞只好流著淚去搬婆婆。童舉的母親一聽兒子要環跑中國，如同天塌下來一般，當時就傻了。這不是沒事兒找死麼？老人又氣又恨又心疼地抹開了眼淚。

老人聲淚俱下地數落起童舉：「童舉呀，采貞腰椎間盤突出，並且還有膽囊炎、神經性風濕症，已經休了七年病假，婷婷又小，你把她們娘倆扔在家裡可怎麼活呀？再說采貞的病假工資只有四十多元，孩子又要上學了……童舉呀，你就聽媽這一句話吧！」

母親的話重重地擊在了童舉的心上，他心碎了。他所放心不下的不就是這些嗎？可是人生能有幾回搏，自己已經三十五歲了，如果現在放棄了環跑中國，這輩子還能實現嗎？他狠了狠心對母親說：「媽，我已經決心跑了，您就別再阻攔了。如果你們不讓我痛痛快快地走，那麼我走時就誰也不告訴……」母親聽罷，腿一軟就跪在了地上。

童舉那顆破碎的心一下子撒落了。他多想把母親扶起，安慰她老人家幾句啊，可是那不就等於答應了母親，放棄環跑中國了嗎？他只好用乞求的目光望著采貞。賢慧的采貞急忙把婆母攙扶起來。那天童舉的母親是流著淚離開他家的。

童舉要環跑中國的事轟動了農場，議論紛紛，沸沸揚揚，人們懷疑童舉是不是有精神病，要不他上有年近七旬的父母，下有病妻稚女，怎麼會想出這麼離譜的事兒。是啊，在市場經濟的大潮下，人們能夠理解為了財富和享樂鋌而走險，卻難以理解為了精神追求而捨棄安逸舒適的生活去冒險和遭難了。

一天，采貞想，童舉可能真的有精神病，要不他的心怎能這麼硬，怎麼會不顧及這個家而去環跑？她忍不住地問童舉：「你是不是真的有神經病了？」

「我有沒有病你還不知道？別人不相信我，難道你還不相信我嗎？」童舉黯然銷魂地看著采貞，他承受的心理壓力已經夠大的了，環跑的計畫受阻，周圍的人不理解他，冷嘲熱諷不時向他襲來，如今連采貞也懷疑他的神經是否有問題了。

家裡不同意，單位也不好再支援他，環跑中國計畫就這樣擱淺了。

第一次環跑流產後，童舉沉默了許久。但是他仍然堅持每天跑十公里。采貞一見他跑步就惶悚不安。她大天苦口婆心地勸他：「童舉啊，出了一天的車，夠累的了，別跑了，要讓別人見了又該說你有精神病了……」

「跑步是一種身體鍛鍊，誰愛說什麼就說什麼！」童舉話雖這麼說，可是每當他跑步遇到熟人時，就慌忙鑽進苞米地裡躲起來。

一九九二年七月，腰椎間盤突出已導致采貞的右腿肌肉萎縮，不得不手術治療。七月二十九日，采貞的三節突出的腰椎做了手術。出院時醫生一再叮囑：一年之內不能做家務。童舉覺得很對不住采貞，跑步少了，家務做多了，他把家裡的窗戶擴了，屋裡的地面也重鋪了。當采貞那顆懸浮不安的心剛剛穩了下來，童舉見采貞已能做家務了，又提起環跑中國的事。

「你是不是到了第二神經高發期？要是不能控制的話，咱們到醫院看看。」

「采貞，我已經快四十歲了，如果我這次不出去再就沒機會了。」

童舉把車開到了家門口，懇求采貞和他一起去農場工會申請環跑。他知道采貞是不會表示同意的，他對采貞說：「你不能和工會說死活不同意，如果那樣咱們倆就只有離婚了。」采貞呆呆地望著童舉，她知道他是說到做到的。

工會見采貞不表示反對，便初步定在雁窩島給童舉剪綵送行，童舉歡欣雀躍，采貞的眼淚直往外湧。她強抑制著，因為童舉說了，不許她哭。

晚上，采貞悄悄撥通了工會的電話：「……希望組織上能干涉他，不要讓他走，不要讓他知道我給你打過電話」她說著說著抑制不住地大哭起來。

「你放心好了，我們會為你、為他、為你們家負責。」工會領導的答覆使采貞得到了許多安慰。

童舉的環跑計畫遲遲批不下來，童舉激奮的情緒漸漸低落了下來。

「人家不支持正說明你要做的事根本就沒有什麼意義，你就別跑了。」采貞趁機勸道。

「他們不支持我，我就是打工要飯也要跑，我再鍛鍊一年，一九九四年四月一日，我從撫遠——祖國太陽升起最早的地方起程。」童舉堅定不移地說。

童舉把七千元錢買的卡車三千元就賣了，從此他天天跑步，為環跑中國做準備。夏天過去，秋天也過去了，雪花飄了下來，天漸漸寒冷了，童舉仍堅持鍛鍊著。每次跑步回來，他都像野人一般，鬍子上、眉毛上都掛滿了冰霜。他穿著短褲站在寒風中用冷水洗浴，采貞見了又疼又恨，「童舉呀，童舉，你那不是沒病找病麼？萬一得了風濕可怎麼整啊！」

「我這是鍛鍊耐寒能力，將來到了新疆、西藏那邊好能適應自然環境。」

看來童舉是鐵心要環跑中國了，采貞知道已阻攔不住了……

起跑的日期一天天地逼近，童舉就要離開家了，采貞急得吃不下飯睡不著覺，嘴起泡了，鼻子也破了……

一月十日，采貞過了一個結婚以來最為隆重的生日，童舉親自為她燒了幾個好菜。吃飯時，他舉杯說道：「采貞，我要出去了，說不上哪年才能回來再為你過生日。」采貞望著剛強倔強的丈夫，一種複雜的情感在心裡攪動著，淚水潸然而下。

童舉離家前的晚餐，一家人心情都很沉重，誰都不願提「明天」兩字。孩子流著淚默默地給童舉夾菜，夾著夾著，她忍不住撲到了父親的懷裡，哭喊道：「爸爸，我不讓你走……」全家人生離死別般地哭了起來。童舉的母親哭著對兒子說：「童舉啊，你就聽媽媽一句話吧，咱不跑了，咱不創什麼紀錄了。媽都是快七十歲的人了，萬一你有個三長兩短，我們可怎麼活呀！」

童舉流淚對母親說：「媽，你就原諒我的不孝吧，環跑中國是我一生的願望，我要為咱中國人爭光，為家鄉爭光。請相信，我一定會成功的。等環跑成功，我再回來為您過七十歲生日。」

臨走前，采貞很不放心地在童舉的筆記本上寫下二條注意事項，又把一幅全家福照片放進他的背包。她在照片的背面寫下兩行字：「有了寶貴的生命，才有成功的希望，我和女兒祝你一路順風，盼你早日歸來。」萌萌在後面寫道：「爸爸，當你看到照片的時候，一定想著我和媽媽，你要頑強地活著……」

童舉一片深情地對采貞說：「我從撫遠直接走了，不回家了。我再看到你，也許就走不出去了。」他把對采貞的愛一直深深地埋在心底，他知道一旦兒女情長，計畫就會落空。

「那不行，童舉，你已經走出去了，我不會再阻攔你了。你應該回來看我們一眼。你要走的路那麼遙遠，不知會遇到什麼樣的險情，誰能保證你能平安回來……」采貞邊哭邊說著。是啊，這一走能否回來還很難說，就滿足采貞這一要求吧！

童舉走了，他帶走了采貞的心，她坐立不安地盼他歸來。一天過去了，兩天過去了……童舉，你在哪裡啊，你身體怎麼樣？她之所以讓他回來一趟，就是想知道他跑出去後的情況，如果他有一絲動搖，她就會想法勸阻。

童舉說，他六天後就能跑到八五三農場。第六天，采貞早早就把童舉的母親給拎過來的一隻老母雞燉上了，親朋好友也都來了，他們等了一天，童舉也沒有回來。采貞的心揪揪著，那一夜她沒有睡，輾轉反側地想著，他會不會在深山老林出了什麼事兒？次日，她又提心吊膽地等了一天。晚上五點十分時，「你們好！」童舉如從天而降，從外面跑了進來，屋裡的人歡呼雀躍，采貞手足無措地望著丈夫，懸了多日的心漸漸復位了……

童舉的精神狀態很好，一路得到許多人的支持和幫助，但是他的兩隻腳腫得像饅頭似的，針扎火燎般地疼痛。從前鋒農場到八五三農場這段路是硬咬著牙走回來的。他的鞋脫不下來，只好用剪刀剪開。童舉的父親——飽經風霜的老墾荒戰士用手揉著兒子的腳，淚水流了下來。

童舉在家住了兩夜，又要起程了。農場為他剪綵送行。童舉給家鄉的父老鄉親們唱了一首他自己編的歌——〈推著我的夢兒跑〉。一種悲壯的氣氛彌漫著，采貞望著童舉，心裡酸酸的，直想哭。最後童舉和鄉親們道了一聲「再見」跑出了會場。說過「我不能留給爸爸眼淚，讓爸爸不放心地環跑中國」的萌萌大哭起來，采貞和女兒哭成了一團。

童舉臨走時給了采貞一盤磁帶，他說：「萬一我不在了，你們想聽我的聲音可以放錄音。」萌萌拿了出來，默默地聽著，聽著聽著，她趴在炕上痛哭起來。這時，正在做飯的采貞早已淚流滿面了……

童舉走後不久，采貞就病倒了，她躺在炕上牽掛著童舉。女兒要放學了，她扶著牆蹭到灶前跪在地上給女兒做飯。萌萌見了，撲到媽媽的懷裡哭了起來。采貞對女兒說道：「婷婷，爸爸在外邊比咱們苦，咱不哭了，別讓爸爸惦記咱們。」可是她的淚水卻不由自主地流了下來。

對采貞來說，最大的幸福莫過於接童舉的電話了。為接童舉的電話，她常常和女兒在分場總機旁守到凌晨一、二點鐘。有時電話聽不清楚，她就使勁兒地喊，甚至急得直哭；接不到童舉的電話她就心煩意亂，什麼事兒也做不下去，她的身體漸漸熬不下去了。分場領導為了便於他們夫妻通話，免費為他們家安了一台電話。

采貞漸漸理解了童舉，明白了童舉為的是體現一種精神：與天鬥，與地鬥，勇向生命挑戰的無畏精神。童舉離家越來越遠了，采貞每天癡迷地順著地圖上那彎彎曲曲的細線尋找著童舉所在的位置，他過內蒙古了，到甘肅了，穿過青海了，要進新疆了。她從童舉的來信和寄回來的日記中得知，童舉一路十分艱辛，經常忍受饑渴，連續一兩天吃不上一頓飽飯；有時找不到住處只好在柴垛或牛棚打個盹；在內蒙古草原，他迷了路，被四條狗追趕，險些喪了命；在青海湖的鳥島，他的錢物和證件被盜，只有靠打工和乞討；在戈壁灘上，見不到人家，忍受著饑寒……

他每到一處都要面對疑惑的目光介紹自己，求得食宿上的幫助。環跑中國對許多人來說，是一樁不可思議的事情。她多麼想能幫他一把，可是相距這麼遙遠怎麼能幫得上呢？經過一番苦思冥想後，她終於想出一個辦法——給他途經的地方寫信，為他打前站。

她算計再有半個月童舉就到甘肅的安西縣了，童舉每到一個地方都要到郵局蓋郵戳，於是她給安西縣郵電局局長寫了一封信，介紹了童舉環跑中國的重要意義，並寄去能證明童舉身份的影印件。同時她又給童舉寫了一封家書。

沈英明局長收到采貞的信後，被童舉的精神所感動，足足等了七天才等來了童舉。他們十分熱情地接待了他，並且贊助了他二百元錢。當童舉讀到采貞的第一封家書時，這位一路飽經磨難沒叫一聲苦，沒落一滴淚的硬漢哭了。

終於能為童舉做些什麼了，采貞感到欣慰。她一封封信不停地寫下去，童舉在新疆每到一處都得到了熱情的接待，感受到了遙遠的溫馨。在新疆的伊寧市，童舉收到了采貞寄去的照片，離家一年多了，在這三百多天裡，他多麼想念親人，想念妻兒啊，他捧著照片像孩子似的哭了。

采貞不僅為童舉打了前站，還激發了童舉熱情，在新疆多跑了四千多公里，邊界的七個口岸和所有的縣城全跑了。他們的癡情終於在中國版圖上找到了交點。

「采貞，我馬上就要進藏了，面對險惡的自然環境和野獸威脅，我早已做好了心理準備。假如我真的遇難了，希望你不要向組織提出任何要求，因為我是自願環跑中國的，我死而無悔……」當采貞聽完童舉入藏前的這段錄音時，她又哭了，她既為童舉自豪，又為童舉擔憂。

童舉在大西北已屢屢遇險：在敦煌到柳園的途中，一望無際的沙漠讓人恐懼和絕望，天氣炎熱，童舉的喉嚨像冒火一般難受，呼吸十分困難。當他跑出四十公里時，身體支撐不住了，摔倒在了地上。他有些絕望了，用最後一點力氣把「北大荒人——童舉」的佩帶跨在身上後就昏了過去。醒來時發現被過路的司機救了……

從葉城到鐵隆灘的途中，嚴重的高山反應使得他頭昏腦脹，喘氣困難，一個勁兒想解手，最後昏了過去，又一次被過往車輛救起……

下一次遇險他還能遇到好心人嗎？采貞的心弦繃緊了。

「現在已是凌晨一點半鐘，我正在海拔四千多米的新藏公路跋涉，嚴重的缺氧使火柴都難以劃著。伴我而行的是曠野中回蕩不絕的狼嚎，是遠遠近近的野獸的目光……」得知童舉又一次脫險，采貞長長籲了一口氣。

在嚴重缺氧的西藏高原，童舉氣喘吁吁，步履維艱地跑著；

大雪封山，眼前白雪茫茫，童舉忍受著饑寒跑著；

他獨身一人闖過了狼群、馬熊出沒的死人溝、鐵隆灘；他穿過了普蘭至仲巴的海拔五千米的無人區，攀登上了海拔七千七百二十八米的納木尼那峰。藏族同胞敬佩地稱他為「巴頓王刺仁」（藏語，英雄的意思）。

「沒想到，我在進藏後的第一個縣又收到愛妻的信，這對我來說是莫大的鼓舞……」他日記中如斯寫道。

「采貞，沒有你的愛和支持，我的環跑中國就無法繼續……」他在錄音上如斯說。一人的癡情成了兩人的事業，童舉的環跑中國使得他們的感情有了更深的內涵，得到了昇華。他們已不再是那簡單的柴米夫妻，他們的人生有了更深層的追求。

采貞為童舉寄出了二百多封信件，為他設下了一個個驛站。童舉先後寄回了四千多幅照片、二十多盒錄音帶、四十多萬字的日記、四十多雙跑壞了的運動鞋和十多套運動服，這些都被采貞按時間順序編上了號，整理得井然有序，清清楚楚……

一九九五年的春節，童舉是在西藏阿里地區的一個條件十分簡陋的招待所過的，「屋裡溫度在零度以下，我非常想家。年邁的爸爸媽媽，不孝的兒子在青藏高原給你們二老磕頭拜年了，給北大荒的一百六十萬人民磕頭拜年了。□我能跑到今天，是因為有一百六十萬人民的支持。我淚流滿面，舉杯遙祝家鄉好……」

童舉那移動在版圖上的腳步，牽動了眾人的心。白髮蒼蒼的父母在日夜企盼著童舉的歸來，聾啞的二哥每天為弟弟祈禱著平安；家鄉的父老鄉親不僅理解了童舉，而且為童舉捐助了近萬元，春節前還給童舉家送去了食油、煤和豬肉；黑龍江省農場總局和紅興隆農場管理局的機關幹部紛紛解囊，為他捐款近萬元；沿途的許多部門

童舉（右一）在西藏受到當地人的歡迎

為他免費提供了食宿，一些素不相識的人把他接到家裡吃住；還有些人到電視臺為他點歌，祝他一路平安……

第一年春節前夕，童舉遇到一位懷裡抱著孩子的老大娘。

「我知道你叫童舉，我們家人都很佩服你。你能不能抱一下我家的孩子，要不摸他頭頂一下也行，把你的膽量和力氣帶給孩子。」童舉抱過孩子，思緒聯翩，淚水情不自禁地順頰而下。他不僅想起自己的女兒萌萌，想起遠在北疆的白髮皤然的父母、溫柔賢慧的妻子，也想起了一路上給予他真誠幫助的陌生朋友。

那一夜十分漫長，平時倒下便酣然大睡的童舉卻怎麼也睡不著。春節這幾天怎麼過，下一步的食宿怎麼辦？過去，他也曾屢次遇到這種情景，他可以沿途和人乞討點食物，討不到就餓上一頓兩頓，可這次趕上過年，上哪兒去乞討呢？這時，他想起妻子采貞曾在信中提到的廣西百色地區長蛇嶺醫院的醫生羅志學。羅志學知道童舉的事蹟後，深為童舉的精神所感動。他請采貞轉告童舉，如果童舉路過百色時，一定要到他家做客。

次日，童舉找到羅志學的家。羅志學一家十分驚喜，他不僅盛宴款待了童舉，還陪同童舉參觀當年鄧小平領導百色起義的地方。臨別時羅志學贊助童舉三百五十元錢。童舉靠著那三百五十元錢，在春節期間又跑了好幾站。

當童舉跑到山東時，兩位女性對他說：

「我聽說過你環跑中國的事蹟，你是我們中華民族的驕傲！」她們陪同童舉跑了一千多米。

炎熱的季節，童舉進入海南島。人坐在樹蔭下都直冒汗，他卻要在烈日之下奔跑，汗順著身子往下流，一直流進了鞋裡，每跑幾百米就得補充點兒水。腋窩和襠部全醃了，火辣辣地痛，他堅持跑著。

童舉用兩年零八個月的時間，圍繞著中國的版圖跑了一圈，畫了一個周長近五萬公里的句號。為此，他被授予「北大荒環中國長跑第一人」的稱號。一九九七年七月一日，他又從北京起程，用一年零三個月的時間跑遍了中國內陸的十三個省、市、自治區。中央電視臺、《人民日報》等數百家媒體對他進行了報導。

## 一對夫婦的極點情緣

有人說，只要有陽光和水的地方就有中國人。然而，在世界的三極（南極、北極和珠峰）之一的北極，卻是中國人從沒光臨過的地方，儘管在一九二五年中國政府簽署的斯瓦巴德條約上規定，中國人可以自由出入北極的斯瓦巴德群島，可以在那裡從事商業、開礦、打獵、捕魚……

世界每年舉辦二百多次摩托車拉力賽，賽段幾乎遍佈世界的各類地區，可是在我們這九百六十萬平方公里上卻是個空白點。北京——拉薩，這是一條行程四千二百零四公里、翻越海拔五千二百三十一米的唐古拉山口的「死亡之路」，美國、德國和日本等國的運動員都渴望能在這條古老而險惡的路上留下自己的車轍。

在上世紀九十年代，這是十二億黃膚色、黑頭髮、黑眼睛的中國人的兩大遺憾。

一九九五年五月六日十時五十五分，中國北極科學考察隊的七名隊員徒步抵達北極點，代表著十二億中國人的五星紅旗終於在北極點上飄起來；八月二十六日，參加被稱之為「陽光行動」中國首屆北京——拉薩摩托車拉力賽的二十一位巾幗騎手勝利抵達終點，那條蒼涼的古道在中國巾幗的摩托車聲中驚醒了。

一線姻緣將這兩次記入史冊的壯舉連在了一起。在那抵達北極點的七位科考隊員中，有一位地方新聞單位的記者——哈爾濱電視臺的主任記者鄭鳴；在那二十一位巾幗騎手中，有一位東北的女性——黑龍江省委組織部的巡視員唐麗。

一份生死合同擺在了唐麗的面前，上面那冷酷的字眼，令人心顫的規定，使剛剛失去母親的唐麗難以接受了。她知道去北極考察的危險遠比南極大得多，二百年間在南極遇難的探險家不過四十多人，在北極遇難的已有數百人，其中包括像巴倫支、白令等優秀的探險家。這幾年來，他們夫婦雙方的三位老人的相繼去世，唐麗那已經很脆弱的感情再也承受不住任何打擊了。不過，她也知道這次科考意義重大，關係到整個中華民族在世界的位置，中國作為北半球的大國，還徘徊在由十五個國家加盟的國際北極科學委員會的門檻之外。為此，她是不會阻止鄭鳴去探險的。

鄭鳴說：「這是國際慣例，簽了吧。保險了一百多萬呢！」

「不簽。」鄭鳴想活躍一下氣氛，不想卻觸到了唐麗的痛處。倔強的唐麗一氣之下不給他簽字了。儘管她知道不論她簽不簽字鄭鳴都是要走的。

「好，我替你簽吧，我寫你的字最像，比你寫的還像。」鄭鳴又調侃地說道。

在二十五位科考隊員中，鄭鳴不僅僅是唯一的地方電視臺的記者，唯一持「假冒」妻子簽字的隊員，也是唯一踏入過北極圈的記者。

一九九四年八月下旬，在北緯68°58'的北冰洋岸最大的不凍港——摩爾曼斯克，一艘俄羅斯的核動力破冰船拖曳著十幾艘貨船浩浩蕩蕩地起航了。在令人驚心動魄、毛骨悚然的轟鳴破冰聲中，破冰船在厚厚的冰層上開出了一條航道。在一艘兩萬噸級的運送化肥的貨輪上，二十八名黃頭髮，藍眼睛的俄羅斯水手中，竟夾雜著一位身高一・八八米的黑頭髮眼睛挎著照相機，扛著攝影機的中國人。他敏銳的目光掃視著船外，捕捉著景物。在緊張的拍攝之餘，便是無盡的寂寞，他便操持著那半生不熟的俄語和俄羅斯海員們交談著，談著談著就卡了殼，一個臉紅脖子粗地吃力說著，一個瞪著疑惑的目光看著。啊，他說明白了，海員沒聽明白；海員說明白了，他沒聽明白。他就是鄭鳴。

在出境前，鄭鳴在黑河口岸遇到了著名攝影家徐力群，這位曾隻身開著摩托車沿著邊境萬里行的攝影家驚詫地望著背著一個大包、拎著兩個大包的鄭鳴問道：你一個人敢拎著攝像機去拍北冰洋？

鄭鳴就是這樣孑然一身地闖入了在四大洋中唯一沒有飄揚過五星紅旗的海域——北冰洋，他是中國第一個踏入北極圈的電視記者。他在北冰洋上航行了兩萬多公里，經北冰洋、白令海峽、太平洋，到山東的煙臺，拍攝的電視紀錄片《航行北冰洋》在中央電視臺播出，產生了強烈的反響。

一個人踏入北極圈的確是很危險的，儘管他當過四年海軍，可是遠洋還是第一次，而且帶著四千多美元和價值數萬人民幣的設備，搭乘的是俄羅斯的貨船。船從冰面上過後，破碎的冰層又都合上了，航道悄然消失了。如果有人圖財害命，把他扔進海裡，那只有上帝知道了。但是在鄭鳴的人生履歷中，只要這個片子很有意義，即便成功的係數只有百分之五十，他也要不惜一切代價去做。因此，他有過別人不可企及的成功，也有過別人嘗試不到的失敗。他用了四年的時間，成功地拍攝了十五集電視紀錄片《東方大河——黑龍江》，他耗時兩年拍攝了二十二集電視紀錄片《蘇聯紀行》，在政界和學術界頗有影響。

在鄭鳴航行北冰洋那二十八天裡，唐麗一夕九運，寢食不安。在蘇聯解體後，人們原來的信仰的沒了，黑社會猖獗，萬一有人在鄭鳴的腦後給一棒子，那家裡上哪兒去找他？唐麗越想越掛念，直到接到鄭鳴從煙臺打來的電話，她那顆懸浮著的心才安穩下來。

唐麗知道鄭鳴是個要片不命的人，他最欣賞的是大慶人的「人無壓力輕飄飄，井無壓力不出油」。他有一句「名言」：一怕不苦，二怕不死。他那十幾年的記者生涯是牽著死神的手走過來的。當他拍攝全長四千四百七十八公里，流域面積一百八十四・五萬平方公里的中國第三大河流黑龍江時，他從黑龍江的源頭——蒙古人民共和國的肯特山脈到黑龍江的入海口——俄羅斯的尼古拉耶夫斯克，長途跋涉了四萬多公里。拍攝黑龍江的兩條源頭河之一的克魯倫河時，航拍的直升飛機要追躡蜿蜒的河流，從裸露著猙獰岩石的山谷穿過。飛機是超低空飛行，身材魁梧的鄭鳴被綁在了副駕駛的位置上，上身探出機艙外。當飛機轉過一個山頭時，忽然飄來一團白雲，將飛機吞沒了。雲過之後，飛機逼近山崖，眼看螺旋槳就要掃到岩石，一場機毀人亡的事故將要發生。就在這千鈞一髮之際，技術過硬的飛行員疾速把飛機拉了起來。

在尋覓黑龍江的源頭時，鄭鳴扛著攝像機走在前面，當他發現一片白雪滲出水來，他興奮地喊道：「那個地方可能是泉眼！」話音沒落，「喀嚓」一聲，他掉進了冰窟窿，水沒至膝。近幾個世紀有幾個中國人見過黑龍江的源頭？自豪感湧上鄭鳴的心頭，他緊張而興奮地拍攝著，在零下二十度的嚴寒裡，忘卻了寒冷，忘卻了兩條濕淋淋的褲腿。返回駐地的路上，他又在零下四十多度、寒風砭骨之下堅持航拍。當下飛機時，兩條腿已失去了知覺。對於一個搞電視新聞的人失去了腿，事業就失去了支點，這是鄭鳴一生中所害怕的一次。

還有一次，也是在蒙古共和國境內。一次外出拍片，茫茫草原根本辨不清東南西北，晚上歸來時，四野漆黑，只見遠處有一點亮光。他們開車朝亮處駛去，開著開著，兩邊出現了鐵絲網，前面出現了路障，出現了停放在兩邊的坦克。鄭鳴驚呆了，他們車開進了蘇聯軍隊在蒙古的駐地了！蒙古的嚮導拿著煙酒下去解釋了半天才放行。如果駐軍發現了他們帶著攝像機闖入軍營那還得了？

在攝影隊裡，凡是危險的事鄭鳴都爭搶著去做。在航拍黑龍江的入海口時，他把主攝像留在地面，他扛著攝像機爬上了俄羅斯的直升飛機。一江春水入海流，湍急奔騰的黑龍江，在入海的一瞬間呈現出一種從容與平和，猶如一個鮮活的生命融入於崇高的事業。拍到庫頁島了，鄭鳴用俄語對飛行員說：「能不能往那邊一點？」飛行員的手鬆開了操縱杆，指著綁在腿上的飛行圖說：「不行，在計畫中沒有那個指令。」說著說著，飛機失控了，從五六百米的高空墜了下來，眼看著海面撲面而來，機上的人和地面的人都矍然失容。在飛機將墜入大海之際，飛行員把飛機拉了起來。

對鄭鳴這樣「怕不死」的人要徒步走到北極點，唐麗能放心麼？在鄭鳴走後，為了收看來自北極的報導，唐麗沒事就守在電視機旁，有事出去就用錄影機把電視節目錄下，回來再看。夫行千里妻擔憂，鄭鳴竟把她那無限的牽掛定位在了北極點上。

當一個人全然融入於事業時，那麼家只能是心底的一塊難以投入的綠洲。

女人奉獻給社會的常常是她個人的幸福，男人奉獻給社會的卻是家人的幸福、安樂，及自己心靈深處無法報銷的賬單——欠家人的感情債。這次北極之行，鄭鳴感到最沉重的就是這種情感的債務。

在一九九五年二月，一個料峭春天，鄭鳴開車把岳母送到醫院後，便裹著心靈的寒流匆匆登上南下的列車，去北京運作去北極一事。岳母病危之際離開，實在是有點兒不近情理，況且岳母對他很好，好得讓唐麗嫉妒。當他帶著將加入北極科考隊的喜悅從北京回來時，那位愛他的老人已化為一抔骨灰。

母親的去世，把唐麗生活的許多東西帶走了，情感深處留下一個空蕩蕩的洞。鄭鳴知道唐麗希望他能幫她織補上這個洞，能多在身邊陪陪她，可是他卻丟給她無盡的牽掛去北極了。這幾年來，他欠親人的太多了，已債臺高築。

一九九〇年，他拍《蘇聯紀行》時，患骨癌的母親已是彌留之際，遠在深圳的弟弟都從緊張的節奏中掙脫了出來，風塵僕僕地趕回了家。可是，就在這時拍攝的準備已經就緒。走的話，回來恐怕就見不到母親了；不走，這是他多年夢寐以求的拍攝。他從小熱愛俄羅斯文學，一直想把一江之隔的鄰邦的風土人情、地理外貌介紹給觀眾。他在內心的衝突中煎熬。最後，他去徵求母親的意見，曾是位出色記者、任過省委宣傳部新聞出版處處長的母親很理解，對他說：「你應該去拍片。那麼好的機會，你還是去吧。」

鄭鳴心情沉重地踏上了征程。一個星期在緊張的拍攝和忐忑不安中過去了。片拍完了，他的腮頰腫了起來，飯都吃不下去了。他是在母親去世後的第三天才趕回來，一下飛機，他就急切切地問前去機場接他的唐麗：「家裡有沒有什麼變故？」唐麗望著他那紅腫的腮頰，說了句：「回家再說吧。」鄭鳴明白了，淚水潸然而下。媽媽，我對不起你，在你彌留之際，在你最需要我守在身邊的時候，我卻離你去拍片。等我回來，我們已是陰陽兩界不相知了。你的愛，你的養育之恩我永遠無法回報了。

一九九二年，當他為中央電視臺策劃第四十五期綜藝大觀時，父親病重住進了醫院。父親是在病房裡看的那台節目。在電話裡，作為電視方面專家的父親還給他提了一些中肯的意見。他從北京回來，把照料父親的事託付給唐麗，帶著攝影隊去了俄羅斯。等他回來時，父親的病情已經惡化，半個月後就去世了。他匆匆安葬了父親，又把遺留下來的事託付給唐麗，俄羅斯那邊還有一個攝影隊等他。親友們紛紛抱怨：「家裡發生了這麼大的事，怎麼也不說一聲呢？」說他忙，沒時間，這有誰能理解呢？如今在多少人的心目中，個人的事再小也是大事，公家的事再大也是小事。父親都去世了，還有心思拍片？

感情的債欠下，就永遠償還不上，他欠的最多的還是唐麗。這幾年，父母病重住院，唐麗除了工作和輔導孩子，帶孩子學畫學鋼琴外，還要去醫院照料公婆。前年，他父親和唐麗的母親都住進了醫院，唐麗晚上下班要先到他父親那去照料，然後再騎車膽戰心驚地走過一段很背的小路去看母親。他父母去世都是唐麗給穿的衣服，送的終，盡了孝。

鄭鳴和唐麗是廣播電視大學的同學，他們談戀愛時，唐麗很欣賞他的事業心，婚後唐麗發現鄭鳴的事業心既讓她敬佩又令她畏懼，他幹起事業來根本不顧家。他們結婚後，鄭鳴又去北京廣播學院深造，一去就是三年。他每個月生活費得一百元，自己的工資不夠用，唐麗每個月從自己的八十二元工資中給他擠出二十元。除去給鄭鳴的和給孩子買奶粉的，唐麗已所剩無幾了。經濟拮据，家務負擔又很重，在八一摩托車隊時，半月板遭受過粉碎性損傷、前十字韌帶撕裂，轉業時被定為三等甲級殘廢軍人的唐麗，一個人帶個孩子確實很難。冬天大雪紛紛，天寒路滑，唐麗常常抱著孩子摔倒在路上。一次，兒子說：「媽呀，你今天已是第三次摔我了。」說得唐麗心裡酸酸的。她好不容易把鄭鳴盼畢業了，他外出拍片一走就是幾個月，回來後又忙著編片，半夜十一二點才能回來。他不在家，家裡冷清清的。唐麗下班回家，先把音響打開，使勁地唱一會兒，驅趕一下家中的冷寂，再去燒飯。

自從結婚之後，他們的生活就一直很拮据，那幾個死工資每個月得錙銖必較地算計著花。唐麗從西藏回來，在列車上買炸土豆片，她狠狠心花二十元錢給兒子買了一袋，好久後提起來她還心疼地說：「太奢侈了！」可是，在鄭鳴第一次航行北冰洋時，預算前期投入六萬元，當他走時才籌集到四萬元。唐麗只好把多年存的那點錢不管到期沒到期統統都取了出來，換了一千多美元，給他帶上了。

鄭鳴沒有辜負唐麗對他的支持，加拿大哈德遜灣邱吉爾港的五天集訓中，他獲得了第一名，取得了上冰權——在北緯八十九度上冰，接替中央電視臺的一位記者，然後隨科考隊徒步走到北極點。在科考隊裡，做飯、駕馭狗拉雪橇是最艱苦事，在極度的疲勞下，再兩個多小時去燒飯是一樁很痛苦勞作。鄭鳴上冰後主動把這兩項任務承包了下來，受到大家的好評。

唐麗是位剛強、倔強、灑脫，做起事來風風火火的女性。她喜愛讀書、工作，愛做男人做的事情。她小時家庭出身不好，為得到別人的尊重，改變自己的命運，在體校蹲杠鈴，她總要比別人多蹲。她憑那從不服輸的倔強和頑強成了一名出色的排球隊員。一九七六年，十七歲的唐麗被招進八一摩托隊。一九八七年末，唐麗轉業了。她喜歡外國文學，希望生活能浪漫些，可是偏偏嫁給了很實際的鄭鳴，而且一切都要圍著他轉，一口氣給他當了十多年的「後勤部長」。

一九九五年，當年的摩托隊教練突然來電話問唐麗：「你想不想參加北京——拉薩摩托車拉力賽？」

唐麗猶豫了，急忙給在北京的鄭鳴打電話徵求意見。從北極回來不久的鄭鳴興奮地說：「你去吧。向自己的體能、技能、耐力和毅力的極限做一次挑戰，多積累一份人生的體驗，那是非常非常幸福的。」

從北京騎摩托車到拉薩，這是人類史上第一次，要穿過海拔五千二百三十一米的唐古拉山口，對於生活在平原地帶的人來說，百分之百會有高原反應，死亡率在百分之五，這是一次富有的探險色彩的拉力賽。在《運動員報名條件及要求》上規定：「參賽者在賽事中違反組委會各項規定發生重大傷亡事故，一切後果均由推薦單位和本人『負責』。」有些人膽怯了，家人不同意了，鄭鳴卻主動跑兩趟國家体委給唐麗取回了報名表。教練都被他感動了：「你能夠這麼支持她，太難得了。」

唐麗從轉業後再也沒摸過摩托車，能否再展雄風，一向很自信的唐麗心裡沒底了。鄭鳴借了一輛拉力賽使用的那種型號的摩托車，馱著唐麗找了一塊空曠的草地。唐麗又找回了當年的英姿，騎著摩托車瀟瀟灑灑地跑了十多圈，做了各種圖形。搞得在一旁的鄭鳴手直癢癢，乘唐麗小憩之機，鄭鳴跨上了摩托，結果摔了一跤，「教練」的腿被滾燙的發動機燙傷了。

八月二日，鄭鳴把唐麗送到火車站。唐麗憂心忡忡，不知道自己的身體能否堅持下來，也不知道會不會被淘汰，結婚以來頭一次離家這麼遠，孩子能否受得了……鄭鳴對唐麗卻充滿了信心，對她說：

「人平常只用百分之二十的精力就把一天打發掉了，當到了那種極端惡劣的條件下，人的精神力量、體能的力量就會超過平時幾倍十幾倍地釋放出來，當你闖過了這一關，你就會感到幸福，會更加自信……比賽時，你要保持一種平和的情緒，不要激動或大悲大喜。不要爭第一，只要你能騎到拉薩就是勝利，就說明你的能力、體力、技能還不錯，還年輕。」

唐麗想起了幾個月前，她在車站送鄭鳴去北極時說：「我相信你一定能勝利歸來，到時候我到北京去接你。」她笑了。

一個星期的體檢和考核唐麗順利通過，報名的三十名運動員淘汰了九名。大多數選手才二十多歲，而唐麗已經三十七歲了，體力明顯是不如她們的。

一九九五年八月九日，二十一位巾幗騎手騎著摩托車英姿颯爽地由北京駛向拉薩，在選手中，嫻熟地駕駛十七號賽車的選手就是唐麗。

八月九日，巾幗騎手行程三百七十公里，抵達山西繁峙。

八月十一日，行程一百零一公里，抵達延安。

八月十四日，行程三百二十公里，抵達甘肅省西峰市。

大雨滂沱，一行摩托車疾速地行駛在盤山道上，選手們一個個渾身濕透，凍得手僵體抖；霧鎖群山，坡陡路滑，兩旁的懸崖令人眼暈心顫，摩托車嘶鳴著向上爬去，摔倒了，扶起摩托再騎上去；狂風大作，玻璃球大的冰雹砸了下來，山道上布滿樹的殘骸和滾落的山石，搬開了路障繼續前進……她們還在泥漿路、砂石路、搓板路、陡坡路和泥濘的土路的賽段進行比賽。一路艱苦卓絕，崎嶇險阻，她們哭過，怨過，懈氣過。唐麗也和別的選手一樣給丈夫打電話：

「鄭鳴，我可不能再跑了，太累了。我一個快四十歲的老大媽，幹嘛要這麼累呀！再說，我就是跑下去也過不了唐古拉山口。」是啊，十多年沒摸摩托車，一下子每天跑三四百公里，她怎麼能受得了呢？況且她年齡偏大，腿部又負過重傷，一天下來腰酸背痛，渾身像散了架似的，脖子累得都難以支撐住腦袋，還得戴著沉重的頭盔。每天累得跑到地方，不管是草地還是土地，倒下便睡。

別人的丈夫的回話是：「不行就趕快回來吧，你可千萬別冒險哪！」

而鄭鳴卻對唐麗說：「你堅持吧，還沒過唐古拉山呢，你怎麼知道你過不去呢？我看你能過去。」

一覺醒來，牢騷隨著疲憊消散了。有規定，參賽選手三天不騎摩托車就可以回家了。唐麗望著那輛跟隨她跑了幾千公里的十七號車，我不能回去，一定要堅持到底。身體不如你的有，素質比你差的有，整個東北參賽的選手就你一個，不到拉薩怎麼能對得起家鄉的父老？她又毅然決然地跨上了摩托車，一陣「突突」過後，她流矢般地消失在晨霧中。

在泥濘路段的比賽中，唐麗前邊的三四輛摩托車摔在了泥水裡，擋住了她的路，一個選手的衣服掛住了她摩托車的離合器，她也摔倒了。她爬起來，扶起還沒熄火的摩托車，跨上去，衝出泥澤……

「過了五道梁，難見爹和娘。」在被人稱之為青藏公路的「鬼門關」的五道梁上，與唐麗並肩行駛的十號選手突然身體癱軟了下去。唐麗急忙停車扶住她。這時，唐麗自己也感到也難以支持了，她清醒地意識到這是高原反應，會有生命危險的。她喊來了救護人員，把十號交給了他們。她平靜了一下心緒，又跨上了摩托車……

唐麗的目標定在了拉薩，可心卻牽掛著家。她每到　個地方，第一件事就是給兒子寫張明信片，給鄭鳴掛個電話。她叮囑兒子：假期要學好鋼琴、英語，要有節制地看動畫片。

她在巴掌大的明信片上給兒子寫道：「我們出來三天了，十分辛苦和勞累，早晨起得很早，昨天三點四十五分起床，四點半出發，中午不休息，每天都跑三百五十多公里。路況複雜，開車要精力十分集中，一不集中就會出危險。我想到你學鋼琴，不集中精力也是學不好的。集中精力很重要，它是成功的關鍵……再一點就是人生的每一階段都要有一個目標，無論多麼艱苦都要朝著這個目標努力前進。媽媽現在只想抵達拉薩，儘管每天都付出很多辛苦，但距離目標越來越近，這就是力量……」

「昨天給你打電話，爸爸說你去韓姨家了，真遺憾。這些天我很累很累……當我們行駛到六盤山脈時，天突然烏雲密布，下起了冰雹，一座山的石頭滑坡了……困難沒有嚇倒大家，因為我們心中有個共同的目標：拉薩。人潛力很大，只是沒被我們發現，只有在特殊情況下，它才能釋放出來。」

「今天我們經過了柴達木盆地，一段八百公里的旱路，這條路從來沒有女子開車走過。男人都是騎著駱駝、馬和犛牛，或駕著汽車走過的。當地的人們都認為我們這些人很了不起。我們每個人都有點高原反應，如心跳加快、頭有點昏、嘴唇發紫、口乾等……青海主要以牧業為主，藏族較多，翻過幾座山不見人家，只有犛牛、羊群和放牧的人。」

當唐麗過了青海湖後，鄭鳴的心也懸了起來，天天看地圖，算里程，計算唐麗的方位。他很渴望接到唐麗的電話，可是他太忙了，他要編片，還要為下次拍片做些準備，所以唐麗的電話常常打在留言的磁帶裡。他常常忙到晚上九點多鐘才回來，九歲的兒子放學回家，只好自己踩著小板凳把剩菜剩飯放進微波爐裡熱熱。吃過飯後就寫作業，寫完作業就自己睡覺。一次，唐麗早晨給家裡打電話沒人接，中午沒人接，晚上還是沒人接。唐麗心慌了，家裡出什麼事了？高原反應使得她怎麼也想不起親友的電話號，最後她總算想起一位好友的電話，撥通了，好友說：「鄭鳴上北京了，你不知道麼？他前天就把孩子送我家來了。」

八月二十六日，二十一位巾幗騎手抵達了拉薩，她們把在天安門廣場國旗班的戰士手中接過的五星紅旗轉交給了拉薩的武警戰士。目視著五星紅旗在布達拉宮廣場冉冉升起，飽經艱險和疲勞的騎手都熱淚橫流，她們終於實現了人類史上首次摩托車編隊攀上世界屋脊的壯舉……

獲第九名的唐麗載譽而歸。兒子瘦了，「媽媽，我已經吃了三頓炒雞蛋了，早晨吃炒雞蛋，中午吃大米飯炒雞蛋，晚上吃麵條拌炒雞蛋……」鄭鳴無限感慨地說：「你不在家，家裡太沒意思了……我看孩子心裡也怪不得勁的，我像後爹似的，我說，吃飯，兒子就趕緊吃飯。吃完了飯，我說，洗吧洗吧趕快睡吧，兒子就趕緊洗臉洗腳睡覺，和我一點話也沒有……」是啊，他在家的時候太少了，兒子對他的感情都很淡了。唐麗和孩子都已經習慣於他不在家的生活了，如果他在家待長了，他們母子還覺得有點不對勁了。常常想，行了，再將就幾天他就走了，他走了，家裡也就消停了，孩子的學習也該步入正軌了……

當我採訪結束時，鄭鳴又走了。他對唐麗說，你再忍受一點兒，等我扛不動機器的時候就不跑了。唐麗想，算了，他已把自己獻給了事業，那麼就支持到底吧！

## 走過失婚的困厄地

二〇〇五年五月二十六日，日本厚生勞動省政務官森岡正宏公然宣稱，日本的二戰甲級戰犯「在日本國內已經不是罪人」；日本首相小泉純一郎宣稱還要繼續參拜供奉有東條英機等十四名甲級戰犯牌位的靖國神社……

中國一位普通農民二十年如一日地堅持做一件事——收集侵華日軍罪證，讓子孫後代銘記中華民族的那段屈辱史。他曾被人稱為「不務正業的敗家子」，受到世人的白眼與鄙夷，而且趟過了失婚失孝、失責、失職和貧窮窘迫的困厄地……

一九八五年，黑龍江省穆棱縣興源鎮西崴子村的農民曹立明的妻子跟別人跑了。

這一消息像長了翅膀似的傳遍了十里八村，許多人像早就料到會有如此結果似的說：「該！」

妻子跟別人跑時，曹立明還在外邊收購「洋破爛兒」。回到家時，家已空空落落，淒淒涼涼。他一屁股坐在炕上，半天也沒說出一句話。

他恨不起她來，反而覺得自己對不住她，自愧沒盡到丈夫的責任。

曹立明二十八才結婚。當時，村裡像他那麼一把年齡的男人，孩子都能打醬油了。家裡兄弟五個，他是老大，父母本來指望他帶領兄弟發家致富，他卻迷上了收集那些用不能用、扔不能扔的「洋破爛貨」。

為此，他上騙父母，下騙兄弟。一次，為收購一架日軍望遠鏡，他把車開到離家幾里地，然後走回家，對父母說車壞半道了，得修理，「騙」了二百元錢……

農民講究的是本本分分、踏踏實實過日子。在他們眼裡，曹立明是個不務正業、遊手好閒的二流子。他和妻子是「因誤解而走到一起」的，婚前她根本不知道他有這個「毛病」。婚後，曹立明說走，丟下地裡的活兒就沒影了；省吃儉用省下的錢，他大把大把地花出去，換回一堆「破爛」！

剛結婚時，曹立明將洋破爛藏在柴火垛裡。一天，妻子發現了，和婆婆一起將那些洋破爛統統扔出門外。曹立明氣得七竅生煙，和妻子大吵一架。這是他們婚後的第一次衝突。

一天，雪虐風饕，天凝地閉，在外邊收購洋破爛的曹立明連凍帶餓，拖著沉重而疲憊的腳步回到家。他想爬到熱炕上暖一暖凍僵的肢體，再喝一口熱水，吃一口熱飯……

可是，家人誰都不搭理他。他只好求妻子：「你能不能給我燒點兒熱水喝……」

「想喝自己燒去，沒有人管你！」妻子的話像雪團砸在他的心上。

曹立明火了，家裡人冷落我，你也跟著擠兌我，一氣之下，他打了妻子……

從此，曹立明和妻子的關係更緊張了。一天，曹立明正在磨煎餅沫子，有人捎信說，在三十里地外的村子，發現一個日軍用的背壺。他丟下活兒就跑了。

當他以二十元錢的價錢收購了背壺，鳧趨雀躍回到家時已是半夜了，一家人都沒睡，在等他。他想讓家人分享一下喜悅，沒想到母親冷著臉，妻子面色鐵青。

因為，他丟下活兒跑了，妻子跟他母親吵了一架。

在結婚的第三年秋天，妻子絕望了，跟人跑了。

半年後，妻子回來和他辦理了離婚手續。他並不恨她，只是覺得自己對不住她，沒有盡到一個丈夫應盡的責任……

一九九二年冬天，家裡開粉房，曹立明開著車，走村串戶銷售粉條，雇鄰村姑娘魯德玲跟車收錢。讓這位二十歲的姑娘驚奇的是他不僅賣粉條，還收購洋破爛兒，有時遇到買不起粉條的孤寡老人，他就送一把。

她不安了，問他：「你家哥們那麼多，回去對不上賬怎麼辦，會不會以為我把錢給揣起來了？」

「沒關係，這事與你無關。」

一來二去，他們熟悉了，小魯發現曹立明身上有許多閃光點，如知識面寬，性情溫和，心地善良，做事執著，不畏辛苦……曹立明對她說，隨著歲月的流逝，侵華日軍留下的遺物就消亡了，人們對那段歷史也就淡忘了。他說，他收集侵華日軍遺物就是想建一個陳列館，向後人昭示侵華日軍的罪證。

小魯不由地想起最疼愛自己的小哥。小哥僅比她大三歲。一年前，小哥不知從哪兒弄到一枚日本鬼子的炮彈。他想把彈殼取下來，給妹妹做銅手鐲。在取炸藥時，炮彈爆炸了，小哥被炸得血肉橫飛。插秧回來的魯德玲聽到噩耗，一下子腿腳就癱軟了，離家近百米的距離，她竟走了四十多分鐘。

隨著小四輪拖拉機在雪裡碾出的漫長車轍，這對年齡相差十八歲的男女相愛了。

這事成了十里八村的爆炸性新聞。她的家人堅決不同意，親戚朋友也表示反對。父親指天發誓：「我寧可把女兒剁了餵鴨子，也絕不嫁他！」

她卻偷偷地嫁給了曹立明。

這在十里八村掀起軒然大波，說什麼的都有，有人說魯德玲瞎了眼睛；有人說她被曹立明騙了……婚後，她整天待在家裡不敢出門。她想母親，卻不敢回家。想得無法忍受時，就跑到村口和母親見一面。

娘家遭受了火災，她只有在晚上悄悄跑到房後，遠望了兩個小時。她多麼想走進家門叫聲「爸爸」，喊聲「媽媽」，看看家裡燒得怎麼樣啊。

一天，聽鄰居說，她爸爸得了腦血管萎縮，住院五六天了。她卻不敢去醫院看望父親，怕惹他生氣……

魯德玲感到在家鄉實在待不下去了，流著淚水對曹立明說：「你帶我走吧，去哪兒都行。」

他們含淚告別了患直腸癌晚期的曹立明的父親，離開生活了二十多年的家園，漂泊到他鄉……

一九九三年二月六日的傍晚，曹立明偕妻子回到家鄉。他進門就喊：「爸，媽，我回來了。」

「大鬼，你還死回來呀！」媽媽一把拉住他，哭著說道。

原來，父親已經去世四天了。在四弟的陪伴下，他來到父親的墳前，長跪不起。爸爸，不孝的兒子回來了；爸爸，我對不起你啊！作為長子，我不僅沒有幫你頂起家裡的大樑，還成了家裡的累贅，遭人恥笑與嘲笑；兒子惹你生氣，讓你操心和牽掛，讓你死難瞑目；兒子沒有為你盡孝送終，辜負了你的養育之恩。爸爸，你怎麼這麼就走了呢？還有兩個弟弟沒有結婚，你怎能安心地走呢……

為了讓九泉之下的父親能夠安息，他決定放棄收集侵華日軍遺物，帶領弟弟妹妹經營好菜地，順著父輩的腳

曹立明給妻子看他採購到的侵華日軍的歪把子機槍

印走下去。他深信憑著自己的聰明與執著，不論種地還是經商都會走出一條致富路的。

幾天後，曹立明反悔了，他覺得那種「兩畝地，一頭牛，孩子老婆熱炕頭」不是他的人生追求。

他總也忘不了魏連吉老人的哭訴。一九四五年，魏老漢被日軍抓到柳毛河去修防禦工事時，親眼目睹了二、三十位中國勞工慘死在日本鬼子的魔爪之下。魏老漢聽說他在收集侵華日軍罪證，就把一塊日軍的「軍用地」界碑送來。當年，曹立明母親的舅舅被日軍抓去修綏芬河要塞，一去無歸；那些當過勞工的人每每講起當勞工的日子無不痛苦不堪……

曹立明覺得自己沒有錯，自己做的是一件有益於子孫後代，有益於民族，有益於和平的事情，怎麼能放棄呢？於是，他又走村串戶地收集起洋破爛了。

八面通鎮有位毛姓的老人，在偽滿洲國時當過醫生，手裡有當年侵華日軍用的藥品、醫療器具和醫學書籍。曹立明認為這些東西非常有價值，尤其是那本《微毒血清診斷學》，很可能與日軍七三一部隊的細菌實驗有關。老人提出少兩千元不賣。曹立明一狠心，就把家裡的農用車賣了。

一九九六年春節前夕，外出收購四十多天的曹立明疲憊不堪地回到了家，見魯德玲正在餵豬，他關切地問妻子：「女兒燒得怎麼樣？」

「不知道。你沒有孩子，也沒有媳婦，只有你自己！你出去這麼多天給家打過電話嗎，寫過信嗎？哪怕你寫個小紙條也好，也能讓我知道你在外面沒出什麼事。你去收拾一下你的東西，咱們倆離婚吧。」魯德玲氣惱地說道。

原來，歲末連降大雪。元旦時，積雪沒膝，公路隔斷了，鐵路不通了。那天晚上，在蔬菜大棚裡忙碌著的魯德玲十分牽掛在外的丈夫，不知他飄落何方，也不知他元旦過得怎樣。

突然，屋裡傳來女兒曹陽的慘厲而悽楚的喊叫。她一進屋，立馬傻了：兩個孩子把衛生紙纏到了脖子上玩，不知怎麼三弄兩弄紙點著了。三歲的小曹陽鼻子眼睛臉都燒沒皮了，正撕心裂肺地哭嚎著。

女兒住院了，曹立明不知在哪兒，無法通知他。三弟只好陪著嫂嫂在醫院護理。只有一張床，小叔子哪能和嫂子擠在一起？晚上，三弟只好去了錄影廳，那比住店省錢哪，坐一宿五元錢。曹陽住了十三天院，三弟背著她在錄影廳裡坐了一、二個通宵！

她本以為嫁給一位比自己大十八歲的丈夫，會得到更多的體貼、關愛和呵護。沒想到曹立明心裡只有一件事——收集日軍遺物。她記得在女兒剛滿月不久，得了肺炎，生命垂危，曹立明把她們送到醫院就去收購了。當時，魯德玲的身體還沒恢復好，孩子發燒她也跟著發燒。她渾身無力，下樓打壺水兩腿都顫抖。結果女兒住了十七天院，曹立明只在晚上去看過兩次。

一天，曹立明和妻子去穆棱鎮賣菜，他把一車菜卸在市場，開車走了。晚上，他開車來接她時說，附近一家有日軍遺物，他去看看就回來。她從七點鐘等到他十點鐘，哪見他的蹤影。天越來越黑了，雞該進窩，鴨該進架了，女兒該鬧覺了。見不到媽媽，女兒怎麼能睡？她又著急又害怕，市場是小流氓、地賴子比較集中的地方，萬一碰上怎麼辦？她對丈夫由怨到氣，由氣到恨。一大車菜賣了一天，還沒賣一百元錢，她狠狠心，掏出十五元打輛計程車回家了。

一九九二年，曹立明和弟弟來到綏芬河市建化村種菜。

當年日軍修築「東方馬其諾防線」時，在綏芬河修建了天長山要塞等築壘。天長山要塞至今還是個謎，許多人認為天長山肯定藏有一個規模很大的日軍洞庫。日軍為嚴守這個祕密，慘無人道地將幾千名中國勞工殺害了。曹立明來到綏芬河後，猶如阿里巴巴接近寶藏的洞口，收集速度加快了。

八年後，綏芬河市政府正式批准了曹立明籌建侵華日軍遺物陳列館的申請。

由於曹立明收集的侵華日軍的遺物多達千餘件，某機構想在國門建一個展覽館，要高價收購曹立明所收集的日軍遺物，身負外債的曹立明卻拒絕了。

在綏芬河市委的支持下，在綏芬河市文體局、綏芬河運輸公司、萬世利公司等單位的幫助下，建築面積為二百五十平方米的侵華日軍遺物陳列館動工了。館址選在了天長山日軍兵營的舊址。

魯德玲放下了手中的農活，揣著僅有的一百元錢，拋家捨業地趕來了。白天，她不僅給施工人員做飯，還要裡裡外外地忙碌著；晚上，她和丈夫擠在一個釣魚用的小帳篷裡，看守著工地的建築材料。夜冷如水，他們連衣服都不敢脫，相擁取暖。夜深了，他把棉被往妻子那邊拽拽，蓋在她的肩上；夢中醒來，她把棉衣搭在他的身上。黑龍江的天氣說冷「喀嚓」就冷了，他們住的地方水桶裡的水都凍了一寸厚的冰，他們還在那裡堅持著……

曹立明的這種民族精神感動了綏芬河的市民，工人、農民和知識份子紛紛跑到工地做義工。五常縣的一位在綏芬河種蔬菜的農民不僅在工地做了一個月的義工，而且還天天免費給他們送蔬菜……

苦點累點這都不算什麼，難的是沒錢，一會兒水泥用完了，一會兒房蓋上的油氈沒有了……魯德玲把口袋劃拉一遍，然後又四處借錢。因欠人家錢，房蓋的鐵皮被人拉走了，他們只好搪上板皮，鋪上油氈；沒錢購窗扇，就在窗框上釘層塑膠布……

房子的主體竣工了，債主盈門了。這位說：「過年了，你怎麼也得把賬給我清了。」那位說：「曹立明，臘月二十九你要是不還錢，我就讓兩個兒子來拉你的東西。」魯德玲只好以三分利在寄賣店貸了二千元，先還給人家。

二〇〇二年四月末，綏芬河市侵華日軍遺物陳列館在捉襟見肘、艱難竭蹶中，免費向中外遊人開放了。儘管板皮加油氈的房頂漏雨；儘管沒有展櫃，紅磚垛子鋪板皮，板皮上鋪層布，千餘件展品散放在上面……

陳列館的門口，掛著對聯：「建展館訴國恥祝民族昌盛，展歷史咒戰爭願世界和平。」門前有一當年侵華日軍的木板崗樓，崗樓旁是一盞探照燈，前面掛著一幅橫幅：「為了我們的孩子。」

他們接待的第一批客人竟是來自日本的侵華日軍要塞考察團。考察團的團長菊池實先生參觀後，感慨地說：「沒想到一位中國農民竟用了二十年的時間收集了一千多件侵華日軍的遺物……這個陳列館的每一件物品都是日本侵華的罪證！」

當日本友人離開綏芬河前，又來到陳列館，又參觀一次，然後在館前栽下了一棵祝願中日人民友誼萬古長青的松樹。

為建館曹立明又欠下三萬多元債務。儘管負債累累，曹立明還沒有中止收購侵華日軍的遺物。他遺憾地說，還有許多侵華日軍的罪證還沒有收集到，如偽滿時期的「良民證」等等。

陳列館辦起來了，曹立明家的生活更窘迫了。過去，魯德玲還能在外邊打打工，掙點錢養家糊口，供女兒上學；如今，魯德玲每天要看守陳列館，不僅無法回穆棱與女兒團聚，而且連工也打不成了，家裡斷了經濟來源，生活全靠親朋接濟了。

他們夫妻住在館裡，當曹立明外出時，孤守在荒野寂寂、蔓草寒煙的空空蕩蕩的陳列館的魯德玲就感到害怕，嚇得她不敢睡覺。睡不著覺，她就思念遠在穆棱的父母和女兒，回想她與女兒相見時，年僅十歲的女兒緊緊拽著她，不再散手的心酸的情景。當她實在太想女兒了，就把電話打到鄰居家，求鄰居找女兒過來說幾句話。可是，小曹陽卻因為父母不回去看她而賭氣地說：「我不接，他們要是真想我，就回來看看我。」她聽後，淚在眼裡盤桓，酸楚在心裡彌漫。

曹立明說：「我實際上是在做一項搶救性的工作，這是每個中國人都有責任和義務做的事。創辦這個館就是想讓後代永遠銘記中華民族那段屈辱史，激發他們的愛國熱情，讓歷史悲劇不再重演。」

## 為子孫而戰的農民夫婦

環境污染已是人類所面臨的最嚴峻的威脅之一。

在污染面前，有人處之漠然，有人默默祈禱，有人不惜重金購買各種淨化器，還有人大把大把地亂服什麼「安利」、螺旋藻之類的保健品，卻很少有人挺身而出，去保護環境。

杭州市南陽鎮塢里村的一對農民夫婦站了出來，他們要捍禦自己的生存環境。他們這樣做無異於攔截了他人的財路官道。有人恐嚇他們，威脅他們，不惜造謠誹謗，甚至將他們打得鼻青臉腫，遍體鱗傷；有人想收買他們，給他們送錢。可是，這對普通農民卻「刀槍不入」——既不畏強權，又拒絕利誘。

他們說，環境是無價，生命是無價，我們要把這些無價東西留給子孫後代……

二〇〇五年四月二十九日，杭州市評選的「平民英雄」揭曉，蕭山區南陽鎮塢里村的壯族農婦韋東英以最高票數當選。在「平民英雄」的頒獎晚會上，杭州電視臺《十分關注》節目的記者向韋東英轉告了一位市長的話，市政府很重視南陽化工園的污染問題，不過，那些投資商是政府請來的，因此化工園一時關不掉，要在二〇〇七年底才能徹底解決，希望她能理解。

電視裡在說，亂排污水就等於殺人。那麼，公安局抓住殺人犯後，能允許他說：「讓我再殺三年人，然後你們再來抓我好了。」韋東英瞪大眼睛說。她請記者轉告市長，化工園企業排放到錢塘江裡的污水會隨潮汐湧到其他地方，遭受污染的不止是塢里村和赭山街村。韋東英就是這麼一個性情耿直、做事執著的女性。她並不很在意「平民英雄」這個稱號，在意的是環境污染什麼時候能得以解決。

二〇〇七年關掉化工園，總算是有了個說法。三年，在別人的眼裡可能短暫，對在水深火熱中的塢里村民來說，那是一千多天、三萬六千個小時的煎熬，要在這些日子裡忍受空氣的刺鼻酸臭，要忍受滿天飄浮的粉塵粉屑，要忍受那不論白天黑夜都不停嚎叫的噪音，要忍受一年四季關緊的門窗，在三伏天悶熱得喘不過氣，用韋東英婆婆的話說，這比坐牢還難受！另外，他們還要忍受錢塘江不時漂上一層死魚，要忍受打一天的魚只收穫幾尾貓魚的窘境。還有，說不上在這三年裡，會有多少人患上癌症，多少人被癌症奪去性命。

韋東英不是本地生人，是從廣西嫁過來的。一九九一年四月，一位嫁到塢里村的廣西老鄉給二十四歲的韋東英介紹一個對象，於是她從廣西趕來相親。老鄉給她介紹的對象叫邵關通，不僅比她大十二歲，而且還很窮，家裡除了幾間土房和一位年近古稀的老母親之外，幾乎什麼都沒有。

韋東英覺得邵關通雖然窮，可是人不錯。他不僅淳樸善良，有男子氣，而且很有責任感。他之所以窮，是因為他這人太豪爽了，賺的錢全都請人喝酒了。於是她很快就嫁給了邵關通。「塢里赭山好風光，三面青山靠錢江。」塢里村是山清水秀，風光旖旎的魚米之鄉，離村子不遠就是聞名海內外的「觀潮勝地」。錢塘江的江水清澈，魚蝦成群，四百米的漁網撒下去，能捕幾百斤的魚。那時，韋東英特別喜歡在錢塘江游泳，在內河——先鋒河裡摸螺螄。她和邵關通雖說是先結婚後戀愛，但是兩人相親相愛，相知相惜。夫婦倆一個捕魚一個賣，小日子過得紅紅火火。每當關通去捕魚時，她總要叮囑一句：「關通，你不要捕太多魚，我賣不光，搞得家裡臭死了。」

愛能使樹幹般粗壯的漢子變得柳絲般的柔順。夜半，關通在錢塘江裡捕一網魚就回來，她趕到早市，賣得幾百元錢；上午他再去撈一網，她去夜市又賣得幾百元錢，生活輕鬆而殷實。婚後，關通的錢多了起來，家裡很快蓋起了磚瓦房，幾年後又蓋起了三層小樓。

可是，好景不久，一九九二年南陽鎮在塢里村建立了化工園，韋東英和邵關通的幸福變成了過去時。當地政府招商引資請來了高污染的化工企業，經濟發展了，化工園區的產值達到了十億元。可是，塢里村的空氣和水系被嚴重污染了，莊稼減產，果樹死了；江裡的魚越來越少了，鰣魚絕跡，鯔魚鮮見……

一九九八年，塢里村的農作物爛根，水稻絕產。二〇〇二年，村裡十幾位應徵參軍的熱血青年居然沒有一個體檢合格！從一九九二年以來，塢里村和赭山街村竟有六十多人死於癌症，占死亡人口百分之八十以上，癌症發病率比浙江省平均發病率高十幾倍。村民疑惑地問，政府請來的到底是財神還是瘟神？這哪裡是發展經濟，簡直就是圖財害命！

一九九七年，村民就聯名上訪，政府派人採集了水樣，給村民抽血化驗了，可是卻沒有了下文。癌症的惡魔徜徉在塢里和赭山，讓村民心驚膽戰，惶恐不安……

二〇〇二年初，韋東英發現自己脖子有了腫塊。嚇得急忙去看醫生。醫生讓她去腫瘤醫院醫治。腫瘤醫院的醫生一聽說她是從塢里村來的，就對邵關通說：「你老婆這病要做手術。你們那裡來的病人十有八九是癌症，她的病百分之九九是癌症。」

邵關通一聽就傻了，眼前發黑，兩腿發軟。韋東英一看丈夫那霜打的臉，就知道自己得癌了。

在親戚中，第一個患癌病逝的是邵關通的二哥。長兄如父，若沒有二哥，不知邵關通將如何走過童年。邵關通出生六個月就沒了父親。母親抱著他，領著八歲的二哥，從杭州宋城回到了家鄉塢里村。

邵關通小時候，什麼活兒不會幹了，找二哥；有委屈，找二哥；高興了，還是找二哥。二哥教他划船，教他捕魚。在幹一天農活才能賺七角錢時，二哥領著他捕魚，一天分給他十多元錢，讓村裡的青年嫉妒得要死。

一九九五年，年僅四十七歲的二哥被胃癌奪去了性命。二哥死不瞑目啊，他的兒子才十六歲，正值需要父親引導的年齡；他捨不得小弟關通啊，他走了，誰來跟小弟同舟捕魚？

二哥的死，在關通的心靈爆發了一場海嘯。他哭得死去活來，多日不能下江捕魚。只要一見漁船，他就會想起哥倆兒風雨同舟的日子，想起四十年來二哥對他的疼愛；看到江水，就好像看到一把殺人刀。

二哥是被水害死的。捕魚人吃慣了江水。二哥渴了，捧起江水就喝。二哥不知道此江已非彼江，水中的氨氮含量已經很高，這會誘發消化道癌症。

癌症啊，你已奪走了關通的二哥，還要再奪去他的妻子，他十歲兒子的母親嗎？韋東英滿心悲哀地想。

在她手術的前一天，邵關通在手術單上顫抖地簽下了他的名字。晚上，他將自己關在房間裡，一支接一支地吸煙，不知不覺就將三包香煙吸掉了。他的思緒若無羈野馬，往事一一浮現眼前。

東英待他好啊，他愛喝酒，她就一箱箱地給他買酒；他午睡時，不論有什麼活，她說：「他睡覺了，這活兒我來幹。」他要有個頭痛腦熱，她就急壞了，既不讓他下江捕魚，也不讓他在家幹活兒。有一次，他的手腫了，她說：「你生病了，不要捕魚了。」他憂心忡忡地說，我不賺錢這個家怎麼過？兒子要讀書，媽媽要看病，蓋房子欠的債要還。她安慰道，我多做點兒就是了。

十一年的夫妻，你惜愛我、我惜愛你的日子，他還遠遠沒有過夠，怎麼能戛然而止呢。想著想著，他的淚水泉湧而出。不行，無論如何也要挽救東英的性命，哪怕傾家蕩產！

最後經過專家會診韋東英患的不是惡性腫瘤，而是良性的。雖是一場虛驚，卻讓他們永生難忘。在塢里和赭山，村民們被癌症搞得杯弓蛇影、惶恐不安的啊！

二〇〇三年，塢里村的村民對環境污染反映強烈。沒想到，一位村民選舉產生的環保代表竟悻惱地說，今後誰再向上反映污染問題，誰就是傻瓜！

他的話音剛落，韋東英就接上了：「你們都不願意當傻瓜，那麼我來做這個傻瓜好了。反正你們平時都叫我傻瓜，我就一傻到底好了。」

韋東英自願當「傻瓜」的舉動得到了丈夫邵關通的支持。為了及時撥打舉報電話，邵關通給她買了手機；為收集排污罪證，邵關通經常在半夜十二時、凌晨二時陪她去查看錢塘江的排污口，拍攝圖片，採集水樣。為當這個「傻瓜」，他們家賺的錢除了糊口之外，幾乎全花在了環保上。他們家並不富裕，前幾年蓋房子還欠下四萬來

韋東英和邵關通夫婦在家裡整理排污的證據

元沒有還上。有一次，家裡連兒子的學費都拿不出來了。兒子只好將攢了四年的壓歲錢拿出來。

不過，村裡也有許多人支持韋東英，有人借給她相機，有人給她出車，有人對她說，你就幹好了，沒錢到我這來拿。讓部分村幹部和村民大惑不解的是：韋東英一個「外地婆」咋這麼在意塢里村的環境呢，為啥總跟排污企業過不去？

化工園區的排污幾近猖狂，每天至少有兩千噸污水排入錢塘江。六根黑色的排污的管道像紮在錢塘江血脈上的輸毒管，讓韋東英看著心裡犯堵。可是，它們的存在卻是合法的，是經過城建、環保、國土、錢塘江管理局批准的。

當地的領導都知道，錢塘江是浙江的母親河，其流域面積、流域人口、流域經濟總量均占浙江省的三分之一。可是，他們為什麼眼睜睜地看著那些墨黑的、血紅的、綠色的、黃色的、白色的、褐色的濁流，那些烏七八糟的東西排泄到母親河。向她排污的又何止一個南陽化工園區，浙江省五百七十三家重點污染企業，其中有二百五十四家的污水直接排放進錢塘江！再繼續下去，這條母親河就會成為流膿淌血的「妓女河」！

在二〇〇四年七月，在她在環保日記上記載：

二〇〇四年七月十五日早晨，錢塘江的三號壩的排污口在大量排放污水，把整條江染成了紅色。在排污口附近，漂浮著大量的死魚……

二〇〇四年七月十七日，江城橋下在排放紅色污水，我和村民順著污水找到排污企業，用相機拍下排污情景……

二〇〇四年七月二十八日中午，關通回來告訴我，三號壩、四號壩、七號壩都在大量排污。在七號壩邊上有很多死魚……

韋東英和邵關通的舉報電話打過無計其數，從鎮政府到蕭山區環保局，由杭州市環保局到浙江省環保局，丈夫風來雨去賺的錢變成了一張張面孔蒼白的話費收據，污染如故。

二〇〇四年八月二十日早晨四點三十分，他們發現某化工廠正在排放污水和廢氣，給蕭山區環保局打了三次舉報電話，給杭州市環保局打了一次舉報電話。環保執法人員六點五十才趕到，這時排污已停止。韋東英只好將自己取的水樣交給他們。他們卻說：「你取的水樣沒用。」

有人說，環保局和排污企業相互勾結，否則為什麼他們接到舉報電話遲遲不來，為什麼他們前腳走，後腳那邊就又排污呢？蕭山環保局解釋說：「我們的執法車還沒到，早就被望風的人看到（那邊的排污就停了），人家不排了，你還怎麼查他，罰他？」

可是，抓著又怎麼樣？處理一噸污水需要五元錢，那些廠家一天要產生八百多噸污水，那麼一年的水處理費就是一百四十四萬元。如果把污水直接排入錢塘水，被環保局抓住最高罰款是三萬元，就是每月被罰一次，一年下來才三十六萬元，違法成本如此之低，那些廠家怎麼會不排污呢？

這是法律法規的紕漏，還是對違法者網開一面，為什麼就不能罰他個傾家蕩產，罰得他個每每想起來就不寒而慄？

可是，法律法規不是韋東英和邵關通這等平頭百姓能夠制定和修改的。

一天，一位環保執法人員終於跟韋東英和邵關通道出了實情：他們儘管排污，你們儘管舉報，我們儘管來。我們只有罰款的權力，關（了）我們吃不消關。」

讓韋東英傷心的還不止這些。二〇〇五年一月，邵關通發現化工園區的污水處理廠在大肆排污，他撥通了舉報電話。環保執法人員來了，罰款三萬元。當追究法人代表責任時，廠裡的人都噤聲不語了。執法人員只好將電話打到有關部門查詢，一個讓人難以接受的事實浮出了水面——污水處理廠的法人代表居然是主管工業的副鎮長陸偉！

韋東英聞之，真是欲哭無淚啊。她想不明白，難道百姓的生命就比不上那些官員的政績，比不上所謂的GDP？人都死了，GDP就是超過日本、美國又有什麼用？再說，GDP提高了，就抵擋得了癌症的衝擊嗎？對農家來說，只要有人得了癌症，很快就債臺高築，傾家蕩產。

塢里村二十五歲的村民干海峰死了。他是村裡被癌症奪去性命的最年輕的村民。這一消息在村民心裡產生了很大的震動。干海峰是獨生子，父母為給他成了家，告貸造房。房子造好了，媳婦娶進了門，他卻患了癌症。為給他治病，家裡又借了十萬元，結果他還是死了。

他八十八歲的奶奶一想起孫子就老淚橫流，淒惻地念叨道，怎麼不讓我替他去死啊！他的母親整天坐在門口，神情恍惚地望著遠處，似乎在等待著兒子回來。她的腿腳病已經很重了，醫生說需要花五萬元做手術。由於沒有錢，她只好忍受著病痛的折磨。

兒子死了，養家糊口、掙錢還貸的沉重擔子落在了父親的身上。對一位年過半百沒有文化和技能的農民來說，除了打點兒零工，還能做什麼呢？他賺的錢能糊口就不錯了，哪裡還得了債？

哪家沒有孩子，哪人沒有兒女，再這樣污染下去，誰敢保自己的孩子不得癌症，誰敢保自己的家不會像干家這樣？

依靠撥打舉報電話解決污染是很不現實的，可是，韋東英他們夫婦還能什麼呢？村民一臉無奈和絕望地說，我們這些「老百姓」能有什麼辦法。

二〇〇四年四月二十八日深夜，噪音銳利得像刀戳在心上，家好像被人掛在火車上，「咣當咣當」地奔跑起來。韋東英實在忍受不下去，穿上衣服就去找那個廠家。生產廠長站在廠門口，一臉不屑地對她說：「你以為你是誰呀，你有什麼權力管我們？我告訴你，你的命一文錢都不值！」

韋東英氣得跟他吵了起來，廠長一揮手，幾個男人一擁而上，把她痛打一頓。

在他們眼裡，沒權沒勢的「老百姓」是草芥不如啊，否則他們的噪音怎麼會吵得人無法安寧，有毒廢氣怎麼能隨意排放，怎麼敢將有毒的污水排入他們賴以生存的江河！

二〇〇四年五月，韋東英和丈夫滿懷悲憤地給《焦點訪談》寫了一封信，希望他們能夠幫助解決錢塘江的污染問題。可是，沒有回音。

村裡人提醒她說，靠你們夫婦的力量是不夠的，只有大家都簽名才會管用。於是，她起草了幾封寫給國家環保總局和浙江省新聞中心等機構的信，挨家挨戶地請村民簽名和按手印。

對此，有人感激地對韋東英說，等以後錢塘江裡有魚了，我們大家是不會忘記你的；有人說，如果能把污染的問題解決了，我們就給你家掛滿錦旗。

也有人罵她是潑婦、死瘋婆、外地婆，說她別有用心。

當韋東英找村上一對兄弟簽字時，哥哥雙手贊同，問她，我可不可以簽兩個名，一個小名，一個大號？在一家污染企業當車間主任的弟弟卻悻然地對她說，如果廠子都搬走了，你讓我們上哪兒去賺錢？做人要有良心，人家又沒惹你，你總找人家的麻煩幹什麼？

村裡告誡幹部、黨員和教師不要參加韋東英的簽名活動。有人勸韋東英，這個村子不是你家的，錢塘江也不是你家的，村幹部不管，黨員不管，有文化的人也不管，你一個「老百姓」出那個頭幹嘛？韋東英說，你不管，我不管，環境就會越來越惡劣，這個世界上不要說人，恐怕連動物都要滅絕。

二〇〇四年九月五日，韋東英冒雨將有千人簽名和密密麻麻鮮紅手印的信寄了出去。這些信引起了有關部門的關注，浙江省和北京的電視、報紙紛紛報導了塢里村的環境污染和癌症高發的勢態，國家環保總局做了批示，省市區三級環保局局長一起到她家瞭解情況。

一夜之間，韋東英成了名人。只要在網上點擊「韋東英」三個字，就會出現上千條資訊。網上貼出許多帖子，有人說，韋東英，你是當代英雄，你令全國的環保局局長汗顏！

她出名後，恐嚇和威脅，造謠和誹謗卻像化工園排放的污水一樣向她襲來。

有人威脅她說：「你再做下去就得坐牢！」

有人當著村治保幹部的面，對她丈夫威脅道：「我找幾個人，把韋東英滅掉！」

從此，邵關通再也不敢讓韋東英一個人深更半夜去江邊查看排污和收集水樣了。只要她晚上出去，他就寸步不離地跟著她。

好心人關照韋東英說：「你小心點，他們可能會對你兒子下手。」從此每當兒子放學時，她就到路口望，有時還到學校去接。

利益關係是一張潛網，誰在哪個網結上，外人往往是無法知道的。過去，韋東英和鄉親相處和睦，自從她做了環保代表，就像挖了別人家祖墳似的，有些人跟她的關係緊張起來。他們罵她是「婊子」，還找茬兒打她，甚至兩個大男人暴打她一個弱女子。她丈夫氣憤地去找村主任，村主任卻說，她是外地人，我管不著。她丈夫氣憤地問：「她是不是我邵關通的老婆，她的戶口在不在塢里村？如果她計劃外懷孕了，你還不急得要死？」

有人說，來採訪她的記者是假的，已被公安局抓起來了；有人說，上虞縣某工化廠為擠垮化工園區同行，收買了韋東英，讓她去舉報排污；還有人有鼻子有眼睛地說，她丈夫去上虞縣收取了三十六萬元的好處費，公安局正在查她⋯⋯

簽過名、按過手印的村民以為自己被耍了，氣憤不已地來找韋東英：「你拿了多少回扣？沒想到我們大家都被你給利用了！」「你哪裡是為了環保，純粹是為了搞錢！」

主管工業的副鎮長陸偉說，這個女人接二連三地向上舉報，有不可告人的目的。

韋東英有口難辯，她把自己關在房間裡，一遍又一遍地問自己，我到底為了啥？好端端的日子怎麼就搞成了這個樣子？環境好了，受益的又不止是自己，為啥自己要出這個頭？她越想越委屈，淚水止不住地流著。哭過之後，她就想開了：嘴巴是人家的，那就讓人家去說好了，反正身正不怕影子歪。保護環境已像一道程式輸入她的意識，改不了了。

最後，一位有著五十九年黨齡的老黨員忍不住站出來說，我知道韋東英的為人，她不可能做那種事。為了環保，她個人出錢沖擴照片，複印材料，寄信，打舉報電話。她每個月的手機費都要花上幾百元。有好幾個廠給她送錢，想跟她談條件，她都拒絕了。

一位當過環保代表的人說，上虞那家化工廠不可能收買韋東英，他們生產的是「陽離子染料」，這邊化工廠生產的是「分散染料」，不是同類產品。他說，村裡許多人怕化工園關掉了，自己下崗了，所以才恨韋東英。

二〇〇五年，那位拒絕簽字的車間主任查出了癌症，住進醫院。韋東英同情地說，他才四十七歲。

眼前利益往往會讓人喪失理智，可是現實卻不會，它是無情的。

韋東英的那種豁出去的勁兒，讓一些人深感不安。有人說，誰能勸說韋東英放棄舉報，就有十萬元錢好拿。可是，瞭解韋東英的人都知道，她是一條道跑到黑，而且百折不撓，軟硬不吃的人。一家鍍鋅的老闆送給她二千元錢，請她「幫幫忙」。按規定「化工企業距離居民住宅要在五十米以外，還要種植樹木以隔離噪音」，可是那個廠距她家僅有十米，不僅有毒的廢氣熏得她家人直噁心，而且吵得她家睡不著覺。韋東英不僅沒收那位老闆的錢，反而將此事告訴了其他深受其害的村民，搞得他狼狽不堪。

村鎮幹部找過韋東英，說把事情弄大了不好，只要她不再往上反映，可以在離化工園區遠一點兒地方給她造幢房子。另外，她這兩年花的錢，也都可以補償給她。甚至還可以滿足她一些附加條件。韋東英斷然拒絕了。她說，她只希望環境變好，讓這裡山清水綠，錢塘江裡的魚蝦成群。

韋東英的鬥爭終於有了結果：

二〇〇四年十二月二十日，蕭山區政府向南陽農藥化工廠發出了《行政處罰停業告知書》；

二〇〇五年四月，杭州市已定出了南陽化工園在二〇〇七年之前撤銷的時間表；

二〇〇五年六月十五日，蕭山區政府向浙江省人大執法檢查組表示：如發現企業偷排污水，第一次抓住停電十五天；第二次繼續停電十五天，並停業整頓，第三次強制停業；年內封死所有錢塘江岸邊的排口。

可是，檢查組剛走，化工園的排污又開始了。蕭山區一位副區長解釋說，這是「一些企業在最後的關頭變本加厲排放」。

一想，自己鬥爭了兩年，環境還沒有改變，韋東英就沮喪地自語道：「這個事怎麼也弄不好，心好煩喲。」十三歲的兒子聽後就勸她：「媽媽，這個事你做不好，就留著以後我來做。母業子當承。」

丈夫忍不住地說：「這個事情要輪到你做，那我們國家說不上被污染成什麼樣子了。」

兒子是韋東英的摯愛和安慰。在兒子一歲時，她說太氣太熱了，兒子就用兩隻小手來給她遮擋陽光。兒子長大後，非常懂事，知道父母賺錢不易，他從不亂花一文錢。在學習上，兒子很刻苦，起早貪黑地讀書。兒子很體貼她，每天早晨起來，自己燒飯，吃完飯就去讀書；晚上放學回來，還幫她燒飯燒菜……

環境是無價的，兒子是無價的。為兒子，為子孫後代，她有什麼豁不出去的呢？這輩子能為他們做點事值了！有人留給子孫金錢，有人留給子孫房產，有人留給子孫精神，韋東英和邵關通夫婦要留給子孫的卻是沒有污染的生存環境。如果沒有生存的環境，無論留給子孫什麼都毫無意義！

二〇一〇年，有記者採訪她時，提起環保，她說：「有什麼用啊？搞環保有什麼用啊。我都不想搞下去了。」說是不想搞下去了，她又坐一晚上的硬座趕到北京參加相關的會議。

開了會，她又說：「開會有什麼用？從我開始關注環保以來，發現中國的民間環保人士，一直都只是那麼些人。大家動不動到北京開個會，開來開去，還不如拿這些錢來做點事。」

說來說去，她最關心還是「做點事」，把污水治理好。

「金山銀山不如綠水青山。」根據二〇一三年浙江省水利普查公報，浙江省人均水資源量只有一千七百六十立方米，逼近世界公認一千七百立方米的警戒線。浙江省開始大力抓「五水共治」（指治污水、防洪水、排澇水、保洪水、抓節水），這回韋東英的環保夢該實現了。

## 第四章 大荒深處的婚姻報告

一九五八年春，莽莽荒原，淒涼古道出現一支支軍民摻雜的隊伍。在隊伍中，有的軍人軍儀整齊，有的軍裝上已沒有了領花和肩章，大檐帽上還隱隱約約留著帶過帽徽的痕跡。

十萬轉業官兵開赴北大荒。他們把轉業到北大荒作為一項戰鬥命令來執行，紛紛表示要「向地球開戰」，「英雄解甲重上戰場」，像堅守陣地那樣與北大荒共存亡；要像一顆種子，在北大荒發芽、生根、開花、結果。可是，有誰知道他們承受的心理和情感壓力，有的軍官正在熱戀中，女友聽說便「拜拜」了；有些已婚的軍官，為此夫妻關係驀然緊張起來，甚至分道揚鑣。

當年，一位參加過上甘嶺戰役的老兵語調十分沉重地說：「我負過傷，三等殘廢，留在部隊不合適，但種地不妨礙，脫了軍裝我照樣幹革命……只是老家的對象來電報說，我要是不回家，她就不幹了。不幹拉倒，我不難過（說到此，淚水情不自禁地流了下來），我要對得起軍隊的培養，不辜負黨的教育……」

他們就這樣開進了北大荒，他們用人生敲擊出《解放軍進行曲》：向前，向前，向前……

如今，北大荒已成為中國商品糧基地，可是有誰知道那十萬轉業官員為之做出的犧牲？

### 「波狀低雲」下的婚姻

著名氣象專家蔡爾誠踏著孤獨，攀上了世界暴雨預報之巔，改寫了世界中尺度暴雨預報的歷史；四十多年來，他觀日月星辰，看風雲變幻，而自己卻輾轉於婚姻的「波狀低雲」……

一九八八年八月二日，蔡爾誠預報廣元、綿陽兩市在二十四小時內將有暴雨，局部雨量大於一百毫米。次日凌晨三時，預報的落區降暴雨，導致百年不遇的山洪暴發，洪水淹沒了劍閣縣城。四川氣象臺在信函中寫道：「由於及時疏散了人員，無一人傷亡。感謝爾誠同志為預報這場暴雨所做的貢獻！」

一九八九年七月十八日，蔡爾誠預報本溪、四平、鞍山一帶三十六小時之內將有暴雨到大暴雨。「預報的暴雨落區準確，服務及時」——該地區防汛指揮部來電說道。

一九九一年七月二日，蔡爾誠預報七月末，三江平原將有暴雨。七月二十九日至七月三十一日，三江平原發生四十年來最大的暴雨，由於事先做好了麥收抗災準備，使損失減到最小。

蔡爾誠在風暴中走向了輝煌，在苦難中擁抱了曙光。他先後被授予全國「五一」勞動獎章、全軍「英雄模範」榮譽證章、全國先進工作者稱號、黑龍江省特等勞模。可是，他的婚姻是不幸的，情感是孤獨的……

一九五八年四月，〇五九七部隊的少尉防化參謀、年僅二十二歲的蔡爾誠和二千多位戰友集體轉業到北大荒雙柳河一帶，創建五九七農場。不久，一場大雨改變了他當拖拉機手、農業技術員的理想，放棄了農業練習生（即助理技術員）職務，僅憑四只縣氣象站淘汰的溫度錶、農村氣象哨去棄的破洋鐵片做的雨量筒和百葉箱，一個人創建了五九七農場氣象站。

一個只有初中文化的轉業軍人，要想破譯宇宙風雲、預測風雨冰雹談何容易？他只好去縣氣象站和佳木斯氣象臺查資料、抄天氣雲圖，拿著小本向老農請教，收集氣象諺語。一九六一年，他用幾個月的時間自學完高中課程，考取了北京大學地球物理系氣象函授班。

孤獨驅趕著他那份豐富的情感，他渴望身邊能有一位志同道合的朋友，渴望切磋觀測的經驗、溝通觀察感悟……這時，一位亭亭玉立、有著瀑布般秀髮的姑娘向他走來。她叫王學敏，畢業於北京氣象學校，在佳木斯氣象臺工作。

一九六二年春，蔡爾誠和王學敏在佳木斯辦理完結婚手續。他心曠神怡，喜溢眉宇，驀然身後傳過時斷時續的嚶嚶啜泣，王學敏環抱著同事送的禮物，低著頭邊走邊哭起來。尷尬、敗興、無奈和無措圍剿著蔡爾誠心裡的歡忭。他勸了幾句，不想越勸王學敏的淚水就越多。從婚姻登記處到佳木斯開往百公里之外的五九七農場的長途汽車上，她一直在哭。回農場後，又一樁莫名其妙的事發生了，戰友和老鄉聽說蔡爾誠將新娘接來了，紛紛趕來賀喜，新娘竟和一位趕來道喜的大嫂吵起來。蔡爾誠的新婚喜悅被這一樁樁的不快沖得慘澹。

新婚後，他們夫妻商量好，先過兩年兩地生活的日子，然後再想法調到一起。一天，蔡爾誠剛吃完晚飯，驀然見剛回佳木斯不到三天的妻子回來了，隨身還帶著她的行李和小皮箱。這是怎麼回事？他大惑不解地望著她。她卻含笑不語，最後遞過一個信封。蔡爾誠打開一看，裡面有一百元錢，他更糊塗了。經過一番詢問，妻子才告訴他：她退職不幹了，那一百元錢是她的退職金。她怎麼會這麼輕率就退職了呢，怎麼能隨便就放棄自己的專業呢？沒辦法，蔡爾誠只好去找農場領導。領導說：「讓她回去，把退職金退回去，辦個調轉手續，調到我們農場來吧，正好你們氣象站還缺人。」就這樣王學敏調入了五九七農場氣象站。

終於可以夫唱婦隨了，可隨之而來的不是生活的溫馨、夫妻的默契，而是猜疑、衝突和吵鬧的噪音。蔡爾誠在辦公室寫氣象日記，妻子就在窗外監視；他和女性說句話，或哪位女性看了他一眼，她就沒完沒了地盤問；他走訪老農，她就尾隨盯梢，為此夫婦之間天天陰雲多雨，不時電閃雷鳴，就這樣他們打打鬧鬧過了三載。她懷孕了，蔡爾誠以為有了孩子之後，她也許會好轉，沒想到孩子出生後，她鬧得更兇了，每月領了工資就抱起孩子千里迢迢地回娘家，等下月發工資時，她又抱著孩子從瀋陽趕回來。周圍的人都認為她資產階級思想嚴重，應該予以教育。

這哪裡是夫妻，哪裡是家庭？蔡爾誠徹底失望了。他想離婚，這竟與她一拍即合。於是，他們雙雙寫好離婚申請書，交給了領導。然而，就在這時候，她被精神病院確認為妄想型精神分裂症。

她在念中學時和一位男同學相愛了。畢業後，她考上了中專，他參了軍，成為一名飛行員。正當兩人愛得如醉如癡時，部隊對王學敏進行了政審，因她出身於小商人家庭而沒有通過。她悲痛欲絕，從而受過刺激。

她瘋了，在法律上是不允許他離婚，道德也不允他離婚，她父母年邁，離婚後誰來照料她？他是她唯一的依靠，不論她瘋她癲她吵她鬧，也不論他們有沒有愛情，他都要牽手和她走下去……

蔡爾誠永遠也不會忘記黑色的一九六五，不會忘記把妻子送進北安精神病院後，在醫院招待所度過的那夜晚，那是蔡爾誠一生中最黑暗、最漫長的一夜。蔡爾誠躺在床上輾轉反側，精神病人那銳利的歇斯底里的哭叫聲不時傳來，像刀子般地切割著他的那顆羸弱的心。醫生的話在他心裡迴響著：「你要有心理準備，這種病幾乎沒有根治的可能。」天哪，我才三十歲，這意味著我要背著沉重的家庭包袱去搞氣象，意味著我要伴隨著一個沒有理性、沒有情感、思維混亂的人走到生命的終點！

蔡爾誠不會忘記忍著悲痛和兒子離別照的情景。他要去北京完成氣象專業函授班的最後一次面授。只好托內弟把兒子帶到瀋陽，託付給岳父。當兒子流著淚一步三回頭地跟舅舅離去的那一刻，骨肉分離的痛楚使蔡爾誠的淚水一瀉而下。他想起了自己六歲喪母，在外地教書的父親把他送回老家宜賓，託付給外祖母時情景。自己童年痛苦又複現在兒子身上。兒子剛剛兩歲啊，他弱小的心靈卻要分擔家庭的不幸……

一九六五年冬季，蔡爾誠面授結束後，帶著傷痕累累的心回到了家鄉。他在家坐立不安，可滿腹的委屈和悲苦怎好對年邁體弱的父親傾訴？

四川宜賓的長江邊上，萬木蕭瑟，蔡爾誠低徊於堤，近視鏡後面的淒惘飄落在江上，淚水伴著江水流淌。江水東流去，可他滿腹的悲傷怎能流去？

他望著這朝思暮想的滾滾江水，猶如回到母親的懷抱。一九五〇年，還沒有槍高的十五歲的蔡爾誠在這裡穿上軍裝；一九五八年，他轉業到北大荒時回過一次家；而這次再離家，恐怕就不能回來了，一位患有精神病的妻子需要他日夜守候啊。前兩次離家，他滿懷理想和信心，如今他已萬念俱灰。他多麼想在家鄉了卻此生。死是容易的，可他死了，誰來照料妻子，兒子已失去了母愛，還能讓他失去父愛嗎？

在離開家鄉前，蔡爾誠看了一場殘疾軍人的文藝演出。那些演員大都二十來歲，有的雙目失明，有的四肢殘缺，一位唱歌的姑娘長得很漂亮，但下肢癱瘓了，是別人把她背上舞臺的。他們的頑強精神感染了蔡爾誠。他們都能活下去，我一個健全人為什麼就不能堅強地活下去呢？我應該把全部的精力投入到氣象事業中去，在與天鬥的過程中獲得精神上的享受。在他離家的前夜，寫下了一首詩：「今日男兒複離家，拋卻紅塵上戰馬。無盡天空任我搏，降龍伏虎在再歸家。」

一九七一年，又一場暴雨降落在蔡爾誠的心靈。那年的最後一夜，蔡爾誠孑然一身地蜷縮在農場的大車店裡，枕著散發汗漬味的枕頭，蓋著冰涼的掛一層污垢的棉被，心猶如這兩鋪可睡下六七十人大炕，空空蕩蕩。

妻子患精神病後，屢屢住院不見好轉，後來又因胡亂吃東西而染上了肺結核，出現了咯血現象，住進了農場職工醫院。蔡爾誠每天要跑十來公里路到醫院護理妻子。妻子不僅不配合治療，還常常跑出去買東西吃，醫生不許她亂跑，她賭氣就不起床。長期臥床，使得她的腿再也伸不直了。

漏漏偏逢連夜雨，鄰居不注意，引起一場火災，蔡爾誠那十多平方米的家燒了個精光，他成了一位徹底的「無產者」，只有天天住這不收費的大車店。

這年，蔡爾誠撰寫了《看天測雲雨》一書稿。它是蔡爾誠觀測天空一千九百多個日夜的結晶。五年來，他起五更爬半夜，頂烈日鬥嚴寒；晝觀太陽容顏，夜觀星星眨眼，還要照料精神失常的妻子。每天要給她做飯洗涮；妻子在外面鬧事了，他要立即放下手裡的研究，把她拉回家；妻子失蹤了，他要四處尋找；妻子把他的觀測記錄撕了，將碎片丟進了廁所，他望著廁所裡的紙屑欲哭無淚，默默地將記錄本改成可隨身帶的小本。這一書稿是他凝集在幾十本磨光四角的觀測日記中的心血啊。

《看天測雲雨》一稿被黑龍江人民出版社列入了一九七二年的出版計畫。可是，在那「階級鬥爭一抓就靈」的年代，一切稿件都要送往作者所在單位審查。當書稿送交黑龍江生產建設兵團的有關部門後，蔡爾誠的心就涼了。他的伯父當過國民黨的官，他的祖父是地主，他又走了這麼多年的「白專道路」；「文革」中，有人說他「個人主義惡性膨脹」、「逼瘋了妻子，送走了孩子」，審查能通過嗎？果不出所料，審查的結果是：不能出版，書稿封存……

皎潔的月光灑在了窗前，蔡爾誠心涼如水，前途在哪兒，希望在哪兒？他悵悵若失，心灰意懶了，他感到自己已身心交瘁，無力再爬起來了。

「當、當、當……」又一個新年的鐘聲敲響了，敲醒了他的鬥志和希望。不行，不能倒下，倒下是沒有出路的。他艱難地爬起來，伏在行李捲上，埋頭寫了起來……半個月後，十多萬字的《看天測雲雨》第二稿在大車店的行李捲上誕生了。「文革」結束了，蔡爾誠的書出版了，大受歡迎，一版再版，還被翻譯成蒙古文和朝鮮文出版。

一九八一年秋，蔡爾誠在整理五千三百多個觀測日記的基礎上，發現了一個重要現象：波狀低雲是大暴雨的先導。一個與傳統觀念完全不同的暴雨預報方法誕生了。可是，蔡爾誠是在氣象系統之外從事氣象研究的人，他的研究成果被打入了冷宮——既得不到承認，也無人予以鑒定，更不能服務於社會。一九八六年，內參上發表了蔡爾誠科研遭遇的報導，受到了國務院一位副總理的重視，並指示有關部門立即組織進行對比試驗。一九八六年六月，蔡爾誠跨入了某戒備森嚴的氣象臺，在不平等的起跑線上，與權威們展開了角逐。一位氣象預報專家走進蔡爾誠的工作室，隨便翻了翻他的圖表，指著他說道：「你不要把自己看得太高了，現在科學這麼發達，你還用烏龜王八那一套土辦法搞預報，你抬得愈高，摔得越重。」這是一場挑戰，任何學科的頂巔都容不下過多的學者，有人攀上去了，有人就要被擠下來。對比試驗的結果出來了，權威們的暴雨預報準確率為百分之二十七，蔡爾誠的為百分之六。不可能，不可能啊！科學是來不得半點兒虛假的，蔡爾誠懇求複查。三個月後，對比試驗的組織者在給蔡爾誠的信中寫道：經我們核查，發現對方的評分計算方法有誤，對方的準確率不是百分之二十七，而是百分之八……對科學來說，從百分之二十七到百分之八是何等的遙遠，這意味著這場試驗是何等的荒唐，對科學又是何等蔑視和嘲諷？

「不要把希望寄託於別人或環境上，只能寄託於自己。對任何外來的打擊，我都要瞪大了眼睛，把它吞下去、消化掉，變成動力，繼續往前走……」這是對比試驗失敗後，蔡爾誠寫下的。

沒有愛情的婚姻是痛苦的，沒有理智和情感的婚姻又會怎麼樣呢？是地獄還是煉獄？對蔡爾誠來說，從結婚那天愛情就消失了，從妻子瘋後婚姻的實質內涵除了責任和義務以外，已不復存在。可是，他要守著婚姻廢墟，要牢牢地禁錮自己的豐富情感。

一九七二年至一九七九年，是蔡爾誠的感情陷入非常矛盾的時期，幾位上海的和哈爾濱的知青既同情他的遭遇，又敬佩他的人格和學識，渴望能與他走到一起。蔡爾誠動搖過，但最後還是理智戰勝了感情。一位默默愛慕蔡爾誠的哈爾濱知青考上大學後，還寫信給他。後來，她嫁給了一位軍人。但願這樁婚姻不隱含王學敏嫁蔡爾誠的那種因素——受所愛的人影響，只因蔡爾誠當過兵。

兒子大了，他為自己起名為蔡放。蔡放是在十八歲那年的高考前夕第一次回家看望父母的。當他走進那十來平方米的小屋，看到家裡的天棚塌下一片，牆角掛著蜘蛛網，僅有的家當不過是一張舊桌子，一把椅子，一張破床……兒子肯定會從中體悟出父親幾十年的困苦與辛酸。

星移斗轉，日月如梭，蔡放參加工作了，結婚了。蔡爾誠拿出自己僅有的一千元積蓄，送給了兒子。不料，蔡放的第一次婚姻失敗了，後來又再婚。體味過婚姻不幸的兒子更能理解父親了。如今，兒子每年都要回趟家，看望一下父母。兒子進家後就洗衣服，粉刷牆壁，照料母親……蔡爾誠欣慰地說，兒子成熟了，這個兒媳婦也很好，不塗口紅，不搽粉，一定能過好日子。

王學敏的雙腿和右手殘廢了，只能蹲著走路，右手像熟雞爪般地僵硬地蜷縮著。五十九歲的王學敏已白髮皤然，滿口僅有一枚長長的門牙……她已不再吵鬧了，變癡呆了，與蔡爾誠之間除了買吃的之外，再無話說了。

後來，蔡爾誠被調到八一農墾大學，任氣象研究室主任、高級氣象工程師。

在採訪時，他對我說，他所有的苦難與不幸都已得到了豐厚的回報……

一九八七年，他成功地把暴雨預報的落區誤差縮小到二十五公里，突破了國際規定的九十公里；

一九九五年，蔡爾誠的「北半球暴雨雲型理論」通過國際光碟檢索，被認定為世界首創。

一九九六年六月，蔡爾誠利用美國國家天氣局訓練中心負責人之一麥克紐特博士提供的資料，對堪薩斯州的風暴進行了預測，其預報結果比麥克紐特提前十小時，落區誤差縮小十•七萬平方公里。

一九九六年七月十五日，蔡爾誠提前二十一天成功地對我國東北及華北等十七片地區進行了大（暴）雨預報，突破了世界暴雨預報不能提前四十八小時的禁區……

蔡爾誠說，如果我的婚姻非常美滿，我可能在甜水裡輕飄飄地度過一生，到死也弄不明白什麼是人生真正的幸福。

王學敏去世多年後，蔡爾誠於二〇一三年跟一位叫魏玖瑰的女士再婚。新婚後，蔡爾誠在夫妻合影的背後寫道：「我們有一個共同的夢：讓生命的晚年結合起來，為社會做幾件有益的好事！讓這張照片成為我們人生晚年追求的證明吧！」七十七歲的蔡爾誠終於等來了屬於他的那份愛情。

## 特等功臣的親情

一九五六年。北京。一位年輕的女軍人挺著將分娩的腹部，坐在禁閉室的凳子上。她的臉上沒有將為人母的喜悅和期待，那雙溫柔的眸子已為淒苦淹沒。她望著自己的丈夫——年輕的上尉說：「常青同志啊，你有什麼就和黨交代吧……再過一個星期我們的孩子就要出生了，希望我們能一起把他迎接到這個世界……」

出乎意料的是常青像孩子似的放聲慟哭起來。

一個星期過去了，在妻子預產期那天，常青坐立不安，嬰兒降生的哭聲不時盤桓在耳際。他一眼不眨地期待著組織上讓他出去，守在妻子身邊，迎接孩子的降生。二十四小時過去了，那顆充滿父愛的心被失望和絕望蹂躪成滿腔的苦澀與歉疚……

妻啊，我不是個好丈夫，在你分娩時我沒守在身邊；孩子啊，爸爸對不起你，你降生於這陌生的世界，發出第一聲啼哭時，爸爸沒把你抱在懷裡，為你拂去驚恐和不適！

一個半月後，妻子來告訴常青，他們有了一個漂亮的女孩。畢業於西北大學中文系的妻子在空軍的《鐵鷹報》當記者，她無法帶著孩子下部隊採訪，把孩子寄養在陝西漢中的娘家。

從此，常青心裡有了一個漂亮女孩。漂亮是一個可以給人無限想像力字眼。常青在心裡一遍遍地勾勒著女兒的長相。

幾個月後，常青的問題有了結論：按特務處理，但念其有功，不予戴帽，開除團籍，保留幹部待遇。

一個給周恩來、郭沫若、吳玉章敬過酒的特等功臣，一位照片曾刊登在《人民日報》頭版顯要位置，事蹟刊發在《解放軍畫報》，八一製片廠還為其拍新聞紀錄片的上尉軍官，就這樣從人生的頂峰跌到低谷。

不能讓自己的不幸波及妻女，不能！

常青把妻子約到當年談戀愛時坐過的中山公園的椅子上。

「我們必須冷酷地、理性地處理我們的關係。我們離婚吧……」

「不！」妻子痛苦而堅定地喊道。

那天晚上，他們在那張椅子坐了一夜，哭了一夜。最後，她送給他一本蘇聯小說《走向新岸》，他也送給她一本蘇聯小說《希望》，兩人了分手。

一九五七年年末，常青的戎馬生涯將要結束，一個漫長的冬季就要開始時，某部醫院護士長鄭玉萍走進他的生活。

「我不認為你是特務。」她堅定不移地對常青說。

「不，我不能牽連你。」

「我不怕！我出身貧農，是中共產黨員……」這位護理過日本共產黨主席的女軍人說。她要陪同自己所愛的人轉業到那寒草衰煙、滿目蒼涼的北大荒。

賢慧的女人啊，在雪虐風饕的時候，你在愛人的心裡點燃一團篝火；在那千里冰封的季節，你把自己化為一件棉衣，披在愛人的身上！

一九五八年四月，常青和新婚的妻子一起轉業到完達山餘脈的八五五農場二隊。

「常青，你老實交代，張大倫派你潛入我軍的任務是什麼，你的電臺放在什麼地方？」「文革」中，造反派厲聲喝道。

張大倫已在鄭州被正法，滿腹冤屈的常青只好從自己記憶中去尋覓答案。

一九二七年十月，在河南省欒縣的一條寬不到半公里的山溝裡，一個叫常慶的孩子出生了。窮鄉總與偏僻相伴，那村很窮。

一九四八年，抱著只有「知識才能救窮人」的信念，常慶懷揣著墨水瓶，腰系著用母親手織的土花布，裡邊包著一雙布鞋、幾塊乾糧和一把用來做沾水筆桿的秫秸走出了深山，去開封報考管吃管穿的山西師範學院。

這是常慶有生以來第一次走出深山，他望著眼前那一馬平川，感到自己猶如一隻從小河溝游向大海的小魚，心裡充滿對未來的憧憬，也充滿不安與迷惘。同行的四位同學乘火車走了，常慶沒錢買火車票，只好趁黃昏沒人注意扒上一列貨車。

常慶總算如願來到開封，並以總分第五名的成績考取了山西師範學院。大學考上了，有書念了，等畢業賺錢可以給父母背回一袋子糧食了，常慶無限愜意地想著。當一片燦爛的陽光照在這個窮學生的身上時，不甘寂寞的陰雲把他遮住了：戰爭使得去往山西的鐵路不通，錄取者必須乘飛機前往學校報到。

「老師，我沒有錢，我家是種地的……」常慶跟負責錄取的老師祈求道。

「你家就是種天的也不行啊，你買不起機票只好讓能買起的去了。」老師無奈地說。

二十關金，難住了這個翹著足見到一線希望曙光的窮學生，他雙腿一軟癱坐在地上。幾位同學把他攙扶起來，送回住的大車店。大學讀不成了，難道要回家和弟弟妹妹爭種那兩畝薄地，爭吃鍋裡那幾個土豆，像父親那樣度過一生麼？常慶忍不住趴在炕上痛哭起來。

「常慶，你看看誰來了，張先生來了。」同學說。

他知道同學騙他，仍埋頭哭泣。

「年紀輕輕的，有啥愁的，人生在世不就一天一斤麵嘛？走，上老師家去，包你們吃住，路通了再送你們回家。」

常慶抬起頭來，果然是張先生，張大倫。張先生是常慶讀初中時的語文老師。當時常慶是語文課代表，深受張先生的喜愛。有錢人家出身的張先生給常慶交過學費，買過書本。咦，他怎麼穿著國民黨少校軍服？國民黨不是到處抓他麼？幾年前，國民黨包圍了學校，要抓張先生。在危急之際，常青和另一同學把張先生領到廁所，他們蹲下讓他踩著肩膀翻過牆而去。從那之後，他們再也沒見過張先生。「您怎麼會是國民黨呢？」張先生笑而不語。

常慶和同學在老師家住了幾天，聽說解放了的洛陽北方大學招生，那所學校不僅管吃管住還管工作，校長是著名歷史學家範文瀾。常慶請教張先生，張先生給他指了一條穿越封鎖線的道路。常慶和四位同學就這樣來到了解放區，考取了位於太行山的北方大學。那四位同學最後放棄了，只有常慶留了下來。他怕自己參加革命牽連家裡，改名為常青。年底，遼沈戰役、平津戰役打響後，常青入伍，參加完平津戰役後，他被選送到軍政大學學習。

一九五二年，毛澤東發出建設一支有文化的軍隊的號令，部隊從將軍到士兵都向文化進軍。在華北軍區第二高級步校任文化教員的常青見一些文化底子薄的軍官學習寫作十分吃力，一位騎兵旅長對他說：「常老師，我能指揮千軍萬馬，卻指揮不了『呢、嗎、啦、呀、哈』（漢語中的虛詞）。」

蒙古族戰鬥英雄切日巴洛根說：「我情願挖一天戰壕、扛一天炮彈，也不願寫一篇文章。」

面對學員們困難，常青經過苦心鑽研，發明了「生活豐富經驗多，苦辣酸甜都嘗過。要想寫作大翻身，首先進行『我寫我』」的寫作教學法。在「我寫我」的寫作教學法的推動下，國內出現了工農兵寫作高潮，部隊湧現出崔八娃、高玉寶、張孟良等作家。崔八娃是常青的學生，他的作品《狗咬起來了》和《一把銅壺》分別發表在

《人民日報》頭版（《人民日報》頭版僅發過三篇文藝作品，另一篇是魏巍的《誰是最可愛的人》）。

一九五三年，常青被授予特等功臣，連晉兩級，從副排升為正連，並被收入名人辭典。他的寫作教學法不僅在全國全軍得以推廣，而且還被日本友人西園寺共譯成日文，刊登在日本的《文學之友》。從此，常青成了名人，不僅出現在國慶觀禮台，而且頻頻出現在外國大使館舉行的宴會上；他不僅給北京大學、中共中央直屬辦公廳作報告，而且成了將軍寫作的導師……

一九五五年，在反「胡風反黨集團」的鬥爭中，常青因跟胡風有過接觸，被關兩個月禁閉。他剛被放出來，張大倫以國民黨特務的罪名被河南法院正法，有人揭發說，常青是張大倫派遣到部隊的特務。於是常青又被關了三個月，然後便成了不戴帽的「特務」。

一九六六年的傍晚，似血的晚霞消散了，黑暗吞噬光明。北大荒的八五五農場的一片樹林裡，滿面血污的常青心情沉重地摘下掛了一天的牌子，將上衣脫下，兩袖繫在樹上，想結束這悲慘的生命，結束這沒有人格和尊嚴的日子。

到北大荒後，常青穿著一身舊軍裝，腰裡繫一根草繩，和戰友一起伐木、開荒、修路、蓋房……在常青的檔案裡，有肖華上將的批示：「對常青的生活和工作要妥當安置。」在生活上，常青有鄭玉萍照料，有一個溫馨的家庭。他們婚後孩子一個接個出生了，在艱苦的生活條件下，他體味到愛情與親情溫暖。工作上，有由南海艦隊轉業的、農場政治部主任高勤的關照。農場沒有小學，孩子不能上學，高勤就讓常青來教孩子語文和寫作。常青教完了小學，又教初中，然後再教高中。他一面教學一面研究他的「分格寫作教學法」。

一九六六年，「文革」爆發了，常青第一個被揪了出來，五花大綁地到處遊鬥。常青最痛苦的是他在「分格寫作教學法」將取得成功之際被趕下講壇，關進了「牛棚」。他感到自己猶如將要分娩的產婦，不僅找不到一個可供生產的草窩，還要遭受到無情地鞭笞：

「『常黑』，你說，在你發明的「七情辨析」中，為何不提階級情？」

「七情中包含階級情。這是科學，正如水的分子式$H_2O$不能再加階級鬥爭了。」常青倔強地爭辯道。

「常青不投降，就叫他滅亡！」

隨著喪心病狂的喊叫，造反派用刀刺穿常青的嘴唇，將三寸長的鐵釘釘進了他的腿……冬天過後便是春。自己那有限的生命能熬到春天麼？常青感到自己心裡像有砣冰，凍透了。他忍受不了造反派的打罵和污辱，不願這麼忍辱含垢地苟活。在他要自盡時，遠出傳來孩子焦灼的喊聲：「爸爸呀，爸爸！」

這是六歲的小兒子新航的喊聲。批鬥會散了，造反派都回家了，被鬥一天的「牛鬼蛇神」也都歇息了，常青卻沒有回去，妻子不安地領著兒子來找他。

我不能死，我怎麼會死呢？玉萍放棄了部隊和前程來到北大荒，要陪我度過這個寒冷而漫長的冬天。我死了，她怎麼辦？我還有兒女，殘酷的政治鬥爭已使一個女兒失去父愛，我不能再讓這三個兒女再失去父親，另外死了就再也見不到那從未謀面的女兒，女兒也就再也見不到自己的生身父親……我不能死，只要我活著哪怕再卑微也能給妻兒砍回一捆柴火，能給他們做一口飯吃。常青清醒了，他將衣服從樹上解下來，抖了抖，穿上了，把牌子重新掛在脖子上，從樹林裡鑽了出來。他抱住了兒子，淚水流了下來。

一天，人們在常青家不遠處的井裡發現一具屍體。造反派們說：「常青自殺了！」倔強的常青聽說後，腰紮著草繩走出家門，大聲地說：「那不是我，常青沒有死，我不會自殺的，我要活下去。」

活下去，在那慘無人道的歲月並不是一件容易的事。常青猶如一隻隨時都可能被人碾死的螞蟻，他必須從一個個死亡的陷阱裡掙扎出來。

一天，常青跟著牛車拉玉米秸，車到下坡時，駕轅的牛蹄子上紮個釘子，牛一瘸一拐地走著，車忽左忽右地搖晃著。車老闆讓常青鑽到車轅處把釘子拔出來。常青剛把釘子拔出來，車老闆兩眼射出歹毒的目光，大喝一聲：「駕！」牛向下坡跑去。常青眼看就要被碾到車輪下，他急中生智，就勢趴在了路中間的滿是泥水的車轍裡，車從他頭頂轟隆而過，刮破了他的頭和衣服……

在炸石頭時，造反派讓「牛鬼蛇神」幹最危險的活——點炮和排啞炮。一次，常青點的炮沒有響，要排啞炮。造反派頭頭卻大喝一聲：「你他媽的給我回來，你剛才肯定沒有點？看我怎麼收拾你！」說著他氣急敗壞地走過去，這時「轟」一聲，造反派頭頭被炸上了天。常青暗自捏把冷汗，如不這樣，今天死的就是他……

在「文革」後期，大難不死的常青受到老戰友敖伯林的保護，他讓常青去偏遠的地方去看水庫和果園。在那低矮的馬架裡，常青將一根木樁釘在地上，再把一塊木板釘在樁上，那就是他的書桌；再如此炮製一個矮的，那就是他的凳子。

常青要一路小跑追趕自己的人生。靠這兩塊板子、兩根木樁和兩個釘子，他完成了「分格寫作法」研究，撰寫出三十多萬字的著作，並運用「分格寫作法」創作一部三十七萬字的長篇小說《三色水》……

一九七七年，一輛吉普車「嘎吱」一聲地停在常青的小馬架前。常青慌忙將「桌」、「凳」解體還原，在腰上紮根草繩子，準備去接受批鬥。不料，來人卻宣佈調他去牡丹江農墾師範學校任教的決定。常青蒙了，特嫌的問題還沒有查清，怎麼就走上講臺了呢？

原來剛成立的學校急需師資。常青到學校後如魚得水，既教寫作又教文學概論，每周講授十八堂課。第二年，常青被調到黑龍江農墾師範專科學校任副校長，並晉升為副教授。他的「分格寫作法」在全國四大墾區和十二個省市的中學系統推廣，《光明日報》等二十七家報刊介紹了他的科研成果，他在馬架完成的《分格寫作法》、《三色水》和後著的《叩開想像之門》均得以出版，且深受讀者歡迎，再版數次。

一九八三年，常青在深圳參加全國性教學研討會後，在廣州白雲機場候機，幾位專家談起獨生子女教育，認為應該對獨生子女進行挫折教育。北京的一位教授列舉了鄰居的事例：鄰居家有個女孩，生身父親被發配到北大荒，她十五歲就參加了工作。每天上班，她腋下夾著飯盒，手裡拿著一本外語書，邊走邊看。恢復高考後，她以優異成績考取北京大學英語專業。大學畢業後，她被分到新華通訊社，馬上要去加拿大分社工作了……

「她、她母親叫什麼名字？」常青的心懸了起來，迫不及待地問道。

當他聽到「何凡」兩個字時，他一陣眩暈，世界就這麼小。

常青急忙把飛往哈爾濱的機票改為北京。下飛機後，找輛計程車，對司機說：

「請在兩點半前將我送到西大街，錢多少都可以……」

車輪飛快地旋轉著，常青的心也在旋轉著。轉業後，他多少次夢見那從未謀面的女兒，醒來夜色茫茫，淚濕枕巾。女兒呀，你在哪裡？學習好嗎？他渴望知道女兒的情況，又不敢給前妻寫信，怕她們受到牽連。直到「文革」後，才開始打聽女兒的下落。可是，前妻已從《鐵鷹報》轉業多年，去向不明。常青心涼了。女兒啊，女兒，難道我們父女今生今世就無緣相見麼？

常青來到那幢樓時，上班的人紛紛在往外走。常青站在門口，緊張而激動地注視著每一個人，他想認出前妻，二十七年過去了，這淒風苦雨的歲月會把她變成什麼樣？他想先征得一下她的同意，然後再去見女兒。上班的人走光了，常青也沒見到前妻。他失望地走進電梯，問開電樓的人：「請問何凡同志還在這住麼？」

「呀，剛才出去的，穿裙子的，不就是她麼？你不認識？」

剛才是見過這麼一個女人，怎麼沒認出來呢？二十七年了，她老了，我也老了，誰也沒認出誰來。

「她女兒在家麼？」

「在，馬上就要出國了。」

「請我送到十二層。」常青激動不已地說。當他叩開前妻家門時，一位亭亭玉立的大姑娘站在門口，疑惑地打量著眼前這位陌生人。常青端詳著女兒，在她的臉上尋覓著自己和前妻的影子。

「你找誰？」

「我、我是從北大荒來的。」

「啊……您進來吧……我沒猜錯的話，您就是我爸！」姑娘的聲音顫抖了，兩眼閃爍著淚花。

常青多麼想抱一下自己的女兒，可是她已不是二十七年裏在繈褓的嬰兒。

女兒顫抖著給父親倒杯水，水順著杯壁流到茶几上。

這對二十七年才見面的父女一時不知從何談起。漫長的二十七載，有過多少企盼，多少心酸，多少磨難，多少思念？女兒從抽屜裡取出一幅自己的照片送給了父親。父親看看照片，又看看眼前的女兒，兩眼淚花。

女兒用手帕包些錢，讓父親給繫在手腕，對父親說：「爸，我們出去走走吧！」

是啊，這裡已是別人的家。

父女來到中山公園，女兒指了指一張椅，說：「爸，坐一會兒吧！」

「孩子，你為什麼選擇這張椅子呢？」常青激動地問道。

「我經常跟媽媽來，就坐在這張椅子上。」女兒平靜地說。

常青撫摩著那張椅子，往事湧上心頭，他和前妻就是坐在這張椅子上談的戀愛，她給他讀普希金的詩，給他唱蘇聯歌曲；分手前的那個夜晚，他們坐的也是這張椅子。椅子仍在，一切皆非……

與女兒分手時，常青想請女兒吃頓飯，女兒卻執意要孝敬父親。她說，她給別人翻譯英文資料有點兒收入。

飯後，常青把女兒送上公共汽車。

「女兒，我們見面的事不要跟別人說，也不要跟我聯繫。」他怕自己的「特嫌」問題影響女兒出國。

一九八九年，張大倫的問題得以查清。「張大倫同志是我黨打入敵人內部的情報人員，他為祖國的解放做了大量的有益工作……」

隨之，常青也得到了平反。北京軍區的幾位校官望著飽經磨難的常青，敬佩地說：

「你了不起！你能頂著那麼大的政治壓力做出這麼大的成就，太了不起了！如今，你是教授、作家、全國優秀教師、大學的副校長、國務院特殊津貼獲得者，這個政策怎麼落實？還恢復您那上尉職務……」

常青望著這群年輕的校官，無限感慨地說，他當年的戰友已是中央委員、中將軍銜了。如不是老師的冤案，他哪能妻離子散，哪能和親生女兒三十多年謀一面，還有那在北大荒的忍辱含垢，妻子鄭玉萍所做的犧牲，兒女們頂著「狗崽子」的帽子走過的童年……

常青懷揣著北京軍區平反決定，和前妻在一位朋友家相見。常青把平反決定遞了過去，剛從一家教育雜誌副總編位置退下來的前妻接過去，還沒看完平反決定早已涕泗滂沱。它來得太晚了，三十多年過去了，失去的一切都無法找回。

「這是誤會麼？」前妻仰天問道。

「不，不是誤會，這是必然。」常青答道。

「你，走過了多麼漫長的散滿荊棘的路哇！」

臨別，前妻又為常青背誦了一段普希金的詩句：

沉重的枷鎖將被打掉，

牢獄會崩塌——

而在門口，
自由將歡欣地把你擁抱……

一切該過去的、不該過去的都過去了。

一九八九年，伴隨常青走過漫長冬季的妻子鄭玉萍與世長辭。他悲痛欲絕，他知道如沒有這位賢慧善良的女人，他註定是走不過那漫長冬季的。

一九九二年，一位女性——黑龍江農墾師範專科學校圖書館的趙淑芹挑起照料常青生活的擔子。

女兒獲溫莎大學碩士學位後，定居加拿大。女兒想從事文學創作，來信向父親請教。常青給女兒寫去了六封信，悟性很好女兒便創作了長篇小說《紅浮萍》。

常青的四個兒女均已成才，大女兒已成為海外華人作家，並獲得加拿大華人優秀文學獎；長子常新港是國家一級作家，次子常新航已是黑龍江農墾師範專科學校藝術系主任，次女在阿城電大當會計師。

自常青回到教育戰線後，南方的許多大學想引進他，答應在住房、待遇上給予一定考慮。常青卻留在了北大荒墾區的阿城郊外的黑龍江農墾師範專科學校。

二〇〇一年，常青離開了人間。他去了，那濃濃的父愛卻留下了……

## 公家的老兵別樣的情

一九五九年秋，北大荒那無情的風沒日沒夜地刮著，纏綿的雨無休無止的下著。

馬架裡，戀人團聚的甜蜜被淅淅瀝瀝的漏雨聲和那心焦如焚的煎熬沖去了。

馬淑琴愁腸寸斷地看著小馬架外那密實的雨簾和那陰沉沉的蒼天。

白琳也苦著臉，望著那片神祕莫測的沼澤和荒原，不知所措地搓著兩隻手……

雨使得交通斷絕，馬淑琴被困在了北大荒的五九七農場。

馬淑琴以優異的成績考取了南開大學政治系，從河北定州市來北大荒看望未婚夫白琳。當年，大姨給她提親時，她那顆青春的心為這位有知識、有文化、有遠大前途的同一民族——回族的年輕軍官啟動了。在這位純情的少女心中，白琳是一位了不起的英雄：他一九四七年參加革命，在解放戰爭和抗美援朝戰爭中屢立戰功，並在那硝煙彌漫的戰火中入黨；回國後被授予中尉軍銜。團政委曾暗示過他，他有可能要被派往駐外使館……可是不知為何，他突然轉業到了北大荒。

為這不解之謎，為了安慰她的心上人，她千里迢迢地趕到了北大荒。她本以為到了寶清縣就能見到白琳，結果下車一打聽，他所在的五九七農場距寶清還有百里之遙，而且還不通客車。這位沒出過遠門的姑娘傻了眼，茫然地在巴掌大的、如同大屯子般的縣城裡轉悠起來，看到穿黃軍裝的轉業軍人就跑過去打聽。雖說她家與白琳家是街坊，可是他們互不相識。打聽來打聽去，終於碰到一個認識白琳轉業軍人。他是他的戰友，不僅熱情地幫她安排了住宿，還叮囑她哪也不要去，就在這兒等著，他回去通知白琳來接她。

第二天，她望眼欲穿地等了一天，也沒見到白琳的蹤影。當第三天早上，她想返回河北時，一位滿面風塵卻掩不去軍人威武，兩腿泥水卻不減書卷氣息的轉業軍官出現在她的面前。他就是姑娘朝思暮想的未婚夫——白琳。他說，在農場沒找到車，只好步行來接她了。

漠漠荒原，荊棘叢生，她跟在他的身後深一腳淺一腳地在泥濘中艱難地跋涉著。她穿一雙千層底的布鞋，不時被黏下來，最後她索性用毛巾把鞋綁在了腳上。這是她一生中走過的最長的一段路，走得她又累又渴，想到老鄉家要口水喝，當看到那哪裡是水，不過是泥湯子而已時，說什麼也不想喝了。回族人只喝茶，怎麼能喝泥湯子呢？在疲憊不堪的太陽將要落山時，白琳長長舒口氣，告訴她到了。這是哪啊？荒涼的大草甸子上除了一座座低矮的小馬架外，根本沒有房子。

她疑惑地問道：「你住在哪呢？」

白琳指了指那小馬架。她不相信地問道：「那是養兔子的吧？」

就在那伸手難辨五指，出入常常碰腦袋的小馬架裡，白琳坦率地告訴了她自己的遭遇：在反右鬥爭中，心直口快的白琳給個別領導提了一些意見，結果被劃為中右。當組織上宣布取消了他預備黨員資格時，他感到嘴裡一下子就乾了，舌頭像被黏在口腔裡似的說不出話來。轉業到北大荒後，他見這裡水果奇缺，當地只有野山杏、山丁子和小沙果樹時，他從北京新華書店郵購了兩紙箱有關園藝方面的書。參軍前，他曾在農業職業中學學過三年園藝，他想把全國各地的果樹都移植到北大荒來。儘管生活艱苦，農活繁重，他堅持看書學習。他先後從山東引進過蘋果，從河北引進過鴨梨、雪梨和蔬菜，從陝西引進過葡萄、柿子，從北京中山公園引進過花卉……那年，他將帶花蕾的蘋果枝條嫁接到了山丁子樹上，當年就接了蘋果。

馬淑琴深信白琳絕不是什麼「中右分子」，而是一個正直善良，勇於進取的好人，在姑娘心目中，這就足夠了。

他們在小馬架裡、在荒原上盡情地品味著愛情的瓊漿，交流著彼此的想法，白琳真誠地表示再等她四年，馬淑琴說，她大學一畢業就回到他身邊……

在她要走時，老天下起雨來，她眼睜睜地看著報到的時間一天天地錯過了。錄取通知證書上明確地寫著，超過四天，將取消錄取資格。馬淑琴的大學夢在這雨天裡漸漸地飄散了，她淚眼愁眉地吃不下飯，睡不著覺。大家勸她：留下來吧！在這裡也可以大有作為。好心的場長說：把戶口辦來吧，銀行和學校這兩個單位任你選。她望著已經二十九歲的白琳，他也該成個家了。於是，她流著淚，默默地點了頭。

一九六〇年，他們在荒涼的北大荒舉行了婚禮。

成家後他們分到的房子是一鋪炕，對面炕上住的是另一戶人家。那家很貧困，炕上只有一塊破炕席，連床棉被都沒有。對面屋那兩鋪炕住的是一群生龍活虎的單身漢。房子是用草辮子編的，裡外抹著泥，冬天不擋寒，晚上睡覺身上蓋著厚厚的棉被，頭上戴著棉帽子。第二天早上起來時，棉被上是一層白霜。洗完臉把手巾往繩上一搭，立刻就凍硬了。

成家後白琳就盼望有個孩子，可是馬淑琴前兩次懷孕都流產了。她在家待不住，就去義務勞動。她雖然從小沒有母親，但是家裡弟兄四個，只有她一個女孩，家人都寵著她，在家沒幹過什麼活，到北大荒後，不論生活還是勞動都不適應，兩次懷孕都因滑倒而流了產。第三次懷孕雖然保住了胎，去寶清縣醫院檢查胎位時，她坐的馬車在過橋時，馬受驚了，狂奔起來，將她從車下顛了下來，又差點兒流產。

一九六〇年十月，這一來之不易的孩子降生了。當時正值三年自然災害，天天「瓜帶菜」，使得她面呈菜色，沒有奶水，餓得孩子直哭。古道熱腸的北大荒老鄉跑到水泡子裡打了幾條魚送過來，她沒捨得吃，掛在房梁上還丟了。好心的司務長送來點兒玉米麵，鄰居送來幾個雞蛋，感動得她熱淚盈眶。可是奶還是沒下來，後來多虧幾位大嫂用自己的奶水餵他們的孩子，孩子才活了下來。

她的姑姑聽說他們的兒子出生了，從河北老家帶著紅糖和芝麻趕來看望。見他們和別人家和住一間房子，屋外還住著一大群單身漢，坐月子的她還要跑出很遠去上廁所，老人家淚水漣漣地一個勁兒地數落：「怎麼能上這地方來呢？」並且當天就要回去。大傢伙這個勸，那個說的，才將她留了六天。姑姑走時，她將姑姑送了一程又一程，一個勁兒地叮囑姑姑：回去後，可千萬不要把這裡的情況告訴家裡啊！姑姑紅著眼圈，一步三回頭地走了。從那以後，父親經常給她寄吃的來。

一九六五年冬天，他們家已搬進了一間草房，他們的二兒子也出生。當隊長的白琳一天到晚忙得不著家。一天早晨，馬淑琴醒來，一看表七點了，可是窗外卻黑黑的。她嚇得敲了敲隔壁家的牆，喊道：

「小張啊，外面怎麼這麼黑呀？」

「咱們的房子被大雪埋住了。」

家被雪埋住了，屋裡一點燒柴都沒有，她望冷鍋冷灶，肚子餓得咕咕叫。挺著吧，也只有咬牙硬挺了。她挺得住，可幼小的孩子小手都凍得紅腫泛光了，她心如刀絞地望著不停哭啼的孩子，急得在屋裡來回走著。幸好一位送奶的人見他們的房子被雪埋了，找來了人，在雪中掏了個洞，她和孩子才出來。可是第二天，雪又把房子埋上了……

那時，組織上已給白琳平反了，任命他為農場園藝隊的指導員，次年又改任隊長。他帶領職工將果園擴大到了五十公頃，並增加到七個樹種、二百多個品種。他培育的二號杏果重達八十克，他引種的番茄重達一公斤，被大家稱之為「中尉番茄」。為此他被合江農墾局授予「園藝工作標兵」和「紅旗手」。正在他的研究要取得長足的進展之時，「文革」爆發了。白琳被打成了「走資派」、「潛入黨內的階級異己分子」、「白專道路的黑典型」。

「十年樹木，百年樹人。」果樹育種在沒有取得最終成果之時是不能終止的，否則就意味著前功盡棄。白琳失去自由了，被趕出果園了。他心繫剛剛嫁接的二公頃杏樹的性狀能否穩定，品質能否發生異變，都需要觀察和記錄啊。為了不使多年的科研成果付之東流，白琳冒險乘夜色潛入果園，將幾棵苗木稼接穗挖出帶了出來，又輒轉數人捎到友誼農場的技術員王滙源和筆架山農場的果農手裡，委託他們進行區域性試栽。

不久，白琳被開除黨籍，下放到生產連隊勞動改選。白琳捨不得離開他的果樹啊，他這位從不流淚的剛強硬漢，流著淚哀求道：「請把我留在果園吧，判我刑、勞改、批鬥怎麼都行。」得到的答覆是：你走吧，走了對你有好處，對階級鬥爭有好處。

白琳走了，那些不學無術的人將濃度很高的樂果噴灑在了一棵母杏樹上，第二天那棵樹的葉就黃了，十天後葉子就掉光了，杏樹死了。果樹育種往往都是先育出一棵，然後通過嫁接、無性繁殖來推廣，那棵母樹是白琳十載的心血和生命啊。母樹沒了，再嫁接的成果能否還保持原樣就很難說了。他遙望著果園，心如箭穿，大滴大滴的淚水落了下來。

馬淑琴看著對黨忠心耿耿卻屢遭磨難的丈夫，不知如何安慰他才好。這麼些年來，白琳心裡裝的是連隊和果園，而她心裡的是丈夫和家。他當隊長時，買菜盡買別人剩下的；分房子，他把大的分給別人，自己住小的；在她連鋤頭都不會拿時，白琳天天叮囑她，幹活要起個帶頭作用啊！於是她每天上工後都拼命幹，累得筋疲力盡，常常腿抽筋。當她生下二兒子後，人瘦得只剩一把骨頭，偏偏又做了一次子宮外孕手術。白琳一天到晚地忙他的果園，沒有時間照顧她，為此她留下了後遺症。這麼好的一個人為什麼屢屢挨整？她不明白。

白琳雖然離開果園，可是他告誡自己：哪裡有白琳，哪裡就該有果園！在離開果園那十年間，在他指導下又建立了十二個果園，並建立了五個果品貯藏試驗點，五九七農場又誕生一處年產二十萬斤水果的基地。他還成功地運用矮化密植技術，用歐李做李子樹矮化砧木，使植株矮化，果實早熟，品質和產量得以提高。

一九八〇年，幾經磨難，飽經滄桑的白琳懷著重整山河的雄心回到場部，擔任了農林科副科長，主抓林果工作，使得杏樹栽培有了突破性進展，他培育的七個優質品種杏通過了鑒定，且受到了著名園藝專家的重視和好評，認為他的科研成果填補了我國寒地杏果生產的空白：…白琳先後被授予黑龍江省勞動模範、全國優秀科技工作者、全國五一勞動獎章獲得者等稱號，並被評為高級農藝師。

一九九二年，年已六十二歲的白琳離休了。他曾對妻子許諾：「離休後，我就和你回老家。你給我做了一輩子飯，等我離休後，我來做飯，你來吃。」可離休後，白琳又承接了紅興隆農管局的「庭院葡萄栽培與品種篩選」和總局的「龍墾杏品種改良」等科研課題。他比過去更忙了。

人老了毛病就多了，白琳患了心腦血管等多種疾病，有時腳疼連褲子都穿不上，只好讓老伴給穿；葡萄藤爬到屋頂上去了，患有高血壓的白琳上不了高，老伴只好爬到房頂測試，這幾十年來，馬淑琴不僅承擔了全部家務，而且還默默地承擔了許多瑣碎而細緻的科研工作。果樹必須連續觀察三到五年才能進行技術鑒定，為此每年從杏樹開花結果，她就每天上山兩次，記錄下杏果的生長狀況、大小形狀；果摘下後，她還要測出含糖量。

馬淑琴是一位很有上進心的女性。一次，《光明日報》記者來採訪白琳，在交談中得知他是南開大學畢業的，如馬淑琴當年不失學的話，比他還高一屆，是他的師姐呢。她一連多日悶悶不語。是啊，如今她那屆同學有的已成了專家學者、政界要員，而她戶口遷到北大荒後，個別領導認為白琳是個中右分子，不應該給他家屬解決工作，就這樣馬淑琴的工作問題擱了淺，她在連隊幹了二十七年的家屬工，直到一九八五年，白琳落實政策時，年近五十歲的馬淑琴才轉為正式工。轉正兩年後，她就退休了。馬淑琴頭髮已經白了，嘴也因中風也歪了。

馬淑琴和白琳都老了，她是有一個願望：回老家河北，他們的學醫的次子大學畢業後已回河北了，在農場氣象站工作的長子也辦回去了，北大荒就剩下他們老兩口了。白琳在這兒太忙了，家人都希望他能有個清閒而舒適的晚年；另外，河北老家是個回民地區，在那兒隨時都能買牛羊肉。白琳卻說，搞果樹研究不同於其他行業，不能隨便換地方，不論在哪兒都要幹一輩子。否則，已取得的科研成果就要荒廢，這樣不僅對不起人民，對不起黨，也對不起自己和咱北大荒的老百姓。

白琳除了搞科研之外，還義務地為鄉親做技術指導，不是這家來找他嫁接杏樹，就是那家找他給葡萄剪枝；一會兒自行車把他馱走了，一會兒摩托車把他接去了。老伴說：「老白過去是公家的，現在還是公家的。」

白琳作為有貢獻的園藝專家，他的家卻狹小而簡陋，除一張辦公桌、一個書櫃、一個簡易沙發和一把椅子之外，再沒有什麼了。他的科研器材更是簡陋，沒有顯微鏡、沒有冰箱，他搞雜交育種還得到鄰居家貯藏花粉。省城的一位多種經營處的處長到白琳家，情不自禁地說了句：「你們的住房太小了。」白琳卻笑著說：「房小無所謂，只要庭院能大一些我就滿足了。」自從果園承包後，白琳只好到別人承包的果園搞科研。他想搞一個試驗基地，一直沒有如願。他家庭院很小，只能種幾棵果樹。沒辦法他只好把從中國科學院植物園等科研院引進的喜樂無核葡萄、布朗無核葡萄種在了自家的後院。有一年，結的葡萄都被人偷光了，產量和含糖量都沒法測試。說起此事，白琳笑著說：「那一年完了。」

如今，年已古稀的白琳和老伴離開了北大荒，回到了河北。沒辦法，孩子都在那邊，老了總得跟孩子在一起。可是，他的果樹，他的心還在北大荒。

白琳的老伴馬淑琴和小孫女

# 第五章 婚姻枝頭那片葉子

在二十世紀上半葉，絕大多數中國人的生存目標則是：「兩畝地，一頭牛，孩子、老婆熱炕頭。」婚姻成為生育合作社，男女結合的目的很明確——生兒育女過日子。愛情被關在了婚姻門外。

在二十世紀下半葉，愛情成為婚姻的基礎，沒有愛情的婚姻是不道德的，子女是愛情的結晶。有人將這種婚姻稱之為心理文化共同體，人們追求的是婚姻、愛情、性三位一體。

當沒有愛情的婚姻溜入現實的軌道，像一古老的牛車失去動力滯留在路上，無法走到終點。愛情到底是什麼？婚姻失去了愛情，城堡是否失去了生命，變成歷史的遺存？

老少尉于治國和作家楊孟勇用生命論證了這一課題。

## 沒有愛情婚姻的船老大

農曆一九四九年正月十八，四川省威遠縣有名的大地主家于家敲鑼打鼓，張燈結綵。

這天是于家的三少爺、上海復旦大學政法系的高材生、二十三歲的于治國大喜的日子，他要與佃戶的女兒陳月英成親。在喜氣的氛圍中，這對披紅掛彩的新人拜過天地，拜過高堂，對拜了夫妻，結為夫妻。

「永芳啊，對不起了！」于治國在心裡悲痛欲絕嘶喊著，雙目溟溟了。張永芳是他大學的同學，不僅人長得漂亮，才華橫溢，而且他們情投意合，心有靈犀。于治國是被父親騙回家的，當他走進家時，正巧身著旗袍的月英在她妹妹的陪伴下也走進來。他沒看她一眼就悄悄退了出去。過後，父親告訴他，她就是他要娶的女人。

「我不同意！」于治國望著父親。

「不同意可以，但你必須把她娶進門，我們家需要她。如你覺得她不合適，你將來可以在外面再找一個。」父親那威嚴凜冽的目光封住了他那張開的嘴巴。

于家在威遠縣不僅擁有大片土地，而且在縣城裡還擁有一條街。可是，于家近年來衰落了，于老爺年邁體衰，大少爺、二大少爺都是書生，他們娶的都是肩不能擔擔，手不能提籃的大家閨秀。于老爺把家族的復興寄託在了于治國的身上——讓他娶既潑辣能幹又深明事理，且粗識文字的佃戶的女兒陳月英為妻。

這是一個封建禮教色彩濃重的家庭，個人情感要服從於家族利益。于治國被迫娶了陳月英。結婚後的第三天，于治國就帶著愛情的碎片和婚姻的雲翳返回了上海，再沒回家。

一九四九年五月二十七日，上海解放了。于治國和同學們舉著小旗走上街頭，歡迎解放軍進城。哎呀，解放軍穿著太樸素了，他們的演講咋那麼動人呢，比教授講得還好。于治國熱血沸騰了……

于治國是個愛國青年，從上大學他就堅持「讀書不忘救國，救國不忘讀書」的思想，積極參加愛國學生運動。在國民黨的白色恐怖下，他曾和同學們高唱：「山那邊有個好地方（指解放區），一片稻穀一片黃……」

十月，于治國以總分第一名的成績考入了中國人民解放軍第十軍政人學。許多人都嘲笑于治國，一位復旦大學三年級的學生，還有一年就大學畢業了，錦繡前程就擺在面前，還去考什麼軍政大學，去當什麼兵啊。這時朝鮮戰爭已爆發了，十月二十五日，中國人民志願軍赴朝參戰，「抗美援朝，保家衛國」，在這時候當兵意味著隨時都可能赴朝參戰啊。可是，身穿嶄新軍裝的于治國不這麼看，為自己能夠參軍而高興得手舞足蹈。哎呀，我參軍了，我是一名人民解放軍戰士了！赴朝參戰有什麼？既然當了兵，那就不怕死！

一九五一年三月二十五日，十五軍的文化教員于治國隨部隊「雄赳赳，氣昂昂，跨過鴨綠江」。

在朝鮮戰場，于治國先是一邊教書，一邊護理傷病員。後來他又當翻譯，他不僅會英語，入朝後又學了朝鮮語。當時部隊幹部戰士大多數是工農出身，像于治國那麼有文化的軍人不多。由於他接受能力強，被調到無後坐力炮部隊當見習排副、士兵主任。他參加過多次戰役，曾親眼目睹許多戰友為保家衛國獻出了生命。有時戰鬥打得十分殘酷，數百名戰友最後只剩下幾十個，可是大家仍然堅守著陣地。

有一次，于治國和戰友衝上了一個高地，他累得喘不上氣來，想坐下休息一會兒再挖掩體。一位戰友對他說道：

「于治國，你趕快挖掩體呀……」

轟——戰友還沒有說完，一發炮彈打過來，他的一條大腿就被炸飛了，血流如注。于治國慌忙掏出急救包來給他包紮，還沒等包紮完，那個戰友就犧牲了。

在北大荒于治國的家裡採訪問時，我問他，「當時你害怕嗎？」他看了看我，表情平靜地用帶有四川口音的普通話說，「說不怕死，那是假的。怕死也沒辦法，不能後退呀，後邊就是祖國，就是家啊，有父母、兄弟、姐妹，還有妻子和女兒！」

殘酷的戰爭鍛鍊了于治國，使他這位文弱書生變成了機智、勇敢、頑強的志願軍軍官。

一九五二年十月十四日，美軍在我十五軍的僅三・七平方公里的上甘嶺陣地展開了一場「最猛烈的攻勢」，投入了六萬多兵力、三百多門重炮、一百多輛坦克，每天出動飛機七十多架次……上甘嶺上戰火紛飛，硝煙彌漫，將山頂炸掉一米多。堅守上甘嶺的十五軍將士打退了敵人九百多次衝擊，殲敵二萬五千餘人。

四十三天後，激戰結束了，活著走下上甘嶺的志願軍戰士望著頭頂那片無際的藍天，吸一口清新而寧靜的空氣，喝一杯甘甜的清水，捧起來自祖國各地的書信，幸福和溫馨縈繞心頭。單薄瘦小的于治國拆開一封家書，是妻子寫來的，裡面還夾著一幅女兒的照片。于治國在柔柔的思念中，捧起女兒的照片，仔細地端詳起來。自從結婚的第三天離家之後，于治國再也沒有回去。如今，女兒已經兩歲了，還沒見著他這個爸爸。他多麼想抱一下女兒，多麼想撫摸一下那可愛的嫩嫩的小臉蛋啊。

端詳完了女兒，于治國又讀起妻子的來信，感受那遙遠的親情和鄉情……平安報過了，慰問表示了，接下來妻子談的還是離婚問題。關於這個問題，她在前兩封信裡早已經提過了。她說，她是一個沒有文化的婦女，配不上他這個讀過大學的軍官。她說，她不願再耽誤他了，要與他離婚……

于治國讀罷信後，將紙攤在腿上，給妻子回信。遭受的委屈和挫折不寫了，戰鬥的殘酷略去了，那血肉橫飛的場面，那被戰火燒焦了的樹幹、衣袂和軍旗，那眼睜睜犧牲的戰友也都埋在了心裡。他只想告訴妻子：「請你相信我于治國，我是一個有血有肉的人，絕不會做傷天害理的事情。我們不能離婚，否則孩子長了，我們怎麼交代？」

在朝鮮戰場上，于治國不僅經受了戰火的洗禮，而且還經歷了政治風暴的襲擊。有人說他入伍動機不純，甚至說他向英國皇家學會提供過軍事情報，不僅逼他交代，而且還強迫他退出共青團組織。

他們問他：「于治國，你一個大地主家庭的闊少爺，鑽入革命部隊來不是投機是什麼，不是特務是啥？」哎呀，我不是特務呀，你們不能把我當成特務啊！我還要革命，我還有家，還有孩子，你們要把我打成了特務，我可咋辦哪？

「誰能證明你不是特務，誰能證明你與美蔣沒聯繫，誰能證明你沒向英國皇家學會提供過軍事情報？」是啊，誰能證明呢？于治國無言以答，俘虜美國兵時，因為志願軍裡會英語的很少，所以他只好給翻譯。美國兵說什麼只有他能聽明白，別人聽不明白；他問美國兵的話，只有美國兵能聽懂，而他的戰友們聽不懂。他找誰來證明他對美國兵說的是什麼呢，誰能證明他沒有借機把我軍的情報出賣給對方了呢？委屈和壓抑折磨著這位老實本分的軍人，令他痛不欲生。

一九五三年，于治國和那些倖存戰友回到了朝思暮想的祖國。

于治國在朝鮮時，妻子陳月英曾在信中寫道：

「亞蘭想爸爸，總和我要爸爸。我就指著你的照片說，這就是你爸，他在朝鮮打鬼子……」亞蘭長多高了？她長得像我還是像她媽媽，見到我會不會認生呢？歸國後，于治國歸心似箭，恨不得立即回到家，把女兒抱在懷裡，親一親。

陳月英見同鄉的志願軍早都回來了，于治國卻沒有回來。一個月過去了，兩個月過去了，半年多過去了，于治國怎麼還不回來探親呢？是不是他思想有了什麼變化，不想再和她過下去了。她也曾聽說過，一些從朝鮮戰場回來的英雄和在農村的結髮之妻離了婚，又娶了一位城裡女學生。

陳月英又給于治國寫信，誠懇地說：「我實在是配不上你，為了你個人的幸福，我們還是離婚吧。」她哪知道于治國的艱難？他在朝鮮的問題還沒有查清楚，回國後又被隔離審查了。他多次申請回家探親，組織上都沒有批准。于治國不知道該怎麼對妻子說，他不想將自己的那些委屈和痛苦告訴她，只好流著淚水給妻子回信，在信中寫道：「陳月英啊，我于治國是個有血有肉的人，我絕不會做出對不起你的事情，請你一定要相信我，請放心，放心……」

一九五五年，肅反運動開始了。于治國因朝鮮戰場那沒有查清的問題被打成反革命分子。那些戰友把對反革命的刻骨仇恨都集中到了于治國他們那幾個「反革命」的身上。于治國教的三個班的一百五十多位學員輪流審訊他，他們的拳頭雨點般地落在他那瘦弱的身上，打得他皮開肉綻。

批鬥會的氣氛森嚴，屋頂上架著機關槍……有的「反革命」挺不住了，徹底絕望了。一天早晨，從院內那口井裡，撈出了三具「反革命」的屍體。死是容易的，可于治國要為家庭、孩子，為那份對黨的信念活下來。于治國默默地告誡自己：我沒做過對不起黨和人民的事，要相信黨會把事情查清楚的。我不能死，我死了那就更說不清楚了，妻子和孩子就要受一輩子牽連……

一年多過去了，于治國已被折磨得不成人樣，只剩下的一把骨頭了。那點問題說了好幾年也說不清楚，確切地說，是他說清楚了，可是沒人相信。那些人不信，還不去調查，于治國有些絕望了。一天，一位首長下基層檢查工作，見到一個被關押的人很像于治國。

「那個人是不是于治國？」老首長問道。

「是的。」陪同人員說。

「他有什麼問題？」

於是，陪同人員向老首長彙報了于治國的問題。這位首長是老紅軍，一向敢說敢作敢為。他對陪同人員說：「不要再整他了，再整就把他整死了，要讓他睡覺，讓他休息，要立即派人去調查核實！」

一九五七年的一天，天格外藍，白雲分外地輕柔。于治國在朝鮮戰場的問題終於得以澄清，恢復了中尉軍銜和文化教員的職務。專案組把扣壓一年多的家書還給他。他迫不及待地一封封撕開，如饑似渴地讀下去。

「亞蘭已上托兒所，她總問，我爸爸咋還沒回來呢……」

轉眼間，于治國歸國已經四年了，還沒有見到那朝思暮想的女兒和分別八載的妻子。他看完陳月英的所有來信，激動不已地給她拍了電報，讓她速來部隊探親。

電報拍出後，于治國躲在寢室，想利用晚上時間紮一束花。他要去孝感火車站去接她們娘倆，要在那富有詩情的月臺上把這束花獻給她們。花總算是紮好了，他躺在床上輾轉反側，難以入寐。他想著見面的場景，想著妻子和女兒的表情……

「咚咚咚」深更半夜誰在敲門？又發生了什麼事情？被運動整得神經衰弱的于治國不安地打開了門。門口站著一個戰士。他氣喘吁吁地說：「于教員，你家屬來了。」

「哎呀，她們應該明天早晨才到啊，怎麼這麼快就到了呢？我還沒去車站接她們呢！會不會弄錯了？」于治國既興奮又疑惑地向營房門口跑去。大門口站立著他的妻了，手裡領著一個小女孩。還沒等他跑到她們身邊，那小女孩像小燕似的張著兩隻小手撲向了他。這是真的麼，是真的麼？積蓄了七年的思念和牽掛順著他那清臒的面頰滾落而下……

他一把將女兒摟在懷裡，再也不肯撒手。女兒啊，爸爸想你，想苦了。從朝鮮戰場想到回國，從早晨想到晚上……哎呀，我的花咋沒拿來呢？

妻子帶女兒來部隊探親後，又返回了威遠。于治國把七歲的女兒亞蘭留在了身邊，他要彌補這七年來所欠下的父愛。于治國教女兒識字，給女兒講故事，接送女兒上學。

一九五八年早春，于治國積極響應部隊的「開發北大荒」的號召，他背著年僅八歲的女兒，隨著十萬轉業軍人開赴北大荒。在出發前，于治國聽說北大荒冰天雪地，寒風凜冽，在離開漢口時，他特意給女兒做了兩套棉衣，還買了一些藥品。

那時，南方已萬木蔥蔥，北大荒還是一片冰天雪地。于治國同參加過上甘嶺戰役的十五軍的一千二百六十位軍官踏著殘雪，來到衰草寒煙的湯原農場。這哪裡是什麼農場啊，什麼也沒有。住的是可以望見星空的牛棚和馬架，棚頂掛著白霜，一燒火霜就化了，裡面一片泥濘。于治國犯愁了，自己什麼苦都能吃，什麼困難都不怕，可是女兒不行啊，萬一凍壞了，生了病可怎麼辦哪？

「于大哥，你帶孩子到我家的北炕來住吧！」一位古道熱腸的北大荒老鄉對他說。

就這樣，于治國和女兒住進了老鄉家的茅草房。那段時間，他不僅要沒白沒夜地拓荒種地，還要既當爹又當娘，照顧女兒。一次，他要到離家十多公里外的地裡幹活，天沒亮就走了。晚上下工時，他拖著疲憊的腳步，手中拿著一束給女兒採擷的黃花。這一天女兒在家會怎麼樣，她會喜歡這花嗎？還沒進村，一位大嫂就遠遠地迎了過來：「于大哥，你不知道哇，亞蘭病了，發高燒，一個勁兒地喊：『我的爸呀，我要我的爸呀……』」

于治國惶悚不安地跑回家，抱起燒得滿面通紅的女兒，急得如同熱鍋的螞蟻，不知如何是好。那時，連隊裡還沒有衛生員，醫院離連隊又十分遙遠，遠水解不了近渴。一位姓劉的老鄉提議採取土的降溫法，讓他將井水拍在亞蘭的小紅臉上和身上。沒有別的辦法，他也只有試試了。沒想到這辦法挺靈，不一會兒亞蘭的體溫就降了下來。從此，于治國對女兒倍加呵護。

那次探親後，陳月英回到威遠又生了一個女兒。她出身好又肯付辛苦，所以在家鄉幹得很出色，很快就當上了威遠縣婦女部長。一九六〇年的春節前夕，她給于治國來信說，要帶兩歲的二女兒來北大荒過春節。于治國心裡蕩漾著歡忭，走了數個小時的雪路，趕三四十公里的路去接她們。結婚十一年了，孩子已經兩個了，這是他們新婚後第三次團聚。

陳月英不僅帶來了于治國愛吃的花生和辣椒，還帶來了她的決心——寧肯捨棄威遠縣婦女部長的職務，也要和于治國生活在一起。威遠縣不放，陳月英就放棄了工作、戶口，在農場幹起了臨時工。

妻子來後，又有兩個孩子相繼出生，生活越來越窘迫，大孩子缺鈣得了佝僂病，小孩因奶水不足餓得直哭。過慣苦日子的陳月英將分的那點兒麵粉一點點地攢了起來，想到幾十公里外的太平川鎮換點大米，好給缺奶的孩子熬粥吃。既要當綜合統計又守總機的于治國脫不開身，陳月英只好把孩子送到他的辦公室，隻身背起二十多公斤麵粉上路了。當走到荒無人煙的草甸子時，突然竄出一條兇狠的惡狼。她喪魂落魄地和狼周旋、搏鬥。狼把她撲倒，她絕望地呼喊著掙扎著爬了起來。幸虧遇到幾位過路的老鄉，把狼趕跑了。她驚魂未定地背起麵粉，到鎮上換了米，背著米握著一位老鄉給的打狼棍子回到家。從那以後，她從夢中醒來，時常毛骨悚然地大喊大叫：「狼來了，狼來了！」一次次喊醒了于治國的悔恨和疚愧。

一九六六年，于治國患腸炎吃錯了藥，指甲掉光了，連水都喝不下去了，被送進了離家百里之外的場部醫院。六個多月過去了，他仍然起不來床。工資按六十%開了，家裡四個孩子，大女兒在場部讀初中，老二老三上小學，常常交完大女兒的伙食費，就沒錢買米買油了。捉襟見肘的拮据還好應付，政治陰雲則讓他心顫。大女兒和他劃清了界限，就連上學順路給他捎點兒東西都不肯。陳月英為賺錢養家，白天背著最小的孩子到隊裡挑沙子，和水泥；晚上搭去湯原縣拉水泥的車，匆匆跑到醫院看他一眼，捎來些飯菜和換洗衣物。于治國望著在雪虐風饕、滴水成冰的北大荒衣著單薄、打著赤腳的陳月英，鼻子一酸，眼淚流了下來。

「陳月英哪，我的病也不知道能不能好了，你這樣不知道愛惜身體，萬一我有個三長兩短的，你身體又浩垮了，那可怎麼辦？咱們那個家還怎麼過，孩子們依靠誰呀……」

「你會好的……只要不耽誤工，我有空就來看你。」陳月英含淚地望著他，拉著他的手漸漸地鬆開了，外邊的車在等她哩！

家裡的一頭不到三十公斤的豬病了，陳月英把它殺了。她捨不得吃，統統都用鹽醃上了，每次去看望于治國時，她就給他做一小塊帶上。在那寒冷的歲月，那片溫馨飄過了文化與心理的溝壑，溫暖著這對沒戀愛過的夫妻。

「文革」開始了，身患重病的于治國被從病床上揪了出來。

「我只是地主家庭出身，說我是反革命，我不同意，那些事情肅反時已有結論；說我是狗法官，我不同意，我在舊社會讀了大學的政法系，沒當過法官……」于治國爭辯著，可是那個年代，上哪兒去說理呢？況且，他為人正直，疾惡如仇，最恨那些損公肥私的人。在他當副隊長時，見有人拿公家的東西他就大喊大叫：「你拿公家的東西，我不同意。」他得罪過不少人啊。

這天早晨，于治國想吃口飯就去隊裡接受批鬥，單純幼稚、偏激狂熱的大女兒卻不許他吃飯，組織一些年輕人在家開他的批鬥會，讓他跪在毛澤東像前請罪……

「打倒反革命分子于治國！」

「打倒狗法官于治國！」

那平日甜甜地喊著「爸爸」的稚嫩嗓子竟吼出這麼冷酷的字眼，那曾紮煞著要爸爸抱的小手卻攥成了揮舞的拳頭。于治國回腸九轉地跪在毛澤東像前，時而望一眼妻子。他渴望妻子能阻止孩子，可妻子卻木然地看著，任孩子鬧下去……

于治國失望了。失望是摔碎了的希望，它的碴兒是鋒利的，撒落在他那顫抖著的心上……

在地上跪了兩個來小時的于治國終於站了起來，酸軟麻木的雙腿踉踉蹌蹌蹭到屋角。這位在抗美援朝的槍林彈雨中沒落淚，在北大荒的霜天雪地、寒風呼嘯中沒落淚，在艱苦卓絕的拓荒中也沒落過淚的上甘嶺老兵傷心地哭了。

陳月英哪，我們雖然沒有共同語言，沒相愛過，可我一直兢兢業業、盡職盡責地做丈夫，不論生活多麼窘迫，我都要給你訂一份《中國婦女》。從朝鮮回國後，多少戰友拋棄了結髮之妻，轉業後又有多少戰友遊離家庭，儘管你三番五次提出離婚，我卻像堅守上甘嶺那樣堅守著自己的諾言。你為什麼就不能制止孩子，難道你也認為我是個壞人，是反革命？

那次家庭批判會之後，大女兒就搬出去了，她要和父親徹底劃清界限。從那之後，他們父女之間有十來年沒說過話。後來，于治國又解放了，組織上讓他在連隊當司務長，可是當團支部書記的女兒還在和他劃清界限。他想，當年家鄉解放時，如果自己在家的話，難道不會領著貧苦農民分自己家的土地和房屋嗎？會啊。于治國對女兒既理解又氣惱，既怨懟又心疼。他知道女兒忠誠於黨，視革命高於一切。

事後，于治國反思一下，也就諒解了陳月英。在那場瘋狂的大革命中，陳月英怎能阻止得了呢？她也怕兒女和她劃清界限哪。在那種時候她只有偷偷地在伙食上照顧他，多做些他愛吃的東西，炒肉菜時，她悄悄給他留一點兒。再說了，人非聖賢，孰能無過？沒有寬容和理解，婚船何以順歲月漂泊下去？

一想，自己難道就沒做過對不起陳月英的事嗎？三十年前，他不是也曾讓陳月英傷心過。那時陳月英剛來北大荒不久，于治國的同學來信說，家鄉有人給陳月英貼了許多大字報，說她作風不好。他感到天昏地暗，忍著內心深處的痛苦去問陳月英。她說根本就沒有那回事。

「你沒有那種事，別人怎麼會給你貼大字報呢？」于治國在狂怒之下失去了理智，揮手打了她一個嘴巴。他這一輩子只對她動過那麼一次手。她傷心地哭了，她可以吃苦，可以受罪，可是不能夠讓自己的丈夫不信任！她要回威遠把事情弄清楚。她說，如果不澄清事實，就不再回來。可是，家裡有那麼多孩子，于治國又那麼沒日沒夜地忙著，她走了誰來照料家？

兩年後，事情查清了，由於陳月英做事認真，而得罪了一個小人。那人趁她離開家鄉之機，就給她貼大字報，惡意中傷，誹謗她作風不好。最後，組織上將那個人開除了黨籍。事情查清了，卻給于治國留下了悔恨，每每想起這件事，他就感到自己對不住她。在她受到誹謗的時候，最需要他信任和理解的時候，他反而還傷害了她。

風浪過去了，苦難過去了，歲月也過去了，只有理解、依戀、默契和尊重留下了。

一九九六年，陳月英得了腦溢血，在醫院搶救了七天。在那七天裡，于治國日夜守護在老伴兒的身旁。他望著風雨相隨的老伴兒默默地淚流滿面，雖然沒有愛情、沒有共同語言，可是歷經了半個世紀的磨合，他們已經誰也不能失去誰了。于治國對孩子們說：「只要能把你們母親搶救過來，花多少錢我都不惜。」

年過古稀的陳月英在於治國的渴盼中，奇跡般地康復了。

于治國離休後，擔任兩個居委會的主任、三所學校的校外輔導員和普陽農場老年健美秧歌隊隊長。他每天早晨三四點鐘起床，生著爐子，給老伴兒燒好洗臉水，然後去打掃街道、清理市場附近的垃圾，幫別人剷除房前屋後的雜草，檢查居委會的工作……

「于治國啊，你一解放就參加了抗美援朝，回來後也沒過兩天好日子。你雖然沒幹什麼壞事兒，可哪次運動都沒落下你。現在老了，離休了，就在家享兩天福吧，你還折騰個啥呀？」老伴常常心疼地說。

于治國這幾十年來一直夾著尾巴做人，哪像今天這樣開心過？他開心了，哪能不做點事情？

于治國哪能閒得住啊，老職工生病住進了醫院，他要去看望；有人家裡沒人照顧，他去幫人買油買糧買雞飼料；有人鬧離婚了，他要去勸解，一次不行兩次，白天沒空晚上；晚上他就更忙了，要組織老年健美秧歌隊的活動，要到學校去看住校生……儘管他十分操勞，但活得卻十分充實、愜意、幸福。

街道要求禽畜圈養，對工作兢兢業業的于治國見到跑出來的禽畜不僅要趕回圈去，還要上門做主人的思想工作。有人不理解，悻然找上門來，責問陳月英：

「你家老頭兒把我家的鴨子給趕哪兒去啦？」

陳月英只好幫助他們把鴨子找回來，然後再勸他們把禽畜圈起來。

陳月英來到北大荒後一直幹臨時工，有一年臨時工轉正，按規定陳月英的年齡僅超幾個月。有人勸于治國找人把陳月英的年齡改小點兒。于治國說：「我不同意。我從來都沒騙過共產黨。」就這樣，陳月英沒有轉正。那年轉正的人每月可以拿到三百多元錢的退休金時，而得過一大堆獎狀的陳月英卻一分錢也沒有，靠于治國那六百多元離休金維持生活。他們的生活十分儉樸，粗茶淡飯飽三餐，家裡十分簡陋，唯一值錢的東西就是那台三十釐米的黑白電視機。他們夫妻都愛看電視，但興趣愛好大相徑庭，陳月英喜愛戲曲，四川戲、河南梆子、河北梆子、評劇……她都看得津津有味；楊七郎、呼延慶，她講得頭頭是道，一清二楚。于治國卻一聽戲曲就頭痛，尤其是四川戲，他根本聽不懂。他愛看書、寫字、養花。陳月英見他養花就說，「你還是地主家闊少爺那一套，還沒有改造好……」他反駁道：「你這麼說，我不同意呀，養花可以陶冶人的情操……」儘管興趣愛好不一致，但是他們彼此相依相敬。

一年，在「向希望工程獻愛心」活動中，于治國把家裡僅有的一千二百五十元積蓄捐給他所擔任輔導員的那三所學校。回來後，他想到了陳月英出身貧苦，花錢十分仔細，就對她說：

「老陳，對不起，這事兒我事先沒和你說，你別生氣……」

「你做得對，我不生氣。我不是說過嘛，一百元錢以上的東西你可以處理。」

沒矛盾就沒有婚姻，他們的矛盾往往是陳月英燒好了飯，卻找不到于治國。看身高一米六、體重只有四十來公斤、兩頰凹陷的于治國從早到晚地忙，她就心疼得直嘮叨：「你那麼大歲數了，過去遭了那麼多罪，就別再忙活了。你要累壞了，我可咋辦哪？」

于治國經常說：「命運是條船，我就是船長。」

有人問于治國，你的同學有的當上了副部長，有的當上了教授，你就不後悔嗎？是啊，許多人都認為于治國這輩子太虧了。

「我不後悔。第一，我參加了打敗了十六國帝國主義的抗美援朝；第二，我參加了北大荒的建設。在精神上，我很富有；在物質上，我不缺錢。」

在這位上甘嶺老兵的道年輪中，沒有燦爛的輝煌，但有的無怨、無愧、無悔的人生。他的四個孩子都很出色，在普陽農場頗有口碑，他們全都入了黨，有的當了科長，有的成為教師，有的成了部門的骨幹。于治國說：「孩子們都入黨了，我這個做爸爸的還不是個黨員，說來實在慚愧。」

離休後的于治國多次向普陽農場黨委提出入黨申請。

一九九七年三月，于治國終於實現了自己一生的夙願——加入了中國共產黨。

于治國和陳月英回憶起半世紀的婚姻

二○○六年，于治國去世了。

人生除了名利之外是否還有更值得追求的東西，婚姻除了愛情是否還有其他價值？婚姻是條船，愛情則是桅杆上的帆。帆會為風雨侵蝕、扯破，婚姻這條船卻要把兒女擺渡到人生的彼岸。能用道德和良心加固婚船的人是令人敬重的，能在老船扯起片愛情之帆的人是偉大的。

## 換心後找回的生機

國外有過報導，許多病患在心臟移植手術後，心理、性情和習慣均發生很大改變。在中國，五十七歲的北大荒著名作家楊孟勇先生在心臟移植手術後，冰凍三尺，瀕於破裂的夫妻關係奇跡般地緩和了。可是，楊孟勇先生說，這不是心臟移植帶來的心理與性情變化的結果……

二○○○年一月十七日，在哈爾濱醫科大學第二附屬醫院的監護中心，楊孟勇躺在病榻上，身上插著一條條輸液管。鬢髮花白的妻子李廣萍坐在他的身邊，緊緊地握著他那隻還有些發涼的手。她哽咽著，一句話也說不出來，淚水在眼裡打著漩兒，奔湧欲出，她怕惹孟勇激動，使勁兒地抑制著。她只坐了三五分鐘就慌忙出來了。出了門，她便號啕大哭起來。護士長慌忙跑過來問：「你怎麼了？」李廣萍擺擺手說：「我是高興啊……」

這是楊孟勇心臟移植手術的第三天，也是醫生首次允許她到監護中心見丈夫。手術是成功的，這意味著國際性的五十五歲以上病患不能進行心臟移植手術的警戒線被打破了。

這是心外科醫學史上的奇跡！一個奇跡往往孕育著另一個奇跡的發生。在心臟移植手術後，楊孟勇、李廣萍的冰凍三尺、不可調和的夫妻關係漸漸現出轉機，若枯木逢春，冒出柔荑的嫩芽……

一九九八年的農曆正月十五，楊孟勇離家出走了。

天懸圓月，夫妻訣別。孟勇是在夫妻衝突之後離開佳木斯的家的。他決絕地對妻子說：「你不要管我去哪了，也不要找我。」今後，不管是死在外邊，還是浪跡天涯，他決計再也不回這個令他傷透了心的家了。

冰凍三尺，非一日之寒。在離家之前，楊孟勇一遍遍地沿著漫長的三十一年的婚姻長河尋索，不僅沒尋索到溫馨和慰藉，反而更讓他感到蒼涼和失望……夫妻猶如藤和樹，可是他們夫妻卻像兩棵樹，沒有過相依相附，有的只是數十年的對峙。

楊孟勇和李廣萍是在一九六二年認識的。那時楊孟勇十九歲，李廣萍年僅十六歲。他在寶泉嶺農場的拖拉機修配廠當車工，李廣萍是車間派給他的徒弟。那時，中國的兩性觀念還十分保守，男女之間的交往十分有限，婚姻絕大多數是「媒妁之言」、父母認同。

俗話說：「窮人的孩子早當家。」也許在貧困線上長大的孩子大都早熟，當時城市裡的十六歲的少女可能還情竇未開，十六歲的徒弟李廣萍卻在下班時羞澀地塞給他一個紙條，向他表白了自己的愛慕之情。孟勇是聞名遐邇的才子，彈拉說唱、寫寫畫畫，樣樣都行，提琴、三弦、笛子、揚琴，他無所不通。許多姑娘對他明追暗求，他卻沒動過心。

楊孟勇太渴望有個溫暖的家了，正因為此他才在婚戀上十分慎重。他有個淒涼悲苦的童年。在他八歲時，父親病逝了；十歲時，母親改嫁，奶奶把他過繼給了未婚的叔叔。十一歲時，他跟著叔叔來到北大荒。叔叔在三十三歲那年結了婚，接著又有了三個自己的孩子。孟勇從小就對家庭充滿了憧憬和期盼。李廣萍的童年也很苦，她十三四歲時和母親、妹妹一路乞討，從山東逃荒到了舉目無親的北大荒。楊孟勇認為兩人都有過苦難的童年，這樣會更珍惜家庭的幸福，會更容易理解，會更加恩愛。

可是，孟勇生性敏感，情感細膩，追求情調；廣萍性格暴躁、粗獷，不善表達，講究實際，這就使他們在性情和文化上形成了難以調和反差和衝突。這在他們戀愛時就顯露了出來。有時，廣萍約孟勇出來散步，兩人走著走著，廣萍突然說聲：「我回家了。」便拂袖而去，弄得孟勇莫名其妙。幾天後，廣萍又情不自禁再約孟勇。孟勇問及上次的事，廣萍說：「你怎麼不說話呢？」孟勇有時候和她在一起真有點兒不知道說什麼。那是一個封閉的年代，一個蒙昧的年代，一個人如果談了兩三次戀愛就會被認為不正經。「女人在婚後會發生很大的改變。」孟勇把婚姻的幸福寄託在了廣萍婚後的改變。

一九六七年，二十四歲的楊孟勇和二十一歲的李廣萍結婚了。

孟勇不僅希望家庭能夠溫馨、平和，而且他還想疼愛與呵護好自己的女人。他總對廣萍說，早晨你別起來做飯，讓我做。妻子坐在那兒，用那月光般溫柔的目光看著他，他就滿足了。可是，廣萍不僅不理解他的心思，而且對他幹的活總是不滿意。一個周日的早晨，孟勇起床生著了爐子，燒了一鍋開水，然後和顏悅色地問躺在炕上的妻子做什麼飯。妻子沒有告訴他做什麼飯，而是問他爐子是怎麼點著的，按沒按照她的辦法。孟勇不愉快地說：「按沒按你的辦法爐子是點著了，還很旺，這還不行嗎？」「不行。」廣萍決然地說。平素性情溫和的楊孟勇惱了，他到了廚房，把一鍋開水「嘩」地倒進了爐膛，「噗」的一聲火熄了，滿屋彌漫著灰塵和蒸氣。他餓著肚子，推著小木輪車割草去了。

在草甸子上，孟勇遇見一對割草的大婦。有女人就會有家庭的溫馨，他們不僅帶著香噴噴的飯菜，還帶了水和沙果。孟勇望著那對夫妻有說有笑，大唱妻隨的身影，心裡映出一片淒涼。下午，饑腸轆轆的楊孟勇拉著一車草往家走，越拉越沒有力氣，只好扔下幾捆草。有幾次他虛脫得差點暈過去。他總算回到家，推開家門，沒想到竟清鍋冷灶，妻子還躺在炕上生氣呢。他渾身一軟，一下子趴在炕上，再也起不來了。

他們是相愛的，愛則渴望溝通，可是他們只要溝通就會導致衝突。他們就像兩個刺蝟一樣企盼親近，可是親近卻使得彼此被紮得遍體鱗傷。為避免衝突，他們只有封閉自己，回避溝通。他們又非常渴望瞭解對方，那麼只好靠猜測了。

一天晚上，萬籟俱靜，月光如水，孟勇坐在窗前彈著三弦。曲調憂傷悲抑，如訴如泣，，令人腸斷……突然，一位鄰居慌張地跑進來：「你還彈什麼呢？你媳婦都上吊了。」曲戛然而止。孟勇茫然不知所措，他還以為她在廚房做飯呢，怎麼也想不到她會上吊！得救的廣萍被人攙扶著走了進來。她有氣無力地說：「孟勇對我一直都很好。」是啊，鄰居誰不知道楊孟勇從來沒打罵過媳婦，逢李廣萍惹他不快時，他就一個人坐在那認認真真地生悶氣。

一個對家庭滿懷熱情的人，卻在婚姻上慘遭失敗。孟勇望著廣萍心裡無比痛苦，不禁想到：有那麼多好姑娘追求過自己，均失之交臂，為什麼偏偏選擇了她？他仰天長歎：難道這就是命運？

這事讓軍管會知道了，想把楊孟勇抓起來。他們認為，楊孟勇的養父（即叔叔）是個頑固不化的走資派，至今還和丁玲夫婦關在一起。楊孟勇本人與當權派持不同政見，如今又把媳婦逼上吊，正好把他抓起來。幸虧楊孟勇人緣很好，在關鍵時候有人替他說了話。

廣萍上吊的事件是個謎，別人在猜測，楊孟勇也在猜測。一直到了幾年之後，孟勇見廣萍心情好的時候問她，她才道出原委：「你那天彈琴是在想別的女人。」這是哪兒跟哪兒啊？原來，廠裡要開憶苦思甜大會，讓楊孟勇彈琴配樂。晚上，孟勇就選一首淒涼哀婉的曲子練了起來，沒想到差點要了妻子的命。

孩子一個個出生了，可是他們還像兩塊棱角分明的堅硬的石頭，誰都不可能改變自己，也改變不了對方，只能相互研磨著。有時，孟勇在車間的機床旁的踏板上鋪件破棉襖，睡在上面，一個星期都不回家。

他們夫妻性格的不和漸漸眾所周知，人們惋惜地說：「兩個好人卻沒有成就一樁好婚姻。」修配廠的領導勸孟勇：「不行，你們就離婚吧！，我給你出手續。」孟勇苦笑著搖了搖頭。在那個年代離婚是多麼難的事情啊！離婚就像在人群中扔一顆炸彈，很快每個角落都知道了。孟勇倒不是怕別人說什麼，而是每當想到離婚，他就會想起改嫁的母親，想起自己童年的生涯。他是很有責任心的男人，不想讓李廣萍像母親那樣改嫁，更不想讓兩個兒子一個女兒失去父親或母親。

三個孩子長大成人後，孟勇動過離婚之念，李廣萍也有過離婚的打算，可是總是陰差陽錯，當孟勇要離婚時，妻子不想離；當妻子想離婚時，孟勇又不忍心了。一九九八年農曆正月初八，這對分居多年的夫婦又發生了衝突。於是，年近花甲並患有擴張性心衰的楊孟勇滿懷絕望地離家出走了。

孟勇對生活已失去熱望，他渴望著死亡。每每想到死亡，他就感到如釋重負，無比輕鬆。他多麼想坐上一列開往南方的列車，在旅途中隨便選擇一個偏僻冷落的小站下去，悄然地結束自己的生命，給親友留下一個永遠沒有結局的空白……可是，世上還有兩件事讓他牽掛，一是母親，二是他未完成的作品。

離家後，楊孟勇先到哈爾濱去看望自己的養母——嬸嬸。然後，他又去山東老家看望母親。楊孟勇是一個很孝順的兒子，他很愛自己的母親。一想起母親，他內心深處就會湧起內疚。

一九六九年，孟勇偕妻子回山東探親。臨走前，他和曾妻子商量好了，先去聊城地區去看望她的奶奶和姥姥，然後去煙臺附近的農村去看望孟勇的母親。可是，他們在聊城住了半個月，當要去煙臺時，李廣萍突然改變了主意，說什麼也不去看望他母親了。孟勇既失望又焦急，他和妻子說，他非常想念母親，有時候一連幾天晚上都夢見母親。他說，他非常理解母親當年的改嫁，那年母親還不到三十歲，在那麼貧窮落後的小山村，她不改嫁靠什麼養活三個不諳世事的兒女？母親很疼愛孟勇，在改嫁前，孟勇說不跟母親去了，母親當時淚如雨下。孟勇想，兩個妹妹要跟母親去，如果他再跟去，那麼母親就要帶三個孩子去人家了，從小就善解人意的孟勇多麼不願意牽累母親啊。可是，不論孟勇怎麼勸，妻子就是沉默不語。孟勇只好一個人回煙臺去看望母親了。

那是母親改嫁後，孟勇第一次見到母親。母親納悶地問孟勇：「你媳婦怎麼沒來呢？」「沒來。」孟勇怕傷母親的心，只好撒謊。孟勇的謊言很快就被母親識破了。妹妹拿著孟勇的一包髒衣服到河邊去洗，她洗著洗著，突然洗出了一條女人的褲子。妹妹回來告訴了母親，任何一位改嫁的母親對此都會敏感，母親傷心地說：「你嫂子回來了，她不願來見我。」孟勇見母親傷心了，他心若箭穿，感到非常對不起母親。

孟勇在心裡責怨著妻子。母親是沒有守寡，可是這能影響母親的形象嗎？母親是為了養活兒女才改嫁的啊！婆媳是姻親，只要我承認她是我母親，那麼你就沒理由不承認她是你的婆婆。哪怕你跟我到家看一眼就走，我都會心滿意足。尤其在回來時，他們是在煙臺上的船。廣萍到煙臺那天正巧沒有航班，只要坐兩三個小時的汽車，她就能見到孟勇的母親，可是她卻沒有去。

這一次離家後，孟勇見到了母親，心情一下子好了許多。他不想打攪母親的家庭生活，也看不慣母親做好飯後就去做家務，家人都吃完了，她才上桌撿點殘湯剩飯。母親住在南村，孟勇在北村租了一間房子，安頓了下來。他想在有生之年多陪陪母親。

孟勇想完成幾部未寫完的小說。他是從一九七一年開始寫作的。他先是自編自演了一場獨幕話劇。一九八一年，他在文學刊物上發表了第一篇散文，緊接著他的短篇小說《刻舟者》在北大荒引起了很大的轟動，深受張抗抗、梁曉聲、肖復興、陳可雄等知青作家的好評。楊孟勇像一匹黑馬闖入了北大荒的文壇。一九八九年，楊孟勇調入北大荒文學雜誌社任小說編輯。不久，他的小說《屠牛少年》被《小說月報》轉載，北大荒作協為此舉辦了「楊孟勇作品研討會」。創作是他生命的一部分，為了創作他放棄代理副總編的職務，可是隨著夫妻關係緊張與對峙，他再也沒有寫出滿意的作品。

孟勇離家的那天，李廣萍和孩子把他送到了車站。她呆然望著那列火車呼嘯著漸然遠去，心疼、心酸伴著歉疚、悔恨在她的心底流淌著。看來自己讓孟勇傷透了心，否則的話，患有擴張性心衰的孟勇怎麼會離家出走呢？

一個月過去，兩個月過去，七八個月過去了，孟勇一直沒有消息。「孟勇在哪呢？」孟勇的朋友總來電話打聽。可是身為妻子，她也不知道孟勇在哪兒。也許他在北京附近租間房子寫小說，因為他走時帶走了未完成的小說稿；也許他回了山東，去看望他母親。儘管她是個粗心的女性，女兒說她像個男人，可是再粗心，患有嚴重心臟病的丈夫離家出走了，她能不牽掛嗎？她往婆婆家去了一封信，沒見回信。天漸漸冷了，她抱著孟勇的棉衣心裡一片迷惘，不知往哪寄好。她思來想去，最後在棉衣裡塞了一包北大荒的木耳，寄到了婆婆家。還是沒有回信，她對女兒說：「我沒有念幾年書，也沒什麼文化，我老惹你爸爸生氣。我寫信他也不回。你給你爸爸寫封信吧，打聽一下他在哪，勸他回來吧。」

孟勇收到女兒的信後，回信了。廣萍聽說孟勇在婆婆家，心踏實多了。她張羅著春節領三個孩子去山東看望婆婆。她深為那次去山東沒有看婆婆而後悔。當年錯聽了奶奶和姥姥的話，奶奶和姥姥都是老腦筋，她們認為孟勇的母親早就改嫁了，已經是人家的人了，所以她這個媳婦沒有必要去看望。當她準備就緒只等起程之際，家裡的暖氣出了毛病，沒有走成。

一九九九年十一月十五日，孟勇要回來了。李廣萍和孩子去佳木斯站接了兩次才接到。當見孟勇十分虛弱，臉色枯槁焦黑，腫得脫了相時，她的淚水一下子就湧了出來……

原來早在一九九八年年底，孟勇的擴張性心肌病就發作了。他喘不上氣來，胖頭腫臉的，面若焦炭，睡不了覺，一夜一夜地抱著枕頭坐到天亮。儘管這樣，孟勇也不讓告訴妻子。每當想到妻子，想起那失敗的婚姻，他的心裡就風饕雪虐，地凍天寒。他囑託同母異父的弟弟：「我手裡還有一些錢。如果我死了，你就把我送到火葬場火化了。然後，打個電話告訴你嫂子一聲。」他決心就是死也絕不再見廣萍一面。

孟勇病情愈來愈重，只能依靠強心劑來維持生命了。孟勇病倒後，年過古稀的母親心若火焚，寢食不安。她每天都要過一條河，爬上一道坡，走很遠的路來看望兒子。孟勇望著母親的白髮，不禁想到母親淒苦的一生，他實在不忍心讓母親眼睜睜地看著自己死去了，於是，他想死在外面的決心漸漸冰釋了。最後，他冒著隨時都可能死亡的危險，坐了三十多個小時火車回到了佳木斯。

孟勇回來後，二十二天住了二次醫院，治療毫無效果，仍然靠點滴強心劑來維持。廣萍勸孟勇：「咱們轉院吧，到哈爾濱去治療。」「轉什麼院？不轉。」孟勇堅持道。最後在許多人的勸說下，十二月二十三日，孟勇在妻子的陪同下，來到了哈爾濱，住進了哈爾濱醫科大學附屬二院。經檢查，楊孟勇的心臟已經擴張了二倍，已有三個拳頭大小了（正常人的心臟只有一個拳頭大小），保守治療已經無望，只有心臟移植了。

危難之中見真情，在那些日子裡，李廣萍寸心如割，淚流如河。她深深感到在自己心靈深處對孟勇是多麼的愛和依賴，如果失去了他，自己將何等地孤苦無助。醫生說，如果楊孟勇不做心臟移植手術，那麼他的生命也許只能維持一年半載；如果心臟移植手術不成功，或許死在手術臺上，或許很快就死去。不過值得慶幸的是正好有一個各項指標都和孟勇吻合的供體。這是很難得的，有些要做心臟移植的病患苦苦地等了一年半載也沒等到。這事不能跟患者說，要家屬趕快拿主意。每當醫生追問廣萍，她都束手無策地站在走廊哭兩三個小時。她不知道該不該讓孟勇冒生命危險做心臟移植手術，她又不敢回病房，怕心細如絲的孟勇問她：「醫生是怎麼說的。」據說，第一例心臟移植的患者已經活了八年，如今在醫院的院兒裡開了一家食雜店。於是，廣萍就一個勁兒地往那家食雜店跑，想見一見那個人，可是她又不敢隨便問……

她的心時而像一團麻，亂無頭緒，時而像片落葉，在風中飄落著，沒有著落。她讓兒子找來了孟勇的朋友——作家王佐弘。當王佐弘走進病房那一刻，廣萍猶如見到了親人，淚水一下子就湧了出來。怕讓孟勇看見，她慌忙跑了出去，站在門外不知哭了多久，然後悄悄地到洗手間裡洗了一把臉，回到病房，領王佐弘去見心外科主任。王佐弘問姚主任：「給孟勇做心臟移植手術，你們究竟有多大把握？」姚主任實話實說：「把握不敢說。」

回來後，孟勇又問她：「醫生怎麼說的？」無奈之下，她只好如實地告訴了孟勇：「姚主任不讓我告訴你，可是我也不會說謊，也不知道怎麼說，只好告訴你了……」聽說自己需要做心臟移植手術，孟勇猶豫了，在感情上他難以接受一個陌生的心臟。最後，他還是同意了。他已經被疾病和生活折磨得把生死置之度外了。他想，如果手術不成功，不僅為醫學的發展提供了一次科研機會，而且能在麻醉藥下死去，對他來說也是很輕鬆、很幸福的事。

手術方案定下來了，北大荒文聯在經費十分緊張的情況下給湊了十萬元錢手術費。廣萍又讓兒子回佳木斯取來她推著小車風風雨雨、辛辛苦苦地賣九年雜貨，一分一角積攢下來的三萬元錢。

一月十四日早晨，一夜無眠的廣萍四時四十分就起來了，把孟勇的衣服弄好。五時四十分，孟勇躺在車上，在親朋好友的簇擁下，緩緩走向手術室。孟勇活著進去了，不知是否能活著出來。想到這兒，親友們心若箭穿，淚在眼眶。孟勇被推走了，廣萍兩眼一黑就昏倒在地……

下午一時，在親朋好友的漫長而焦灼的等待中，孟勇終於被推了出來。醫生說：「手術很成功。」當見到孟勇雙目緊閉，渾身上下插著各種管子，親友們都哭了。廣萍號啕大哭著跑回了病房。孟勇被徑直推入監護中心，不讓家屬見了。

孟勇手術後，廣萍一夕九運，坐立不安，一會兒對孩子說：「你們去看看你爸爸。」孩子們就跑到監護中心的門口，隔著幾層玻璃向裡面望一下，可是裡面什麼都看不清。

當日下午五時，楊孟勇醒了，能說話了……

第二天，孟勇能喝水了……

第三天，醫生來電話說，讓李廣萍去監護中心探視。

頑強的楊孟勇在術後的第三天就自己下地解手了。從此，李廣萍每天去監護中心探視兩次，照顧孟勇洗漱，給他揉揉搓搓腫著的雙腳。

二月十四日，醫生來電話說，孟勇可以回病房了。廣萍高興得把病房收拾好，找了一輛輪椅要去推孟勇。孟勇竟自己拎著輸液瓶走回來了。

死神的魔爪終於縮回去了，他們夫妻又要面對自己的婚姻了。廣萍望著日益見好的孟勇，不禁想起了自己所做的對不住他的事情，不由得悔恨不已。孟勇平素待她總是和顏悅色，當她心情不好時，他就安慰她，可是她的暴躁脾氣就像一匹桀驁不馴的烈馬難以駕馭，常常惹他生氣。她想，孟勇經歷了那麼大個手術活下來實在不容易，只要他能夠健康、幸福地活著，自己就是當牛做馬都願意。

一顆二十多歲的心臟成功移植到孟勇的胸腔。它頑強有力地跳動著，血液活躍地流動，他身體日益好轉。

夜深人靜，皎潔的月色灑滿病榻，孟勇睡不著覺，想著今後怎麼辦，如何面對那讓他痛苦半輩子的婚姻。他望著和兒子擠在一張窄小的床上的妻子，棉被蓋在兒子身上，她僅蓋件上不遮肩，下不掩脛的棉衣；為讓兒子舒展點兒，她緊貼著床邊，半個身子懸在床外……孟勇心裡一陣陣難受，又一陣陣感動。儘管廣萍不善言語，心比較粗，脾氣比較躁，做過那麼些對不起自己的事，可是，如果在這次劫難之中沒有她的話，自己也就死了。屈指一算，他住院已經一百多天了，在這些日子裡，她沒有脫下衣服，睡一個安穩覺。這還不說，還為他整天提心吊膽，擔驚受怕，小心翼翼、無微不至地服侍他，生怕惹他生氣。在這一百多天裡，她那頭黑髮幾乎全白了……現實啊，多麼具有反諷的意味？過去，他追求和嚮往的不就是這種情真意切、刻骨銘心的愛嗎？這愛自己早已擁有！有這份愛在，她有什麼過錯不能原諒？他覺得有必要和她好好談一談，以前的積怨能丟多少就丟多少，否則還會影響以後的生活。

他再看一眼兒子，他不禁又為當年離家出走而自責。家人是與自己血肉相連的親人！在這個世上，除卻他們，誰能拼死拼活，不惜一切代價挽救他的生命？小兒子志勳為照料他，放棄了一切；晚上沒處睡，他常常披件棉大衣睡在陰冷的走廊。有幾次去晚了，長椅已睡滿了人，他就在走廊站一夜。回來怕父母不安，他就說：「走廊一點兒也不冷，睡在長椅上很舒服。」一聽說他要做心臟移植手術時，年過而立的海光哭得鼻涕一把淚一把地說：「媽呀，我爸從小就沒了父母，他需要關心，需要愛，咱全家好好護理，我爸他會好的。」還有女兒雲松……

愛，在那顆新換的心裡復甦。孟勇主動跟廣萍溝通了，這是他們結婚三十多年來第一次心平氣和地溝通。兩人說了許多心裡話，陳年的冰層漸漸融化，愛在罅隙緩緩流淌……

這是他們結婚三十三年來從沒有像這樣交流過，他們說了許多心裡話。數十年來，夫妻兩人都想把日子過好，都想讓對方幸福，可是他們就像想為對方存一筆款，卻一直沒弄對賬號，怎麼也存不到對方的賬戶上。

這時，廣萍的妹妹突然來電話說，母親病故了。廣萍告訴妹妹，孟勇這裡沒人照顧，我不能回去。妹妹哭道：「姐，咱們這輩子就這麼一個媽，咱媽這輩子就咱們姐倆，你不回來怎麼行呢？」廣萍放下電話，心事重重地回到病房。孟勇看出來她心裡有事，就問她。孟勇得知岳母去世後，急忙催促妻子回去。廣萍放心不下地回去了，安葬了母親就匆忙趕了回來。

這時，她又想起了三十一年前去山東沒有去看望婆婆。她越想越感到不能原諒自己。據說，在孟勇離家時，婆婆身體不好，她有些放心不下。她對孟勇說：「給媽媽打個電話吧！」說罷，她要去打，孟勇說他去打。當孟勇回來時，心情十分沉重，什麼也沒有說。心粗的廣萍沒有看出來，問道：「打通了？」孟勇點了點頭，什麼也沒有說。

夜半，她從夢中醒來，見孟勇披著衣服坐在黑暗之中。她慌忙問：「孟勇，你怎麼了？」沒有反應。她一連問了幾遍，那邊才傳來孟勇哽咽的聲音：「我媽去世了。」這猶如在她耳畔炸響的驚雷，她睡意全無，愧疚如潮地拍打著她的心房。她為自己結婚三十三年從沒拜見婆婆而自責和痛悔不已，她感到今生今世都不能原諒自己。她想安慰孟勇，可是不知說什麼，又怕說不好惹他生氣。她躺在床上默默流淚，直到天亮。早晨五時，她就爬起來，跑到電話亭去打電話。她流著淚問孟勇的妹妹：「妹呀，咱媽什麼時候去世的？我想問你哥，可又不敢問……」在相繼十天裡，兩位老人都與世長辭了。在那段日子，李廣萍心頭又遮上了一層陰雲，她感到自己心裡實在承受不了了，可是她又不敢在孟勇面前哭，只好一個人跑到走廊裡去流淚……

孟勇出院了，為便於複檢和監護他那顆新換的心臟，廣萍在哈爾濱的閩江社區租了一套房子，把家搬了過來。她決計往後要以他為中心。俗話說，江山易改，稟性難移。廣萍卻真就改變了她的性格，變得溫柔了，隨和了，善於理解他了。

換心後，孟勇發生意想不到的變化，聲音變了，兒女和好友常常在電話裡將他當成廣萍；他變得年輕了，和廣萍走在一起，常被人誤以為是娘倆兒；過去不看球賽的他，換心後卻像年輕人一樣，深更半夜地看足球；過去穿著隨便的他，卻追求起了品牌和時尚；過去愛捕魚吃魚的他，卻聞不得魚味；過去討厭小食品的他，卻見到小食品就走不動道，在短短不到一年的功夫，他就把各種各樣的小食品吃個遍……

另外，孟勇心裡好似塞滿了火藥，在外邊遇到不順眼的事兒，他就大吼一聲，衝了過去；看到電視的低俗廣告，他暴跳如雷，恨不得將電視機砸掉。一次遇到一個不講道理的賣花人，他盛怒之下，差點兒把花店砸了，幸虧廣萍抱住了他。

他對廣萍說：「保不準什麼時候，我會跟你發脾氣，而且很大，你能受得了嗎？」

「你發吧，我承受得了，你千萬別憋在心裡。」廣萍說。

她沒有想到孟勇會變得越來越陌生了，原有的儒雅與溫存蕩然無存了，經常一臉冰霜，對她不理不睬。她若一句說得不順耳，他就暴跳起來，衝她吼，衝她叫，甚至粗暴地摔東西。孟勇換心後，她的情緒就不好，一方面，她的心懸著，沒著沒落的，總擔心他出什麼意外；另一方面，儘管謹小慎微地、竭盡全力地去服侍他，還不能讓他滿意，讓他少發脾氣。廣萍真不知道該怎麼辦好了，怕惹孟勇生氣，不論大雨滂沱，還是大雪紛飛，她都要躲到外邊去。吃完早飯，收拾好碗筷，她出去了；中午回來，打理他吃完飯，又躲出去了；晚飯後，夜深人靜了，她還要躲出去……

儘管如此，孟勇還發脾氣。一天，他為她放在暖氣上的三瓶礦泉水而歇斯底里地吼道：

「把礦泉水放在暖器上烤，烤得水裡全是細菌，全是病毒，還能喝了嗎？」他抓起一瓶狠狠摔在地上。在前一天，他就發現這三瓶礦泉水，拿起來對著光看看，水質有點兒發黃。他從暖氣上拿了下來，放到窗臺上。這時，他發現那三瓶水又被放到暖氣上了。

「昨天，我就告訴你水變黃啦，你為什麼不聽？非要烤臭不可？」他怒氣未息地吼著。

廣萍默默地將那三瓶水拿了出去。瓶裡裝的不是礦泉水，是自來水，她想溫熱了，好洗衣服。

她實在忍受不住了，就躲在陽臺偷偷地抹眼淚。那是她內心的雨季，不知流了多少淚。兒子志勳很理解她的苦衷，對她說：「媽，你要是痛苦難受，就寫日記吧。」於是，僅讀四年書的她開始寫日記。她在日記上一遍遍地問自己：難道我做錯了什麼，那顆心是不是換錯了？

每當孟勇發完脾氣，心平靜下來，他就自責不已，懊悔不及。可是，他控制不了那顆心啊，火氣上來，他就好像不再是楊孟勇。對此現象，西方的專家的解釋是：心臟是有記憶功能的。在心臟移植後，供體的性格、愛好會隨著心臟轉移到換心人身上。

孟勇懊惱地想，換的這顆心是不是太年輕了，那個年輕人生前是不是太暴躁了？醫生在配型時，為什麼就沒想到這一點呢？

換心後，作家紛紛來看望孟勇。著名作家鄭加真臨走時，對廣萍說：「你比楊孟勇的形象高大啊！」著名詩人李琦心直口快地對他說：「看，大嫂對你多好。你還有什麼可說？」

是啊，如不是廣萍，他楊孟勇豈不早變成了一捧骨灰？他不能對她不好，他要感恩戴德，讓她得到幸福！他只有征服那顆暴躁的心，他才能做到這一點。可是，世上最難征服的就是心。他——楊孟勇有這個能力嗎？

他每天從睡夢中醒來，第一件事就是告誡自己：你是楊孟勇！楊孟勇的性格是溫和儒雅的。你不能暴躁，不能發脾氣、摔東西！儘管他一天要告誡自己幾遍，可是火氣上來，他又失控了。

廣萍每天晚上都要給他打一盆洗腳水。一次，她怕水涼，又從暖瓶裡倒了點兒熱水。孟勇把腳伸進水裡說：「好了，好了。」她想，讓他燙燙腳，解解乏，就又加了點兒。驀地，孟勇惱了，衝她吼道：「水都熱啦，燙腳啦，你怎麼還倒？」

見他火了，她慌忙離開。突然，身後「咣」的一聲，她回過頭去，見盆扣在地上，洗腳水流了一地。

「怎麼了？」她關切地問道。

「讓我踢翻了……」孟勇低著頭，愧疚地說。他又沒控制住，失敗了。

一次，他和廣萍去買鐘，選好一款後，她問他：「錶盤選黑的還是白的？」他說：「黑的。」她忍不住地說：「那白盤的看著乾淨。」他說：「那就買白的好了。」

當回家把鐘掛在牆上，夕陽落在鐘上，他看不清指針，火氣一下子就上來了，惱火地吼道：「這鐘我還能看清嗎……」突然，他不再吼了。她像犯錯誤的孩子，一聲不吱地站在一邊。

他在心裡對自己問道：「你怎麼又發火了呢？不是她錯了，是你錯了！她從早到晚、任勞任怨地照料著你，你還說發火就發火，你還有良心嗎？你不感到羞愧嗎？你看看她那頭白髮，那不是為你白的嗎……」他一下子就泄了氣。

從此，每當他要發火前，他就對自己說：「你錯了！如果發火，你就更錯了！你看看她那頭白髮！」她的白髮讓他變得心虛氣短，火氣消失。

一天，廣萍打電話，喜出望外地對女兒說：「你爸真的變啦，不管我說什麼不中聽的話，他都是樂呵呵的。」孟勇終於征服了那顆暴躁的心，與廣萍重新愛戀。提起這事，他說，這是廣萍幫我征服的。當我發脾氣時，她從不跟我吵，我還怎麼好再發脾氣？再說，我欠她的太多了……

一天，廣萍一不小心將腳崴傷，孟勇終於有了一個報恩的機會，從不飲酒的他每天將酒含在嘴裡，噴在她的傷處，一天噴五六遍。在她臥床十七天裡，孟勇一直伺候她。早晨起來，他先問她想吃什麼，然後去早市採購。回來做好，給她端上來。廣萍感動了，她生三個孩子，每次產後的第三天就下地幹活。生女兒那年，正值隆冬，孟勇都沒這樣伺候過她。她感慨地說，沒想到磕磕絆絆這麼些年，眼看就老了，竟等來了這一天！

一個黃昏，孟勇對忙於家務的廣萍說：「你休息一下，聽我吹一曲好麼？」

她只好放下手裡的活兒，不大情願地在他身邊坐了下來。

他的表情莊重，平氣息，勻呼吸，置簫於唇，一曲悠揚悅耳、輕鬆而抒情的樂曲順著那支竹簫汩汩流出，繞梁不散。瞬間，柔柔的溫馨、綿綿的溫情鋪滿房間。

曲終樂止。「怎麼樣？」他滿懷深情地問道。

「不錯，真的不賴呀，有專業的味兒啦。」沉浸在樂曲中的她說。

「這是送給你的。」他真誠地說。

「是嗎？」她喜出望外地看著他。

「是的，『你問我愛你有多深，愛你有幾分，你去想一想，你去看一看，月亮代表我的心……』」他深情地唱道。她默默地看著他，眼睛漸漸濕潤了。這是結婚這麼多年來，他第一次對他表白自己的愛。她也是第一次聽懂他的曲子。

心臟移植者平均壽命只有十年。孟勇知道自己的時間已非常有限，所以日夜兼程地從事著創作，他每天要伏案十多個小時。她見他疲於奔命地寫作，非常心疼。一天夜深了，他還在寫著，她過去抱住了他，哭著說：「孟勇啊，咱不寫了，看你的腰都累彎了。只要你好好地活著，我什麼都不怕……」他的心一顫，一股暖流在那顆陌生的心裡流淌著。

左：楊孟勇動情地為妻子李廣萍吹一曲《月亮代表我的心》
右：楊孟勇術後在重症監護室進餐

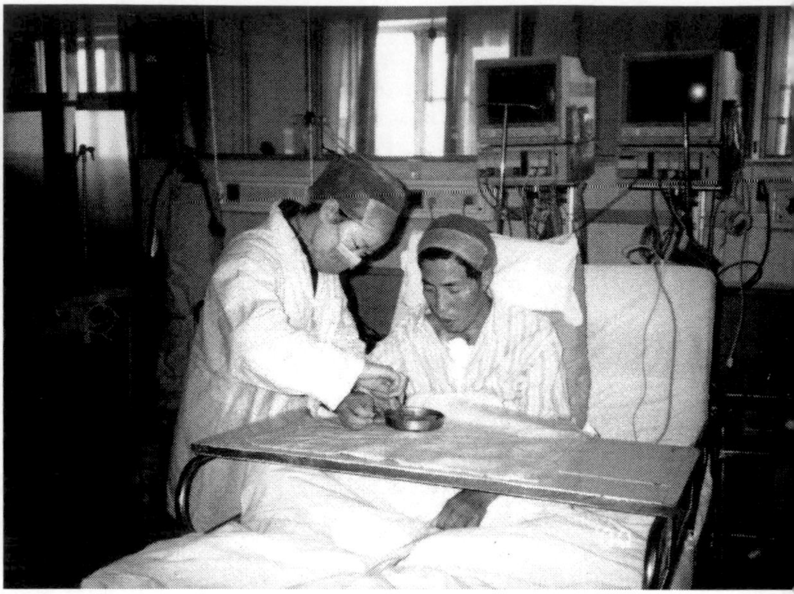

換心之後，楊孟勇碩果累累。他不僅完成了長篇小說《漁獵筆記》，他的紀實散文《活下來再說——一位心臟移植者的自述》由作家出版社出版發行，而且他還創作了一百五十首詩歌，出版了詩集《太陽傳說》，其中還有四首被《詩刊》雜誌隆重推出，他成了詩人。近幾年，他突然迷上了畫畫，而且他的國畫已經得到行家的認可……

央視在採訪孟勇時，他說：「貓有七條命，我有五條命，第一條命是父母給的，第二條命是哈爾濱醫科大學第二附屬醫院給的，第三條命是那個供體——那位死去的年輕人給的，第四條命是黑龍江農場總局醫院給的，第五條是妻子給的。」如果沒有妻子，他就不會有那四條生命！為報答妻子，他只有珍惜生命，熱愛生活。他在《活下來再說》的序中寫道，「我每天興高采烈地擁抱妻子，擁抱生活，擁抱明天。」書出版後，他將第一本贈送給了妻子，他在上面寫道：「贈給患難與共的妻。我愛你！」

孟勇的生命要靠價格昂貴的、進口的抗排異藥物來維持。每年僅藥費就得六萬五千元，他和廣萍每年收入只有一萬多元錢。她一直為這筆藥費而發愁。這幾年來，她寫了二十多萬字的日記和十幾萬字的自傳。她想將這些文字賣掉，給孟勇付藥費，來延長他的生命。

愛，本可以把生命打造得如此美麗，可是許多人卻放棄了。

婚姻是什麼？這是一古老的問題，有多少學者窮盡畢生去思考，也沒思考出讓大家認同的、清清爽爽的答案。婚姻既不是愛情的目的地，也不是愛情的保鮮劑。社會學家費孝通說：「婚姻是人為的確立雙系撫育的手段。若是不必人為，如生理論，心理論，人類中無需婚姻；若是不必撫育，撫育而不必雙系，人類中也無需婚姻。」這句話說白了，也就是老百姓所說的結婚就是「養孩子、過日子」。老百姓沒有學問，不懂什麼社會學的原理，可是他們有的是體會。

如果把撫育放在一邊，單純從夫妻關係去思考婚姻，婚姻意味著什麼？

婚姻是否意味著夫妻雙方要打通經濟和心理文化的血脈，猶如把蘋果枝嫁接在梨樹上，或者將梨枝嫁接在蘋果樹上，那麼結出來的將是蘋果梨，或梨蘋果。總而言之，蘋果不再是原來的蘋果，梨也不是原來的梨。儘管當初蘋果枝條或梨枝條不大情願，可是幾年過後，十幾年過後，幾十年過後，再將它們嫁接回原來的蘋果樹或梨樹會怎麼樣呢？是否又要經歷一場排異和不適應呢？

婚姻改變了人。不幸的婚姻對人來說是殘酷的，它的殘酷就在於把健全人變成心理和性格殘疾，變成再也找不回自己。

不過，對於強者來說，他們會像于治國那樣「命運是條船，我就是船長」，能駕著婚船渡過自己的人生，也能將配偶帶到人生的彼岸；他們會像楊孟勇那樣，在無愛的婚姻中，培育出愛情的花朵。

# 第六章

## 潮起潮落留下的情

二十世紀六十年代，中國發生了兩件驚天動地的大事件，一是無產階級文化大革命，二是知識青年上山下鄉運動。

一九六八年，毛澤東發出：「知識青年到農村去，接受貧下中農的再教育，很有必要。」於是，中國出現了一場空前絕後的上山下鄉運動，社會上有了一個全新的稱謂——知青。一九六九年，在毛澤東的「屯墾戍邊，寓兵於農」的批示下，北京、上海、天津、杭州等城市的五十四萬知青奔赴黑龍江生產建設兵團，踏進衰草寒煙的北大荒。

一九七九年知青大返城的浪潮到來，「廣闊天地」撒滿了婚姻和愛情的碎片，隨處可見被知青遺棄的女人、男人和孩子。現實是冷酷的，欲望是無情的，在知青中許多人的婚姻是「山重水複疑無路」下的慰藉，是絕望的產物；「柳暗花明又一村」了，誰還會守著那「山窮水盡」下的成果？百分之九十五以上的知青離開了黑土地，離開了北大荒，回到那一座座沒有伸出雙手擁抱他們的城市，卻有兩萬多知青留了下來。

選擇留下來不需要智慧，需要的是勇氣和魄力。當同一車皮來的同學、老鄉都像退潮似的水從身邊離去，自己像礁石似的留下來，這是一種多麼艱難的抉擇，內心深處又是怎麼的淒涼？當時連隊的知青宿舍一間間地空了，朝夕相處的戰友沒了，親如手足的哥們兒走了……望著那空空蕩蕩床鋪，望著空蕩蕩的球場，望著關閉的食堂，那將是一種怎樣的心境？

這些「候鳥」為什麼沒飛走？其實，這些知青很普通，留下來的原因也很尋常，或者為愛情，或者為婚姻，或者為子女，或者覺得在北大荒還能做點事情。那些寫過血書，立下豪言壯語，到處宣講扎根邊疆心得體會的知青都走掉了。那些人是海鷗啊，他們追逐時代的潮頭，怎麼會留下來守著平凡與寂寞。

對返城知青來說，苦難與風流已成為歷史，黑土地的記憶已像老照片似的泛黃了，模糊了；對留下來的知青來說則是歷史的延續，他們要繼續在這片黑土地生存下去，在這裡生兒育女。他們是最後的知青，是永遠的知青。

## 「北京盲流」與「坐地炮」

一九九四年，我第一次入荒採訪，從哈爾濱坐了一夜火車到了佳木斯。第二天，我去黑龍江農場管理局找《農墾日報》副總編輯吳繼善，請他幫忙提供線索。我和他沒見過面，是《農墾日報》駐哈爾濱記者站的一位朋友介紹我去找他的。我是在他那兒決定去饒河農場的，在那之前我根本不知道世界上還有這麼一個地方。第三天早晨五點多鐘，我坐的客車搖搖晃晃地上路了。車出佳木斯不遠就告別了柏油路，行駛在黑土地的沙石路上，路況很不好，坑坑窪窪。車上人很多，幾天前下過一場暴雨交通中斷，那天剛好通車。我在車上顛簸了整整一天，天黑時車停下來，饒河農場到了。我拎著攝影包走下車，濃墨盡染，燈影寥落，莽莽荒涼壓了過來。

《饒河農場志》載：「饒河農場位於黑龍江省三江平原地區，屬沿江三角洲地區，東傍烏蘇里江，北靠撓力河。一九五六年，我軍八五〇九部隊的二百名官兵開赴這裡，點燃了燒荒之火，創建了農場。一九六九年三月十九日，農場改編為瀋陽軍區黑龍江生產建設兵團三師二十二團。一九六八至一九七〇年間，北京、上海等地先後有十一批知青來團，共計三千七百七十四人，其中有北京知青八百五十四人……」

誰能想到在這三千七百七十四位知青中，居然有四位跟殷家的四兄妹結婚，其中有三位是第一批來的北京知青。

歷史如江河，潮起又潮落，留在饒河農場的知青已不足百人。殷家四兄妹，一位隨丈夫去了佳木斯，一位隨丈夫回了北京，有兩位還在農場，其中的一位，丈夫辦回北京後，妻子一時辦不去，只好又辦回農場，另一位是妻子和孩子辦回北京，丈夫辦不去，妻子只好捨棄工作，重返北大荒。那位返回北京的女知青既不是農場職工，也不享受知青待遇，人們戲謔地稱她為「北京盲流」。

這位北京女知青叫李惠敏。在殷家四兄妹中，李惠敏的丈夫殷汝芳年齡最大，是最先談戀愛，最早成家的。萬事開頭難，李惠敏和殷汝芳吃的苦也比其他的幾對多。用殷汝芳的話說，他們的婚姻是伴著淚水走過來的……

一九六九年八月三十日，李惠敏下鄉到二十二團。她清秀的臉龐還有幾分稚氣，幾分天真。她很不適應北大荒的生活，忍受不了這裡的勞累和荒涼，特別想家。女孩子嘛，想家就哭。寢室裡的女孩子，不是這個想家了，就是那個想家了，只要有一個人哭了，就會勾起出其他人的酸楚。夜晚，淒咽的哭聲常常漂蕩在曠野。

後來，不知是李惠敏想家想得絕望，還是愛上了制磚排的排長殷汝芳，她的哭聲漸漸少了。小殷是位耿直倔強，辦事有板有眼，穩穩當當的當地青年。他也愛李惠敏，這樣一來一場戀愛就不可避免地發生了。當時兵團明令禁止兵團戰士談戀愛，他們談戀愛的事被發現後，營長大發雷霆，氣得直拍桌子，不僅讓他們大會檢討小會檢討，還關了小殷的禁閉。最後，團長過問此事，才將已經關了七天的小殷放了出來。

一九七一年，那場戀愛的風波剛剛過去，一場大水將這個新建的連隊淹黃了，小殷被分到了十三連，李惠敏被分到了條件十分艱苦的十六連。聽說十六連隊還沒有通電，殷汝芳偷偷送給李惠敏一盞小馬燈。那一年，李惠敏吃盡了苦頭，冬天兩個女孩一把鋸，踏著厚厚的積雪上山伐木，手腳凍得像貓咬的痛，把腳用枕巾包上後，再塞到四十二號的大鞋裡都不管用。她沒被累哭過，卻被蚊子咬哭過，被凍哭過。新開墾的地裡蚊子凶得很，幹活時拍一下臉滿手都是血。怕被蚊子咬，她就用毛巾頭巾把臉包得嚴嚴實實，只露兩眼睛，這樣也躲不過蚊子的襲擊。最苦的還數割豆子，累得人站不起來，只好跪在地裡割，半生不熟的饅頭送到地，一咬都帶冰碴兒……在那段艱苦的歲月裡，一到夜晚李惠敏把小馬燈點著，望著那溫馨的燈光，思念著咫尺天涯的戀人，怎麼還不見小殷的蹤影呢？

幾十里外的殷汝芳正在情感的煉獄飽受煎熬。他愛她，可上次風波已把她折騰得夠慘的了，還能讓她受委屈麼？再說李惠敏畢竟是從京城來的姑娘，他對這場戀愛越來越缺乏自信。癡情的李敏惠等不來殷汝芳，就跑很遠的路來找他。傍晚，烏蘇里江邊出現一對戀人的剪影，他們緊緊地擁在一起，淚水隨著烏蘇里江的水流淌著……

一九七三年春節，戀愛三載的李惠敏與殷汝芳終於結為夫妻。婚禮隆重而淒落，歡喜中隱含幾分憂悒。新婚之夜，當最後一撥鬧洞房的朋友消失在了夜色，李惠敏和殷汝芳擠了一天的笑容才落了下來。夫妻相對而坐，默默深情地望著對方，驀然擁抱在一起，不知不覺中淚流滿面。日日看來皆坎坷，三年苦戀不尋常。這對有情人終成眷屬，戀愛的風風雨雨，坎坎坷坷總算過去，婚後的生活還有多少激流險灘呢？從談戀愛那天起，李惠敏的父母就堅決反對，因此結婚這麼大的事她都沒敢告訴父母。

婚後惠敏回家探親，這是她下鄉後第一次休探親假。她在家住了三個月。走時母親拉著她的手，堅持要她多住幾天。

「不行，連裡不准超假。」惠敏堅決地說。

母親哪裡知道她回家時已有三個月的身孕，離家時已六個月了，越來越顯懷了，再不走就要露餡了。李惠敏回到農場不到三個月兒子就出生了。

一九七四年秋，李惠敏的母親得了子宮肌瘤，家裡拍來電報。李惠敏呆呆地看著電報上那幾個冷酷無情的字，淚水潸然而下。他們剛剛成家就有了孩子，經濟十分窘迫。殷汝芳東挪西借，給李惠敏湊了二百元錢，讓她帶孩子回了北京。

一晃春節臨近了，母親的病也有了好轉。一天，父親對李惠敏說：「孩子都看到了，還不知他爹什麼樣，讓他爹來北京過年吧！」李惠敏那張圓圓的臉上露出了感激的笑容。可是，她一連給殷汝芳寫了好幾封信，這位耿直、倔強、自尊心很強的東北漢子說什麼也不去。最後，李惠敏不得不搬動連長和指導員。連長和指導員接到信後，徑直找到了殷汝芳，命令他立即去北京。

李惠敏的父親見到殷汝芳後，滿意地笑了。老人的笑容驅散了李惠敏的緊張、殷汝芳的膽怯與自卑。

一九七六年，知青開始陸續返城。李惠敏的心情越來越低沉，未婚的知青像退潮的水一樣返回了城市，而自己卻像貝殼一樣留在北大荒，返城的渴望困擾著她，但她知道這對自己有多難……

一九七九年知青返城達到了高峰，幾乎每天都有知青離場。這時，李惠敏的兒子已經五歲了。眼看著知青們一個個離去，李惠敏一著急上火患了黃疸性肝炎，住進了醫院。據《饒河農場志》載：一九七九年知青大返城時，有三千多知青離場，造成了生產人員嚴重不足，不少生產隊拖拉機沒人開……一九八四年底統計，留場知青僅有二百一十七人。

結婚以來，每當有知青離場返城，尤其是聽說某某知青為返城拋棄了愛人和孩子，殷汝芳的心裡都像落進一塊石子，擾得心池多日不平靜。他想跟李惠敏恩恩愛愛地生活下去，白頭偕老。可是她像一隻鳥兒，可以棲落枝頭，也可以飛上藍天，他只是棵樹，只能把根紮在黑土地上。

一九八〇年，李敏惠盼望十一年的返城手續終於辦妥了。她默默地看著手裡的戶口準遷證，渴望離開的心情卻消失得無影無蹤。留亦難，走亦難，這裡有帶不走的歲月，帶不走的愛人，帶不走的家……

一走就要夫妻相距數千里，天南地北難團聚。今後的日子可怎麼過？她望著在痛苦煎熬中的殷汝芳，思來想去，最後把準遷證撕了。他知道這一紙來之不易，老岳母在京城求爺爺告奶奶地跑了好幾年才辦下來。他忍著內心深處的痛楚，把準遷證黏上了。

也許在母親的心裡，李惠敏離開了北大荒也就脫離了苦海。她希望女兒回京後，安心生活和工作，把北大荒徹底從心裡抹掉。哪知李惠敏返城時，又有了身孕。於是，她把戶口關係落下後，又返回農場生孩子，然後再沒回去。

一九八四年，李惠敏的母親風塵僕僕地來了。母愛是自私的，她不忍心看女兒就這樣在北大荒過一輩子。她說，單位要分房子，李惠敏和孩子回去可以多幾米。另外，李惠敏的工作關係已經辦回去了，總待在農場也不是個事，應該找工作上班。母命難違，李惠敏只好抱著孩子，一步三回頭地走了。她捨不得這個家，捨不得丈夫啊。她的淚水像斷了線的珠子滴落在衣襟上。母親生氣地說：「哭什麼哭？就像再見不到面似的。」母親這句話把她說得號啕大哭起來，孩子見媽媽哭也跟著哭起來。殷汝芳的淚水也悄然流下來。

李惠敏回京後，找到了一份工作。當同事聽說她的丈夫還在北大荒，有人問她，你丈夫每月給你寄多少錢？不給你寄錢還不跟他離婚？於是大家紛紛勸她離婚。母親也希望她離婚，她只有離了婚，那顆心才能回到北京。返城知青離婚的很多，有一對知青夫婦，丈夫是上海知青，妻子是哈爾濱知青，丈夫為回上海跟妻子辦了假離婚。在離婚前，他說等他辦回去後就回來接妻子和孩子。可是，他回去後就把妻兒拋在了腦後，跟一位上海姑娘談了戀愛。當妻子到上海去找他時，他跟那個女友已談婚論嫁，籌備婚禮了。妻子絕望了，一頭紮進了黃浦江。

女人就是男人的家，李惠敏走了，殷汝芳的家沒了。

一九八五年春節前夕，殷汝芳病倒了，他躺在炕上想老婆和孩子。他們是他的家，是最親的親人。

「大哥，給送你醫院去吧。」有人問道。

「不去。」

「把你送你媽那去吧。」

「不去。」

「那麼把你送到火葬場去吧。」那位哥們生氣地說。

「行，把我送火葬場去吧。」

他想死，一個男人不能給妻兒幸福，卻成了他們的負擔，活著還有什麼意義？

北大荒的嚴冬天黑得快，太陽好似一攀到中天就掉了下去，猶如抖落一下，夜幕「刷」地就降了下來。早早歸巢的鳥兒，不時地夢囈般地發出一聲淒咽的啼叫，不知是西北風的呼嘯驚擾了它的好夢，還是寒冷讓它走不進夢鄉。李惠敏抱著女兒，牽著兒子，深一腳淺一腳地向家走去。一年多沒回家了，也沒見到殷汝芳，她人在京城心在家。她知道他生活能力較差，不會照料自己。

可是，媽媽把他們娘仨辦回北京不容易啊，不能再傷父母的心。她好不容易找到一份工作，眼看就要轉正了，哪能說請假就請假呢？春節前夕，她想寫信讓他到北京過年，沒想到卻收到了指導員拍的一份電報和寄來的二百元錢。電報上說：「殷汝芳病重速歸。」在她接到電報那一刻就哭了，把世界上所有的病都想了一遍，也沒想出他得的是什麼病。她匆匆跑去跟領導請假，然後購買車票，帶著兩個孩子趕了回來。

突然，她見眼前人影一晃，「兒子，快喊你爸爸，快喊哪，喂，汝芳！」還沒等兒子喊出，她的喊聲已脫口而出。汝芳聽到喊聲，循聲望去，驚呆了，不敢相信這是真的。當惠敏把懷裡的孩子遞給他時，他的心裡才踏實。懷裡的女兒瞪著大眼睛看著他，叫一聲：「舅舅。」他的那份欣喜被擠掉了，霎時淚盈滿眶。

當走進魂牽夢繞的家，李惠敏驚呆了，這哪是家啊？牆角掛滿了蜘蛛網，窗臺上全是灰，地上到處都是煙頭，破鞋髒襪子和空罐頭瓶子。再看一眼殷汝芳，清瘦而憔悴，穿著邋遢，白襯衫已變成深灰色，她感到心裡一陣絞痛，淚水順著臉頰流了下來。

第二天一早她就開始洗衣服，足足洗三天才把髒衣物洗完。殷汝芳撫摸著洗得乾淨透亮的襯衫說道：「好久沒穿這麼乾淨的衣服了。」說罷淚水湧了出來。她見汝芳哭了，眼淚也跟著流了下來。一種信念在她心中形成了：不回北京了，在這裡不管是苦是累，吃好吃孬，畢竟一家人能在一起，汝芳能有個像樣的家。

轉眼十幾年過去了，李惠敏還待在北大荒，這些年來她沒有工資，也沒有工作，只好在家裡養雞養鴨。有一年還養過幾隻海狸鼠。殷汝芳在離家幾十里外的一個機械化生產隊當書記。有些年農場不景氣開不出工資。她只好靠賣雞賣鴨買蛋維持這個家。

有人說，李惠敏太傻了，放著北京的工作不要，跑回北大荒來養雞鴨。

也有人說，李惠敏，農場都開不出工資了，你咋不回北京呢？

她說：「不發工資也不就我們一家，我咋也不能把你大哥扔這兒自己回去呀。」

殷汝芳無限深情地對她說：「我這輩子誰都對得起，就是對不起李惠敏，我欠她的太多了。」

李惠敏說：「我想，我很對得住自己的良心。要說留在這兒，一點兒不上火那是瞎話……」

「對得住良心」，這是多麼淳樸而深刻的語言，意味著要對得住他人與過去，意味著不為舒適

1994年，李惠敏、殷汝芳和他們的兒女在自家庭院留影

的生活而背叛自己的感情與愛人……

二十幾年後，我再次到北大荒採訪時，請吳繼善幫我聯繫一下過去採訪過的知青。不巧，正趕上《農墾日報》創刊五十周年，繼善特別忙，要在紀念活動之前編一本墾區五十年新聞作品集。不過，他還是幫我聯繫了下邊的農場。饒河農場說，幾年前殷汝芳跟李惠敏去了北京。這也難怪，殷汝芳和李惠敏都過花甲了，孩子可能都在北京成家了，他們哪還能待在北大荒呢。

## 嫁給赫哲族人的知青

黑龍江邊，有一個人口不足兩千人（一九八二年全國人口普查為一千四百七十六人）的少數民族——赫哲族。四十多年前，勤得利的一戶赫哲族人家娶了兩位知青——一位是天津的，一位是上海的。

勤得利位於勤得利農場的東北角，是一個很小的小鎮，那裡有一座發電廠。上世紀九十年代，我去那裡採訪，吉普車開到發電廠，見廠門口聚集一大群人。陪同我去採訪的農場工會幹事柱子悄悄地告訴我，這座發電廠因虧損嚴重倒閉了。市場經濟是無情的，任何企業的生存與發展均取決於其經濟效益。柱子跳下車，將其中的一位十分活躍的中年女性找上車來。柱子介紹說，她就是嫁給赫哲族人的天津知青蘇桂蘭。她看看我笑了，說她是發電廠的職工，幾年前就假退（假退是指員工在沒有達到國家或企業規定的年齡或服務期限提前退休）了。今天，他們這些假退的工人想去場部找領導理論理論。

車開進了家屬區，在蘇桂蘭家的門口停了下來，她跳下車，把我們領進屋。蘇桂蘭家裡的陳設簡潔而樸實，與她的爽快潑辣的性格很吻合。房子的格局頗具東北村鎮的特點，進門是一條狹窄細長的廚房，進去一拐是明亮的客廳，穿過客廳是一間僅有五六平方米的臥室，這種結構有點像中學學過的串聯式電路。客廳裡擺著一對簡易沙發和一套樣式過時的中高低櫃。高低櫃上擺放著一台十七英寸的黑白電視機。在屋地上有一片沒有織完的漁網，網綱拴在窗戶上。漁網的網眼很大，一個巴掌塞過去綽綽有餘。正在織網的那位頭髮花白、臉膛寬闊、身材魁梧的男人站了起來，用他憨厚的微笑向我們表示著歡迎。蘇桂蘭介紹道，他這就是她的丈夫付忠喜。

蘇桂蘭爽朗地笑著說：「我們是先結婚，後談的戀愛……」

蘇桂蘭和丈夫付忠喜在家裡織漁網

每位留在北大荒的知青記得最清楚的是這麼兩件事：一是自己下鄉的日子，二是初到農場時的感受。

蘇桂蘭說，在動員他們下鄉時，兵團去天津帶隊的人說：黑龍江生產建設兵團是一支一手握槍、一手拿鎬的部隊。兵團戰士是不戴領章和帽徽的解放軍，衣食住行完全和正規部隊沒有兩樣：部隊編制，住的是一排排綠色的營房，白麵大饅頭管夠吃……一個十六、七歲的女孩子，一個在「文革」中飽受「不愛紅裝愛武裝」薰陶的姑娘，對那杆鋼槍、那身軍裝、那一排排綠色的營房和那隨便吃的白麵大饅頭嚮往不已……

當時，她家清貧，一家七口人擠在一間只有九平方米的小屋裡，父親每月開的五十六元工資要養活一家老小。儘管如此，父母也不願讓這個懂事的長女離開家，去那遙遠、荒涼的北大荒。但是，在那個年代，父母哪有能力護住自己的兒女呢？雖說是自願下鄉，子女若不下鄉，父母就要被停止工作，去參加學習班。

滿面稚氣的蘇桂蘭身穿兵團戰士的黃衣服告別了父母，登上了知青專列。火車一連跑了幾天幾夜，最後在一個名叫前進的小站停下來，那裡是鐵道線的終點。知青們紛紛下了火車，爬上卡車繼續向荒原挺進。卡車在坎坎坷坷的土道上劇烈顛簸著跑了很遠很遠，最後在位於黑龍江邊的勤得利的十六連停下，出現在蘇桂蘭他們眼前的是一望無際的荊棘叢生的荒野和幾間孤零的草房。大家的心像荒野似的空蕩蕩，像荒草似的淒涼了。

「這哪有綠色的營房？哪有那草坪呀？」蘇桂蘭站在卡車上眼含著淚水大喊大叫起來。一種被欺騙的感覺在每個知青的心裡彌漫著……

十個稚氣未褪的姑娘分到一間宿舍。十六七歲姑娘的情感天空是存不住沉鬱陰雲的，進了宿舍就抱頭大哭起來，那種遭受欺騙的委屈和那思念家鄉父母的心情伴隨那哭聲從宿舍飄向荒野，飄向那波濤滾滾的黑龍江。雨過天霽，姑娘們忘卻了煩惱和憂傷，又歡樂起來，唱起歌來，笑得推推搡搡，前仰後合。

蘇桂蘭剛來時，天就一個勁兒地下雨，下得人心十分昏暗。雨天也不歇工，要下到泥濘的田地裡割大豆。從沒幹過農活的知青割了一天大豆，渾身累得像散了架似的，回到宿舍，將那雙已無力爬上炕的泥腿搬到炕上，便如一灘泥般地睡了過去，連飯都懶得去吃。

生活是艱苦的也是充實的，充滿著悲苦，充滿著對都市和親人的思念，也充滿著生氣和歡樂。

不論是悲苦還是歡樂都將被流逝的歲月沖向遙遠的記憶溝壑，甚至漂出了記憶，在心靈消失。

在這不斷將苦難與歡樂變為記憶的知青生活中，蘇桂蘭漸漸變得成熟，那滿臉的天真與稚氣漸漸褪去，她出落成清純秀麗的大姑娘。一九七五年，她從天津探親回來，一踏上火車上就有老鄉問她：

「小常寶，你談對象的事家裡通過啦？」自從蘇桂蘭扮演過《智取威虎山》中的小常寶之後，大家都親熱地稱她為「小常寶」。

「什麼對象，我和誰對象哪？盡瞎扯。」蘇桂蘭莫名其妙地說。

「你和誰談戀愛自己還不知道哇，還問我們？」老鄉們都以為她在裝糊塗，於是神祕地笑了笑。他們笑得蘇桂蘭惶惑不安，越惶惑不安她就越想弄清楚，可是她越著急知道他們就越不挑明。

在那貧乏單調、缺少娛樂的生活裡，這種傳聞比閃電還快。當蘇桂蘭回到連裡時，已滿城風雨，且說得有鼻子有眼。有人說，她的對象已經敲定了，這次回家就是和父母攤牌的。被捲入議論中心的蘇桂蘭心裡十分納悶，這到底是哪來的風呢。

蘇桂蘭是一個爽快潑辣，心襟坦蕩的姑娘，不僅人緣好，而且吸引著小夥子們的視線。她調到了炊事班之後，炊事班就成了男青年關注的焦點，他們有事沒事都愛往那躥，想方設法和她聊幾句。可是，「小常寶」卻情竇未開，對談戀愛、搞對象之類的事還處於朦朧狀態。另外，她還一心想返城，沒有在北大荒安家落戶的打算，所以許許多多的追求與青睞都成水中撈月。

面對這沸沸揚揚的議論，那縹縹緲緲的情感叩響蘇桂蘭的心扉，她晚上輾轉反側睡不著覺了，她躺在床上思來想去，大家所議論的對象是誰，究竟是個什麼樣的小夥子？她悄悄把全連所有男知青一個個篩了一遍，結果全都篩落下去，一個也沒有留下。她心裡一片茫然，說什麼也猜不到大家說的那個對象到底是誰。

越是猜不到她就越想知道，第二天當她做豆腐時，一位和她關係不錯的青年來喝豆漿，她就問他：

「人們都說我有對象，究竟他們說的是我和誰呀？」

「『小常寶』，你是真不知道還是假不知道哇？」他半信半疑地問道。

「我真不知道。」她十分認真地說。

「那我就告訴你，付忠喜。」

付忠喜是比蘇桂蘭大三歲的赫哲族青年、機務排的排長、共產黨員。他為人忠厚老實，工作任勞任怨，知青對他的評價都很高。

赫哲族分布在街津口、撫遠和勤得利等黑龍江和烏蘇里江的沿江一帶，他們祖祖輩輩靠打魚狩獵為生。當黑龍江生產建設兵團成立時，居住在勤得利的赫哲族青年大都轉為兵團職工。這些從沒離開過黑龍江邊的小夥子對城市十分嚮往，希望娶位有知識、有文化、見過世面的女知青，到都市風風光光逛一圈。於是，每天下工之後，機務排的那幫當地小夥子就在宿舍門口坐成一排，望著那來來往往的女知青想著自己的心事兒，篩選著自己的意中人。蘇桂蘭所住的宿舍正巧在機務排宿舍的前面，她不僅經常出現在他們的視野，而且還經常下地給他們送飯。

付忠喜家在勤得利的口碑極佳。他的母親是一位古道熱腸、很有威望的赫哲族老人。她三十四歲時丈夫就沒了，守著三個兒子過了好多年。由於家裡沒姑娘，付忠喜的母親就特別喜歡女孩，當知青來了後，她對女知青特別熱情，只要家裡做了點好吃的，她就請她們到家做客。由於她勤快俐落，家裡收拾得乾淨，所以不論上海知青還是北京知青、天津女知青都愛到她家去玩。女知青們不僅對他家的情況瞭若指掌，而且和付家那三個小夥子也混得很熟。

一來二去，付忠喜便對一位溫柔嫵媚的上海知青產生了愛慕之情。那位知青對忠喜也挺有好感，兩人一見面就有說不完的話。付忠喜在向姑娘求愛之前徵求母親的意見，不料母親卻不快地說：

「你看，你哥還沒有對象呢，你著啥急？」

付忠喜的大哥在勤得利郵局工作，儘管人很好，但平日少言寡語，一見到姑娘還靦腆，母親很為他的婚事著急。

「那麼，我把她介紹給我大哥怎麼樣？」孝順的付忠喜一看自己惹母親不高興了，急忙調頭。母親一聽樂了。

一天晚上，付忠喜送那位知青回宿舍時，大刀闊斧地對她說：「我給你介紹個對象行不行？」

姑娘的眼裡流露出幾分羞澀，幾分柔情。

「就是我哥。」付忠喜生怕她產生誤解，不等她表態，急忙把他哥拋了出來。

姑娘沉默不語了。

「我哥在郵局當局長，是黨員，工作挺能幹的。如果你有這個心思就告訴我一聲。」付忠喜匆匆介紹了一下哥哥的情況就溜回了家。

兩天後，那位女知青悄悄地對付忠喜說：「你說那件事行。」

不久，那位上海知青和付忠喜的大哥結了婚，她成了付忠喜的嫂子。

後來，付忠喜又對一個機車上的上海知青產生了好感。可是，不知是自己的助手，還是同在一個車上工作，怕弄不好會很尷尬，性情率直的付忠喜一直默默地憋在心裡，沒有表白。不久，她從機務排調到農工排當排長，這事也就擱下了。

在蘇桂蘭弄清傳聞中的對象之後，說客盈門，付忠喜人緣好，大家都願意幫這個忙。蘇桂蘭一再解釋，付忠喜這個人倒是不錯，可是我只有二十二、三歲，根本就沒有找對象的想法。大家見蘇桂蘭對付忠喜有好感，認為此事有門兒，於是加強了攻勢。在那個年代，擇偶的標準一是家庭出身、二是本人表現，付忠喜出身貧苦，人品很好，還是個黨員。於是在大家的勸說下，蘇桂蘭心底的那枚愛情種子漸漸萌芽。

當他們關係確定下來後，當年同付忠喜一個機車的那位上海知青還托人來提親，如果蘇桂蘭晚點頭三天，就有可能失之交臂。聽說蘇桂蘭與付忠喜戀愛後，那些追求蘇桂蘭的知青的失落感在心裡彌漫開來，起起浮浮，一位和蘇桂蘭青梅竹馬的天津知青為此痛苦不堪。

他們戀愛不久，所在的連隊解散，付忠喜被分到了電廠，蘇桂蘭被分到了離發電廠很遠的二十七連，這對戀人被無情的空間分開了。付忠喜想把蘇桂蘭調到條件較好的發電廠，苦於沒有充足的理由，於是向她求婚。蘇桂蘭在徵得父母同意之後，一九七五年，他們喜結連理。

付家的哥倆娶了兩位漂亮的媳婦，而且一個是上海知青，一個是天津知青，另外付忠喜的弟弟正同一位相貌出眾的北京知青談戀愛。這在勤得利引起了轟動，因此經常有人好奇地趴著付忠喜家的窗戶看一看，想目睹一下這三位知青長得什麼樣。

婚後，蘇桂蘭順理成章地調入發電廠，被安排在炊事班當上士。付忠喜先是在車間當班長，後來又到車隊當隊長。蘇桂蘭說，這就是緣分。儘管她相信緣分，可是在新婚之夜，逼付忠喜老實交代：「你說實話，是不是你到處宣傳我和你處對象了，好讓大夥給你幫忙，讓我跟你談戀愛？」老實憨厚的付忠喜笑而不語。

赫哲族是一個勤勞勇敢、性情奔放的民族，他們喜愛打魚、跳舞，他們待人熱情、實在，有了錢就請朋友喝酒，很少考慮明天吃什麼。赫哲族的男人一般是不做家務的，生活能力也比較差。在付忠喜這一代，習俗已有了較大的改變，他們不僅不那麼飲酒，而且學會做些家務，不過付忠喜燒出來的菜不大好吃，收拾的屋子也不大利索，洗澡、換衣服等瑣事還常常要蘇桂蘭催促。儘管在習俗上有較大不同，但是這並沒有影響他們夫妻的感情及蘇桂蘭與婆婆的關係。在勤得利，蘇桂蘭不僅是個孝敬婆婆、疼愛丈夫的好媳婦，而且是個很會過日子的好主婦，家裡家外都被她打理得井井有條。

一九七六年，他們的大女兒出生了；一九七八年，他們又有了小女兒。付忠喜非常想再要個兒子（赫哲族是不限制生育的），可是考慮到蘇桂蘭的身體情況，他只好放棄了這一願望。

婚後有一段時間蘇桂蘭身體很糟，天天打針吃藥。為了給蘇桂蘭治病，付忠喜陪她跑遍了北京和天津的各大醫院，後來聽人說齊齊哈爾有個醫生能治她這種病，他又陪著她去齊齊哈爾。最後聽說氣功能治病，付忠喜就陪她練氣功，蘇桂蘭的病治好了，付忠喜也有了半仙之體。

一九七九年，知青大返城時，蘇桂蘭看著和自己一起來北大荒的知青一個個地走了，心裡也很不是滋味。一想到自己已成了家，有了兩個活潑可愛的女兒，生活雖比不上天津，也還說得過去，再說辦回去也有許多實際困難，一是娘家住房本來就緊張，容納不了她們娘仨；二是家裡在天津沒有什麼人脈關係，她的工作也難以解決；三是將來如果付忠喜辦不去天津，一家人天南地北兩地分居也不是個事兒。另外，那位上海妯娌也沒有返城，對她也是一種安慰。

改革開放後，付忠喜決意下海。老實憨厚的付忠喜做了幾筆生意都失敗了。他發現自己根本不是做生意的料，於是在黑龍江租了一條漁船，像自己的祖先那樣以打魚為生。可是，江水污染日益嚴重，江裡的魚日益漸少，他的效益也不大好，每年扣除船租費，只能掙幾千元錢。

四十六歲那年，蘇桂蘭在電廠假退了。大女兒從小在外公外婆身邊長大，高中畢業後參加了工作，在一家旅遊部門當導遊。小女兒在北大荒讀完了高中，像南飛的燕子，飛回到母親的故鄉。

一位天津姑娘嫁到了黑龍江邊的赫哲族人家，從而兩個赫哲姑娘定居在天津市。

女兒牽著母親的心，蘇桂蘭不僅思念著遠在天津的兩個女兒，而且對女兒的生活、工作十分掛念。每當從報刊上讀到一些女孩子傍大款的報導時，她想到女兒年幼無知，父母又不在身邊，如被大款欺騙那就毀了一生，不禁牽腸掛肚。付忠喜勸她回天津去陪女兒，女兒也都希望她能回去，母女仨人租間房子自己過，可是她丟不下勤得利這個家，又怕付忠喜一個人在家照顧不好自己。一邊是丈夫，一邊是女兒，讓她左右為難。

付忠喜的哥哥、嫂子退休後，倆人去了上海，他們的孩子還仍留在黑龍江邊……

蘇桂蘭說，留下來不易，回去也難。剛來北大荒時心裡很難受，方方面面都不適應；如果現在回到城市，也不習慣了，看街上那麼些的人都感到頭疼，每次回家我都懶得上街，天津哪像我們這裡走個十里八里的都見不到一個人影。另外，我們這些在北大荒待慣的人回到城市都有這麼個感覺，就是和家人和不來……我最反對的就是知青返城，剛下鄉時我們知青雖然很苦，可是大家幹活那麼賣力氣，生活那麼充實那麼有意思，如果他們不走，大家都這裡不也挺好麼？要知道剛來的時候，勤得利這個地方很落後，當地人家什麼也沒有，富裕點的也就有一對箱子，一張炕桌，現在這裡的生活方式都是知青留下來的。

我們家的生活在勤得利比上不足，比下有餘。在這裡生活比城市容易得多，有房子，有米麵，有青菜就能生活下去了，在城市哪行？可是，孩子都回去了，老了我們也得回去，老人是需要孩子的。

二〇一五年，我再次去勤得利採訪時，跟農場宣傳部長劉作信打聽蘇桂蘭的情況，他卻一臉茫然。這也難怪，他是在新世紀初調到勤得利的。劉作信做事嚴謹，幾天後給我一張字條，上面有一串電話號碼。他告訴我說，蘇桂蘭和付忠喜去天津投奔兩個女兒了，字條上的電話號是蘇桂蘭女兒的。我的電話打過去，蘇桂蘭的女兒說，她父母在天津都很好。

## 哈爾濱知青和「啞伴」

西北風封住了蜿蜒流淌的蒲鴨河，白雪裹住了黑土地上的人家，炊煙嫋嫋地洇向碧空。在普陽農場十七隊的住宅區裡，有一整潔而寂靜的農家小院，偶爾的豬叫狗吠、鴉噪雀鳴偶爾劃破小院的寂靜，但須臾就恢復了。

這是哈爾濱知青劉艷杰和她聾啞丈夫陳建華的家。

劉艷杰是個矮胖溫淑的女人，在她戴著近眼鏡的臉龐上有一塊塗著紫藥水的創傷，那是戴金屬鏡框凍傷的。她沒有都市女性的嫵媚和嬌氣，而有著北大荒蘆草般的淳樸與執著。

她為了一位殘疾丈夫和一份尋常的工作——炊事班長，留在了風饕雪虐的北大荒。難道她就不後悔嗎？性情內向、情感豐富的她，守著一位不會說話的丈夫，難道就不會感到空虛和寂寥嗎？

「媽，建華不能因為是個啞巴就單身一輩子。我不嫁給他，別人就得嫁給他，殘疾人也得有個家。」當年，她是這麼跟母親說。

「艷杰，你哪怕找個瘸子也比啞巴強，最起碼語言能交流啊！」

一九七六年國慶節的前夕，劉艷杰家裡交織著喜氣與憂悒的氛圍，劉艷杰要回家結婚。幾年來，企盼和憂愁揉搓著艷杰父母的心，姑娘大了，該成家了；可成了家，她還能返城嗎，還能回到父母的身邊嗎？結婚是件大事，況且艷杰已是二十八歲的大姑娘了。可是，在艷杰上次探家亮出底牌時，全家人都目瞪口呆，為什麼農場有那麼多的知青你不找，有那麼多的健全人你也不找，非要找了個當地的啞巴？

知女莫若娘，艷杰是個性情內向、靦腆寡語的姑娘，她坐火車回農場時，寧可下錯站也不肯向人打聽；宿舍如果來個陌生人，她就躲在外邊不進去。她要是嫁給一個不會說話的男人，遇事兩個人都不說話，那個日子可怎麼過？

「不管你們同不同意，我下次就領回來結婚！」艷杰堅決地說。

母親望著在北大荒風吹日曬變得黧黑的艷杰，不言語了。艷杰是位朴樸實在的姑娘，她從來沒讓父母操過心，她二十歲下鄉，二十六歲入黨，她不是那種愛出風頭、會投機取巧的姑娘，不論做什麼都踏踏實實，兢兢業業，而且認準的道就會一直跑到黑。唉，隨她去吧。

劉艷杰並非因自身條件太差而找不到合適對象，在她和陳建華談戀愛前，有人給她介紹一個對象——湯原農場商店副主任，她說不想離開普陽；別人給她介紹一位普陽農場二連的上海知青，她還是沒同意。建華的父母早就看中了踏實能幹的她，建華的繼母托了和她要好的陳姐當紅娘。陳姐怕傷了她的自尊心，說得十分婉轉，艷杰卻回答得十分率真。她不嫌棄建華是個殘疾人，而是怕成家後影響工作。當時北大荒很艱苦，劉艷杰他們剛從湯原農場遷到普陽來時，茫茫雪野上有一堆煤，上面插著一個牌子：十七連。他們就圍著這堆煤搭起了帳篷和馬架，在河裡砸冰化水，到荒野打柴，吃篝火烤熱的乾巴餅子，晚上吃完飯就開會，一開就是九十點鐘。如果有了家，就要燒火做飯，就要侍弄雞鴨鵝狗，就要養育孩子，就要拖著扒犁去打柴……

星移斗轉，日月如梭，轉眼間三年過去了，建華相看了好多個對象都沒有成。最後，陳家又托陳姐來找劉艷杰。陳姐說，建華心眼好，身體強壯，乾淨俐落，愛收拾屋子，會體貼人……艷杰懷著同情與憐憫之心點了頭。艷杰感到最大的安慰就是建華是個聾啞人，可以不參加任何會議，將來能多做點家務。

九月二十二日，艷杰和建華回來了。建華雖有殘疾，長的卻是一表人才。艷杰的家人都很明智，知道艷杰的選擇也就是他們的選擇，所以待建華很好。「十一」，這兩個沒有談過戀愛的青年——二十八歲的艷杰、二十五歲的建華在艷杰家人的操辦下，舉行了婚禮。

「媽，你看你和我爸多好，我將來也找個不會說話的。」女兒對劉艷杰說。

「孩子，你可千萬別找個不會說話的，媽有許多苦惱你不知道……」劉艷杰平和地對女兒說。

「媽，你有啥苦惱跟我說吧。」

「媽和你爸言語不通，這個媽不苦惱，可有時別人卻常常讓你難受。」

一位不傻不殘的知青嫁給了啞巴，人們都感到蹊蹺。有人說，小劉是圖建華他家有權有錢。是啊，有的人總想為看似情理通不通的事情找出點理由，似乎不這樣心裡就不踏實。

建華的父親只不過是個連長，劉艷杰嫁過去後，仍然在畜牧排，仍然整天穿著水靴餵豬，起豬糞；劉艷杰結婚後，先是和公婆住在一起，工資常常是公公去開，然後給她五角錢交黨費。親朋好友結婚送禮，婆婆捨不得花錢，就和她要床單枕套。劉艷杰手裡常常一分錢也沒有，妊娠時想吃水果罐頭都沒錢買，建華只好到小賣店去賒。

為了一個不會說話的丈夫，艷杰操了多少心，只有她自己知道。前些年，聽說農場要搞家庭農場、土地承包，他們家兩個孩子還小，建華不會說話，開不了機車，誰願要他們啊！為此，艷杰不知流了多少淚。建華耿直而暴躁，常常為點小事就和人打架，因而被停工、罰款。一次，建華因為打架被停工兩天，艷杰的父親剛剛去世，若磐的悲痛蹂躪著她的柔腸，建華不會說話，不僅不能安慰她，她還得忍著痛苦去勸他：你和人打架不對，大（領導）說你脾氣不好，讓你在家休息兩天。她不敢說他被停了工，怕他去找領導鬧。有時他因打架而被罰款，她只好偷偷地給交上，然後告訴建華，大領導對你好，沒罰你，沒扣你，再別和人打架了。建華愛騎摩托車，先後買過三輛。艷杰不同意他買，他就先斬後奏地把摩托車推回來。艷杰氣得把存摺扔給他，傷心地說：「你就跟著摩托車過吧！」好不容易攢的那點兒錢都隨著摩托車的「突突」聲消失了，後來二女兒要去濟南衛校讀書，因交不上三千元的學費而沒有去成。有時，氣得劉艷杰恨不得等熬到退休就回哈爾濱，遠遠地離開他。

一看到別的夫妻吵架，艷杰就羨慕，倆人要是都會說話該多好，就是吵架也挺有意思的；會說話的夫妻離婚了，艷杰困惑了，你們會說話，能夠溝通感情，講明道理，為什麼還不如我們呢？難道在我們的生活中就沒有矛盾嗎？

一次，艷杰和建華去看電影，因劇場很熱，孩子哭鬧，艷杰就抱著孩子出來了。正巧碰上領導找人看場院，艷杰就去了。閒不住的艷杰見水溝裡有些麥粒，她放下孩子，操起鐵鍬來撈。她正撈得起勁兒，建華竄了過來，氣惱地抓起她來就掄了個跟頭，眼鏡摔出了老遠。原來，他見她領孩子出去後沒回來就出來找，見她不看電影竟跑場院來幹活，他就火了。啞巴心眼兒瓷實，愛得真切，也愛得狹隘自私。隊裡人都說建華心眼好，誰家的忙他都幫。可他幫別人做什麼都成，就是不能容忍他老婆吃苦受累。每當隊裡的廁所滿了，艷杰夜裡就去掏，建華見了就生氣，甚至不許她把掏廁所穿的衣服帶進屋……但是，他從來沒對艷杰動過手。這次艷杰真生氣了，一連七八天沒理他。他害怕了，把包好的餃子端到她的身邊；大家也都勸她，建華是心疼你，他不是有意要打你。她心裡明白，五大三粗的建華真要打她，恐怕早就散架了，可是她心裡還是過不去那道坎兒。

四十多年來，艷杰對建華像孩子般地哄著，心裡的煩憂和苦惱，她都要一個人默默地磨碎，悄悄地消化。

劉艷杰回首那如煙往事，建華給她的關愛和溫馨就會悄然地湮沒她的傷心地。細細想來，就是會說話的男人也不會像建華那麼善解人意、會體貼人。

艷杰忘不了的是在她懷大女兒時，建華背著父母給她賒罐頭，回來後他一口也捨不得吃。在她懷二女兒時，想吃雞肉，建華跑了一圈也沒買到燒雞，就堵在自家的雞籠給她抓雞。抓一隻，她摸摸有蛋，不捨得殺，再抓一隻，她摸摸還是有蛋。建

哈爾濱知青劉艷杰和她的「啞伴」建華在清理自家的院子

華就比劃著，殺吧，別捨不得。生二女兒時，建華一次就給她煮十個雞蛋，怕艷杰吃時大女兒要，他就抱著孩子到外邊去。在大女兒兩歲時，建華在基建班幹的活很累，裝卸車，扛麻袋，累得他常常胸痛。艷杰心疼地對他說：「娃大了，早晨你領娃在炕上躺著，我起來做飯，我做好飯了，你起來吃。」建華卻比劃說：不用，我們這趟房都是男的起來做飯，你領著娃娃在炕上躺著，我起來做飯。艷杰怕建華下班回來餓，就把孩子放到小車裡，她去燒飯。建華回來，見孩子哭了，就比劃著說：以後，你別做飯，哄著娃娃玩，等我回來再做。艷杰說：「我怕你餓。」建華比劃說：我餓沒事，娃娃哭不行。艷杰的衣服一脫下來，他就給洗乾淨，而他的衣服卻從不讓她洗。他告訴她：我的衣服太大了，你洗不動。

有一年過中秋節，建華竟跑幾十公里路去給在場部中學讀書的大女兒送月餅和葡萄。一位同學看到建華後，驚訝地對大女兒說：「你爸爸是啞巴呀！」大女兒一氣之下，把那個同學的文具給摔了，她說：「誰說我爸不會說話，他心裡會說話！」

建華不僅愛艷杰，愛孩子，愛這個家，也愛艷杰的親人。艷杰的母親來農場住了兩年多，建華待她如同自己的母親。一次，艷杰的母親溫豬食時，不小心把假牙掉進爐子裡燒了。中午，建華下班回來，發現岳母的假牙沒有了，就問艷杰。艷杰告訴他燒了。他飯都沒吃，騎著摩托車就走了。過了很長時間才回來，告訴岳母，他去團部的醫院買牙去了，醫生說，假牙不是賣的，得咬牙印後才能鑲。艷杰的母親感動地說，這麼寒冷的天氣，他騎著摩托車跑那麼遠去給我買牙，就是親兒子也難做到啊。

他們的大女兒返城了，二女兒留在農場。建華在連裡的木工班當木工，艷杰又回到炊事班當班長。

「趙姐，我好幾天沒和我家建華在一起吃頓飯了，我想回家吃頓飯……」劉艷杰回炊事班後，建華整天一個人做飯一個人吃。因不能經常陪建華吃飯，艷杰常常感到愧疚不安。有時，她就想法早點兒回來陪他吃頓飯。

「媽，你都當了一輩子班長。你咋還像毛主席那時候那樣呢？」女兒不解地說。是啊，她當了二十多年的班長，畜牧班班長、農工班班長、炊事班班長。

「孩子，媽就願意這樣幹。媽想趁能幹得動時多幹點兒，到老了幹不動時也不後悔。媽是個黨員，到什麼時候也不能落後於群眾。」

「媽，像你這樣的黨員實在太少了，心眼太實了，傻得都找不到了。」

「孩子，啥活都得有人幹哪。人活一輩子不容易呀，到啥時都得讓人說，這個人不錯，別讓人說不咋樣。」

兩代人的經歷不同，人生觀不同，儘管都會說話，溝通起來也很困難。一年，他們家把房子翻修了，三十平方米的黑洞洞的小屋變成了八十多平方米的寬敞明亮的大房。艷杰很知足地對二女兒說：

「孩子，媽再過三年就退休了，媽不走，就在這兒陪你，也陪你爸爸。你看，咱們一家三口人樂樂呵呵的，多好哩。」

不知是上蒼不忍讓這對夫妻永遠沉默下去，還是愛創造了人間奇跡，一九八二年，失聰三十多年的陳建華終於聽到了聲音，艷杰一點點地耐心教他，建華終於能冒出了一些單詞。

當返城知青回訪北大荒，劉艷杰見到當年的戰友，常常感到有點兒心酸。知青大返城那年，知青如潮水般湧回了城市，有假離婚的、有真背叛的、有拋妻的、有棄夫的、有遺子的。

「艷杰，要不你也回去吧。」建華的繼母忍不住地說。

「艷杰，咱家周圍下鄉的孩子都回來了，唯獨你沒回來。」母親傷心地說。其他家人也都紛紛勸艷杰辦回哈爾濱。

「要回來我得和我家建華一起回來。他習慣於農場的生活，到城裡怕不適應。再說，他到哈爾濱能幹什麼呢？我還是不回來吧。」劉艷杰說。

二十年後，我第六次到普陽農場採訪，去柳西看望劉艷杰。她老了許多，家卻沒有多大變化，還住在那間老房子。陳建華也老了，兩鬢花白，腰板也不那麼挺拔了。劉艷杰說，建華的心臟不大好，她很擔心。兩個孩子都很好，大女兒在哈爾濱一家醫院當護士，二女兒留在身邊，這幾年承包土地，收入還不錯。她們都成了家，孩子都很大了。

## 對大嫂岳母的承諾

我是在北大荒建三江墾區工會採訪茅茂春的。他白皙的臉龐架著近視鏡，給人一種書卷氣，鏡後的目光有著難以掩飾的精明。他的東北話說得比較純正，不像那些上海知青總掖不住滬語的尾巴。

他出生於一九五三年，一九七一年下鄉到黑龍江省生產建設兵團六師五十七團。一九七九年四月，在知青大返城的浪潮中返回上海，一九八二年重返回北大荒。

當年，初中畢業的茅茂春已做好赴江西插隊的準備，命運卻把他搬入另一個岔道。黑龍江生產建設兵團去上海接收知青的人聽說他有文藝才華，他們剛成立一個毛澤東思想文藝宣傳隊，正缺少骨幹，於是就把他招上了。

歷經好幾天的旅途顛簸，他才到達目的地——五十七團。那天，天下著鵝毛大雪，四野一片白茫茫，從沒見過這麼大雪的茅茂春卻興奮不起來。他感冒了，鼻涕一把淚一把的，狼狽不堪，披著大衣去團部醫院看病。

「你怎麼穿這麼少，這北大荒多冷啊，你想凍死啊？你這是為了漂亮不要命。你要病倒了可怎麼辦？」茅茂春剛走到醫院門口，一位從醫院出來的操持著南方口音的北大荒大嫂上上下下打量著他，劈頭蓋臉地教訓了一通。

語言嚴厲，卻讓人感受到一種關切，體味出一種淳樸的親情，在病中遠離父母的茅茂春心裡湧起一股暖意。

「我家就住在離這兒不遠，有空到我家串門。咱們還是上海老鄉呢，老鄉見老鄉兩眼淚汪汪。」臨分手，那位大嫂發現他是上海知青後，熱情地說。

茅茂春分到了工程連，被任命為班長。文藝宣傳隊算工程連的一個排，沒有演出和排練任務時，就隨工程連出去幹活。歲月在艱苦的生活和緊張的勞作中悄然地流逝。一天，茅茂春閒著沒事想去連長家坐坐，剛剛走進那片家屬區，就遇到那位熱情的大嫂。原來她家和連長家是鄰居。她一見茅茂春，便熱情地說：「小老鄉，到我家裡坐坐吧。」

盛情難卻，茅茂春只好走進了她的家。一聊才知道，她的丈夫也是上海人。她是一九六六年隨同轉業的丈夫來到北大荒的，她的老家在寧波。從那以後，茅茂春成了她家的常客，每當她家做什麼好吃的，總不忘叫他去解解饞。如見到他的衣服破了，她就急忙拿出針線來給補上。

一九七六年，茅茂春被調到了六師商業綜合批發站的文藝隊任隊長，偏巧那位大嫂的丈夫也調到了二十五團的水利連任指導員，她家住的地方又離茅茂春的單位不遠，他沒事還像過去一樣去她家串門。

「有些青年都在往回辦，你怎麼不想法辦回上海呢？」一天，她問他。

「我不想回去了。」「如果你不回上海了，那麼就應該在北大荒安個家。」從那以後，她開始給他介紹對象，不知是介紹的都不大合適，還是緣分沒到，他看了好幾個，有上海知青，也有出身好的黨員，可是都沒談成。一天，他幫大嫂家糊棚，糊完之後就坐在熱炕頭和大嫂嘮家常。嘮著嘮著，就又嘮到他的婚姻問題。大嫂說：「你看，給你介紹這個不行，介紹那個也不成，要不等我姑娘中學畢業給你做媳婦吧。」這時，他才發現大嫂家的那個小姑娘已長成亭亭玉立的大姑娘了。從那以後，麗萍再見到茅茂春不再落落大方地叫「叔叔」，而是羞怯地叫聲「哥」。

一九七八年的一天，哈爾濱下著瓢潑大雨，正帶領四名文藝隊員在黑龍江省歌舞團進修的茅茂春坐立不安，感到一陣陣鬧心。他對那幾名隊員說：

「你們在這兒安心進修，我回建三江看看。」

「隊長，你走了怎麼行？你別把我們扔在這兒呀！」那幾個年齡不大的隊員焦急地說。

「沒事，你們家都在哈爾濱，吃住都在家裡。我把買的那些樂器和服裝帶回去。」

他們找到了一輛三輪摩托，冒著雨把他送到車站。當他回到建三江才知道，麗萍的母親患尿毒症住進了醫院。第二天，他買了一大網兜掛著白霜的梨，趕到醫院去看望未來的岳母。

茅茂春走進病房，見到全身浮腫得像一團發起來的麵團般的她，心頭一酸淚水盈眶。她的病已到晚期，生命垂危。她一見到他，好似危難之中盼來了親人，興奮地爬了起來。

「你可回來了……」說著，她就要下地拿藏在床底下的煤油爐，要給他做飯。

「這位南方大姐，你這是咋的了？你姑娘對象來了，你這病就好了。你這是想他想的吧？」同一病房的患者都驚奇地說。

「我沒事了，這回好了。」她高興地說。

「你出去一個來月了，回去洗洗，把髒衣服換一換。讓麗萍跟你回去。」傍晚時分，她對在醫院守了一天的他說。

「那怎麼能行？你沒有人照顧怎麼行？」大家都說。

「沒事兒，她爸爸還在這兒哪。我沒事兒，你們回去明天再來吧。」她堅持著說。

第二天凌晨三時許，門「叭叭」地被敲得山響。

「你們快起來，醫院來電話，你媽不行了……」連隊值班的焦急地喊道。

外面下著小雨，道路十分泥濘，茅茂春拉著麗萍深一腳淺一腳地向醫院跑，鞋跑掉了，來不及撿，摔倒了爬起來接著跑。當他們跑了好幾公里來到醫院時，她已經走了……

茅茂春望著她的遺體，心如刀絞。昨天下午，她拉著他的手說：

「小茅，我們相處好多年了，你人挺好的。可是你是『飛鴿』牌的，我姑娘是『永久』牌的。我把姑娘交給了你，你一定要好好待她。小茅啊，你能不能現在叫我一聲『媽媽』？」

過去，茅茂春稱她為「大嫂」，後來改稱「嬸」，現在還沒有結婚就要叫她「媽媽」，他憋了好許久也沒叫出口。她走了，聽不到他叫她「媽媽」了，永遠也聽不到了，他的淚水泫然而下。

一九七九年四月，在北大荒生活了八載的茅茂春返回上海。

他本不想離開北大荒，可是他的胃經常出血，麗萍背著他悄悄給他的父母寫了封信。父母接到信後，就為他辦好返城手續。

回到上海後，他被分配到了上海福南飯店。過去日日夜夜盼望回上海，現在回到上海，茅茂春卻感到自己的心還留在北大荒。

麗萍來了，帶來了北大荒的猶豫和憂愁。茅茂春不再是那遠離家鄉的知青了，又成了上海人。「麗萍啊，這次來，咱們結完婚後再回去吧。」他看出了她的憂鬱。

「你小子是傻咋的？她家待你不錯，她來了咱們好吃好喝好招待也就是了，怎麼能和她結婚呢？將來一個在上海，一個在北大荒，這個日子可怎麼過？」父母及親戚都堅決反對。

「當年，她母親拉著我的手，把她託付給了我。」「你這小子就是死心眼，將來你會後悔的。」父親無奈地說。

一九七九年底，茅茂春同麗萍結了婚。茅茂春把她辦到距上海不遠的南通縣的農村。他的父母陪她在那兒待了七天，她感到很不適應，只好含淚重返北大荒。她在商業處當衛生員，每月薪水只有三十多元，不敢要孩子。他在上海省吃儉用，幾乎天天吃麵條，攢點錢好讓她去上海探親。

一天，在報上見到北大荒慰問團來上海慰問返城知青的消息，他像盼來了親人。晚上，他來到錦江飯店，見到了建三江農場管理局的商業處處長。

「茂春呀，要不你回去吧。你走的時候是什麼職務，還給你安排什麼職務……」處長十分同情地說。茂春當即表示回北大荒。

聽說茅茂春要回北大荒，家裡外面都炸鍋了。

「你好不容易辦回了上海，你還要辦回去？」當年一起下鄉的知青戰友驚詫地說。

「我們兩地分居也不是個事。」

「咋整也不能回去。不行就是離婚也不能再回去。」

父親火了：「如果你真回去了，你就不再是我們茅家的人，將來就是要飯要到我家門口，我都不會讓你進來。」

父親是文盲，他從沒上過學；母親僅讀了二三年小學，粗識文字。他知道想做通他們的工作很難。一天，他看完電影《一江春水向東流》後，又買了兩張票，對父母說：

「媽，爸，我給你們買了兩張電影票，你們去看看吧。」

「不去不去。」父親是個老工人，平日就知道上班幹活，沒有什麼愛好。

「電影可好了，你們去看看吧，電影票都買好了。」他連哄帶勸地把他們送進了電影院。

「那個沒良心的張忠良，真不是個東西……」父母看完電影後，回到家裡就一個勁兒地罵張忠良。

「你們看，你們不讓我回北大荒去，那不是讓我和張忠良一樣麼？如果你們不想讓兒子當張忠良，那麼就應該讓我回去。」茅茂春趁機勸道。

最後，母親同意了，父親依然死活不同意。

茅茂春等不及了，馬不停蹄地辦好返回北大荒的手續。當他辦理戶口手續時，在派出所的門口轉悠了好幾圈才進去，又在門口的椅子上坐了兩個來小時才辦理。當一枚「遷出」的印章蓋在了他的戶口上時，他的淚水一下子就流了下來。

一九八二年年初，茅茂春又返回到了北大荒。這時他原先所在的商業處已改為商業局，他先是當團委書記兼黨委宣傳幹事，後又任政工科長。一九八五年七月，他被調到新成立的華夏賓館當了兩年多的經理兼書記之後，又調到商業學校當了一年多的校長，最後調回商業處任工會副主席。

一九九七年，茅茂春在回上海探親的途中，讀到《工人日報》上刊登的海口招聘廣告，很想到特區闖一闖。回到北大荒後，他把學歷及職稱證明的影本寄了過去。不久，他便接到試用通知。他乘飛機回趟家，上次回家時父親身體不好，母親在上海護理院當護理員，晚上不回家，弟弟開計程車一天忙到晚，弟妹還上班，家裡沒人照料父親。他在父親身邊守了幾天就去了海口，在中國城集團人事部幹了一天就離開了，覺得那份工作不適合自己。

返北大荒的途中，他在北京給家裡撥個電話，妻子焦灼地告訴他，剛剛接到上海家裡的電話，說父親病危。他趕到上海時，父親已經去世。茅茂春痛不欲生，他多次請父親去北大荒看看，想化解一下父子間的矛盾。倔強的父親說什麼也不肯去，所以父親臨死也沒有見過孫女。

二〇一五年，我再度去建三江採訪，茅茂春帶著家人返回上海了。他們說，茅茂春回上海後混得還不錯。他畢竟已是六十多歲的人了，能好到哪兒去呢？

如今，世人已經不習慣於用「高尚」這一字眼去評價他人了。留下來的知青也不認為自己高尚，只不過守住了道德底線。在關鍵時刻能夠守住道德底線的人不就是高尚的人嗎？難道高尚只存在於那些不涉及個人根本利益的高談闊論？

任何高尚都不是裝出來的，高尚是由代價打造出來的。

# 第七章　遺落在他人地裡的麥子

墨涅拉俄斯國王后海倫和弗里吉亞王子帕里斯的外遇，可能是史上最著名的一場外遇，這場轟轟烈烈外遇導致一場轟轟烈烈的戰爭——特洛伊戰爭。在《荷馬史詩》中，有外遇的不僅是海倫和帕里斯，還有阿伽門農的妻子克呂泰涅斯特拉和埃克斯托斯，這場外遇導致了呂泰涅斯特拉的殺夫……古老的外遇充滿著血腥。

外遇沒有在歷史的進程中駐步，它伴隨著婚姻款款深情地向我們走來。

韓國的離婚率僅次於美國和英國，位於亞洲第一，世界第三。離婚的諸多原因中，外遇占百分之四十六・四。

在二十世紀末，中國人對外遇的態度發生了天翻地覆的變化，在上葉和中葉，官方將外遇稱為「通姦」，民間將其稱為「搞破鞋」；到下葉外遇已被稱之為「婚外性行為」、「婚外戀」和「婚外情」。在二十世紀末，有資料表明：上海市通過民政部門協議離婚的人，百分之五十以上存在著婚外戀。據東北某市婦聯進行的離婚案件綜合調查顯示，全市受理的離婚案件中，有百分之三十七是婚外戀引起的，其中有一個縣由婚外戀導致的離婚案居然高達百分之九十以上。

## 艱困的「鑽石婚外情」

二十世紀末，一位年近八旬的著名京劇表演藝術家在北京去世。噩耗傳到冰城哈爾濱，一位年過七旬的老藝術家無腸可斷。這一噩耗帶走了她生命寄託，帶去了她情感的依附，也帶去了她那六十年的婚外情。在道里區的一間寬敞而明亮的客廳，她眼噙淚水跟我們講述了那深藏於心中的戀情……

一九五〇年。北京。一個天朗氣清、惠風和暢的日子。

著名京劇演員芮嫣與副部長昀鵬的婚禮轟動京城。歐美同學會的三進院門前車水馬龍，攘攘熙熙；院內滾滾熱浪，群星薈萃，郭沫若、田漢等四五百位社會名流雲集於此。周恩來和鄧穎超讓人送來兩支金筆作為禮品。

姿容婉媚、儀態萬方的芮嫣與才華橫溢、風流倜儻的昀鵬被眾星捧月地圍在中間，祝福聲、賀喜聲連成一片。田漢在贈詩中寫道：「脫骨換胎驚轉變，亂髮粗服喜天然。」讓他這位證婚人沒想到的是昀鵬娶的竟是芮嫣。他望著芮嫣，十二年前的往事如雲般飄逸於衷：一個清晨，田漢與昀鵬去揚州瞻仰民族英雄史可法的墓，順路拜訪著名京劇表演藝術家高先生。

「叔叔嬸嬸起床了。」

三人正聊得興致盎然，驀地傳來女孩的叫早聲，隨之房門一閃，一個身著白色練功服，藍色練功褲，腳穿黑色練功鞋，頭梳一條大辮子，兩鬢掛著汗水的女孩子闖了進來。她猛然抬頭，發現屋裡坐著兩位穿著白色西服，繫著紅色領帶的先生，不由一愣，手足無措地站在那兒，不知如何是好。

高先生笑著說道：「來來來，介紹一下，這是我們的小角兒，叫芮嫣。芮嫣哪，這位是田先生，這位是昀先生。」

「田先生好，昀先生好。」芮嫣給他們二位分別鞠了一躬，就這樣他們認識了。

婚禮由著名考古學家、北京故宮博物院院長、昀鵬的父親主持。昀老先生感慨萬千，十分誠摯地說：「這是犬子昀鵬的第四次婚姻，我為他主婚則是第一次，希望這也是他最後一次。」

昀鵬望著鬢髮皤然的父親，心裡湧動著難言之情。他有過三次失敗的婚姻，他的第一位妻子是位作家，他們是大學同學，女作家長得嫵媚動人，被人稱之為校花。她將自己與昀鵬的戀愛寫了一本書。書，他還珍藏著，可是婚姻卻流星般地消逝了。昀鵬的第二位妻子是當時中國電影界的著名四大名旦之一，他們是在重慶結的婚。後來，隨著他們的女兒夭折之後，他們的婚姻也夭折了。第三位妻子是個愛好戲劇的大學生，昀鵬與曹禺在南京創辦劇專時，她放棄了學業到劇專學戲劇，不久就愛上了風度非凡的才子昀鵬。他們婚後生有一個兒子，可是這樁婚姻最終沒有維持下去。婚姻的一次次失敗，在昀鵬的心靈裡留下一片片殘垣瓦礫。他想像父親祝福的那樣，這次是最後一次結婚，希望能與芮嫣白頭偕老。

芮嫣眼望一張張稔熟的笑靨，耳聞一聲聲誠摯的祝福，失戀的苦澀又漸然洇了上來。她又抑制不住地想起了兒時的戀人江浩。她知道他肯定會來參加婚禮的，她略一掃視就發現了英俊瀟灑、舉止俐落的江浩。看來這輩子是有緣無分了，一種失落感彌漫於心。在這時，偏偏有人讓江浩講幾句話，她的目光再從人群中尋找他，他卻不見。

婚前，她將結婚這件事告訴了江浩，並徵求他的意見，如果他明確地告訴她，今生今世他們已沒有了緣分，她也就死心塌地嫁給昀鵬了。可是，性情內向的江浩卻默然地望著她，眸子裡溢滿痛楚，什麼也沒有說。

「請不要埋怨我。」芮嫣說道。

「我沒有資格埋怨。」江浩無奈地說。

「我們到底還有沒有希望？如有希望我就等你。」芮嫣忍不住又追問一句。

「你終於有了一個好歸宿。」

他知道芮嫣要嫁的是昀鵬。昀鵬早年就讀於上海復旦大學，畢業後在復旦大學當過教授，並在齊魯大學和戲曲學校兼課，毛澤東的夫人江青曾是他的學生。這是位學識淵博男人，無論在戲劇界還是其他領域有口皆碑。

芮嫣從小就跟隨繼父和母親闖江湖四處唱戲。她十一歲拜師馮子和先生學戲，十三歲登臺，十五歲走紅大江南北。她姿容秀媚，唱腔柔婉清麗，功架優美漂亮，人物刻畫細膩傳神，令無數戲迷所傾倒。一些有權有勢的男人明追暗求，甚至想強婚霸娶，可是芮嫣既不為金錢所動，也不為權勢所屈。在芮嫣的心中只有兒時的戀人江浩。

在十幾歲時，芮嫣認識了長自己七歲的江浩，她對他有種莫名的好感。江浩幼習武生，武功非凡，以武打戲挑大樑。在上海灘，早晨練功沒有固定的場所，可是他們經常能碰到。江浩領一群男孩子，她和一群女孩子，練著練著，他悄悄看她一眼，她也偷偷地看他一下，兩人會心地笑笑。

隨著歲月的流逝，少男少女那萌動的莫名情感愈來愈濃，練功時，有條毛巾都想擰擰給對方擦擦汗，有杯白開水也願意兩人分享，每到分手之時，戀戀難舍之情便陡然而生。可是，他們分別屬於兩個劇團，又都是主角，很難碰到一起。有時兩人避著母親偷偷傳遞紙條。母親和娘（芮嫣稱江浩的母親為「娘」）是世交，關係非同一般，可是母親卻對她管教很嚴，不許接近男孩，更不許接近江浩。不讓她接觸男孩她理解，可是為什麼不讓她接近江浩大哥呢？她不明白。

一次，他們兩人在營口相遇，十七八歲的芮嫣欣喜非常，趁演出空隙，她偷偷坐上妹妹幫租的馬車，去看在另一個劇院演出的江浩。不料，江浩心緒黯然地告訴她，母親給他找了一個女人，逼他近日完婚。猶如晴天霹靂在耳際炸響，她呆然地望著江浩，喃喃地道：「你別結婚哪，你要結婚也得和我結婚哪！」清純如水、不諳婚姻的她在這一瞬間才明白為什麼有情人要終成眷屬。

對婚姻的渴望在她的心裡油然而生，可是現實清醒地告訴她：這是不可能的。當時唱戲的屬於下九流，她的母親不願將女兒嫁給唱戲的江浩，江浩的母親也絕不肯讓兒子娶唱戲的芮嫣。人說，誠摯的愛情往往比魔鬼和天使都有力量。可是，他們的愛在現實面前卻若河岸的垂柳，那麼纖弱無力。他們掙不脫父母的樊籬，尤其是懦弱而孝順、唯母命是從的江浩。這時，他們才知道雖然自己走紅大江南北，名聲赫然，婚姻卻不能自己做主。他們無法擺脫「父母之命，媒妁之言」的封建枷鎖。

江浩默然地走了，帶走了芮嫣的情感的彩虹。

一天，妹妹悄然跑來告訴芮嫣，江浩和母親及新娘子坐著馬車來了。她頓感窒息，寸心如割，淚水順頰而下。她不想見他們，想躲起來，可是妹妹又傳來母命，讓她去拜見娘和嫂嫂。芮嫣跟在妹妹的身後，木然地低頭走進客廳。兩位母親談笑風生，芮嫣匆匆掃了一眼新娘和江浩，卻沒見到新娘長得什麼樣，只見她的頭上和衣襟上戴著兩束小紅花。江浩穿著藍色長袍，像個道具戳在那。她痛徹心扉悄悄地挪到了屋外。出了門，她瘋一般地跑到後臺的一個沒人地方，哭得天昏地暗。直到江浩走，她也沒再出來。從那之後，她多年沒見江浩。

七八年過去了，如水的光陰並沒有沖淡那份戀情，少年時的青澀之戀猶如一把鐵鎖將她的情感之門緊鎖如磐。這些年來，有人給她介紹過對象，也有人明追暗求，甚至還有一個男人因她而單相思，最後自殺身亡。

北京解放後，芮嫣率劇社加入了戲曲改進局京劇實驗工作團（中國京劇院前身）。時隔不久，一位德高望重的老先生找她為昀鵬說媒。在北京解放時，昀鵬隨同周恩來一起進京。中央某局成立，田漢任局長，昀鵬任副局長。熱愛戲劇的昀鵬經常到劇院指導工作，給演員們講課，於是和芮嫣漸然稔熟。芮嫣的母親對這門親事比較滿意，姑娘大了是個愁，這時芮嫣已經二十三歲了，在那個早婚早育的年代，已是老姑娘了。另外，外界輿論都認為芮嫣不結婚是在等江浩，這無形中對母親和娘是種壓力。芮嫣十分敬仰昀鵬的才華及人品，對他的年齡及身邊有一個七、八歲兒子都不在意，只是覺得他結婚次數太多了。

當時，文藝界出色的女性追求昀鵬的很多，他的才華、教養與人格的魅力令人傾倒。她們對昀鵬選擇芮嫣有些不解。於是，有人猜測地說，他之所以選擇芮嫣是因為她長得像昀鵬的前妻——那位著名的電影明星。對此，芮嫣問過昀鵬：「如果那樣的話，那就太傷人的自尊心了。」昀鵬矢口否認了。不過，芮嫣心裡承認自己確實長得有點兒像那位電影明星。

芮嫣與昀鵬相處了一年，也僅限於昀鵬有時間到芮嫣的家坐一坐，兩人出去散散步，所以，芮嫣說，我們的戀愛談得也不像樣，婚姻就是那種新不新老不老的婚姻。同昀鵬相處時，她就竭力想忘卻江浩，忘掉過去那段戀情，可是竟沒忘卻。

一九五八年秋，西風殘照，樹木蕭索，一輛伏爾加轎車滿載離愁向北京站駛去。在車的後面，一輛摩托車不即不離、不遠不近地跟著……

「別離滋味濃於酒，著人瘦。此情不及東牆柳，春色年年依舊。」穿著一身土藍布制服的芮嫣回腸九轉地坐在車裡，她默然無語地看著倒車鏡裡不時映現的騎著摩托車的江浩身影，生離死別的悲情如狂風巨瀾拍在她的心上。她轉頭看看兩個來送她的孩子——六歲的兒子和七歲的女兒，他們若燕雀般嘰嘰喳喳地歡笑著。他們不知道一覺醒來，媽媽已在千里之外了。她的耳畔響徹孩子找媽媽的哭喊聲，如箭穿心。結婚後，她先後妊娠八次，只留下這麼兩個孩子。女兒是一九五一年生的，兒子是一九五二年生的，一九五三年她懷第三個孩子時，因去朝鮮慰問志願軍而流產。那時，她演的武戲，妊娠後本該停止演出，可是她事業心強，堅持要演，所以後幾次妊娠都流產了。她的公公氣得去找劇團領導說：「芮嫣再演戲的話，我可要去文化部提抗議了。」

自己就這麼走了，離開了北京，離開了自己人生與事業的大舞臺——中國京劇院。在中國京劇院這些年來，芮嫣不僅拓寬了戲路，形成了自己的風格，而且一九五二年她榮獲第一屆全國戲曲匯演優秀表演獎；一九五五年，在第五屆世界青年聯歡節上，她以乾淨俐落的武打和精湛優美的舞蹈表演榮獲兩枚金牌……離開了中國京劇院，也就離開了江浩，離開了那是非之地，可是那份刻骨銘心的戀情能就能此了斷嗎？他們彼此能將那近二十載的戀情能徹底塵封嗎？

當戲劇改進局京劇實驗工作團從全國各地選調優秀人才時，芮嫣向昀鵬推薦江浩。昀鵬知道他們往日的戀情，但是他是一位襟懷若海的男人，毫不猶豫就答應了。當時，江浩是國內名列前茅的武生，他一表人才，寬肩細腰長腿，扮相英俊，空翻輕飛如燕，一口氣就是幾十個。昀鵬認為他是個人才，調入京劇實驗工作團後深受重視，不久就擔任京劇二團的副團長，後來又擢升為團長。

在一起排練，同台演出，這曾是他們多少年夢寐以求的，此生不能成夫妻，那麼能成為同事也好。他們一起創演了《江漢漁歌》、《三打祝家莊》、《兵符記》等。他們一起赴朝慰問志願軍，一起出訪過歐洲、南美等十幾個國家……相愛的人在一起，那將是人生的極致，將會煥發出蓬蓬生氣與勃勃活力。隨著接觸的增多，兩人的關係更為密切了，江浩的出國服裝費常常交給芮嫣，讓她去定做，尺寸她熟記在心，款式由她選定。他們的早年戀情本是戲劇界的公開祕密，這樣一來難免會招來風言風語。

在外界的壓力下，那種朝夕廝守的渴望又在他們的心裡復甦，這時江浩已有七個孩子，他們常常懷著對幸福的嚮往談論著如果兩人能夠走到一起，那麼要哪幾個孩子。當昀鵬知道她在心底仍然還愛著江浩之後，他很同情芮嫣，明確表態：「如果你真能同初戀的戀人結合，那麼我絕不會阻攔。」出於對彼此人格與情感的尊重，他們分居了。江浩也同妻子分居，堅決要求離婚。江浩的妻子是名門閨秀，她溫柔賢慧，很愛江浩，不論別人說什麼，她始終待江浩和顏悅色，照顧周到，她堅決不離婚。芮嫣雖愛江浩，渴望兩人能夠結合，但一想到那位「嫂子」是位家庭婦女，如果離了婚，她帶著一群孩子可怎麼活？對那位「嫂子」萌生出一種女人對女人的同情與歉疚……

一天，突然江浩的母親來找芮嫣，她進屋後「撲通」一聲就跪在了地上。芮嫣驚慌無措地說：「娘，有什麼事？您說，可別跪下。」她想將江浩的母親攙扶起來，可是江浩的母親竟執意不肯。

江浩的母親說：「娘知道你喜歡江浩，江浩也喜歡你，為此他總想和他媳婦離婚。這件事娘想了很久，你要是真心疼娘，你就和昀鵬離婚，搬到我家去，給江浩做小。房子我已經給你收拾好了……」

「不行！」芮嫣說。她是一個知道自尊自愛的女人，是國內京劇名伶、國家一級演員，是入黨積極分子，不論怎麼愛江浩，也不能去做妾。再說，江浩是團長、是黨員，他怎麼能納妾呢？

「為了江浩也不行嗎？」江浩的母親不甘心地又追問了一句。

「不行。」芮嫣果斷地答道。

「那麼，另條道是你離開北京，走得越遠越好，讓江浩再也見不到你……」

芮嫣望著淚流滿面、長跪不起的「娘」，寸心如割地點頭答應了。江浩的母親滿意而去，芮嫣一下癱坐在椅子上，淚水潸然。

自從芮嫣和江浩的感情復甦後，她一直在感情與理智、現實與憧憬的衝突中掙扎著，她對江浩的那份戀情是純真的，刻骨銘心的，無法割捨的。江浩鬧離婚之事已滿城風雨，人們皆知此事與她有關，使得她身陷困境；對丈夫昀鵬，她感愧並交，結婚八年來，她一直努力去忘掉江浩，卻怎麼也忘不掉。婚後，她和昀鵬舉案齊眉，從沒有紅過臉、吵過嘴。他對她關愛備至，體貼入微；她對丈夫相敬如賓，一直尊敬地稱他為「先生」。她從小沒上過學，不識幾個字，昀鵬是國內著名學者；她是舉國聞名的京劇名伶，昀鵬是著名戲劇專家。在他們的家庭生活中，窗櫺上時常映現昀鵬教妻讀書識字的剪影。她創演《三打祝家莊》時，他勸她看《水滸》，幫她揣摩和把握角色。她有自己的孩子之後，仍然將昀鵬和前妻的孩子視若己出，留在身邊，而將自己的孩子托母親照看。那孩子天生齶裂，吃東西總嗆，她就帶他去做了手術，讓昀鵬大為感動。

那天，芮嫣回到家裡，她將答應江浩的母親離開北京的事情與昀鵬說了。昀鵬不想讓芮嫣離開北京和中國京劇院，但芮嫣去意已決，她愧疚地對丈夫說：「我和江浩的事，許多人都知道，會影響你的。我走了，各種傳言也就漸漸旗偃鼓息了。」昀鵬無奈地說：「你出去走走也好。」

芮嫣要離京赴哈爾濱的消息在戲劇界引起了轟動，許多人對芮嫣苦心相勸，要她千萬不要離開北京，不要離開中國京劇院。可是，芮嫣是位言必信，行必果的女性，既然答應了，她就要義無反顧地做下去。天津、上海等地的京劇院聽說她要離開中國京劇院，紛紛邀請她去，可是她選擇的是離北京最遠的哈爾濱京劇院。文化部徵求昀鵬同意後，批准她支援邊疆，到哈爾濱京劇院工作兩年。

芮嫣到紫光閣向一直關心她的周恩來話別。總理正在接見西哈努克親王的女兒，在百忙之中接見了她。周總理問道：「芮嫣啊，你想好了？」她默默地點了點頭。為了不驚動大家，她沒有把起程的時間告訴別人。離京時，昀鵬要了一輛車送她，江浩騎著摩托悄然跟在後面……

冰城那若熊熊篝火的熱情，啟動了芮嫣強烈的事業心，她忘情地投入到了京劇創作之中。晚上，她孑然一身回到住處，撥通了家裡的電話，向丈夫昀鵬述說自己遇到的新問題，並請他給予指導。昀鵬耐心細緻地給她講解應該如何處理之後，總不忘叮囑她要注意身體。電話剛剛放下，江浩的電話便打了過來，他關切地詢問她的起居和演出情況。他語調淒咽地說：「回北京吧，芮嫣，我一想到你一個人孤苦伶仃地待在那個寒冷的地方，心裡就很不是滋味。」在她離京之後，他又先後七次到法院起訴離婚，均沒離成。

每每放下電話，她的心裡就充滿了矛盾，兩個十分優秀的男人，一個是才華橫溢、身居要職的丈夫；一個是英俊瀟灑、相愛近二十載的戀人，她對兩個都有著深厚感情，只是那感情不一樣。如不是雙方母親的強行干預，她早已嫁給了江浩；如沒有那段戀情，她和丈夫、江浩和妻子可能都會恩恩愛愛，白頭偕老。為了忘卻那份情，她離開了母親和孩子，孤身一人來到了這冰天雪地的黑龍江……

夜深人靜，殘月高懸，繭絲般的思念縈繞於心，她思念著孩子，思念著丈夫，也思念江浩……雖然她離開了北京，離開了家，可是她心裡還關心著丈夫昀鵬的生活與身體。人生本身就是矛盾，就像她一面叮囑他少吸煙，一面又給他買一箱一箱的好煙捎回北京一樣。

在這期間，昀鵬帶著孩子們到哈爾濱來過。不巧，芮嫣到山東慰問演出了，沒見著面。在那段歲月裡，昀鵬期待芮嫣返回北京，芮嫣因為沒有徹底塵封對江浩的戀情，她認為在這種情況下再和昀鵬過下去，對昀鵬的感情將是一種褻瀆，所以她每次回北京都悄然地住在母親那裡。中國京劇團三次派員來請她回去，她均婉拒了。

一九六〇年，芮嫣和昀鵬離婚了。由於江浩天天給芮嫣撥電話，不僅引起了家人的不快，而且引發一場風波，一些著名京劇演員的妻子們一起到文化部狀告江浩，說芮嫣離開北京後，他還不死心，不僅和妻子鬧離婚，不同妻子說話，而且還天天給芮嫣撥打電話。江浩的電話少了。

離婚後，許多男人追求過芮嫣，其中有著名的將軍和市級領導，她都一一回絕了。她說：「為了和江浩的那段戀情，我離開了昀鵬那麼優秀的男人，因此，除了江浩之外，我絕不會再嫁給任何人。」她將精力全然投入到京劇表演上，她憑仗著姿容秀美、功底扎實、唱腔柔婉、戲路寬廣等優勢，創演了《革命自有後來人》、《趙一曼》、《紅色的種子》等優秀的現代京劇。在戲劇領域，她不僅是飾演鐵梅第一人，在一九六四年的全國京劇現代戲觀摩演出中贏得一致的好評，而且《革命自有後來人》被文化部列為重點互學劇目之一。後來，這個劇被江青改為《紅燈記》，為此持不同見解的芮嫣得罪了江青，在「文革」中，以「反對革命樣板戲」的罪名遭受了十三年迫害。在那十三年裡，她把自己和江浩出國演出時的合影折成三折，藏在練功帶裡，紮在腰上，一紮就是十三年。

當她重返舞臺後，李先念接見她時，一句：「芮嫣，你受苦了！」說得她淚如雨下，泣不成聲。在她身陷囹圄之時，她最關心的除了那對兒女之外，就是江浩和昀鵬。果真他們在劫難逃，飽經折磨，他們分別都身染多種疾病。

「文革」後的一天，昀鵬聽說芮嫣到北京來開會了，他特意來看望她。芮嫣望著白髮皤然的昀鵬難言的心酸翻湧於衷，四目相對，默默無語。他們提起那段因外界壓力促成的離異時，昀鵬眼噙淚水。芮嫣見他掏出的手帕揉成一團，又見到過去衣著整潔得體的他衣服上有許多有油點，她強忍淚水。他們起在一起生活時，他的襪子、手帕她從不讓保姆洗，都是親手洗得乾乾淨淨，疊得方方正正。不料，這是他們見的最後一面，時過不久，昀鵬就告別了人世。

二十多年過去，芮嫣以為那段濃厚的戀情已被歲月沖淡，江浩已走出了她的感情世界。一次，作為梅蘭芳金獎大賽藝術評委的芮嫣進京參加第八屆評選活動，她和同伴正沿著人民大會堂的樓梯緣階而上，驀地，背後傳來「芮嫣、芮嫣」的呼喚聲，那麼耳熟，又那麼遙遠。她回頭一看，頓時愣住了，看見兩鬢染霜的江浩呼喚著向她疾步走來，幾十載的思念與牽掛在瞬間化為驚惶，她的心一陣狂跳，大腦一片空白。她趕緊扶住樓梯的欄杆怕倒下去，她想喊一聲「江浩」，可是卻喊不出聲來。突然，年近古稀的她像害羞的少女一般扭身向樓上跑去。同伴驚異地問道：「芮嫣，你跑什麼？」她呼哧帶喘地指著後面，說：「你看，你看……」「那不是江浩大哥嗎？你倒是快和他說話呀！」同伴笑了起來。

邂逅相逢，那份遍體鱗傷的戀情，那刻骨銘心的傷痛，那幾經努力卻無法忘懷的情戀，又在她的心靈復甦。她在心底叮囑著自己：「過去的都已經過去，沒有過去的也將成為過去，我們都已步入古稀之年……」

京劇界的老藝術家們都知道芮嫣與江浩的那段戀情，過去都不理解，現在卻同情起這對苦戀半個多世紀而沒有走到一起的人，因此，他們儘量為他們提供機會。就餐時，大家都將江浩身旁的那個座位留給芮嫣。當她走進餐廳，大家紛紛說：「快快，芮嫣，過來坐江浩身邊。」她也毫不推讓，落落大方地坐在江浩的身旁。芮嫣喜歡吃肉燒素菜，江浩就給她夾；芮嫣知道江浩愛吃大蝦，她將大蝦一隻剝好，放到江浩的碟裡。一次，看片評審，天氣悶熱，芮嫣汗流了下來，江浩就悄悄把的扇子推到她的面前。江浩生病了，人們悄悄地告訴芮嫣，大熱天氣，她走出好幾公里去給他買藥。

九〇年代初，江浩的行動已有些不便了，他聽說芮嫣又到北京了，便請人用輪椅將他推去見芮嫣。在那盛大的宴會上，他們和幾位老友合影留念，這是他們最後見的一面。

江浩的孩子們也都理解他與芮嫣，每當得知芮嫣到京，他們就買些水果和點心，帶著孩子去看望她。

如今，江浩、芮嫣均已乘白雲而去，他們那份戀情如浩渺的湖水平靜無痕。

## 「五一」勞動獎章得主的全敗

人類太複雜了，因為人類的複雜從而導致了外遇的不同，有的外遇像芮嫣與江浩那樣刻骨銘心；有的外遇讓人悔之腸斷，抱恨終天。

二十世紀末。煤城撫順。老虎台煤礦的單身宿舍。氛圍凝重悲戚，一位中年男子手捧著一卷老照片，欲看還休，漸漸眼噙淚花，不能自已。十三年了，那樁引發兩人淒涼悲苦、坎坷不幸的借種懷胎事件已很久遠了，可是往事不堪回首，它將他們的生活變得面目皆非，再也尋覓不回原點。他——全國首屆「五一」勞動獎章得主、聞名全國煤炭戰線的勞模張金龍因借種懷胎之事敗露，若耀眼的行星劃過天空，隕落於地，在一起生活二十二載的妻子棄他而去；另一位女人——靜芝也飽嘗兩次不幸的婚姻，在悔恨與屈辱中走過了步履維艱的歲月。

十六年前的一天，遼寧省撫順礦務局老虎台煤礦某採煤隊的隊長張金龍去後進青工、隊裡有名的無賴「八戒」家走訪。此時的張金龍如日中天，他是撫順礦務局赫赫有名的人物，是遼寧省勞模、新長征突擊手、全國煤炭系統勞模、全國首屆「五一」勞動獎章獲得者。

這位礦工的兒子心裡裝滿了烏金——煤。煤是他的追求，他生命的全部。

在井下，他四、五次死裡逃生，重傷三、四次，小傷無數，身內遺留被炮崩入的異物七塊。那七塊異物不是別的，是可以燃燒的煤。一次，為了疏通堵塞的輸煤通道，噴湧的煤流將他沖入第二緩衝倉，沖去了頭盔，沖走了衣服，他赤條條地被掛在幾米高的架上，昏死過去。被救後，他找一身工作服穿上，又投入緊張的採煤工作。一次冒頂，他被一塊巨大煤塊砸在底下。工友們扒了兩三個小時都沒扒出來。區長說，這人完了。當他被扒出來後，竟奇跡般完好無損。一次冒頂埋人，他去搶救人，把保護用品給了被埋者。第二次冒頂，他被埋在裡面，兩個多小時才被扒出來。結果，他救的那個人沒傷著，他自己身受重傷，住進了醫院。

他是個要煤不要命的採煤工，傷勢未好就悄悄從醫院溜回採煤隊，帶傷下井採煤。他的手臂腫得碗口粗，創口直流血水，出井時衣服黏在創口上，脫不下來。他每天用冷水把衣服洇濕，然後再把衣服脫下。人們都說他是不知苦、不知累、不知痛的鐵人。張金龍憑著這股實幹苦幹玩命幹的精神，憑著採煤量與工時提前進入新世紀。於是，他漸漸走出了地平線，由普通採煤工一步一步地擢升為組長、副隊長、隊長，成為撫順市人大代表、省黨代會代表和全國勞模。

俗語說，強將手下無弱兵。而這位叫「八戒」的青工不僅工作吊兒郎當，每月曠工十天半個月，而且謊話連篇。據說，「八戒」的父親是位榮譽軍人，母親沒有生育能力，於是抱養了「八戒」。那時講究做思想政治工作，時興互相幫助，提倡挽救失足青年。於是，張金龍主動到「八戒」家走訪。「八戒」母親是位見過世面的人，不僅能說會道，熟諳眉眼高低。金龍誠懇地說：「你老人家在生活上多照顧兒子一下，我們隊裡再想法讓他幹點兒輕鬆的活兒，接個電話、看個水門什麼的。他別再曠工了，否則被礦裡除名了，怎麼辦？」

張金龍辦事踏實，工餘沒事兒就到「八戒」家轉轉，和他談談心，好在兩家住前後樓。在張金龍的幫助下，「八戒」有所好轉，基本上不曠工了。「八戒」一家對張金龍感激萬分，逢年過節或家裡來個客人就把張金龍請去。「八戒」母常對客人介紹說：「我兒子單位的領導來了，來陪你們喝幾杯。」說得張金龍舒坦熨帖。一來二往，金龍就與「八戒」像親兄弟，「八戒」父母待張金龍也像自己孩子一般，什麼心裡話都願意和他嘮嘮。

一九八四年，「八戒」結婚了，婚禮請張金龍主持。女方靜芝是市政企業的工人。這樁婚事是「八戒」家鄰人促成的。那位富有惻隱之心鄰人憐憫身體孱弱的「八戒」，於是將溫柔賢淑、心地善良的靜芝介紹給了他。靜芝所在的單位很不景氣，一到冬天就放長假，放假就不開資。她的家境不好，家裡僅有兩間居室，父母和弟弟住一間，她住另一間。弟弟迫臨結婚，她若不出嫁，新娘無處安置。為此，家人怪罪於她，待她越來越冷漠。為此，靜芝將擇偶標準降得很低。「八戒」長得醜，但巧舌若簧，他說自己不是井下採煤工，是看倉庫的，工作輕鬆而無危險。介紹人說，「八戒」這孩子很老實。相處半年，靜芝就同並不瞭解的「八戒」辦理了結婚手續。

對「八戒」家來說，大名鼎鼎的張金龍來主持婚禮，莫大榮幸。靜芝熟知張金龍，他們的弟弟是同學，她常去他家找弟弟。她從心底敬佩這位叱吒煤海的勞模。當「八戒」張金龍身旁時，失落感在她的心底彌漫著，新婚之喜被沖得慘澹悲涼。瞭解「八戒」的人都感到很納悶，這個姑娘不缺鼻子不少眼睛的怎麼會嫁給「八戒」呢？難道真就是「賴漢娶花枝」？瞭解靜芝的人都為她惋惜，她怎麼會嫁給這麼個要長相沒長相，要場面沒場面的傢伙呢？

一九八六年冬，老虎台煤礦的曠野，凜冽的風呼嘯著，誘惑著雪粒狂奔的欲望，蕭索的樹枝在風雪下搖曳著濃郁的蒼涼。

礦區附近的一座孤零小房吐著嫋嫋炊煙。在簡陋狹隘小屋，在暖暖烘烘的小火炕上，張金龍眨眨惺忪睡眼，驀然頭腦清醒了。他呆愣地望著躺在身邊的靜芝，竭力回憶發生的一切。那種生理滿足的餘波消失了，翻騰彌漫的恥辱轉瞬淹沒了一切……

一天，「八戒」下井後跟張金龍說：「張哥，我結婚快兩年了，靜芝沒懷孕，是我不行。老頭子、老太太抱不上孫子，臉子越來越難看。張哥，你能不能幫哥兒們個忙，讓靜芝懷上孩子。」「你瞎扯什麼？」張金龍冷面地說。礦工們都知道，張金龍從不說葷話粗話。「這是我媽的意思。」「八戒」說。「你是不是又喝酒了？」這些採煤工喝點酒啥話都說，金龍心裡嘀咕著，但並沒往心裡去。

數日後，「八戒」母親過生日，張金龍去祝壽。壽酒喝罷，眾人散去。「八戒」母親拉住張金龍憂心忡忡地說：「居家過日子過的不就是孩子麼？可他們連個孩子的影兒都沒有。金龍，你是他們的大哥，總不能瞅著他們離婚哪！」

社會學家費孝通說，穩定夫妻關係的是親子關係。李母不是社會學家，但卻深諳此理兒。張金龍望一眼「八戒」母親，沒有吱聲。生孩子是他們夫妻的事兒，這種事兒怎麼幫忙，總不能讓我去助人為樂吧？

接著，張金龍聽說「八戒」在父母那兒住不下去了，在外邊租了一間小房，夫婦倆人搬出去了。「八戒」又曠工了。張金龍下班後來到「八戒」租的那間小屋。在家貓冬的靜芝見張哥來了，急忙下廚燒了兩個菜，她知道採煤工下了班第一件事兒是洗澡，第二件事兒就是喝酒。

金龍和「八戒」在小炕桌旁邊盤腿大坐，邊飲酒邊閒聊。酒喝半酣，「八戒」起身出去了。張金龍想，這小子又去買煙了，吸那麼多煙幹啥，也就沒有理會。可是，他左等不回來，右等還是不回來。這小子可能在道上遇什麼事了。於是他下地推門想走，卻發現門被從外面鎖上了。張金龍頓生冷汗，他使勁兒敲了敲，忽覺不妥，萬一敲來路人，發現屋裡只有他和靜芝，如何解釋？張金龍若坐針氈，恓惶不安。

數小時之後，「八戒」回來了。張金龍火了，「八戒」撲通一聲跪在地上：「張哥，兄弟沒別的意思，只是求你幫個忙，讓靜芝生個孩子。否則，我怎樣報答父母養育之恩，有什麼臉見人？」在礦區，沒有孩子的男人會被視為「差雞」，「差雞」是最讓人瞧不起的。靜芝吃驚地瞪著「八戒」，眼裡漸漸蓄滿淚水，掩面奪門而去。張金龍看一眼跪在地上一把鼻涕一把淚的「八戒」，拂袖而走。

「八戒」又曠工十多天了，再曠工下去，就要除名了。張金龍下班後徑直去找他。他見張金龍來了，喜出望外，急忙張羅打酒弄菜。張金龍以為他是對上次的無禮表示歉意，於是笑了笑，以示寬諒。張金龍邊喝邊規勸「八戒」，勸他上班，勸他好好工作，好好做人。瓶中的酒隨著話語若退潮般漸次而下，張金龍連續在井下幹十幾個小時，喝點酒，疲憊與困乏如潮水湧了上來，眼皮似沉重帷幕，一個勁兒往下墜。張金龍身體一歪躺在了炕上。他和「八戒」不分彼此的相處多年，養成了這種隨便。炕很熱，身上的創傷經這一烙竟很熨帖，他睡著了。

張金龍渴醒了，發現屋裡只剩他和靜芝了。他慌然抓起衣服就走。門又被鎖上了。他與靜芝默然相對，不知所措。靜芝一臉哀容地對他說：「張哥，『八戒』沒有別的意思，只是想跟你要個孩子。張哥，你要能成全，我們感激你；你要不成全，我們也沒什麼可說的。張哥，這話說了，我也沒臉活了……」說完，她無顏地嚶嚶哭起來。

從上次「八戒」把她和金龍鎖在了屋裡之後，她哭了多日。「八戒」早在婚前就發現自己的性無能，婚後他曾治療過，未見效果。靜芝初涉性事，渾然不覺。也許李母想，一直不懷孕的靜芝早晚會明白事情的緣由，於是想出了瞞天過海，借種懷胎的鬼主意。她尋來覓去，最後在張金龍身上聚焦。這一主張與「八戒」一拍即合。李母認為，貓沒有不喜腥的，如做通張金龍的工作，讓他與靜芝發生性關係，還愁懷孕？在他們的眼裡，靜芝只不過是具生育機器，只要機器能轉動起來，哪管她的自尊、道德與貞操？

失敗之後，「八戒」家將工作的重點轉移到性情軟弱的靜芝身上。靜芝認為，自己對張金龍的敬仰是一回事兒，為討丈夫與婆母的歡心而去和他生子則是另一回事兒。自尊與情感的壓抑、痛苦與無奈的重負死死地壓在她的心上，讓她喘不出氣來。「八戒」早已切準了靜芝的脈絡，知道她是一個能為家庭和丈夫付出一切的女性。數日來，「八戒」母親相勸，「八戒」的婢膝苦求，指天發誓：只要她懷上孩子，他願當牛做馬，他將安分守己，努力工作，報答她的捨身之恩……靜芝答應了。

靜芝的乞求讓張金龍方寸大亂，如滿足「八戒」，自己是黨員，是全國勞模；如不答應她，她若真的尋短自盡，可怎麼辦？處於兩難境地的張金龍，望著羞澀滿面、年輕而豐盈的靜芝，不知是酒勁的作用還是本能使然，心竟有些躁動。當勞模需要境界，做人卻有俗欲。做人比做勞模更難，不是人肯定不是勞模。英雄也是肉體凡身，他們稀里糊塗就把事情做了……

張金龍清醒後悔之斷腸，自己怎麼會淪落為配種的工具？這事兒傳出去，何等丟人現眼？自己是首屆「五一」勞動獎章獲得者，曾代表中國工人階級出訪東歐；建國三十五週年時，自己登上了國慶觀禮台，左邊是郭蘭英，右邊是沈醉。自己能對得起誰？能對得起黨的培養麼，對得起黨和人民給予的榮譽麼？對得起父母麼？對得起和自己生活了十多年妻子玉環麼？

沉重的十字架壓在張金龍的心上，這位煤海蛟龍如蟲般地被困在了悔恨與憂悒的蠶繭中……

時光在黯淡中逝去。從那事之後，張金龍下班後，常常溜進那間小屋。起初，「八戒」重演著喝酒、溜走、鎖門的故技，後來他不再鎖門了，而是守在門外，站在凜冽的寒風吸煙，丟得滿地煙蒂。

靜芝在惶悚中受孕，在羞慚中體味了夫妻生活的內涵。一天，靜芝窘促地對張金龍說：「張哥，我有了。去醫院檢查過了。」說完，她不知道該哭還是該笑，一種複雜的心緒攪得她心亂如麻。張金龍不禁長歎口氣，這如夢魘般的人不人鬼不鬼的日子總算挨過去了。

無賴具有兩重性，要脅不住時，他卑躬屈膝，奴顏媚骨；一旦抓住把柄，他便飛揚跋扈，無情敲詐。正當借種懷胎被時光漸漸沖遠時，卻被一根繩纜拽回。春節前夕，「八戒」找上門來，對張金龍說：「靜芝懷孕了，家裡沒糧吃了，你得給我點兒錢，我給媳婦買點補養品。」

「那倒行，沒那個事兒，該幫助你還得幫助你。」張金龍明知敲詐，還是掏些錢來。望著「八戒」那得意忘形的背影，他默然祈禱：但願他不再敲詐。許多事情有第一次就有第二次，有第二次就有第三次……前者不僅是後者的鋪墊，也是後者理由。從此，「八戒」每隔十天半個月就來敲詐一次，且越來越肆行無度。張金龍越來越無法滿足「八戒」的貪婪欲望，他的心裡越來越涼，越來越沒底。張金龍家境窘迫，他每月工資如數交家，手裡的錢十分有限。「八戒」這種小人什麼事情都做得出來，他不能不給；可是這無盡無休地給下去，什麼時候是頭。尤其是「八戒」那副無賴相，就好像當初跪在地上的不是他。張金龍知道自己總有滿足不了他的時候，因此他告自己是早晚的事兒。當張金龍被「八戒」勒索近千元時，他拒絕再給「八戒」錢了。「八戒」威脅說，他一定去紀委告張金龍。說罷，悻然罵咧咧地走了。

靜芝時常不開資，「八戒」不正經上班，而且兜裡有一元錢他也要想法吃喝掉。他背著靜芝敲詐的錢也都背著靜芝吃喝玩樂了。可憐的靜芝為了腹中的孩子，她忍著妊娠後的疲倦賣起了冰果。早上，給「八戒」打點上班後，她背起冰果箱子，頂風冒雪沿街叫賣。晚上，她疲憊不堪地回到家裡，身體像凍成硬邦邦的冰果，還要生火燒飯。春天孕育著生命，孕育生命的靜芝挺著凸起的腹部上班了。懷孕前，她走火入魔地一個心思想懷孕。她將「八戒」的變好、家庭的希望全然寄託在懷孕上了。懷孕了，將要做母親的喜悅和自豪剛要探頭，就被失貞的幽恨、屈尊的痛苦、生育的矛盾死死地壓下了。這場荒唐的妊娠，讓她感到唯一欣慰的就是「八戒」不曠工了。

在靜芝妊娠六個月時，邂逅「八戒」的工友。對方關心地問她：

「『八戒』怎麼沒上班呢？」

「上班了。」靜芝懵了，怎麼會呢，自己不是每天都親眼看著他去上班麼！這事兒像陰影般守在她的心裡。好不容易熬到了下班，她徑直去了採煤隊。考勤簿在她的手裡翻動著，越翻越沉，越翻越淒涼，「八戒」一天沒上班，兩天沒上班，三天沒上班……他竟有半個多月沒有上班！靜芝的心如同一塊冰砣，身無吹灰之力。她不要自尊、不顧自愛地乞求張金龍，她犧牲女人的貞操，寧願為李家做生育的機器，為的究竟是什麼？兩行悲苦的淚水順她的兩頰奔流而下。

回到家裡，「八戒」不僅瞪著眼睛愣不承認自己曠工。靜芝說：「你不看別的也得看看這個家，看看將要出生的孩子啊。」不料，「八戒」竟叫罵著「野種」將她痛打一頓。

靜芝被打得眼青臉腫，無顏出門。她傷心極了，絕望極了，自己曾苦口婆心勸過「八戒」，她淚流滿面地哀求過「八戒」，她為他付出了一個女人的一切，竟然「星星還是那個星星」。靜芝意識到這個家難以維持下去了，有了孩子，「八戒」如不上班，她那點兒收入如何養活得了？再說，如果生下一個不是「八戒」的孩子，時刻都在昭示她的屈辱的孩子，她還會幸福嗎？把柄在「八戒」的手裡，他就會要脅她與張金龍，逼他們去做違心的事情。這孩子生下後會得到父愛嗎，會擁有一個合理合法的地位嗎？於是，她決意中止妊娠，去醫院做引產。「八戒」聽說被引下來的是個男孩，他捶胸大哭，若喪考妣。

在張金龍懸心吊膽之中，得到了靜芝將去引產的消息。雖與靜芝沒有愛情，但畢竟有過肌膚之親，張金龍悄然去了醫院，託熟悉的醫生給靜芝以關照。儘管這事他不便出面，可是他認為自己是個男人，作為男人理應對此事負責。

數日後，當上班的張金龍走出家門時，靜芝已在樓下等候多時了。靜芝悄聲告訴張金龍，在她剛做完引產，紀委的人就去病房找她談了。「八戒」已告到紀委了。他說，張金龍勾引了他的妻子，並使她懷孕，使得他抬不起頭來，在家裡很受氣。靜芝說，她沒有承認，並讓金龍也不要承認。「對組織怎麼可以說謊？」張金龍不滿地對靜芝說。在紀委找金龍談時，金龍承認了，並表示願意接受組織的處分。

處分下來了，黨內警告。領導說，從愛護張金龍的角度出發，處分就不公開了。張金龍十分感激組織對自己的挽救。時過一月後，對張金龍的處理決定竟然下發到各採煤隊，在老虎台煤礦和撫順礦務局掀起軒然大波，一時間街頭巷尾議論紛紛。張金龍的父母知道了，弟弟妹妹知道了，妻子玉環知道了，十幾歲的兒子也知道了……

父親一夜間衰老許多。這位採了三十多年煤的老礦工難過啊！誰不知道他有個當全國勞模的兒子，人們讚譽他的五個兒子是「煤海五蛟龍」，國家煤炭部長親手把那塊「礦工世家」的牌匾掛在他家裡的門上。想不到張金龍竟做出這種荒唐事來。

俗話說：「出多大名，現多大眼。」張金龍真切體會到了丟人現眼的滋味。小道的傳聞、大道的傳播讓他抬不起頭來，父母的白眼冷面更讓他痛苦不堪。過去，張金龍不回家，父母就不吃飯，望眼欲穿地等他。老父親深知井下的危險啊。金龍回來了，父母笑顏逐開，父親和他促膝而坐，問井下的事，嘮採煤的嗑，叮叮囑囑，殷殷切切，讓金龍感動。出事之後，沒等張金龍回來，父母已經吃完飯，父親和他無嗑可嘮。

那一年，張金龍的隊長職務被撤銷了，全國煤炭系統開勞模表彰大會，開會的通知下到了礦裡，領導沒讓他去。如星殞落，化為石頭。

讓張金龍寬慰的是妻子玉環待他如故，從不提靜芝那件事兒。可是這種不提不問有時又讓金龍不尷不尬、內疚萬分。

玉環是金龍在農村插隊時認識的。一九七二年，中學畢業的金龍下鄉到了撫順附近的農村。玉環是金龍所在的生產隊隊長的千金。玉環與金龍同齡，都是一九五四年生，不過她比金龍早出生五個月。在那段遠離家人的日子，這位隊長的千金給金龍以溫暖。那年冬天，金龍參加村民的婚禮，陪娘家客人喝了三斤白酒後，躺在知青點的涼炕上昏睡過去，如不是玉環的父親找人買來柴火，燒熱了炕，他不凍死也得凍殘。在他昏睡的一週裡，玉環一趟趟地往知青點跑。

一九七三年末，金龍被招進煤礦，當了採煤工。玉環家人都認為，採煤工苦、累、險，勸他別回去了，要幫他往撫順縣裡活動活動。張金龍說：「我父親當了一輩子採煤工。父親都能幹我有什麼不能幹的？我回去一定要幹出個樣來。」

張金龍人返回了礦區，可心卻留在質樸厚道、潑辣能幹的玉環身上。一九七四年，張金龍的母親加入「三八」大軍，進礦燒鍋爐。張金龍家九口人，他是長子，下面還有四個弟弟和一個妹妹，最小的弟弟僅三歲。母親一上班，家裡便沒人照料了，於是年僅二十歲的張金龍和玉環完了婚。

婚後，玉環替婆婆挑起了家庭重擔，每天煮飯燒菜，洗洗涮涮，照料弟妹。玉環賢慧能幹，她整天將最小的弟弟背在背上。家境清貧，做點好的先讓上班人吃，剩下的給幼小的弟妹們吃，玉環只有剩飯餿飯。買件好衣服，玉環讓上學的妹妹穿，妹妹穿剩的，她撿起來縫縫補補穿在身上。

女人是很敏感的，張金龍和靜芝的事，玉環早就察覺到了。在那段時間裡，他很少跟她親熱，下班後常常去靜芝那兒。於是，玉環悄悄去了那間小屋，她發現門鎖著，在窗前她卻聽到了張金龍和靜芝的說話聲。她又悄然溜回了。她肯定痛苦過，煎熬過，憂戚過，可是外表卻像夜深的村落般的寧靜。可能玉環深信張金龍對自己的愛，也可能怕自己有所舉動，會使事情更加複雜，張金龍的名聲和前程將受影響，家裡的那塊「礦工之家」的牌匾也就完了。

當事情敗露後，玉環不僅去醫院探視過靜芝，還給「八戒」送去了一些錢，讓給靜芝買些滋補品。

這樣一個賢慧的妻子，愧對於她，張金龍怎會心安呢？

一九八六年，對張金龍來說，則是苦雨淒風，對靜芝來說則是災難深重。

病房裡一片沉寂，靜芝躺在病床上，可是心靈與肉體卻在煉獄中煎熬。這是她第二次住院。第一次住院時，當胎兒剛剛做下來後，「八戒」在走廊的頓足痛哭和一口一個「野種」的叫罵。

那天，玉環來看她。玉環請她到外面談談。她一出病房就哭了。不是害怕，而是實在無顏見這位長她七歲玉環嫂子啊。過去，玉環嫂子就待她不錯，每次遇見老遠就說話，噓寒問暖讓她感到溫暖。靜芝愧疚地將事情的經過和玉環說了。說完，她等待接受玉環的懲罰。可是玉環什麼話也沒說。於是，靜芝說：「嫂子，這事怪我，不怪張哥。嫂子你放心，我今後絕不再和張哥有任何來往。嫂子，我希望你們好好過下去……」到此，她已經泣不成聲了。

靜芝將胎兒做掉了，「八戒」認為靜芝不可能再和自己過了，就將家裡的東西統統變賣了，賣得的錢都飲酒消愁和尋歡作樂了。當靜芝出院時，「八戒」已經去紀委將她和張金龍告了。「八戒」不許她回家，她無處安身，紀委又找她核實情況。靜芝想，張金龍的全國勞模和後備幹部培養對象是他靠血汗和性命幹出來的，那樁事兒，他是出於善意幫助，無論如何也不能毀了他啊！於是，她否認了借種懷胎的事。可是，當紀委找張金龍談時，他不願讓不幸的靜芝承受過多的指責，將責任攬到了自己身上……這樁鬧劇與悲劇的導演「八戒」幸災樂禍地逃掉了，將張金龍與靜芝丟入了責難的漩渦，付出了沉重的代價。

在痛苦的磨難中，靜芝病倒了，高燒不退住進了醫院。她又在醫院度過了三十多個淒淒冷冷的日子。這次比上次更慘，沒人探視，更沒人護理，強烈的輸液反應使得她在床上折騰三十分鐘後才有人發現……

對於沒有實質內容的婚姻，離婚只不過是一種形式。可是，要實現這一形式常常十分艱難。法院要調解、印證、判決，每一程式都要當眾將靜芝靈魂深處的傷疤冷酷無情地撕下，鮮血淋淋。經過幾番死去活來的折磨，那紙判決書終於下來了，可是在離婚緣由一欄卻醒目地寫道「女方不正經」。這幾個字如利刃戳在靜芝的心上，她手顫抖地捧著判決書，淚水灑落在上面。

不知那位法官出於何等心理，可能覺得這樣將離婚判決書交給了靜芝遠沒達到目的，也可能有其他緣由，他又將這一「成果」徑直寄給靜芝所在的單位，不知是寄期望組織能對她進行教育，還是希望廣大人民群眾都知道。一位女人嫁給性無能的男人，這足以讓那些長舌男女嚼舌，而這個不幸的女人借種懷胎更令他們興奮。這些傳聞在嘴與嘴之間流傳著，遠遠超過電腦聯網的效果。

在靜芝的心裡流淌著一條痛苦的冰河，每一塊漂浮的冰排都撞擊著她的心。娘家感到她丟盡了他們的臉，堅決不許她回去。靜芝只得暫住女友家裡。沒有親人的同情，沒有世人的理解，這位被潑了一身污水的弱女子流著淚水默默地舔舐著無法癒合的重創。世俗的輿論與鄙夷，下流男人色迷迷目光和赤裸裸的調逗，蹂躪著她那顆柔弱的心。她感到其他的路都布滿拒絕的荊棘，只有一條路發出猙獰的邀請，那就是死亡。靜芝多麼想投入死亡的懷抱，可是，張金龍已跌了跟頭，失去了榮譽，失去了前程，如果她要死了，他豈不被打入地獄？

那場悲劇的始作俑者「八戒」離婚之後，搬回父母家中。離開靜芝之後，他自由了，沒人再為他上不上班而操心了，他可以隨意曠工了。一年後，他因曠工半年，為煤礦除名。後來，他因盜竊被捕入獄，最終死在監獄。不久，他的養母也離開了人世。

一九九七年，在老虎台礦工資科工作的張金龍到煤礦附近的新屯走訪一位工友，突然發現有人拽他一下。他回頭一看，竟是靜芝。她戴著時髦的帽子，穿著挺括的大衣，兜裡還別著ＢＢ機，她比過去白皙豐腴了。金龍見之深感寬慰。雖數年未見，金龍已聽說靜芝在離婚一年後，嫁給西露天礦的一位張姓工人，生一個女孩。

張金龍與她相比卻顯得十分落魄，穿件舊皮夾克，鬍子拉碴的。

「張哥，你怎麼這麼老呢，病了嗎？」靜芝關切地問道。

金龍苦笑了笑。在這幾年裡，金龍又經受一次人生的強風暴——同他生活了二十二載的妻子玉環離他而去。

一九八七年，礦裡分給金龍一套兩居室的房子，他們從父母身邊搬了出去，開始了他們婚後的黃金歲月。金龍深感對不住玉環，這些年來讓她吃了不少苦，受了不少委屈。剛結婚那幾年，因為弟妹，金龍還打過玉環，每每想起，他就感到愧疚。

他們的日子越過越好了，越過越寬裕了，越過他越懂得體貼妻子了。一次，玉環從娘家回來，金龍問她：

「你想吃點什麼，我給你做。」結婚十幾年來，他從沒下過廚。玉環知道金龍除了玉米粥，別的不會做。於是，她說：「我想吃餃子，你能包嗎？」她萬沒想到，金龍真就給她包了頓餃子。

一九九三年，賦閒在家的玉環走出家門，參加了秧歌隊。他覺得這些年來，玉環也很不易，要玩就玩一玩吧。不想到玉環這秧歌一扭竟上了癮，家都不顧了。玉環的秧歌越扭越好，不僅加入了秧歌協會，而且還經常到瀋陽、大連、北京等地去表演。每當她外出表演，張金龍都說，窮家富路，多帶點兒錢吧。每次回來，她的錢都花得十分乾淨。錢是人掙的，她花點就花點吧。讓他始料不及的是平素溫順的玉環竟提出了離婚。

有人悄然告訴金龍，玉環和臨礦的一位年近五十的有妻室的男人好上了。金龍勸玉環：「咱們都快四十歲了，在一起過了二十來年了，你看這個家不是挺好的麼。俗話說得好，夫妻還是原配的好。玉環啊，就別離了。」玉環的姐姐、弟弟聽說她要離婚也紛紛勸她，玉環的父親也阻攔她。可是，誰也沒攔住，玉環竟去法院提出了離婚起訴，理由是：結婚二十來年，他對她關心不夠，待她太苛刻，使她遭了不少罪。

玉環三次起訴，均因離婚理由不充分及張金龍決意不離而駁回。一九九六年，玉環再次起訴，張金龍知道不離不成了，他無可奈何地表示同意，並眼噙淚水地在離婚判決書上簽字。

離婚後，金龍的心像那兩間失去玉環的房子——空空落落。他若害了場大病，變得又黑又瘦，形容枯槁，神情委頓，親朋見了都不禁憐憫地問一句：「金龍，你怎麼的了，是不是病了？到醫院看看吧！」他每天下班回家，看看這兒，瞅瞅那兒，看著瞅著，淚水抑制不住地滾落下來。想不到過來過去的，竟在不惑之年把家給過丟了，夫妻散夥了，兒子也不回來了。

張金龍父子本來疏遠，在兒子剛懂事時，他一心採煤，無所牽掛。他晚上回來時，兒子早已睡熟了；早晨兒子醒來時，他早已上班走了。兒子十天半個月見不到父親，漸漸與父親生疏了。在兒子的記憶中，沒有父親領自己去公園的記憶，沒有一家三口逛街的溫馨，更沒父親的親熱。兒子小時，和爺爺撒嬌，跟爺爺要東西，卻躲著父親。離婚後，兒子在叔叔家、姑姑家、舅舅家和姨家打游擊，十天半個月回次家。

玉環走時，給張金龍要了一條蝴蝶犬。那條黑耳朵、黑鼻子、黑嘴巴，僅有兩巴掌長的小狗令金龍鍾愛。每當張金龍看到牠，猶如見到玉環。有人要買，出價七百元，金龍堅決不賣。這條善解人意的小狗像一個懂事的孩子似的逐攆著張金龍的孤獨。張金龍吃飯，牠陪在飯桌旁；張金龍睡覺，牠躺在枕邊。一次，張金龍感冒了，牠急得圍著他轉，舔去他的虛汗。張金龍下班後，哪兒也不去，匆匆趕回家去給小狗做飯；上班走時，向小狗告別。可是，這條狗卻在一年後莫名地死了。張金龍掩埋了愛犬，猶如掩埋了那樁十九載的婚姻，他的心涼了。

在離婚後的一年裡，張金龍仍對玉環懷著希望，他一次次地勸玉環：「玉環啊，你回來吧，雖然從法律上說咱們離了，可是咱們的關係可不能輕易就拉倒啊。你不看別的也得看看孩子呀，孩子都這麼大了，快二十了……」可是癡情的玉環卻執意等那個男人離婚娶她。

小狗死了，玉環的愛情如肥皂泡般破滅後，同一位離婚的農民談了戀愛。張金龍的希望如夕陽般被遠山吞去了，他懶得再守那空蕩蕩的房子，將房子賣了，搬進礦山的單身宿舍。沒有了追求、失去希望的金龍每天下班後就去和工友飲酒，醉了睡，醒了喝，一代勞模沉湎於「杜康」。

在新屯見面後，靜芝得知金龍情況，在過去的歉疚之上又厚厚壓了一層。她認為，張哥是我給坑的，假如沒有那樁事兒，張哥早已當上礦長，玉環嫂子哪裡會離婚呢？為此，靜芝深為不安，她一次次地冒著讓人說三道四、勾起陳年困窘之險，買些東西去看望張金龍，勸他振作起來，別消沉下去。

張金龍終於振作起來，活得越來越充實了。許多人張羅給他介紹對象，他都謝絕了。他渴望有個家，可是他忘不了過去啊。據說，玉環和那個農民同居後，他待她不好，經常打罵她。

一九九九年，當金龍得知靜芝已經下崗，丈夫因合夥搶劫計程車並殺死司機而被判極刑，他主動找到了靜芝，表示願意同她共同撫養孩子，一起走餘下的人生之旅。

張金龍和靜芝會迎來人生的曙光麼？

（注：本篇除主人公張金龍之外，均為化名。）

# 第八章

# 遺落在他人地裡的麥子（二）

## 「第三者」最終言悔

歲末。北京國際機場。

「去往紐約的旅客請注意，請持登機牌準備登機。」

柔若浮雲的聲音在旅客耳際掠過，黃皮膚、黑頭髮、黑眼睛的中國旅客有的眸子裡閃爍出難抑的激動，緊緊地擁抱著送行的親友，大滴的淚珠奪眶而出；有的貌似平靜地等待著飛機的轟鳴將其載離開這離之不忍、留之不甘的國土，可思緒卻排海般地撞擊著心，濺起拍天的浪花……

一位憔悴不掩秀媚的年輕女性，雙手拎著橫在身前的旅行包，欲罷還休地站在安檢區前，焦灼的目光四處搜索著，那目光隱含著企盼和失望，痛苦和不安。

「雅茹，進去吧！」身邊的女友勸道。

她好似沒有聽見，仍然在苦苦尋覓著、等待著。

驀然，一位有幾分纖弱、年逾不惑的女人匆遽地走進候機大廳，揮著手小跑過來。汗水從她那瘦削並閃有慈愛的臉上流淌著。

「容姐！」那位叫雅茹的女性棄包撲去，趴在她的肩頭啜泣起來。

「雅茹，對不起，我來晚了……」

「不，容姐。該說對不起的永遠是我……」

「別這麼說。雅茹，你放心地去吧，我會照顧好聽聽的，等你回來時……」

「容姐，不論在美國混得好壞，我都不會再回來了。容姐，如有來世，我還想降生在這塊土地上，不求別的，只求做一個像你這樣的女人。」

「雅茹，人不能沒有國和家。我們都在等你學成歸來。」容姐眼裡閃著淚花，握著雅茹的手說道。

「容姐，我不會忘記祖國，不會忘記你的寬容和慈愛，更不會忘記自己的醜惡、卑鄙和無恥。容姐，我不是不想回來，我是沒臉回來啊……」說罷，雅茹失聲大哭起來。

「說重了。雅茹，我們都是凡體俗胎，人生漫漫，誰都會出現迷失和過錯。如把自己的過錯都當作十字架背下去，那就會壓死的。只要能記住自己被哪塊石頭絆倒過，別再讓它絆著就是了……」

「去往紐約的旅客請注意……」

「雅茹，走吧！」容姐說著把一綹遮在雅茹眼前的頭髮撩到耳際。雅茹轉過身去，從女友手裡接過旅行包，向安檢區挪了幾步。突然，她轉過身來。「容姐，我對不起你！我欠你的情誼，怕是這輩子也還不上了……」

「別說了，走吧！記住，不論在國外混好混壞都要回來，這裡是你的根，是你的家。別忘了經常給聽聽寫信……」容姐殷殷叮囑著，淚水情不自禁地流了下來。

雅茹匆匆地走進了安檢區，頭也不回地走了……

也許她不願回首，那一幕幕往事令她悔之斷腸；也許她沒有勇氣再看一眼如母親般慈祥的容姐；也許只有不回首，她才有信心走進大洋彼岸的明天……

被稱之為「容姐」的女人叫谷容，是北京一所醫院的婦科主任。

一九七八年，二十三歲的谷容剛剛醫專畢業，母親便離開了她。她悲痛欲絕地安葬了相依為命二十多年的母親之後，便想把母親留給她的那三間房子重新布置一下，還想再打兩個書架。當她把一位瘦高個子、像個大孩子似的河南木匠領進家門時，對要做的書架還茫然。那個小木匠說，書架易傷書，還是打書櫃好。他說著就蹲在地上，幾筆就勾出了幾種款式。他還說，如果打書櫃的話，他可以收書架的工錢。

當小木匠見到堆在屋角的書時，兩眼閃爍出興奮的目光，情不自禁地蹲在地上翻看起來。小木匠的求知欲望感染了谷容，對他產生一種的好感。

書櫃進度很慢，谷容常常看到那位叫歐陽的小木匠蹲在地上看書。十多天後，書櫃打好了，出乎谷容的想像，歐陽做的書櫃款式別具，做工精細。谷容想多給他點工錢，小木匠卻不肯多收。他說，他已將那堆書的十分之一看過了，這對他來說已經偏得了。谷容說，如果想看的話，還可以借他幾本。

「大姐，謝謝你。」小木匠選了幾本後，感激不已地走了。

幾天後，他將借去的書紙包紙裹地送了回來，又借走幾本。他就這樣借去還來地來往著。一天，谷容問他：你這麼愛讀書，為什麼不考大學呢？他紅著臉說，怕考不上，再誤了掙錢。他說，他家在河南農村，那個地方窮得很。他從小就愛讀書，在他中學要畢業時，父親病倒了，為了讓家裡那六個弟妹有飯吃，有學上，他就跑出來做木匠活了。臨走時，他說，不再借書了，他要回家過春節了。谷容為他的好學精神所感動，就把一些她用不著的書送給了他。

他回家後，給來了一封信，信不長，但字跡飄逸，語言流暢。信封的背面還寫句古詞：「願人間天上，暮雲朝雨長相見。」谷容笑著搖搖頭，她給他回了一封信，鼓勵他一番。

她很快又收到回信，比上封信略長一些，信箋的背面寫著：「蓮子心中，自有深深意。」她覺得他這人不僅淳樸，還挺重情義。信就這麼一來一往地寫著，若水滴的文字漸漸汩汩流淌起來。

他來信說，他不再來北京打工了，要考大學。谷容買了幾本複習料寄了去。一九七九年，歐陽填寫的報考志願第一是北京，第二是北京，第三還是北京……

歐陽如願以償地被北京一所名牌大學錄取了。

歐陽的內心深處有著一個不敢奢望而又不能放棄的夢想：想擁有像谷容那樣賢淑端雅、富有教養的女人，想擁有她那樣寬敞的書房和那麼多的書。考上了大學，歐陽便覺得自己已不是當年流浪街頭的小木匠，而成了天之驕子，有了向谷容求愛的資本。當歐陽懷揣著寫給谷容的情書走進她家時，迎頭澆下的卻是一盆冰水。谷容的男朋友小功正在她家。歐陽突然發現了自己的寒酸與委瑣，一種無可收拾的頹喪和刻骨銘心的自卑將他的自尊、自信統統淹沒了。小功是和他同一個系的七七級學生，他不僅衣著得體，且氣質不俗，很有教養。

歐陽明白了，谷容對他只不過是對一個貧困好學青年的憐憫和同情。歐陽回校後，常常坐在校園裡，呆呆地仰望蒼天。他似乎在祈求一個答案，又似乎等待一個決心——是輟學回鄉，還是留在北京……

容姐啊，如果失去了你，我留在北京有何意義；如果失去你，我的愛歸宿何方；如果你是上蒼為我安排的那一半，為什麼會愛上別人；如果你不是上蒼賜予我的，為什麼要走進我的人生？歐陽仰首問天。

一天，谷容來看他，關切地問道：「歐陽，你是不是遇到什麼難處？」她聽小功說，歐陽經常失魂落魄地坐在宿舍外面，徹夜不歸。谷容想，可能是他的家裡有了困難，要不就是經濟上陷於困境，於是就順便來看看他。

谷容走後，歐陽茅塞頓開：高貴者有高貴的品位，卑賤者有卑賤的執著，只要谷容沒有結婚，他就存在著機會和希望。從此，歐陽除了拼命地用功之外，就是去看谷容。小功不去看谷容時歐陽去，小功去看谷容時他也去。谷容多次暗示歐陽不要總來，小功對此已有想法，可歐陽依然如故……漸漸歐陽來的越來越頻，小功來的越來越少。不久，他們就分手了。

歐陽是在谷容的痛苦中向她求愛的。谷容婉拒了，她說，他們之間不合適，她比他大三歲。歐陽說：「女大三抱金磚。」谷容說，她只不過把他看做一個小弟弟，從沒把他看成男人。歐陽卻真誠地說：「容姐，我肯定不是你所遇到的最優秀的男人，但我是最愛你男人，是最肯為你赴湯蹈火的男人，如果你不接受我的愛的話，我明天就退學回家……」谷容望著這位不僅有著小農的勤奮和精明，也有小農的自私和狹隘的男人無奈地點了頭。

這對不般配的男女相愛了。

對戀人來說，激情下面湧動著不安。女人渴望得到應有的名分；男人企求得到那個女人。正在念書的歐陽不能提前給谷容以妻子的名分，他卻讓她過早地進入妻子的角色。谷容怕戀愛攪起的不安影響歐陽的學業，她就事事遷就、滿足於歐陽；她怕歐陽擔心鄉下的父母和弟妹，她就虧空自己，節衣縮食地省下錢來寄往河南鄉下。

一九八一年春，歐陽的父親病逝，本來貧困的家庭更加維艱。谷容就將自己每月那四十多元的工資寄去一半。她的內衣和襪子漸漸被歲月綴上了補丁，臉色被拮据淘洗得越來越蒼白，嘴唇失去了血色……

一九八二年夏，歐陽的母親患子宮癌，來北京治療。籌不夠手術的費用，歐陽急得要去賣血，谷容悄悄地賣掉了她所珍愛的母親的遺物——一架德國鋼琴。歐陽感激地對她說：「谷容，沒有你，我就不會有今天，也不會有明天，只有昨天。」

為了不耽誤歐陽的學習，谷容每天下了班就去護理歐陽的母親，放棄了大學本科的函授課程。偏偏在這時，谷容懷了孕。她白天偷偷做了人工流產，晚上就上夜班，下班後又去護理歐陽的母親。她虛弱得兩腿發軟，眼睛發花，渾身直冒虛汗，她就悄悄地喝幾口糖水。買了幾斤雞蛋，她捨不得吃，都給歐陽的母親做吃了。為補養一下虧空的身體，她將幾具胎盤煮熟，逼迫自己吃下去。沒吃幾口，胃裡便翻江倒海一般地吐了，膽汁都吐出來。滿面是淚的她又咬牙將半碗胎盤吃了下去。歐陽知道後，抱著谷容感激涕零地說：「谷容啊，父母給了我卑微的生命，而你卻給了我生命的價值。你對我和我家的大恩大德，我永世不忘……」

谷容笑道：「咱們的困難只是暫時的，等你畢業就好了。」

親友們勸谷容：「你這樣對他值麼？你想過沒有，等他大學畢業，你已將是半老徐娘了，他萬一有了情變，你怎麼辦？」

谷容說：「情人之間最不可缺少的就是信任。」

有人說：「女人獻身於男人的事業，是天底下第一大風險投資。」

谷容說：「如把戀愛當生意來做，那麼婚姻不就成了商業行為了麼？」

一九八三年，歐陽以優異的成績畢業。在谷容的努力下，他被分到了夢寐以求的科研部門。

一九八四年，這對同居三載的情侶終成眷屬。

有情人終成眷屬——古典喜劇緩緩落下帷幕。

有情人已成眷屬——現代悲劇悄然拉開序幕。

隨著歐陽的畢業，他們的日子如冉冉而升的太陽，漸漸好起來。家裡不僅多了一份收入，歐陽的弟妹也逐漸長大成人，農村的生活也有了較大的改善。

一九八六年，歐陽被提拔為研究室副主任，他們的女兒瑤瑤也出生了。儘管歐陽的重男輕女思想很重，但對女兒卻表現出了淋漓盡致的父愛。一家三口有情有愛，谷容工作之餘，便是相夫教子，操持家務；歐陽除了夜以繼日地從事科研之外，就是建立他的關係網。他認為，在科研部門不搞科研不行，只搞科研不搞關係更不行。

一九八九年，在科研上有所突破的歐陽破格晉升為副研究員，被任命為所長助理，並分得了一套兩居室的樓房。一九九〇年，剛剛被任命為副所長的歐陽不顧谷容的勸阻辭職下海，創辦了一家個體科研所。為籌集資金，谷容忍痛賣掉了母親留下的房子。

四年後，既有科研實力又能伸能屈、頗善鑽營的歐陽已擁資產百餘萬元，他又融資數百萬創辦了集研究、生產、銷售為一體的公司。伴隨著歐陽的成功，操勞過度的谷容衰老了，皺紋爬上了眼角，眉角耷拉下來了，雙鬢有白髮，看上去比歐陽要蒼老十幾歲。

駕馭輝煌與駕馭苦難是截然不同的兩個層面，一些成功者之所以達不到應有的輝煌，就在於他們在困境中表現出了優秀的品格，在順境中卻喪失了品格的優良。歐陽便是這麼一個，成就和金錢對他若脫韁的野馬，他漸漸沉浸於金錢帶給他的享樂……就在這時雅茹出現了。

雅茹的母親和谷容的母親是大學時最要好的同學。雅茹是父母的四個孩子中的唯一的女孩，她不僅天生麗質，且聰明伶俐，很討人喜歡。一九八八年，這一「小寵物」從蘇州考取了北京一所大學的英語專業，父母把她送進京，託付給了谷容。谷容沒辜負雅茹母親的重託，每逢節日就將雅茹接到家裡，走時還不忘給她帶些吃的用的。在谷容的眼裡，這位小她十七歲的小妹不過是個孩子，做夢也沒有想到她竟會顛覆自己的婚船。

在雅茹大三時，來找谷容說，她和男朋友不慎懷了孕。谷容想規勸她一番，不禁想到自己也曾有過未婚懷孕的經歷，到嘴邊的話也就咽了回去。當她給雅茹做完流產手術後，將她攙扶出手術室，一個熟悉的身影一閃就消失了，那人好似歐陽。她想，可能是手術做時間久了，眼花了。想罷，她笑了笑。

從那之後，雅茹經常把電話打到家裡找歐陽。每次都好像有說不完的話。歐陽說，雅茹在幫他翻譯一些資料。谷容問：你們公司不是有那麼多學外語的嗎？歐陽說，最近活多，人手不夠。

那年雅茹寒假沒回蘇州，而跑到歐陽的公司去打工。谷容知道後說：「雅茹這孩子也是的，春節不說回家看看父母，他們家哪缺她那點錢？歐陽，雅茹打工也不容易，多給人家點工錢。」

時光悄悄地流逝著，人間悲劇、喜劇、鬧劇在這默默地流逝中推入了高潮和尾聲。在雅茹和歐陽相愛時，她認為，真正的愛是不需要裝進婚姻的保險箱裡，掛上法律的鎖頭的。她沒想過要嫁給歐陽。可隨著時間推移，她越來越感受到名分的重要，沒有這外在的名分，她就和歐陽沒有一種合法的、穩定的關係，便永遠不是「歐陽總的夫人」，便永遠和歐陽這樣苟苟且且，而不能拋頭露面。因此她開始忌妒和憎恨谷容，並想取代谷容了。

一九九二年，雅茹畢業，順理成章進入了歐陽的公司。不久，她又懷孕了，也許這正是她所希望的，因為這胎兒便是要脅歐陽離婚的有力的籌碼，況且她知道歐陽一直夢寐有個兒子。雅茹找到了谷容，把自己和歐陽的關係來龍去脈地告訴了谷容。她最後說：「情場如同商場，要靠的不是同情與憐憫，而是自己的實力；情場如戰場，戰場無父子。容姐，我很同情你，但是我卻無法和你分享一份愛情……中國的女性為什麼不能自強？就是她們不懂得自尊、自愛、自重！」

谷容的意識出現了空白，呆若木雞地望著雅茹，感到自己的愛情如炊煙般地飄散了，再也收不回來了……

谷容回家後，問女兒：「瑤瑤，如果爸爸不再回家了，你和媽媽過好麼？」

瑤瑤疑惑地望著媽媽：「不！為什麼爸爸不再回家？」

「爸爸要出國發展……」谷容痛苦地應付著女兒。

「那我也要出國，我要跟我那屬狗的爸爸在一起，我就要我那屬狗的爸爸……」瑤瑤的淚水溶解著谷容離婚的決心。她想起自己的童年。她從小就沒有父親，每當看到別的女孩跟父親撒嬌時，她就感到自卑，就痛苦不已、心裡就流血。一次，老師在課堂上問：你們最渴望擁有什麼？有人說知識，有人說革命精神。當老師問她時，她低頭不語。她最渴望擁有的是別人都有的爸爸。

「孩子，媽媽對不起你！」谷容抱著女兒放聲慟哭。

當人們聽說歐陽有了外遇，無不義憤填膺。有人說，他利用和欺騙了谷容，有人說，他是一個卑鄙無恥的小人……谷容說，不，他不過是一個有人格缺陷的可憐人。有人說，不能便宜了他，不和他離！谷容苦笑著說：「離婚不過是死亡愛情的葬禮。愛情死了，堅守婚姻還有什麼意義？」

一九九三年初，谷容和歐陽離婚了，一個曾讓世人羨慕的家庭解體了。

分手前，歐陽痛悔不已地說：「如果我當初聽你的話不下海，也許我們不會出現這種局面……」

谷容平靜地說：「春風能使百花爭妍，也能使糞土生蛆，我希望你能好好地反省一下自己，而不要一味地責怪環境與別人。」

歐陽說：「兩個月前，我已買回了你母親留給你的房子。本想在你的生日時告訴你……這個家裡的一切我都不要，這五十萬元錢留給你……」

谷容說，她只要女兒和母親留給她的房子，別的什麼也不要。

歐陽淚流滿面，痛苦地喊道：「谷容，這錢，這樓房，你為什麼不要？你想讓我為你做點什麼？從我們相識，你就一直在為我犧牲自己，我從沒為你做點什麼，谷容，你就不能給我一次機會，讓我為你做點什麼嗎？」

谷容真誠地說道：「歐陽，那麼我求你兩件事：一是，你今後要走好，要做一個真正的人，別讓孩子將來為你羞慚；二是，有時間多去學校看看瑤瑤，孩子很愛你。你應讓瑤瑤感到她和別的孩子一樣，也有一個很愛她的爸爸。」

雅茹的母親來了，她含淚對谷容說：「阿姨對不起你，更對不起你的母親……」

歐陽的母親拄著棍子，頂著皤然白髮，顫顫悠悠地來了。她恨恨地說：「歐陽這小子是作孽啊！他是金子不要，要石頭；稻子不要，要稗子啊！總有一天，老天會報應他的……」

兩位老人走了，可她們的心卻留了下來，谷容不斷地收到蘇州寄來的衣物和河南寄來的紅棗、布鞋。

離婚後，谷容說：「過去一直把歐陽視為家庭的支柱，而忘了自己。」她又像未婚前那樣刻苦地鑽研業務，學外語。一九九四年，她晉升為副主任醫師，被提升為婦科主任；一九九七年，她又破格晉升為主任醫師。

一九九六年正月，谷容收到由河南鄉下寄來的四件棉衣、五雙棉鞋。棉衣中夾著一封信。

嫂子：

媽媽去世了。這是媽媽在臨走前趕做的棉衣和鞋子。她說，你們城裡人不稀罕這些，可這是她的一番心意，也是她唯一能為你和孩子做的了。她不知道你和孩子衣服和鞋子的尺寸，就多做了幾件，讓你們挑合適的穿。

有兩件棉衣做得不好，請原諒，那是媽媽在幾近失明的情況下做的。媽媽一想起你就流淚，她說，你的大恩大德她就是到了陰間地府也不會忘記。她說，她對不住你，沒有教養好哥哥，讓你和孩子受苦了……

在歐陽離京返豫前，去學校看望女兒，發現女兒穿著一身十分土氣的棉衣、棉鞋。他不明白谷容為何要把女兒打扮成這個樣子，難道她們的生活真就如此窘迫？突然，他發現跑過來的女兒帶著黑紗，黑紗上面縫有一縷紅線。他摟過女兒，淚水奪眶而出。他想起小時媽媽講的故事：有一個勤勞勇敢的孩子，他非常渴望得到財主的那匹駿馬，就用自己的腿去換那匹馬。這時，他發現沒有駿馬只不過有點缺憾，而沒有腿卻是一大不幸。歐陽發現自己就是那個失去了腿的孩子。

歐陽和雅茹結婚後，很快有了一個男孩——聰聰。歐陽和谷容離婚後，他聲譽和信用大跌，公司開始走下坡。事業受挫，歐陽情緒低落，希冀從雅茹那得到溫情和安慰，那想從小嬌慣任性的雅茹也為前途的慘澹而悸惱，她不時地向他大發脾氣。夫妻倆越吵越烈，後來竟動起手來。每次夫妻衝突後，歐陽都想念谷容，懷念和谷容一起度過的那段時光。在逆境中，夫妻雙方都想從對方身上尋覓安慰，都想讓對方為自己做出犧牲，那麼兩個人的最佳選擇只有離異。

離異後，歐陽想回到谷容和女兒的身邊，幾經努力後發現這已是不可能的了。最後，他只好將已瀕臨破產的公司關掉，離京回豫。

回豫後，歐陽在給谷容的信中寫道：

女人是一本書。你是一本讓人過目不忘的、受益終生的書。在你那我找到過希望，看到了自己的醜陋……我不敢說我依然愛你，那樣太褻瀆你，我只能說永遠仰視你，嚮往你，也嚮往過去的日子。

你是人生舞臺上的主角，我只不過是一個可憐的道具、一個跑龍套的小丑……谷容，我僅一感到安慰的是孩子留在你身邊，我相信你會把她教育成為一個健全的人，不要像我——有專業知識而無文化修養、有業務能力而無高尚心靈的畸形和殘廢……

一九九六年的一天，谷容將下班時，雅茹惶急地抱著孩子來找她。雅茹的出現猶如猛然將谷容心中已癒合的創口撕開，頓時鮮血淋漓。

「容姐，聰聰發高燒……」雅茹哭腔說道。

「孩子有病請掛兒科，我這是婦科……」谷容忍受著內心深處的痛楚，冷淡地說道。

「容姐，求求你了……」雅茹急得嚶嚶地哭了起來。

離婚後，歐陽給雅茹留下一筆為數不多的存款、一套並不寬敞的公寓和一個孩子。在北京，雅茹沒朋友，熟悉她的人都不同情她的遭遇，認為她是自作自受。她想回江蘇，又無顏抱著沒有父親的孩子見江東父老……這天，聰聰得了大葉性肺炎，須立即住院治療。雅茹帶的錢不夠住院押金，一時無處可借，被逼無奈，只好硬著頭皮來找谷容。谷容看著燒得臉面通紅、昏睡不醒的孩子，那顆充滿母愛的心軟了。是啊，不論父母怎樣將孩子打發到這個世上，孩子都是無辜的。谷容幫助辦妥住院手續。同事百思不解地說：「這種卑鄙無恥的小人終於得到了報應，你為什麼還要去同情她，憐憫她，幫助她呢？」

谷容說：「有一位老人，被一輛汽車撞斷了腿，可那仗勢欺人的司機卻拒不認賬。人們都詛咒那個開車的，可老人卻不詛咒他，她說：『我並不恨他，我只是憐憫他，因此我要天天為他祈禱，祈禱他能找回自己的良心。』一個喪失良知的人，是不懼詛咒的，他們怕的是良心復甦後的不安與自責。如今她已經夠艱難的了，我不去幫助她，我也會感到不安的。」

孩子病好後，雅茹帶著孩子叩開了谷容的家門。她早就想負荊請罪，只是怕谷容拒她門外。當雅茹懺悔地流著淚向谷容謝罪時，兩個孩子在另一個房間裡玩得十分開心。不知是血緣的緣故，還是倆孩子難得有一個玩耍夥伴。

從那以後，過去總愛和媽媽講鄰居家的小狗「汪汪」的瑤瑤卻把「汪汪」換成了「聰聰」。

雅茹在美國的朋友幫她辦妥了赴美留學的手續。雅茹想先把聰聰留在國內，讓母親幫帶一段時間，不料母親患了腦血栓，生活不能自理。雅茹愁腸百結地看著不諳世事的孩子，欲走不能，欲罷不忍。

瑤瑤聽說後，對媽媽說：「媽，阿姨出國，咱把小弟弟接來好麼？」

「不好。」

「為什麼不好？你不喜歡他？你不是說過在力所能及的情況下，要多幫助別人嗎？」

谷容怎麼對孩子說呢？她不是沒想過幫雅茹一把，從理念上，這個孩子是可以接受的，從感情上卻難以通過。眼前多這麼個孩子，就會時時提醒自己曾有過的婚姻失敗，就會想起歐陽對自己的背叛、雅茹對自己的無情戕害，好了的傷疤就會一次次撕裂。另外，把聽聽接來，自己會像愛瑤瑤那樣愛他麼……

「媽，媽，咱們把小弟弟接來好嗎？」

女兒的一次次請求，谷容漸漸有些動心了。她知道從瑤瑤的角度來看是不難通過的，因為聽聽是她同父異母的弟弟，可是對自己卻是一個嚴峻的挑戰。她知道，如果不出國，雅茹就很難走出心理的陰影，這樣長期下去，雅茹那脆弱的心靈能承受得了麼？

當聽說雅茹病倒了。猶豫不決的谷容下了決心——幫雅茹一把，讓她先出國。

當雅茹聽說容姐要幫她帶聽聽時，雅茹攥著谷容的手，哭得像個孩子一般。從小嬌生慣養的雅茹頭一次體味到人間之愛的博大。

雅茹走了，她帶走了容姐的寬宥與友愛，留下自己的悔恨與不安。但願她留下的那塊石子能不斷地提示人們：不要為它所絆倒。

雅茹走後，經常有電話和信來。谷容也經常給雅茹寫信，將聽聽的學習與身體情況告訴她。雅茹來信說，她結識了一位大陸留美的經濟學博士，兩人產生了愛情。她說，等她獲取英美文學碩士學位後，他們將回國。

谷容和兩個孩子生活得很好，瑤瑤品學兼優，聽聽天真可愛。在二十世紀末，谷容被提升為醫院的副院長。

## 一道讖語兩段婚外情

四年前出遊時，一位算命的老先生對霍福曼說：「你命有桃花運！」

沒料到，三個月後，讖語奇跡般地應驗了，霍福曼有了第一場外遇。接下來，霍福曼又有了第二場外遇。

有人說：「外遇人人有，不露是高手。」

霍福曼卻說，外遇有人有，沒有是高手。

不論怎麼說，霍福曼都算不得高手，只能是個臭手。按霍福曼的理論來說，他有過兩次外遇，自然不是高手；按他人的理論，霍福曼的兩次外遇全部敗露，無一倖免，屬於那種「炒股炒成股東，泡妞泡成老公」的窩囊男人。

在第一次外遇敗露後，霍福曼真誠地對妻子說，敖音，我發誓，我真的沒刻意尋花問柳，這外遇就像厄運，它若來了門板都擋不住……

「世上沒有擋不住的外遇，只有不擋的外遇。你應該想想，你是一個男人，是丈夫，是父親。對家庭，對孩子，對我都有不可推卸的責任。」敖音說。

霍福曼不是那種不負責任的男人。可是，「命交『桃花』欲何求，未敢翻身已碰頭」，他又能怎樣？第一次外遇後，霍福曼就不斷地告誡自己：老曼，你不能再有外遇了，它對婚姻和夫妻感情的殺傷力太大了。敖音不僅是個好女人，而且是最最適合你的女人，你還有什麼不滿足的！你不能棄下綢緞撿鋪襯哪，假若離開了她，你這輩子就跟幸福拜拜了。

可是，當第二個女人出現時，沒幾個回合，霍福曼的理智就繳械了。

最後，霍福曼只好像投降的日本戰犯，無限沮喪、無可奈何地在離婚協議上簽了字……

霍福曼的第一位婚外情人是個二十三歲的「娛記」小倩。她是一個敢愛敢恨、敢作敢為，敢說敢想的姑娘。二〇〇一年二月，當她和霍福曼墜入愛河半載之後，她隻身去了敖音所工作的醫院，闖進敖音的診室，直言不諱地說：

「敖醫生，我是你老公阿曼的情人。」

敖音打量一下這位比自己小八九歲的、青春和俏媚都咄咄逼人的女孩，心底有幾分驚恐和底氣不足。但是，她很快就平靜地告訴那個女孩：「我的婚姻很美滿，我們有一個四歲的兒子，他很可愛；阿曼雖然算不上好丈夫，但是他很愛我們的家……」

「敖醫生，如果你的婚姻美滿的話，如果阿曼還愛你的話，他會背叛你嗎？啥也別說了，你我都是『第三者』。我是婚姻的『第三者』，你是愛情的『第三者』。不過，愛情還可以通往婚姻，婚姻只有通向死亡。沒有了愛情，婚姻算啥？不過是孵罷小雞的破蛋皮而已。如今，收藏什麼的人都有，有收藏郵票的、橡皮的、火花的、胎毛的，還沒有收藏雞蛋皮的，如果你要願意的話，那麼就是收藏蛋皮第一人嘍！」小倩挑戰似的說道。

「滾，你給我滾出去！」敖音怒不可遏地吼道。

「我可以滾出去，但不要忘了，你也會滾出去的，而且是從阿曼身邊滾出去的！」小倩不甘示弱地說。

一九九〇年，霍福曼獲得北京師範大學文學碩士學位後，他在一家出版社謀得了一份工作。那幾年，霍福曼可謂「春風得意馬蹄疾」，一連做了好幾本影響甚大、印數不菲的好書；第二年，他就當上了編輯室副主任；第三年，扶正；第四年擢升總編輯助理。

二〇〇〇年秋，霍福曼所在的出版社組織職工出遊。在一個景點等車時，一位鶴髮童顏、仙風道骨的老者拽住社裡幾位男人，非要給他們算算命，每人只收五元。發行處處長說：「行，『下雨天打老婆，待著也是待著。』算！」說著，掏出二百元錢遞給了老者。儘管是沒事找樂，可是當那老者算到霍福曼時，驚詫地說，哎呀，你命有桃花運啊！儘管霍福曼不大信這些，可是心還是像被撞了一下。

「會嗎？你再算算……」霍福曼情不禁說道。

「啥叫會與不會，這是命！」老者煞有介事地說。

沒想到這事不僅成為出版社的笑料，而且成了問候語，每天同事見到霍福曼問的第一句話就是：「外遇沒有？快了吧？要努力啊！」

偏巧，出遊回來一週後，小倩就找上門來。她剛剛從北京師範大學畢業，在一家報社當「娛記」。由於霍福曼責編的一本明星的書在市場走得特好，她想通過霍福曼採訪那位「星」。不過舉手之勞，霍福曼就幫了這位小師妹一把。她採寫得很成功，並受到領導的重視。那是她到報社後寫的第一篇稿件。

她非常感激霍福曼，從此沒事就過來聊聊，偶爾請霍福曼去咖啡吧坐坐。說是她請，可是霍福曼哪能讓「京漂」的小師妹埋單呢？一來二去，她對霍福曼有了好感。這種事，霍福曼過去也遇到過，由於分寸把握得較好，沒給對方留有感情發展的空間，到異性摯友的層面也就打住了。這次，不知是小倩的俏媚可愛，還是被算命先生說著了，霍福曼竟不知不覺、順理成章地墜入了愛河……

小倩以為只要佔有「愛情」，敖音就該把婚姻轉讓給她，敖音只有提條件之由，無把持不放之理。可是，事情並不那麼簡單。

這兩個愛霍福曼的女人傷痕累累，小倩鎩羽而歸。

當然，傷害最大的不是小倩，是敖音。小倩和霍福曼分手不到一年，就嫁給了美國矽谷的一位計算機博士，在那裡開始了幸福生活。敖音卻踽踽獨行了四年沒有走出那片陰影……

在這個世上，真正讀懂霍福曼的人只有敖音。他們是經過刻骨銘心的愛戀才能走入婚姻城堡的。儘管那條通往城堡的小徑漸然荒蕪，蒿草叢生，可是它已融入他們的生命，並在兒子陶陶身上得以延續。

霍福曼和敖音是在大四下學期戀愛的。敖音是霍福曼北京醫科大學的同學，比他大三歲。霍福曼上大學那年才十六歲，他比敖音的小弟還小一歲。

敖音和小弟感情甚篤，可是在敖音大一時，小弟卻在車禍中身亡。敖音很快把她對小弟的愛轉移到霍福曼的身上。她給霍福曼洗衣服，縫被子，陪霍福曼打遊戲，總之願意幫他做一切事情。有時她和霍福曼玩高興了，就把手指插進他的頭髮裡，晃動著他的腦袋說：「嗨，小破孩兒！」語調裡充滿了愛意。於是，霍福曼稱她「敖姐」，她笑得甜蜜蜜的。後來，霍福曼漸漸省略「敖」，留下了「姐」，她笑得更甜蜜了。

在那段歲月裡，「小破孩兒」是她對霍福曼的最高獎賞。不論陰晴圓缺，只要聽到她這一稱謂，霍福曼的心裡就灑滿陽光。讀大四時，霍福曼很想就這麼在大學裡念下去，直到地老天荒。那時，霍福曼已長到一・八二米，長出了黑絨絨的鬍鬚。敖音不再稱霍福曼「小破孩兒」了，也不再把手伸進他的頭髮裡了。

霍福曼很失落，鬱鬱寡歡。偏巧這時聽說班上有個男生在苦苦地追求敖音。霍福曼突然感到他的生活裡不能沒有敖音了。於是，他給敖音寫了一封情書。三天沒有回音。那三天，比三年、十三年還要漫長。

人生最痛苦的就是等待。等待是焦慮的、無奈的、空虛的，遺失自我的……

霍福曼感到自己不是在等待中死去，就是在等待中爆發，他去找敖音了。

霍福曼叫了一聲姐，淚水就流了下來。敖音卻笑了，「哭鼻子啦？小破孩兒，想戀愛了？」她終於又叫霍福曼「小破孩兒」了。可是，這時霍福曼已不願聽這個字眼了。

看來，她並沒把霍福曼的求愛當回事兒，「別哭了，姐幫你找一個漂亮的，領出去讓男人世界發生九・九級地震！怎麼樣？要相信姐的眼力和能力。」說著，她又把手插進霍福曼的頭髮，使勁兒搖了兩下霍福曼的腦袋。

「姐，我不要娶別人，就娶你！」霍福曼鼓著勇氣說。

「小破孩兒！姐要是嫁了給你，那麼你姐夫不就得打一輩子光棍？」敖音調侃地說。

她哪知道，這話猶在霍福曼心上撒了一把鹽。他一想，她不和自己在一起，要和另一個男人一起生活，他感到自己只有選擇死了。霍福曼撥拉去她的手，轉身離去。

「阿曼，姐也愛你，可是姐不能嫁給你呀，姐比你大三歲，這就意味著姐永遠只能做你的姐姐，不能給你做老婆……」敖音跟在霍福曼的後面，不停地解釋到。

「胡說！報紙說，女大男小最科學。你想移情別戀也就算了，別給自己找藉口了……」

「移情別戀？我什麼時候跟你談戀愛了？我不是始終把你當小弟嗎？阿曼，別鬧了，姐也不願這樣，姐的心裡也亂亂的，很不好受……」她說。

霍福曼回過頭，見敖音的眼圈紅紅的。霍福曼一把抱住了她。她像根柔柔的青藤附在霍福曼的身上，臉緊貼著霍福曼的肩。那一刻，霍福曼真的幸福極了。

「姐，你別再把我當成弱不禁風的草，要把我當成粗壯的樹；別再把我當成『小破孩兒』，把我當成男人吧……」

「嗨嗨嗨，『小破孩兒』……」

那是，她最後一次稱霍福曼「小破孩兒」，霍福曼也最後一次叫她「姐」。

他們戀愛了，感情在另一層面上找到了新的起點。

一九八七年，大學畢業了，霍福曼棄醫從文，考取了碩士研究生，敖音一邊工作，一邊等霍福曼。

一九九二年十月一日，二十四歲的霍福曼和二十七歲敖音的戀情修成正果——他們踏上了婚姻的紅地毯。她從二十二歲，一直等到二十七歲，整整五年！

敖音一直很寵霍福曼，對他照料得已經不能用周到，而應用「精緻」來形容了，早起，她將一碗溫鹽水擺在他的床頭，讓他沖洗一下胃腸，晚睡前，端給他一杯蜂蜜水，讓睡個安穩覺；早飯後，她遞過一顆複合維生素，晚飯時，倒一杯乾紅葡萄酒；在上班時，在霍福曼的皮包裡總能找到一個保鮮盒，裡面不是削好的蘋果，就是切成瓣的柑橙……

霍福曼的同事說：「你老婆是不是把你當成幼稚園大班的孩子了？」

她的好友勸她：「你別把老公寵壞了！」

「我有兩個兒子，一大一小，小的要寵，大的也要寵……」

雖然，她不再稱霍福曼「小破孩兒」了，可是她的心裡，霍福曼還是那個「小破孩兒」，是她的大兒子！因此，她什麼事都自己料理，哪怕裝修房子，她也是一人承包，找瓦工，找電工，找管工；買釘子，買合頁，買石材，買板材，買油漆……

敖音的朋友說，看來，世界上只有你的婚姻固若金湯。哪怕天底下所有男人都有外遇，你老公也沒理由有外遇！

可是，還沒等到天下所有男人都有外遇呢，霍福曼已率先進跨入先有外遇的男人行列。

第一次，敖音原諒了霍福曼，可是她卻痛苦得死去活來。性情開朗的她一度變得沉默寡言，一天說不上幾句話。在那些日子裡，她不讀書，不閱報，也不看電視，更不和別人聊天。婚外戀、「第三者」之類不僅是當今傳媒不可或缺的元素，也是人們聊天的談資。敖音在回避惡性刺激，因為只要一涉及，她內心的傷疤就會崩裂，痛苦不堪。

她哭著對霍福曼說：「阿曼，是不是我太老了，不適合你了？要不咱們離婚吧，你再找一個年輕的。」

「不是，不是，是我太不好了。你還是你，我變壞了……」霍福曼氣短而誠懇地說。

「阿曼，我太愛你了。我不知自己付出這麼大的代價值不值。」

霍福曼愧疚地指天發誓，如果我再有外遇，就讓雷劈死，讓電殛死，讓……

可是，霍福曼這條狗還是改不了吃屎（這是敖音在氣急敗壞時說的話），事過三年，他又有了第二次外遇。那女的是外省的作家，不知她是想利用霍福曼，還是真的愛上了霍福曼。她在外省有一個很不錯的家庭，老公是政壇的新秀，據說有望在年內當上省政府秘書長，女兒聰穎伶俐，剛剛七歲鋼琴就過了八級。

霍福曼拒絕了她的追求，可是恰恰因為拒絕，才使得霍福曼跟她發生故事……

一次，她來京要請霍福曼吃飯。她選擇的酒店到處都彌漫著浪漫的情調：沒有椅子，坐的是秋千；沒有燈，杯裡漂泊著一團紅紅的蠟燭。她的表白卻不那麼幽雅含蓄，而是沒遮沒掩，單刀直入……

霍福曼說，我不能為你傷害自己的太太。她的淚水像蠟淚似的流了下來，並一個勁兒地飲酒，每飲一杯就說一句：「對不起！」每一句「對不起」對霍福曼都是一種折磨。後來，她喝得酩酊大醉，霍福曼把她送回了賓館。這時，霍福曼才知道，她住的不是以往住的那種招待所，而是五星級賓館的套房……

那一夜，霍福曼一宿沒睡，那句「對不起」小鼓似的敲得他頭痛；她有意備下五星賓館的套房，在霍福曼眼前晃來晃去，讓他內疚不安，感到自己不該那麼重地傷害她，人生不過近百秋，在暫短的人生中，自己不該在一個柔弱的女人心上留下一道深深刀痕。況且，自己本來就是個命有桃花之人，有何理由拒絕她呢！外遇已有過，只要不讓敖音知道，再多一次又有什麼呢？她是外省的，又擁有一個幸福的家庭，肯定不會做出小倩那種事……

第二天一早，霍福曼就趕到賓館看她。這一去，他就成了「打狗的肉包」了……

有了以往的教訓，霍福曼一再跟她聲明：我們只做情人。女作家很同意霍福曼的觀點，她也不想破壞自己婚姻，不想嫁給他。可是，不到一年，這次外遇又敗露了。

女作家讓霍福曼幫她的女友找醫生看病。霍福曼只好請敖音幫忙。沒想到那位女作家竟然把她和霍福曼的事全都告訴了女友。那位女友卻在敖音真誠和熱情的感召下，揭發了霍福曼……

這次，敖音沒有眼淚，沒有了悲傷，她覺得跟霍福曼已無話可說，領著兒子住到了娘家。

婚姻已到山窮水盡，霍福曼又錯得毫無道理，沒有理由祈求敖音的原諒，只好寫了一份離婚協議：家裡的一切和二十六萬的積蓄統統歸敖音所有，一輛「普桑（即福斯桑塔納）」歸霍福曼使用，兒子陶陶暫留她處，霍福曼每月支付生活費一千元錢，其他費用另計，簽完了名字，放在了敖音的梳粧檯上。霍福曼就像條喪家犬，把自己的書和衣物塞進汽車的後備箱……

好在獨身一輩子的姑媽在去世前，將東四的一間小屋留給了霍福曼的父親。霍福曼從老爸那裡騙得了鑰匙，搬了進去。在霍福曼離開老爸時，沒有文化的老爸還不放心地趴著窗戶衝霍福曼嚷道：「福曼，你小子能娶上敖音，說不上祖上為你小子燒多少高香呢！你不要身在福中不知福！」霍福曼上次的外遇不僅搞得敖音痛苦不堪，而且搞得老爸操勞不安。霍福曼心一酸，差點落下淚來。

從搬進姑媽的小屋，霍福曼就整夜失眠，腦裡回閃的都是敖音對自己的愛。敖音總是笑咪咪地看著他們爺倆吃東西，她卻不吃。她說，「你們吃吧，多吃點兒，看著你們吃我就特別幸福！」當那一個個片段在霍福曼腦裡閃過之後，他心如刀絞。唉，這麼一個「打著燈籠都找不到的好女人」（霍福曼老爸語）卻傷心地離他而去。霍福曼很鬧心，於是撥通了朋友的電話。

「老曼啊，你這回可是無產者了。真正的無產者是無所畏懼的……」

叭——霍福曼摔下電話。他媽的，在他眼裡老曼甚至可以搶男霸女，為所欲為了。

一天、兩天、三天、一週過去了，一個沒有家的男人猶如沒有錨的小船，任何港灣都停靠不住。每天下班，霍福曼坐在車裡，心裡一片茫然，不知道自己該去哪兒。最難熬的還是夜晚，讀不進書，看不進電視，傻呆呆地坐在小屋裡想心事：敖音和陶陶回家了吧？她看到離婚協議了嗎？她為什麼沒來電話約我去辦離婚手續？她會不會原諒我？不會，上次她痛苦得死去活來，這次她說什麼也不會跟我過下去了。

週末的晚上，霍福曼撥通家裡的電話，那邊有人接起電話，無語。那肯定是敖音，她知道是霍福曼的電話。霍福曼也沒有吱聲，默默地拿著電話，淚水奪眶而下……一分鐘後，那邊放下了電話。

霍福曼突然有種衝動，想喊一聲「姐」。霍福曼想再撥，自感無顏，只好給敖音發了一則簡訊：「姐，好想你！」

沒有回信。

第二天晚上，霍福曼又發一則簡訊：「姐，已經十七年沒這樣稱你了。我知道自己罪孽深重，不敢奢望你的寬宥，我只祈求你不要不理我。姐，離婚協議我放在梳粧檯上了，什麼時候去辦手續，請通知我。」

第三天，霍福曼繼續發簡訊：「姐，我白天回母校了。在我們初吻的那樹下坐了很久。樹依舊，我卻找不到了自己。姐，我多麼渴望你能像過去那樣摸著我的頭，再叫我一聲：『小破孩兒！』」

「我只有後悔！」敖音終於給霍福曼回了簡訊。

「姐，我更後悔。在向你求愛時，我一遍遍地問自己，能否讓姐幸福。我心的回答是肯定的。可是，我卻讓姐流了那麼多的淚，吃那麼多的苦……」

第四天。「姐，陶陶好嗎？姐，不要讓他知道我的事。我感到自己不僅很對不住你，也對不住孩子。我真是愧做父親！陶陶想我嗎？他要是想我了，你就對他說，爸爸出國了。爸爸只要回國就去學校接他……」發完簡訊，霍福曼的淚水已淹沒了手機的螢幕。

「陶好。勿念。」

那間小屋令霍福曼窒息，讓他孤獨、困苦、哀愴、淒冷，他給敖音發的簡訊竟像賣火柴的小女孩劃著的火柴，溫暖著他那寂冷的心。不過，小屋也給了霍福曼充足的時間，讓他去反省，讓他去思痛。

「姐，你還記得嗎？我跟你說過，一次出遊，一位算命說我命有桃花。我不知自己是應了他的讖語，還是落入了他的圈套……姐，我曾認為自己有外遇是命裡註定的事，現在想來不是，是我放縱了自己。」

「當你認為自己有病時，沒病也會表現出病態……」她終於肯責備霍福曼了。

「姐，我知道了。我很痛心，很後悔……」

「知道痛心、後悔，就說明你的良知還沒有泯滅……自己生活，要注意身體！」敖音的簡訊，霍福曼讀了一遍又一遍，每讀一次都不知不覺地淚流滿面。

「姐，我知道了。你也要多保重。姐，我過去太不懂事了，對你照顧得太少了。現在又失去了照顧你的機會……」

「『小破孩兒』，姐不該恨你。姐應該意識到那算命先生的可惡的卦語對你的作用……『小破孩兒』，姐不後悔了，姐的選擇沒錯，最起碼你活得很真實，能坦白交代了自己的錯誤，沒有欺騙姐。」

敖音的這個簡訊讓霍福曼欣喜不已，不亞於當年姐接受他的求愛。

「『小破孩兒』，回來吧！你一個人在外，姐不放心！不過姐要給你一個處分——留婚察看。」

「姐，我歸心似箭，可是我還不能回去，我無顏見你。姐，讓我再閉門思過一段時間好嗎？」

霍福曼發完簡訊，放聲大哭……他不知道，拿什麼去贖自己的罪過！

## 沒有摔碎的婚姻瓷器

二〇〇七年五月十四日，當苟匀被子菊拽到婚姻登記處時，才意識到自己距離婚僅一步之遙。站在前來離婚的男男女女之列，他不僅沒有「翻身農奴把歌唱」的衝動，沒有「砸碎千年的鐵鎖鏈」的歡忭，心裡卻被塞滿了失落、沮喪和苦澀。

「你們的離婚協議書呢？」辦事員冷冷地問道。

「沒有。」子菊白了他一眼，低聲下氣地說。

「簽好協議再來。」她說罷將兩份被子菊保存簇新的結婚證扔了回來。

「我是送你回家，還是送你去醫院？要不，我們先去離婚酒吧體驗一下？」苟匀幸災樂禍地對子菊說。他知道沒有離婚協議書在這兒絕對是辦不成的。

「苟匀，你滾吧，去死吧！」她惱然吼道。

他翻翻白眼，死皮賴臉地說：「那麼，我代表聯合國秘書長潘基文，向您這位不幸失去犬子的偉大女性表示深切的同情和慰問。」

「苟匀，你這天打五雷轟的狗男人，我再也不想見到你！」子菊掄起手袋砸在他的臂部。他沒躲閃，讓她砸個盜實。子菊的背影淡出視野，他內心攪起羞悔、愧疚，還有那失卻肋骨之痛。

苟匀和子菊是在一九九九年一月十日在這裡登記結婚的。當辦事員將結婚證交到他手上時，他像范進中舉似的喊道：「子菊，我有老婆了！有家了！」他將她抱起來，轉兩圈兒。「別介（即別這樣），別介，快放下，人家還以為你八輩子沒討著老婆呢！」菊子臉紅得像結婚證似的說道。

苟匀和子菊同年同月生，不過她早出生三天，屬雞，他卻屬狗。苟匀他老爹說，「女大一不是妻。」他說，討老婆又不是逛食品一條街，這家口味差點兒就換一家。子菊除大我三天之外，還有啥不合適？再說了，這事兒我要是不說，誰會知道？老爹不吱聲了。子菊的老娘也不同意：「不行，『白馬犯青牛，羊鼠一旦休，蛇虎如刀絞，雞犬淚交流。』這是婚配『四大忌』。你們倆不合婚！」

對苟匀和子菊來說，結婚就是最崇高的理想和追求，什麼能阻擋得了他和子菊對家的嚮往？在二十四歲那年，子菊從中國醫科大學護理專業畢業，分到北京著名的三甲醫院當護士，獨自漂泊七年；他九歲失去母親，家就少了一堵牆，再也阻擋不住淒風苦雨。十年後，他考上北京師範大學中文專業，離開錦州，離開那個破敗的家。從那時起，他就渴望在北京有個家。十三年之後的傍晚，他把子菊送到醫院門口，在跟她伸手握別之時，他把她攬入懷中。在那熙熙攘攘的馬路邊上，他竟擁抱出了舒適和溫馨，找到了家的感覺。那是他和她的第一次約會。

婚後，他和子菊在國貿附近的出租屋裡安下了家，當年就有了收穫——兒子「狗仔」。如今，「狗仔」已由三．一公斤的「哭巴精」變成一米四的小學生，子菊從主管護師晉為副主任護師、腹外科護士長，家也從出租屋搬到通州世紀星城一百三十七平方米的商品房，他卻從出版社編輯室主任變成了小書商，錢沒賺幾個子，卻遭遇一場外遇，搞得雞飛狗跳。

他將車發動，望著婚姻登記處前的熙攘人流，心裡充塞著複雜的心緒。

二○○七年初，苟勻策劃的兩本書賠了錢，賠得惶惶不可終日，自信像雪花在心裡飄著，兩位合夥人撤離。他深居簡出，支頤發呆，再做下去，有可能賠個精光；不做幹什麼？難道像子菊的小學同學汪一鶴那樣當廣告商？

「吃飯了。」子菊在餐廳喊道。

「除了吃，你還能說點什麼？你關心過我的感受嗎？關心過我的痛苦和煩惱嗎？難道我活著對你而言只是一種印證，印證你還沒有守寡？怪不得當年我老爹說，『女大一不是妻』！」他歇斯底里地衝她吼道。

愛情有時看似豐盛無比，頃刻就杯盤狼藉；覺得珍饈美味，轉瞬卻肴腐羹餿。他和子菊的「雞犬和諧」早已經不見，變得雞零狗碎，雞犬不寧。

「苟勻，你、你、你小子有沒有良心！」子菊手指著他，面色慘白地說道。

這時，手機響了，汪一鶴說，錦州的幾位老鄉在「老地方」聚會，讓苟勻無論如何也得參加。他撇下子菊，拂袖而去。

說「經濟全球化」，其實酒桌才「全球化」呢，八竿子撥拉不著的人都可以在酒桌上相遇相識。小齊是黑龍江省甘南縣人，二○○五年在北師大畢業後，沒有回到那個以盛產土豆而聞名的地方，在汪一鶴那謀得文案策劃的職位。她雖然算不得美女，但一襲淺淡的休閒裝，像一莖纖細清純、綠色水靈的芹菜。她使得酒桌上的男人像吞服了「偉哥」，變得狂躁，熱情奔放，言多酒暢。小齊幾杯下肚就顏酡人媚，飄然若仙。她說，鬱悶死了，正在為一種女性飲品的廣告詞而發愁，區區十幾個字，改寫二十多遍，客戶還不滿意，如再通不過，那只有像北師大的博導文力那樣去跳樓了。

「齊小姐，你說什麼也不能跳樓啊！」一位印刷商兩眼直勾勾地看著她說。

「那麼，本小姐就酒桌招親，誰要是能創意出讓那王八蛋滿意的廣告詞，本小姐就嫁給他。」

「此話當真？」印刷商的眼睛瞪得比牛還大地問。

「賭場無父子，酒桌無戲言。」不知她是喝高了，還是想涮涮那幾個胸無點墨的傢伙。

他們的創意一一出生，又被她一一斃掉。每斃掉一個，她的臉就會浮現出一絲嘲諷和快意。

「句總該你『投標』了。」她對他說，並善意地將「苟」稱之為「句」。「苟總」總讓人的思維情不自禁地滑向「狗種」。

「我？給誰投標？為自己遲了八載；為兒子又早了十年。」他笑著搖頭說。

「權且英雄救美了。你不能眼看著鮮花被殘忍地插在牛糞上哪！」小齊裝出可憐兮兮地說。

「這桌還有牛糞？他們不是高山峻嶺就是名河大川，比如汪老闆，那是人中豪傑，馬中赤兔，狗中藏獒，耗子裡的黃鼠狼！」他順情說好話地說道。

「句總，好像你不是投不中，而是不想投。那麼，你老人家就讓我們開開眼！」印刷商領頭起鬨了。

「端起的是自信，喝出的是柔媚！」他被逼上梁山，沉吟片刻說。

「出口不凡！好！再來一句，再來一句。」小齊先敬他一杯酒，然後兩眼激情地逼視他說。那天，酒是越喝越高，話是越說越多，最後他連怎麼回家的都記不清了。

沒想到，他的一句廣告詞還真就得到客戶的認可。於是，他在酒桌贏一佳人的傳聞在老鄉中間複製著，演繹著，傳播著。每當汪一鶴張羅喝酒，就像贈送個果盤似的，打電話把小齊叫過來。在這種薰染和認可之下，小齊漸漸走出難堪，變得落落大方，坐在他的旁邊，為他擋酒夾菜，儼然一對夫妻。

凡事只要敢想，那麼距敢為就不遙遠了……四月七日，他約小齊到三里屯酒吧喝酒，那晚鋼琴流淌著舒緩的浪漫，暗淡的燈光隱含幾分曖昧，他和小齊對面而坐，心底湧動著莫名期盼和欲動……他的目光透過酒杯，落在小齊那張像芹菜葉似的水靈而生動的臉上。對子菊的不滿在他心底洇散著。他跟子菊除吃飯、睡覺、孩子之外幾乎就沒有交點！夫妻八載，她對他的瞭解遠不及手術刀、止血鉗！空杯被小齊斟滿了，「女大一不是妻」和「雞犬淚交流」卻在心裡沉沉浮浮。他後悔自己當年為有個家出賣了愛情。

不知什麼時候，小齊已依偎在身旁，他的心像蒲公英似的飄落在她的懷裡。不知是酒醉還是情醉，他沒有回家，跟小齊去了她的住所。戲言砸出了情欲的空間，從虛擬一步就邁進現實，沒想到他和小齊竟愛得莫名地順暢，好似導演過似的讓他驚喜和驚詫。這是上帝對他婚姻錯碼的糾正，抑或小齊就是那個守在他人生岔路的女孩兒，她要把他引出那單調、乏味、無聊的婚姻。

早晨，他打開手機，滿屏的子菊的來電提示和簡訊留言，他默默看了片刻，沒回覆。

他好像站在十字路口，猶豫了一天，子菊給了他一個家，小齊給了他無際的愛。他到底該選擇子菊還是小齊。他回到家，子菊不在。他知道等她回來，免不了還要吵架。她的簡訊沒夫妻間的溫柔，卻充滿三娘教子的嚴厲。他越想越來氣，於是像離家出走的美國男人似的將衣服塞進旅行包；給子菊留張便條，告訴她不要找他。

圍城之外是天堂，他跟小齊廝守在一起，甜似蜜月。他們去泡酒吧，去游泳，去蹦極（即高空彈跳），去遊樂場瘋耍，去遊野鴨湖、雁棲湖、北古口……

幸福和快樂永遠是短暫的，他越來越感到這種生活遠離他的人生、他的追求和他的目標。兩週後，他開始想家了，想兒子和子菊，同時胃腸開始思念起子菊燒的菜。

回家的渴念像地裡的莊稼在他心裡狂長。子夜醒來，他感到眼前一片陌生，陌生得讓他不安。床不是家裡的棕床，窗簾流淌的也不是西湖之水，身邊沒子菊那兩短一長的呼嚕……他再也回不去夢鄉，躺在那兒想家。過去，他經常跟同事說，我家「雞犬之聲相聞」，一派田園祥和。子菊卻聲稱家有「犬子兩個」。早起，她拉開窗簾，撩起被子，將他和兒子屁股拍得山響，快活地喊道：「快讓太陽曬曬你們的狗屁股！」下班回來，她幸福淋漓地說：「我一回家，大狗叫，小狗也叫。」唉，沒了「大狗」，「小狗」是不是還叫，還能不能叫出歡快？他心一酸，有淚漾出……

他感到壓抑，感到鬱悶，感到心靈空寂，開著車心裡一片茫然，在街上胡亂轉悠。街燈的歡快流不進他的心裡，他覺得自己像一枚被大樹流放的落葉。蒼穹如墨，燈火萬家，他的車在家的樓下停下。

「兒子，你在做什麼？」遙望家裡散發柔光的窗戶，他撥通電話。

「寫作業，沒事我就擱了……」狗仔有著敵意。

「你媽呢？」

「媽，我爸要跟你說話……我媽讓你滾犢子。」看來子菊不僅惱於他的離開，而且知道了他和小齊的事情。

子菊屬於「朋友來了有好酒，敵人來了有獵槍」，不存有中間地帶的女性。看來想回家也難，他悵然收線，收起了絕望和悽愴……

那邊有家難歸，這邊像對上了暗號，接錯了頭的地下聯絡員。為結束這一尷尬，他動用關係把小齊弄到他原來工作過的出版社當編輯，又從賬上支二萬元錢給她，然後跟她分了手，搬到辦公室去住。夜晚，那幢二十六層寫字樓裡，喘氣的可能除了他就是老鼠。他感到自己比老鼠還淒慘。

五月十二日，子菊打電話約他十四日在婚姻登記處見面。她態度明朗，離婚，孩子歸她撫養，別的可商量。在婚姻登記處，他意識到了自己離家的輕率，不肯一錯再錯，拒絕在協議書上簽字……

可是，他怎麼有臉回家？他已在子菊的心裡會留下難以癒合的重創，給她帶來痛苦、悲傷、屈辱和惱怒。

「爸，我們老師說明天下午兩點半開家長會，我媽有手術。」五月十七日，狗仔打電話給他說。

「兒子，爸爸也有事兒……」他要跟作者談一部暢銷書稿，這是他翻身的機會啊，爭取下來不容易。

「有事，有事就別當爸爸？」狗仔撂下電話。

狗仔是婚姻的最後砝碼啊。第二天，他跟作者沒談完就匆匆趕往學校。

「我是荀川的家長。」他對站在門口的老師說。

「荀川的家長來了。」老師說。

他心一驚，難道我這個荀川他爹就這麼被顛覆了？順著老師手指望去，他見到子菊。會後，老師把他和子菊留下，說荀川情緒不穩定，經常跟同學打架；上課不聽講，作業不按時完成……

從學校出來，子菊平靜地說，她想好了，同意離婚後兒子歸他。他望著憔悴的子菊，愧恨針芒似的紮在心上……他說，可以。不過有個條件，你不能離開這個家！

「你要怎麼樣？一妻一妾？」子菊像遭受莫大的污辱似的叫喊道。

「對，一妻一妾。妻是你，妾也是你。」他賴皮賴臉地說。

「荀勻，你太無恥了！我是不會再跟你過的，你讓我感到噁心！」她憤惱地吼道。

「唉，沒辦法，誰讓你是狗仔他媽呢，不委屈你委屈誰。另外，你總不能把我這條狗趕到社會，交給政府吧？」他跟她耍著貧嘴。

「我告訴你，我是不會原諒你的。」子菊轉身離去。

「可是，我已原諒你了。」

「我有什麼錯？我又沒有外遇。」她站住了。

「你不應該把我當成一把止血鉗子，擦乾淨不生銹就行了。你除關心我饑飽之外，關心過我的感受麼，關心過我的感情麼，關心過我的生意麼？上街時，你什麼時候挽過我的手？我們在一起向來都是你在前，我在後，你買東西，我付賬；你和狗仔越來越像情侶，有說有笑，我反倒像一僕二主的中的僕人……」

子菊沒有吱聲，走了。他知道她是一個講道理的人，這句話會在她的心裡發生作用。

五月二十一日，清早醒來，一縷陽光拂在臉上，暖暖的。他躺在家裡。這是怎麼回事？他拚命地想，昨晚他獨自去了酒吧，連泡三個吧，先喝柯洛娜，然後喝愛丁格，再後是純種苦啤酒。酒拉著我的手進入溫馨的夢境，他躺在家裡，有兒子影子，還有子菊的話語。原來他喝醉了，摸回了家。子菊和兒子都走了，餐桌上放著玉米麵窩頭和東北小菜，電鍋有熱乎乎的小米粥。他坐在餐桌前，望著飯菜，家裡真好，淚水奪眶而出。回家的渴望越來越堅實，不可動搖……

下班，他開車先接狗仔，買了一雙他嚮往已久的溜冰鞋，然後去接子菊。當她和同事有說有笑地走出醫院，他高聲喊道：「子菊，我給你買套喬治．阿瑪尼，快去試試！」

子菊一見他臉色陡變：「我還有事。」轉身要返回醫院。

「護士長，你好福氣啊。」同事說著把她推到車旁。

「媽，我要去吃麥當勞，我們宰老爸一把……」兒子一把拖住子菊。

子菊無奈地上了車。離開醫院後，子菊就吼叫道：「苟勻，我要下車！」

「喬治．阿瑪尼在專賣店等你呢？你不去，它怎麼辦？」

「你愛咋辦就咋辦，跟我有什麼關係？」

「不是還沒離婚嗎？我的就是你的，你的也是我的。特價商品不給退貨，幾千元錢總不能白扔吧？就算我送你一件離婚紀念品，又能怎麼樣呢？」他說著，把車開到商場。

「你的東西我們娘倆已經收下了，你請回吧！」到家門口時，子菊冷著臉對他說。

「不行，我得檢查一下兒子的作業。」他乘機鑽進了家。

「苟匀，你要回來的話，我就不回家了！」子菊要挾道。

「你不回家，我們吃什麼？你再將就十年，狗仔就上大學了；將就二三十年我也就去世了，你不就功德圓滿了嗎？子菊，我得警告你，你要是不回家，我就去醫院找你，你是有夫之婦，不能夜不歸宿？」他佯怒說道。

「你自己夜不歸宿時，你跟那個女人鬼混時，你怎麼就不這麼想？」子菊憤然喊道。

「實踐證明我錯了。可是，你是我老婆，我不能讓我的錯誤在你身上複製，不能讓我們夫妻被同一塊石頭絆倒兩次！」他說道。

「絆倒？你還有臉說……」子菊說著，抓起桌上的書紛紛向他砸來。

他裝出躲躲閃閃，卻老老實實讓她打個痛快，給她一個發洩的機會。

「老婆，出氣沒？要不我把狗屁股伸過來讓你再打兩下？」當子菊扔完書後，他轉過身，撅起屁股說。她狠狠地踹一腳，他「撲通」一下子倒在地上。「哎喲，哎喲……」他低聲呻吟著，用斜眼的餘光注視著她。這位肇事者像受驚的小鹿站在那裡，猶豫片刻走過來，扳動他的身體。他一轉身把她拉入懷裡。她沒有掙扎，他們靜靜地躺在地板上，他又感受到戀愛時曾有的感覺。他知道自己必須嚴肅認真地向她坦白交代自己的問題，真誠地表達自己的刻骨銘心的悔恨，還有回家的渴望與決心，求得她的諒解……

婚姻這件瓷器已經龜裂，他相信只要不撒手它就不會變成一地碎片。他知道子菊對他的信任，以及對婚姻的信心都遭受瀕臨毀滅性的重創，要想恢復如初恐怕還要來一場戀愛。他得趁熱打鐵，抓住機會。五月二十二日，他又去接子菊了。他給她買了一枝玫瑰。她一上車他就給了她，她放在鼻子下聞聞，抱怨地說：「從結婚之後，你就沒再送過我玫瑰！我們科里劉醫生都快退休了，她老伴還經常送她玫瑰。」他說：「我以後每天送你一枝，不就兩元錢麼，哄老婆高興是值得的。」「你咋滿腦袋錢臭！不要了，玫瑰都被你熏臭了。」

下車後，子菊出乎意外地挽起他的胳膊。他知道這是開始，要攥緊婚姻，永不撒手。

## 那猝不及防的失守

尉繼業的外遇猶如一場暴風雪，遽然降臨，沒等抵擋已長驅直入，沒容反抗已全線崩潰。它像鋪天蓋地的大雪飄進他的日子，婚姻的路徑已全線癱瘓，情感若拋錨半路的汽車，吼叫著衝不出那片泥濘……

在困苦中，他找到了自己外遇的根源——缺乏信任。這是一個致命的缺失，無論教堂的婚誓，抑或是黃山的同心鎖，都改變不了這一基因缺陷。

二〇〇六年十二月十二日，北京的天陰陰的，風像無家可歸的流浪狗拍打著窗櫺。他沖杯咖啡，望著杯盤狼藉的餐桌，想著如何打發這老婆不在家的蒼涼。筱敏去廣西了。行前，她將牛奶麵包五餐肉，真空小菜八寶粥和一沖即飲的玉米粥把冰箱塞得滿滿的。她知道她不在家，他是不會開夥的。

女人是蝸牛，到哪兒哪兒是家；男人是雄獅，離開女人就是流浪漢。妻不在家，他就成了喪家犬，把車開出停車場就迷失了方向。倘若有位狗戴帽子的朋友約請喝酒，他會欣然前往。可惜，別說狗戴帽子的朋友，連條戴帽子的狗也沒有，他只好開車回家獨自打發那份揮之不去的無聊。

咚咚咚！突然門被敲得山響。這哪是敲，是錘，是砸。

「誰呀？以我是楊白勞哪？」他不快地說。

他趴門鏡一看，是一位年輕女子。老婆不在家，這種人是不能輕易放進來的。

「女士，您是不是砸錯門了？我家不欠水費電費醫藥費，也不欠農民工的工資。」他隔門吼道。

「開門，我是李明的妻子。」她氣呼呼地說道。

「李明？啊，對不起，筱敏出差了。」他打開門。李明是筱敏的頂頭上司——副處長。

「我要跟你談一談。」她冷冷地說。

我老婆不在家，老婆的上司的老婆要和我談談，談什麼？她老公是我老婆的上司，我老婆是我的上司，那麼她就是我的上司了？這是哪兒和哪兒啊？他莫名其妙地把她讓進客廳。

這位女士眉黛輕顰、身著紅色款式新潮的皮衣。她坐在沙發上，還沒開口眼淚就下來了，戚戚慘慘，悲悲切切。

「您不要傷心，有話慢慢說。」他說。

「我被那兩個狗男女耍了……」

那應該找公安局、法院、工商局或消費者協會，跑我這兒燒哪門子香呢？我不過是位娛記，她要是歌星影星，哪怕球星找我說說還行，可以給幫她寫篇報導，可是我跟「喪門星」卻不搭界。他想著，眼睛不安地看著她。她哭得他很緊張，生怕讓人聽見，好像他非禮她似的。

「呂筱敏，這臭不要臉的女人……」她哭著罵道。

「你怎麼罵人呢？」他惱然說道。她不會是精神病吧，要不怎麼會跑我家罵我老婆，這不是騎我脖子上拉屎麼？她老公別說是副處，就是副部又怎麼樣？「好男不跟女鬥」，尤其是這種哭哭啼啼的女人。她搞得他心直發慌，手足無措，不知是打電話報警，還是請朋友幫忙。

「筱敏和李明這兩個狗男女早就搞到一起了！他們總在一起，我還自欺人地想他們可能是工作關係。今天他們單位有人打電話跟我……」她瞪著熊貓似的眼睛對他吼道。

她的話像錘子砸在他的腦袋上，懵了。

「你不能聽風就是雨……」他有氣無力地說著，抓起電話打給筱敏。

「別打了，他們的手機我都打過了，關機。」這個喪門星說道。

筱敏的手機的確關機。他不死心，連撥幾遍，她幹嘛要關機呢？他兩腿一軟，一屁股跌坐在沙發上。他雙手抱頭，前所未有的絕望將他的心徹底覆蓋。他之所以三十五歲才娶妻，怕的就是這種事啊！

「會不會有人報復他們，會不會搞錯了？……」

「那人說，在十一月二十九日，他們還在和平門附近的一家賓館開過房間。我請人幫忙查了，確有此事，他們是以李明的身份證開的房間。」

他翻一下工作日曆，那天他去京郊採訪，回來很晚，筱敏沒在家。他以為快到年底了，她工作忙，就獨自睡了。她到底什麼時候回來的，他不知道。這種事情以前屢有發生。我太蠢了，筱敏說要跟李明去廣西出差，我要開車送她，她不讓。後來，我還是把她送到火車站，見到李明還說，我把老婆交給你了，路上請多多關照。我親手把自己老婆交給那姦夫，這不是他媽世界頭號大傻瓜嗎？他不禁想到。

上帝啊，為什麼讓我和父親遭受同樣磨難？筱敏啊，我們在黃山上鎖同心鎖時，你不是說過：如果背叛婚姻和愛情就來此處跳崖麼？為怕你像我的母親，我一直阻止母親來看你。他母親年輕時特別漂亮，在醫院當護士；他父親是轉業軍官，在農場當幹事。他十歲那年，母親有了外遇，跟父親離了婚。在母親離家的那個春節，家裡的淒涼像窗外「嗚嗚」呼嘯的西北風，「攪得周天寒徹」。他望著那桌父親燒的菜默默流淚，執意不肯動筷。好似只要一動筷，媽媽就再也回不來了。父親勸他不聽，最後火了，抬手把桌子掀翻了。後來，父親蹲在地上收拾起了那一片狼藉，又貓腰鑽到廚房重新燒菜。爐火映紅父親的臉，兩道淚水閃閃發光。在那一刻，他對母親的思念轉為怨恨。

母親的外遇和離家是他心頭一片飄不去的陰雲。他恥於談母親，母親跟父親離婚後，再婚過三次，婚齡一次比一次短。父親卻一直沒有再婚。他成年後，對婚姻有種莫名的恐懼，女友交了不少，每當提及結婚，他就退卻了。在三十四歲那年，他認識了筱敏。她才二十七歲，剛獲取碩士學位就考上了公務員，在某部委的計財司綜合處工作。

筱敏跟他算得上老鄉，他家在紅興隆，她家在建三江，同屬北大荒。她長相尋常，既讓人挑不出什麼缺點，也總結找不出什麼亮點，屬於那種沒有什麼魅力，見過幾面都難留下印象的女孩。他對她說，我想找一位可以託付自己那顆流浪之心的女人，她要保證今生今世忠誠於愛情，永不背叛。筱敏笑著跟他擊掌說道，我們不謀而合！他跟她講述了他的母親，講述了他的童年。她說，如果你能像父親還好，如像你母親那就麻煩了。他堅定不移地說，我是跟著父親長大的，只能像父親！婚後我會守身如玉，絕不會背叛我的愛人！我倒怕媳婦像婆，娶回一位風騷女子。我們家鄉有那麼個說法，那意思是幾代男人都走不出那個特定的命運。筱敏聽後陡然變色，像遭受莫大污辱。

「好了，好了，就是你了！要沒別的想法，我們下周就可以辦手續。」他拍拍她的肩膀說。

他們就這樣結了婚。一晃將近四年過去了，感情還好，但一直沒要孩子。三個月前，他對筱敏說，我們倆人加把油，明年抱個「金豬」。這三個月，他不僅禁酒，而且還多吃水果少寫稿。

母親千不好萬不好，還為那份夫妻感情堅守了十二年，筱敏連四年都沒堅守到！

他痛苦著，絕望著，悲抑著，忿恨著，可是無處發洩。那位女人坐在他身旁「嚶嚶」哭著，悲痛欲絕地嘮叨著。家裡的氣氛讓人窒息，一切都在垂死掙扎著，只有牆上的鐘悠閒地走著……屋裡的光線漸漸暗了，那女人還在哭著。他同病相憐地拽出一張面巾紙遞給她，她擦幾下丟在地板上，他再遞，她再擦再丟，不一會兒地上像落滿被槍彈擊落的白鴿。

「我為他什麼都付出了，他居然還在外邊亂搞女人！要是沒有孩子，我就跟他同歸於盡……我真不知道怎麼辦了。下一步，你想怎麼辦？」

他給自己倒杯紅酒，一飲而盡。在牙縫擠出兩個字：「離婚！」其實，他恨不得將那兩個狗男女碎屍萬段，可是內心深處卻有著莫名的氣短。他想起父親，他老人這輩子夠不容易的了，我不能讓他晚年失子。過去，他笑過父親沒有血性，沒有把跟媽媽通姦的男人殺掉，此時他才知道做男人有多難，尤其是一位有責任心的男人。

「能不能給我一杯酒？」她淚眼婆娑地望著他說。

他猶豫一下，還是給她倒了一杯。

「我最不能容忍的就是女人的背叛！」在喝到第N杯酒時，他想起了母親、父親，還有那個淒涼的除夕之夜，淚水抑制不住地流下來。

他感到屈辱，感到命苦，感到不公，感到內心深處有種無法發洩的東西在左衝右撞。她遞紙巾給他，依偎在他身邊哭著。

「我要……報復他！憑什麼我要為他堅守貞操？」她帶著哭腔喃喃地說道。他媽的，他們不仁，也休怪我們不義！不知是恨的衝動，還是心理不平衡的驅使，抑或是酒精的作祟，他和她抱在一起。在沙發上，他們的身體像罌粟似的燦爛地開放了，那滿腹的憤怒和怨恨隨之瘋狂的開放發洩而去……

那個女人和那個夜晚夢一般地飄逝了。第二天清早，他從沙發上醒來，望著茶几上的兩支酒杯和酒瓶，飄逝的夢又浮現在眼前了。我怎麼會這樣？筱敏的外遇是背叛；我的外遇是墮落！他自慚、自恨、自卑。他感到自己卑鄙無恥，荒唐和放蕩。為什麼會這樣？是母親遺傳的風流，還是自己那不可一擊的脆弱？此時，他感到父親的偉大，是真正的男子漢！

他把離婚協議書壓在酒杯之下，帶著心靈深處的創傷，跟單位告假返鄉。

他已經三年沒見父親了，父親的頭髮已變成乞力馬札羅的雪。他的生活仍然有條不紊，絲毫沒有單身男人的髒亂。桌上擺放著兩幅照片，一幅是他和筱敏的結婚照，她穿著潔白的婚紗，一臉的甜蜜和真摯；另一幅是三十年前父親、母親和他的全家福。這兩幅照片像刀子似的戳在他的心上。

回家的三天裡，他像隻受傷的小鳥蜷縮在巢穴。筱敏一遍遍打來電話，他看一眼就掛斷了；李明的電話打來，他冷冷地說道：「請你不要再給陌生人打電話！」

第四天晚上，父親燒了幾個拿手好菜，溫了一壺北大荒酒。他想給父親斟酒，父親卻奪過去給他倒了一杯。

「兒子，我知道你有事瞞我，我也知道你心裡很苦，不過你是個男人，要敢於面對生活。明天回去吧，把事情處理完再回來。」父親說著，把一張車票放在桌上。

他哭了，哭得很不男人，把筱敏的事告訴了父親。

「你為什麼不等筱敏回來談談？你到底應該相信自己的老婆還是相信那個女人？事情弄清楚了嗎，你就要離婚？混啊！你真他媽的是我的兒子……」

父親的話像棒子擊在他的頭上，是啊，那個女人到底是誰，她是否真是李明的老婆？我為什麼不懷疑她，反而去懷疑筱敏？

「爸對不起你，更對不起你媽。當年，你媽氣憤地對我說：『老尉，我要是不搞破鞋的話，不僅對不起我自己，也對不起你對我的這份折磨！』」父親眼圈紅了。

父親說，當年母親被人稱之為「農場一枝梅」，許多男人對母親明追暗求，其中不乏領導幹部。父親懷疑母親跟副場長關係曖昧，不僅暗中監視，還對母親肆意侮慢，百般折磨。一天早晨，在母親臨上班前，被父親扇了兩個耳光。倔強的母親哭著狠狠地對父親說了那句話。那天，母親出了事，被抓了現行……

第二天，父親把他送上車。當火車行至瀋陽時，他接到那位女人的電話：

「對不起，是我錯了。李明他們一起去廣西的是四個人，不是只是他們兩個。」

「那麼，賓館……」

「是重名，那個李明不是我老公。對不起！」

「你一句對不起就沒事了？你讓我怎麼面對筱敏？你毀了我的婚姻，毀了我的家庭！」他失控地吼道。

「你別忘了，我跟你一樣也是受害者，」她停頓一會兒說，「不過，只要你不說，別往心裡去，那就等於什麼也沒發生。你就把那當做我們握一次手，皮膚間的短暫接觸。」

「你說得倒輕鬆！那是一次與愛情不相關的性交，是道德的淪喪……」

「你愛怎麼想就怎麼想好了，那是你的問題，我只不過想安慰你一下。我不會把那件事告訴老公的，我還要跟他生活下去。只希望不要因為你的原因而影響我的婚姻！」

她太無恥了，我已經背叛筱敏一次，難道我還要再欺騙她一次？他絕不能將那視為一次握手！男女的平等意識他還是有的。他曾經一次次地苛求於筱敏忠貞他，忠貞愛情和婚姻，自己卻把婚船砸沉了，他怎麼能原諒自己？當年，他是多麼的可笑，堅持要筱敏跟他去教堂結婚。

「你們又不是基督徒，去教堂發哪門子的昏？」父親大惑不解地問道。

「為了我們婚姻的神聖。」他說。其實，他是想讓筱敏在眾人面前發誓忠誠於他！

「你願意嫁給尉繼業嗎？愛他，忠誠於他，無論他貧困、患病或者殘疾，直至死亡。Do you（你願意嗎？）」牧師問筱敏。

「I do（我願意！）」筱敏無限虔誠地說。

牧師說：「上帝所配的人便不可分開。這一生一世的愛情，因為今天而完美。」

這是最讓他陶醉的一幕，他請朋友把它落實在錄影帶上，多次有意無意地播放給筱敏看，讓她不要忘了自己的婚誓。

可是，他們沒有貧困，沒有患病，也沒有殘疾，僅僅那個倒楣女人的誤解，他就背叛了自己的妻子！他多麼狹隘，多麼自私，多麼的不忠誠，多麼的不可信賴！他不配跟筱敏生活下去！他悔恨不已地將拳頭砸在自己的頭上。他恨那個女人，她把他變成一尾掙扎在沙灘的魚，苟延殘喘地張著嘴巴，等待著上帝宣判。

當他走進家門時，筱敏正坐在沙發上發呆。茶几上的離婚協議書還壓在酒杯下邊。可能父親已給過她電話。她想解釋，他卻軟弱無力地說：「筱敏，別說了。我要離婚，家裡的一切都歸你，我淨身出戶。」

「為什麼？你為什麼要離婚？我哪點對不起你？請告訴我……」

「不，不是你對不起我，是我對不起你。我這種下三爛男人沒資格跟你在一起，我不配擁有你那份愛情。」

「你這是藉口！你要離婚，可以，但你必須跟我說清楚，我哪點不好。我知道李明的老婆找過你，可是我告訴你，我絕對沒做任何對不起你的事！」

他望著她，淚情不自禁地流了下來，講述了那個荒唐的夜晚。筱敏像匹憤怒的狼從沙發跳起來，把沙發墊和茶几上的酒杯紛紛摔在地上，哭著用水果刀將沙發刺了一個個口子……

「為什麼會這樣？你當年怎麼答應我的？你想就這麼一走了之，不行！我們在黃山發過誓，誰要背叛愛情，誰就去跳黃山！你去吧，去死去吧！」她哭喊道。

他站起來，向門外走去。

「你上哪去，給我回來！」她瘋了似的把他拽住，將頭一下下地撞在他的胸口。

「筱敏，你想讓我怎麼辦，你說，我聽從你的處置！」

「我只要你忠誠於我，忠誠於愛情和這個家，做一個有責任心的男人！」

「可是，我已經失去了……」他五內深愧地說。

「尉繼業，你讓我噁心，你骯髒，你齷齪，你無恥，你卑鄙，你下流！你應該上刀山，下火海，進地獄！」

「如果能找回我的忠貞，我的純潔，那麼地獄就是我的天堂！」

第二天，當他回家時，發現原來的沙發和茶几已不見了，代之的是一套新的。可是籠罩在家的愁雲慘霧和內心的塊壘依然還在。筱敏是個理想主義者，是不允許感情有一點雜質的。他托朋友幫忙租了房，想早點搬出去。

筱敏衝他笑了笑，笑得十分苦澀。晚上，他睡在臥室，她睡在沙發。他理解她，在她的心裡這個家除新買的沙發都已不乾淨。她的內心肯定是悲苦和絕望，他是始作俑者，又沒法去安慰她。他能為她做的只有像那件舊沙發一樣消失。

兩天後，他悄悄地搬了出去。晚上，他正在收拾東西時，接到筱敏的電話：

「你在哪？馬上給我滾回來！」她憤怒地吼道。

「我想從你的生活淡出……」

「淡出？我真是瞎了眼睛，嫁給你這個不僅不忠誠，而且還極其不負責任的男人，你不愧是你媽的兒子……」

「請你不要污辱我的母親。」這是他有生以來，第一次為母親聲辯。

「你毀了我的愛情，我的婚姻，你要為此負責！離婚是你為自己的過失對我進行懲罰，這有失公平！」

「那你說我該怎麼辦？」他無奈地說。

「你該怎麼辦，我不知道，我知道的是你沒有理由和資格提出離婚，更沒有權力一走了之！」

「我承認自己有錯，為此我同意放棄一切財產，如果不行，我可以再對你進行經濟賠償。」

「你混蛋！我可以不要財產，我只要你為我的婚姻和愛情負責。」她歇斯底里地喊道。

「你這是跟寡婦要孩子！我失去什麼，你偏偏就跟我要什麼。我可以把我的一切交給你，我可以一輩子當牛做馬，這總行吧？」他惱了。

「這樣吧，我想跟你談談。」她沉默了片刻，語調緩和下來。

他幾近徹夜未眠，中午才從床上爬起來，感到渾身上下都不舒服。他洗一把臉，趕到筱敏說的和平門烤鴨店。當年他們在那吃的第一頓晚餐，現在又回到那裡吃最後的午餐，用五年的光陰為他們的感情畫上一個句號。

筱敏點半隻烤鴨，兩個小菜。

「這隻鴨子肯定就是那種極其不負責任的公鴨，讓人給烤了實在是活該。」筱敏說。

「對，對，它就該如此。」知道筱敏在影射自己，他順而言之。

她不吱聲了，默默地吃飯，氣氛沉悶。

「我想好了，我不會跟你離婚的！但是，我絕不會就這樣原諒你的不忠……」

「我也不會原諒自己。為懲罰我的不忠，只有離婚。」

「想得美，婚姻破產了，你讓我上哪兒去討你那份情債？想逃？沒那麼容易！」

「那你說怎麼辦？」

「第一，我要懲罰你！」她說著，抓起他的左手無名指，狠狠地咬了一口。他痛得大叫一聲，手被咬破，血流出來。她有預謀地掏出創可貼給他包上。

「這是我送給你的第二枚婚戒！你這輩子都別想摘下來。」她舒口氣說。

「第二件呢？」他看了看手上的創口貼，抬頭問道。

「把一切跟那個女人有關的東西清理掉，甚至包括你的記憶。」

「第三件呢？」

「第三，你要重購套白西服，去教堂對我發誓：『我愛筱敏、忠誠於筱敏，無論她貧困、患病或者殘疾，直至死亡！』」

「第四呢？」

「你要發誓，做一個像你父親那樣的有責任心的好父親！」

「像父親那樣？不。我發誓做得比他更好，不僅要對得起我的孩子，更要對得起我的女人！」他說。

「那麼好吧，我原諒你了。我告訴你兩個消息：第一，我辭職了；第二，我懷孕了。」

他的淚水決堤而下。他知道她為了不再見到李明，走出那塊傷心地而辭去那份如意的工作，她是為了堅守那份婚誓而接受了他這片廢墟。

他要愛她，永遠！他兩眼含淚地想。

晚上，他和筱敏擁抱在一起，和好如初。

驀地，筱敏對他吼道：「一想到你跟那個女人幹那種事，我的嗓子眼就像爬進了一隻蒼蠅，噁心、憤怒，氣不打一處來！你怎麼可以輕易就跟她上床？」說著，她一拳打在他的肩上。

他知道，她的惱怒和憤恨需要時間沖淡，內傷需要愛和忠誠療醫。

「你混蛋！到現在為止，你還對自己的罪惡的根源還沒有清醒認識！」她說著又打他一拳。

「那麼，你說我的罪惡的根源在哪？」他問。

「信任，你對我在骨子裡缺乏信任，對婚姻缺乏信心！對家庭缺乏作為男人應有的堅定不移的責任感！否則你怎麼會相信我有外遇，怎麼會幹出那荒唐的事？」

那一夜，他失眠了。筱敏擊中了他的軟肋，這是他家兩代男人心理基因的缺陷，是導演他們婚姻悲劇的元兇！不過，他比父親幸運，找了一位讀懂自己的妻子；他比父親更幸運的是，有機會去改變自己的心理基因。

不論是誰，如果對愛情沒有堅定不移的信心和信念，對愛人沒有堅定不移的信任，怎麼能走完那漫長的婚姻之旅？

婚外戀，這是伴隨婚姻而出現的古老難題，不論人們寬容與否都不能將其徹底根除。有人說，只要有婚姻存在，那麼婚外戀就無法避免，它們就像是樹與樹蔭一樣，有樹就有蔭。歷史學家C．布林頓風趣地說，私通與婚姻是相互補充的，有其一，必有其二。在來世，你大概可以將兩者分開，並取消其中的一個；或是使婚姻完美無缺，因而不再有私通；或是使私通完美無缺，因而不再有人結婚。

可是，在百年來，外遇也在發生變化。過去，人們心目中的理想婚姻模式是三位一體，即婚姻、愛情、性的結合。當人有了外遇之後，想到的是離婚。外遇雙方的最大渴望是衝破原有的婚姻，重新組成家庭，讓愛情天長地久。那時外遇對婚姻的破壞力很大，人們將配偶的婚外戀對象稱之為「第三者」。如今是「家裡紅旗不倒，家外彩旗飄飄」，那種「第三者」已經很少了，往往外遇本身已不再是間接的手段，而是直接的目的。可是，它仍然是婚姻的挑戰者。

有人說，外遇不過是婚姻的陰影，如果婚姻是一棵烈日曬不枯、狂風刮不倒的青松，那麼還在乎陰影嗎？

我們說外遇是一團陰雲，飄在婚姻的上空，可能會帶來一片陰涼，更可能造成意想不到水災。

第九章

# 婚姻廢墟的失敗者

澳大利亞的一位人口統計學家將二十世紀下半葉稱之為「婚姻革命」的年代。

據美國媒體報導，在二十世紀八十年代，美國的離婚率達到頂峰後開始下降。與此同時，非婚同居人數增加。一九六〇年美國的非婚同居男女為四十三・九萬對，二〇〇四年已超過五百萬對，近一半男女選擇非婚同居，接近百分之三十五的新生兒為非婚生。按國際對離婚率統計的方法，當年的離婚對數與結婚對數之比，美國近年來離婚率一直在百分之五十以上，西歐各國均在百分之四十左右。

在二十世紀，中國出現過三次離婚高峰，一次發生在五〇年代，全國有一百一十多萬對男女離婚；第二次是發生在「文化大革命」中，有一百八十多萬對離婚，第三次起於九十年代初，在逐年攀升，一九九〇年為八十一萬多對，一九九一年為八十六萬多對，一九九四年為一百零三萬多對，一九九七年為一百二十四萬多對……二〇〇五年離婚人數已高達一七八・五萬對；二〇一六年為四百一十五點八萬對。

二〇〇四年，中國實施新的《婚姻登記條例》，簡化了離婚手續，離婚不再要男女雙方單位出具相關證明，曾經相當繁瑣的手續只需要十分鐘就可以完成。與此同時，離婚服務也應運而生，出現了離婚律師、離婚顧問和私人偵探事務所。

## 二十七年的離婚戰役

按理來說，婚姻的解體同婚姻的締結一樣，是極其自然的事情。可是，在一九八一年之前離婚則是一件非常難的事情，曾有人說：「離婚難，難於上青天。」在那個年代，不論是「因誤會而結合，因理解而分手」，還是「因理解而結合，因誤會而分手」，均難得到社會和親人的同情，好像不論誤會還是理解，都是當事人的罪過，因此要遭人們責難、鄙夷、冷落……

趙世臣是一所重點大學的教授，他課講得好，本來枯燥乏味的理論力學，經他一講便妙趣橫生，引人入勝。在科研上，他也頗有成就，接二連三地在國外SCI期刊發表論文，因此在國內外有點名氣。

尊重與鄙夷是兩種相對立的情感，然而這兩種情感常常會在一個人身上得以同時的體現。在一些人的眼裡，他的一切閃光的東西均被他婚姻的「污點」遮蔽了。他們不記得他在學術上的成就，課講得多麼深受歡迎，只記得他從七〇年代起就鬧離婚。

他和妻子李淑清的婚姻雖說是父母包辦的，但在外人眼裡那是再般配不過的。

一九四三年，李大壯從山東老家逃荒到關東，想去黑龍江的牡丹江投奔遠房的表叔。千里迢迢，走不完的山路和土道，李大壯挑著一副擔子，前邊的筐裡坐著三歲的兒子，後邊是全部家當——兩床破棉絮和鍋碗瓢盆，跟在他身後的是已懷孕七個月的妻子。中午，路過老鴰嶺時，他們已餓腸轆轆，筋疲力盡。李大壯走進一戶農家，想討點米湯，讓老婆孩子充充饑。

那戶農家姓趙，也是從山東老家逃荒出來的，只不過早來三年而已。老實厚道的老趙見李大壯一家怪可憐的，讓妻子熬了一大鍋高粱米粥，鍋邊還貼了圈玉米麵餅子，讓李家三口吃個飽。那天，李妻一口氣吃了好幾碗，還想吃，趙妻害怕了，怕給她撐個好歹，就不敢再給她盛了。不知李大壯一家是吃得太飽走不動了，還是不想再走了，他們在趙家住了下來。那天半夜，李妻突然覺病，在趙家的炕頭生下了只有一千五百克早產嬰兒，這就是李淑清。

那時，趙家有一個兒子，叫趙世臣，才五歲。不知李淑清的父親是想報答趙家的恩情，還是想找理由在老鴰嶺落腳，把剛剛出生的女兒許配給了趙家。兩年後，老鴰嶺解放了，趙家和李家都分到了田地，李大壯還當上了農會主席。

後來，趙世臣上學讀書，學得刻苦，成績名列前茅。小學畢業，他走出了老鴰嶺，到離家三十公里外的公社去讀初中，初中畢業又到縣裡讀高中。高中畢業，他考上了上海同濟大學。

一九六三年，趙世臣大學畢業，被分到吉林的一所大學任教。第二年，父親帶著淑清來長春完婚時，他正跟一位中學老師談戀愛。他說，淑清是父母用一鍋高粱米和大餅子換來的媳婦，那是包辦婚姻，是野蠻的、愚昧的、不人道的，應該廢除這一婚約，還淑清以自由。可是，讓他萬萬沒有想到的是淑清卻大大方方地說：「世臣哥，我願意嫁給你，做你的老婆，伺候你一輩子。」

他傻了，瞪著眼睛呆呆地望著淑清，不知說什麼好，默默地搖著頭走了。父親跟了出去，一把拉住了他說：「爹知道這事兒你不情願，可是你得想想，全村的人都知道她是你媳婦，到頭來你不娶她行嗎？讓我和你媽的老臉往哪擱？再說，淑清她爹已不是挑著孩子逃荒要飯的了，人家已是咱老鴰嶺公社的書記了，你得罪得起他，你老子、你娘、你弟，還有你伯、你叔得罪得起麼？這個媳婦，你想娶得娶，不想娶也得娶，就算老子求你了。你娶了她也就算你孝順了老子，老子再不求你什麼了。怎麼著？難道你讓老子跪下來求你不成？」

趙世臣沒轍了，只好跟那位女教師分手，娶了李淑清。

那時，淑清剛剛護校畢業，被分到遼寧省開原縣一個鄉的衛生院。婚後，他們分居兩地，他無意把她調到長春，也很少去開原縣看她。

一九七〇年，女兒已經五歲了，趙世臣卻跟組織上提出離婚。駐校的工宣隊一聽就惱了：「你是不是讀書讀出了花花腸子？離什麼婚？你們都出身於貧下中農，你老婆還是黨員，你們是階級兄弟，有什麼利害衝突？不行！」

趙世臣想說性格不合，沒共同語言，也沒有感情。可是他沒說出來，因為那個年代不信這些。組織上為阻止趙世臣再鬧離婚，就把李淑清調到了學校的衛生所，還分給他一套房子。一九七二年，李淑清自己調離了學校，先是在一家區級醫院當護士，後當醫生，再後來就是兒科主任。淑清不僅人長得端莊清秀，儀態大方，待人和顏悅色，熱情可親。

認識他們夫婦的人都認為他們沒有理由不成為一對恩愛夫妻，可他們卻讓人很失望，不論怎麼的都過不到一塊兒去。在外面，兩人從都是斯斯文文，回到家卻針尖對麥芒、互不相讓。似乎寬容、諒解、溫和、熱情在外邊耗竭了，留給對方的只有苛刻、麻木和冷漠了。

兩個好人，愣沒造就出一樁好婚姻，夫妻越吵越激烈、越吵越生分，後來倆人突然不吵了，感情也枯竭了，溝通的欲望也沒有了，夫妻見面如同陌路。

他實在忍受不了這種冷戰式的婚姻，一九七四年，趙世臣又提出離婚，李淑清不同意，組織上正要提拔她當醫院革委會副主任。李淑清不同意，組織上也不同意，他們阻止趙世臣這一有傷「風化」的行徑，對他本人和婚姻進行「挽救」。組織上決定動員所有力量，打一場「人民戰爭」，將趙世臣的離婚之念淹沒在這汪洋大海之中。可是，他卻憋足了勁，大有不離婚死不罷休之勢，但在組織上的「勸導」、「幫助」、「教育」之下，尤其是黨委書記那席談話，「趙世臣，你就死了這份心吧，不論你想離還是不想離，這婚都是離不得的。組織上不答應，你要是再堅持離婚，那就是背叛組織，背叛群眾！」

組織上把話說到這份上了，趙世臣也只好老實了下來。

法律和行政手段能制約人，但卻不能左右人的情感；人能夠主宰自己的愛情，卻不能主宰自己的婚姻，實在是一大悲劇。離婚被遏制住了，但這幾十年來，他像匹拴在樹樁上的小毛驢，幾經掙扎、蹦躂之後，發現自己根本沒有能力掙脫堅固韁繩或拽出那牢固的樹樁，也就不掙扎了。雖然不掙扎了，但從心眼裡還是不情願圍著它轉一輩子。

痛苦的婚姻猶如沉重的磨盤壓在人的背上，性情過剛的，斷了；塑性較大的，變了；彈性大的，表面上雖然發生了形變，但卻儲存了反抗的能量，一旦有時機便會釋放出來。他屬於後者。

一九九〇年秋，趙教授「重操舊業」——鬧起了離婚。

「算了吧，頭髮都白了，還鬧騰個啥？再過幾年這輩子不就過去了嗎？」有人勸他說。

老教授卻脖子一梗說道：「別說還能活幾年，就是現在死，我也不能讓我的骨灰和她放在一起！」

唉，夫妻都到了這種情分，生活在一起除了痛苦之外還有什麼呢？

一九九一年，趙教授總算是離了婚。他打了二十七年離婚持久戰，比三個八年抗戰還多三年。

當她望著他那滿頭白髮，腰弓背駝的身體挾著行李，背著沉重的書包踽踽而去的背影，憐憫之心湧上心頭。要知有今日，何不早離呢？如若早離，說不上現在彼此都建立了幸福的家庭。想當初有多少追求自己的男人，為什麼非要把自己拴在他這棵樹上呢？

「早離，談何容易，」年近半百的哈爾濱某重點中學的教師陳小玲感慨地說，「我要等小兒子出國後再離婚，現在不是時候。」

那語氣和神情都表露出她絕不是隨便說說，而是「蓄謀已久」。

「文革」中，她在化工廳當廳長的父親一夜之間被打成了「叛徒」、「特務」、「走資派」，被關進了牛棚。生活的突變，世態炎涼，她這個寵兒實在忍受不了人生的磨難與困苦，動了輕生之念。當她跳進冰冷的松花江時，被一位青年救上了岸。當他知道她的身世後，十分同情她，常來她家看她，並且給了她很多幫助。動盪不安的社會是產生畸形婚姻的土壤。當他向她求愛時，她竟說不清自己是否愛他，僅僅知道自己需要他，就這樣她就嫁給了他。雖然他出身於清掃工的家庭，他們在文化心理上存在很大的落差，但是她的觀念還挺傳統，想不論怎麼樣也和他過完這輩子，想當「賢妻良母」。

讓她料想不到的是他屢次犯「生活」錯誤，尤其讓她不能原諒的是在她生第二個孩子時，他這邊將她送進了產院，那邊就把一位女人領回了家。沒想到他們竟被具有「高度革命警惕性」的造反派給捉了姦。

當她生下了兒子後，疲憊不堪地躺在床上等他來送飯時，他卻進了「學習班」。她對他失望了，想到過離婚，當見他從「學習班」回來，五歲的大兒子撲到他的懷裡，摟著他的脖子親昵地喊著「爸爸」時，她意識到離婚不僅僅是她和他的事，還牽扯到孩子。為了孩子不失去父母一方，她只得在這愁雲慘霧下艱難地維持著這一沒有愛情，只有厭惡、憎恨的婚姻。一九九四年，大兒子去了加拿大，一九九六年小兒子也出去了，小兒子一上飛機她就同他離了婚，多一天也不過。

這些經歷了漫長婚姻磨難的人，心靈受到了重創，感情已變得冷漠、疲倦、無論如何也找不到昔日的自己。人生這麼短暫，可他們卻把人生的幾十年「奉獻」給了精神的「煉獄」。

## 「小上海」的「無妻徒刑」

滾滾東去的黑龍江劃出了一條國境線，彼岸是俄羅斯星羅的村鎮，此岸是北大荒棋布的農場。

勤得利，一個點綴在黑龍江畔有著童話般寓意的農場，二十世紀六〇年代，北京、上海、天津等地的數千名知青如黑龍江水湧到這裡，七〇年代末又退潮般地流回了城市。在上世紀末，留下來的知青還有八十二位，其中還包括退休離場的和花名冊上留有姓名人早已不知去向的。

知青，猶如一片夾在歷史中的樹葉，已失去生動的色彩。那個火紅的年代過去了，留下的知青已和這片黑土地融為一體，再談起「青年」（北大荒人對知青的稱呼）來，人們恐怕要費點思量。

不過，在上世紀九十年代，有一個男人，人們不假思索就會說他是上海青年。他叫施永春。在勤得利說起這個大號，恐怕連隔壁鄰居也不曉得是誰，因為這裡的人都稱他為「小上海」或「施老闆」。

見到施永春時你就會感到納悶，那兩個稱呼放在他身上不僅不合適，而且有點兒譏諷的味道。要說「小上海」，他已年近半百，可是當地二十郎當歲的後生還拍拍這位年紀和自己父親差不多的知青，叫聲「小上海兒」；說起「施老闆」，他不僅沒有腰纏萬貫，而且還一貧如洗，妻子六年前離家出走，他領著八歲的女兒蜷居於在一間倉房裡……可是，談起前景，談起農場，談起他的割曬機，「我施老闆」這樣很自信的自稱不時從他嘴裡溜出來。

施永春的家是不需加鎖的，外屋是一堆落有一指厚灰的破爛兒，幾件蓬頭垢面的炊具摻雜其中；裡屋不過巴掌大小，一鋪炕幾乎占去了所有的面積。疲憊不堪的地板革已捂蓋不住頑皮的炕面，炕泥如地圖般一片片地裸露出來。炕頭放著一雙縫有兩大塊補丁的棉膠鞋。炕邊戳著一台破冰箱，好似要點綴出這個家的時代背景，可是一拉冰箱的門，劈里啪啦掉下一大堆破破爛爛的小學生作業本、舊影集和散亂的照片。屋裡沒有凳子，也沒有地方能放凳子，施永春進屋後就盤腿坐在炕上。

一九八〇年十一月，三十二歲的施永春背著包，離開了勤得利農場，他的心如茫茫荒野的一片枯黃。

一九六九年四月二十六日，他離開上海時心境也沒這麼淒涼。施永春說，當年下鄉時，每位知青都對這片土地有著自己的憧憬，天津的不服上海的，上海的不服北京的，北京的不服哈爾濱的，每個城市的知青，不，是每個知青都想按照自己的思路來改造這片土地。唯一共同的想法就是把這裡建成「樓上樓下電燈電話」的現代化農場。

知青大返城，農場癱瘓了，行政、教育、醫療、機務等重要崗位的知青都離開了，當年叫囂「扎根」的排長、連長、營長們悄然辦好手續，默默地走了。那些本來就不安心於農場的人歡呼雀躍地登上了客車，拜拜了。拖拉機趴在窩裡望著那片迫待耕種的黑土地，學校的學生「放羊」般散落得到處都是，患者找不醫護人員，農場到處招醫生、護士、教師和機務人員……黑土地的那個帶有童話色彩的夢被驚醒了，無論如何也做不下去了。

施永春的愛情也隨著大返城流產了，女友義無反顧地辦回了佳木斯。一個車皮來的老鄉勸他辦回上海，他卻想：這些高個走了，矮個不就顯露出來了麼？再說，我這個人還不笨，肯定能在勤得利幹出點名堂。施永春琢磨幾天後，發現農場缺少拍彩色照片的。他跑回上海學會了攝影，背著照相器材回來，走家串戶地照相。本場照完了，又跑到別的農場去照，近處照遍了，就往遠處跑。

當時，改革開放的春風還沒有融化北方的凍土，當一個沒有營業執照、說話南腔北調的人背著相機在村屯鄉鎮亂竄，引起了有關部門的注意。施永春在北安被收容，這一關就是好幾個月，經過一番組織調查之後才把他放出來。

家裡知道他的遭遇後，父親狠了狠心辦理了退休手續。父親十四歲進上海柴油機廠學徒，一幹就是幾十年，工廠已成為他生活中不可或缺的一部分，工作已融進他的血液，可是為讓在北大荒一直混不明白的兒子返城，他只有退休。誰知施永春卻不想回去。他說：「上海人才濟濟，並不缺少沒有知識的知青。」父親讀不懂兒子，兒子不理解父親，這是人類無法改變的悲劇。

最後，施永春還是被返城的潮流裹回了上海。他離開勤得利時，只帶走一個背包。一位五十年代來北大荒的上海老鄉驚異地問道：

「你的行李呢？」

「我還會回來的。」

「盡瞎扯，走了還回來幹什麼？」

「等我回來你就知道了。」施永春十分自信地說。

施永春在令人羨慕的國有企業——上海柴油機廠有了一份工作，雖說一家七口人擠在一間僅有十八・七平方米的房間裡，總還有一塊希望的田野——工廠早晚會為他們解決住房問題。一九八三年，工齡超過三十年的父親又分到一套十四・七平方米的住房。在北大荒漂泊十多年的施永春有了婚房。在那寸土寸金的上海灘，有了一套婚房就等於有了半個老婆。不久，他找到一位女朋友，姑娘長得嫵媚動人，一雙脈脈含情的眸子猶如清澈的小溪，施永春的心順著溪流漂向了愛的港灣。姑娘的心因愛變得充實，他的心卻因愛而空蕩，他總感到生活裡缺少點什麼。缺少什麼？他夜晚睡不著時，就躺在床上在內心搜尋著。他漸漸明白了，缺少的是北大荒那種熱火朝天的生活，缺少在北大荒時的抱負。

不行，我要回勤得利。重返北大荒的欲念潮水般地湧動著，衝激著他的心。勤得利對岸就是俄羅斯，如果把農場生產的糧食加工成食品，直接銷往俄羅斯，那麼勤得利不是很快就富起來了麼？施永春越想越興奮，背著家人給勤得利農場辦公室主任寫了封信，「不論什麼條件，只要把我的戶口落下就行，我就想在那個地方幹點兒事業……」接著他一面四處聯繫工作對調，一面做好了返回北大荒的準備。許許多多兩地分居的人找上門來，有天津的、北京的、哈爾濱的。一位在哈爾濱工作的人生怕失去這一機會，慷慨地說：

「如果你同意和我對調，我可以在道外給你一間門市房，另付五千元錢。」

「不，我哪兒也不去，就回勤得利農場。」他執拗地說。

「怎麼，哈爾濱還不如衰草寒煙的北大荒？」

「不是。」

「那麼，你妻子在那兒？」

「沒有。」

「你孩子在那兒？」

「不是。」

「那你去那兒幹嘛呀，有病是咋的？」

「沒病，有病就去精神病院，不去勤得利了。」

勤得利農場的一位領導的兒子在運輸公司開車，妻子是知青，已返回上海。聽說施永春想回勤得利，那人急忙跟他取得聯繫，並答應給他一間位於勤得利農場場部的門市房。施永春答應時，對方高興得非要把二千元錢塞給他不可，生怕這小子睡一宿覺清醒過來變卦了。

一九八五年七月，返城五年的施永春又返回勤得利。臨別前，女友淚眼愁眉地看著這位倔強、執著且不安分的男友，心裡酸酸的。她不是那種只有把男人拴在身邊才安心的女性，她曾對他說：「你上哪兒我都不反對，但是戶口不能遷出上海。」不論風箏飄到哪兒，有那根線繩能拽回來。他卻把戶口遷回了北大荒，那醞釀在十四·七平方米小屋裡的未來也隨之飄散了。

他回到勤得利後的第一件事是去看望那位五十年代來場的上海老鄉。

「我回來了。」

「你回來幹啥？」

看來能夠理解他的人並不很多。

他關係落在農場的運輸公司，然後就辦理了停薪留職手續，下海了。他想搞食品加工業，卻發現將食品銷往俄羅斯的想法很不成熟。

一九八五年末，他利用對調得到的門市房創辦了農場第一家個體飯店——上海餐廳。飯店開業後，顧客很多，生意興隆，可是錢卻收不上來。有些人吃完飯後，抹扯一下嘴巴，「飯錢先記著。」然後就大搖大擺地走了。

上海的女友離他而去，失戀的痛苦盤桓在他的心頭，每當飯店打烊後，情感的失落就像水似地漫上來。他已三十多歲了，該成個家了。這時，一位在飯店打工的姑娘給了他安慰。她是位清純、善良的北大荒姑娘，對他實心實意。慰藉在兩人心上搭起一座橋，情感在溝通中漸然升溫。

沒想到他們的戀愛遭到了姑娘父母的強烈反對。他們想私奔，逃到上海完婚再回來。那天早上，陽光燦爛灑落在施永春的臉上，也灑在他的心裡，他早早就買好了車票，望眼欲穿地等待著心上人來。他幻想著回到上海後婚禮的場面，想著回來時得到姑娘父母的諒解和認可……時間在苦苦煎熬中十分鐘過去了，半小時過去了，兩個小時過去了，太陽偏西了，他的影子被痛苦得拉得很長很長，她還沒有來。最後一輛開往佳木斯的客車開走了，最後一片希望飄落了。他知道姑娘肯定被家裡人看住了，不會來了。不久，姑娘在親人的勸說下違心地出嫁了。

施永春的戀愛和生意都失敗了。飯店虧損嚴重，資金周轉不開。施永春一氣之下給農場黨委寫了一封信，這下可捅了馬蜂窩。

「你小子竟敢把老子給告了。」

一個單位的頭頭喝醉酒後找上門來，把施永春的衣領給扯了。

施永春說，他小時候很頑皮，父母難以管教，在八歲時把他送去學武術。在「文革」中，他參加過打砸搶，什麼陣式沒見過，哪裡把那個頭頭放在眼裡。他一怒之下，把那人按在桌子底下。第二天，那位頭頭酒醒了，自知自己理虧，主動找上門來向他賠禮道歉。

飯店辦不下去了，不服輸的施永春又辦起建材商店，賣起地板塊、釉面磚來。結果地板塊和釉面磚讓人拉走後鋪在地面上，錢卻要不回來，沒多久建材商店也關了門。

「我就不信，我施永春在勤得利幹不起來！」他一氣之下批下了三百垧荒地，辦起了勤得利第一家知青家庭農場。

一九八八年，有人來提親，對方是一位二十二歲的離婚女子，他點頭了。他們見面時，他望著比自己小十五歲，充滿年輕活力，且有幾分姿色的女人，竟找不到感覺，眼前變幻著初戀的佳木斯知青、上海的女友、在飯店打工的姑娘……有人勸他，施老闆，別挑了，你挑那麼多年結果怎麼樣，不還是光棍一條嗎？也有人勸他別和那女子相處，她從小就沒有父親，母親帶著她和幾個弟弟嫁了好幾家。不料，她的不幸反而激起他的同情，同情完她，又同情起自己，回農場快三年了，還一事無成。有人已說閒話了，說他沒長性，什麼也幹不長。這些年來屢屢受挫還不是自己單槍匹馬，還不是孤掌難鳴？如果有一位志同道合的愛人、一個美滿的家庭，事業不就升起了風帆？

一九八九年十一月，施永春像燕雀般在黑龍江邊築起了小巢，娶回了那個女子。一九九〇年，他們的女兒出生了。有孩子後，施永春不讓妻子幹家務，只要她把孩子哄好就行了。每天妻子抱著孩子東溜達西逛逛，到吃飯的時候，施永春便燒好了飯菜去找她。

婚姻沒為施永春拉起事業的風帆，家庭農場收穫的大豆被人騙去，一年的收成化為泡影。一九九一年，施永春種完地後，把剩下的八千元錢塞到了天棚上面。一天，他發現那筆錢竟少了三千元。他火了，那錢是以三分利抬來的！接著他發現家裡多了許多這個霜那個露的化妝品。他們夫妻大吵一架。

一九九二年初，妻子丟下十四個月的女兒離家出走了。數九隆冬，他要去看地裡沒有運回的糧食，孩子哭鬧著說什麼不讓他走。脾氣暴躁的施永春一氣之下打了孩子一巴掌，孩子哭得更凶了。他望著孩子臉上的巴掌印心裡彌漫著淒苦，感到自己很對不住孩子。他一咬牙用被子把孩子包好背在背上，騎著自行車下地了。二十多公里的路，要騎三個多小時，北大荒的西北風如刀子般凌厲，孩子在被子裡凍得直哭。一遇到人家，他就把女兒抱進去暖和暖和，儘管這樣，女兒的腳還是凍傷了。

妻子沒離家出走時，他還不上錢債主們說：「只要把地種上，總會翻過身來，缺啥我們再幫你。」女人是男人的家，沒有家的男人就猶如棲在樹枝上的鳥兒，說不上什麼時候它撲棱一下翅膀就飛走了。妻子的離家就意味著施永春又成了光棍，隨時都可能跑回上海。債主的心裡沒底了，紛紛上門討債。家庭農場的拖拉機和其他農機設備被拉走了。一九九二年，施永春的地荒置了一年。他看著懷裡哭著喊娘的孩子，又看了看那片荒蕪的土地，心裡長滿了淒苦的蒿草。

對於一個男人還有什麼比得上養不住自己的老婆更讓人笑話？施永春忍辱含垢地一趟趟地去六十多公里的同江市去找妻子。他漸漸在同江出了名，人們一見他就說：「那個找老婆的上海人又來了。」

施永春終於在同江找到了妻子。她跟一個男人在一起。

「她是我妻子。」他對那男人說。

「你想幹啥？」那個男人拿出一把刀子。

「你別比劃，想捅就捅。我就是泥土捏的也有個土性，」接著他又對妻子說：「你想走沒關係，只要把家裡的事處理完，把離婚手續辦了，你要走我不攔，咱們好聚好散，咱們認識本身就是一場誤會……」

「你回去吧，我啥時候想回去就回去。」妻子很不在意地說。

施永春踽踽往回走著，又心底一片泥濘，怎麼跟女兒說呢，說你媽媽和別的男人在一起鬼混，不回來了？怎麼對朋友說，說我妻子和別人合居了？

客車顛簸著把施永春帶回了勤得利。一下車，就有人告訴他：「施老闆，你的孩子在那邊地上睡著了。」不可能啊，走的時候把孩子託付給了岳母，她怎麼會把自己的外孫女扔在大道上？他將信將疑地順著別人所指的方向望去，一歲半的女兒滿身泥土躺在客運站前的水泥臺階上。施永春抱起了女兒，淚水滴落在女兒熟睡的臉上。孩子啊，爸爸沒本事，讓你受苦了……

幾個月後，妻子終於回來了，女兒終於見到了媽媽。施永春買回了菜和肉想包頓餃子，還沒等麵和好，內弟就來了，非要把她接走不可。施永春對內弟說，你姐姐不跟我過也沒關係，咱們好聚好散，在一起吃頓餃子。內弟說：「不行，那是我姐。」施永春惱然地說：「那是我媳婦！」他們打起來，屈辱和悲憤都化為了拳頭掄落下來，他把他們姐倆好一頓揍。氣出了，妻子又走了。從那以後，施永春再也沒有去找她。

一九九三年，家裡知道他的情況後來信，讓他把孩子送回上海。他把女兒送了回去。家人都勸他在上海找份工作，別再回北大荒了。一家汽修廠的老闆主動找上門來，而且答應的薪水不菲。施永春陷入了彷徨，回勤得利能幹點啥？做生意已沒了本錢，外面還欠二萬多的債；幹體力活兒，他又幹不動。再說那裡連個親人也沒有，孩子不可能總在上海讓別人帶；如不回勤得利，當初費那麼大勁，付出了那麼大代價，什麼也沒幹成，實在不甘心哪！他咬咬牙又回到勤得利。

家庭坍圮了，地也沒法種了，施永春辦的家庭農場不僅沒了家庭，也失去農場，最終只剩下他們父女。他痛苦地想，自己不笨不懶，為什麼就混到這種地步？他不服氣啊，不安分的細胞又活躍起來，想到割大豆是很累的農活兒，全場有一百八十萬畝大豆，一百畝要靠人工收割。割大豆是一樁十分簡單的機械運動，早在一九九〇年辦家庭農場時，他就想發明割豆機械，可是那時太忙，沒時間琢磨，現在有時間了，卻沒有研製經費，想貸款又沒東西抵押。一九九四年，施永春狠狠心，把住房租了出去，他和女兒搬到了倉房。

日子是艱難的，生活是艱苦的。父女相依為命，可是他的心思全都撲在了割曬機上，黑天白天在機修廠裡滾，女兒很少看見父親。她放學回家後，自己生火燒飯，然後獨自對著一盞孤燈吞嚥那煮得半生不熟的飯。她不會燒菜，只好上頓鹹菜、大蔥蘸醬，下頓大蔥蘸醬、鹹菜。乾了就用醬油沖一碗湯喝。吃不到青菜常常好幾天都拉不下屎來。

夜深人靜，一個不到七八歲的女孩守著一間倉房，呼嘯的風叩打著那扇從來不鎖不拴的柴門，孩子害怕了，趴在炕上哭了起來，哭著哭著就睡著了。夜半醒來，伸出小手向爸爸的枕頭摸摸，還是空空的，她那顆稚嫩的心裡也空蕩蕩了。她嚇得又哭了起來，闃寂的倉房，冷漠的四壁，縈繞著她的哭聲，沒人來安慰和哄勸，不知哭了多久，她又睡著了。

一天，施永春遇到了女兒的老師。老師對他說：「你的孩子作業沒完成，做得還不整齊……」

施永春一陣心酸，女兒啊，女兒，爸爸不想批評你，你在沒有爸爸媽媽管的情況下能做到這樣就不錯了。孩子，你很聰明，老師還沒有教的分數、小數四則運算你都會作。你每天穿著別人送的舊衣服，不是大就是小，沒有一件合適的，你在家孤獨，在外寂寞，一些小朋友因為你媽媽的離家出走而瞧不起你。爸爸把你迎接到這個世界，卻沒有給你像其他的孩子享有的母愛，爸爸欠你的太多太多。

從一九九二年後，施永春的女兒再也沒見過媽媽，媽媽在她的心裡漸漸地淡薄了。一九九七年五月，孩子的媽媽回勤得利起訴離婚也沒來看孩子。女兒悻悻地說：「壞媽媽，不要我了，等我長大了，就去打她……」

可是，過不久，女兒在路上問施永春：「爸，你說那個人像誰？」

「像誰？」

「我不敢說，說了怕你不樂意。」

「像你媽嗎？」施永春溫和地問道。

女兒不吱聲了。沒媽的孩子長心眼啊，施永春不禁想到。

不論母親的印象在女兒的心裡多麼淡，女兒總能想像出媽媽那雙溫柔的手，那溫暖的懷抱。血緣是永遠割不斷的臍帶，可是在她母親的心裡，女兒不過是施永春的孩子，和她已沒有了關係。

妻子的離婚起訴被法院駁回。她在離婚起訴書中說，施永春欠別人的錢還不上就逼迫她賣淫。她不從，施永春就往死裡打她。施永春一氣之下寫了十五頁的辯護詞。婚沒離成，妻子又回同江了。據說，她又生了一個孩子。

北大荒的是一片沃土，勤得利的父老鄉古道熱腸、樂於施助。勤得利機修廠的廠長對施永春說：

「儘管在大街上撥拉出一個人來就比你強，可是那些人都不往這上鑽，你卻鑽了進去，幹吧！我支持你。」

在他承包的機修廠，機床、電焊、氣焊都隨便施永春用，從沒收過錢。一度電是一元錢，施永春黑天白天地幹了四年，耗去了多少電！

施永春說，說起債來，我就覺得心裡愧得慌。不是欠錢的都是大爺，那是不要臉皮的人所為，那是無賴。我對債主說，請你們再等一等，等我的割曬機搞成了，你們的那些錢我都能還上。現在要說我一分錢也沒有那是騙你們，我出租房子每年還有六千元，但是我不能把那錢還你們，如果把那錢給了你，割曬機就搞不成了。債主都很理解他，他們說，你研發你的吧，有什麼難處我們該幫你還幫你。施永春和一位老鄉借了五千元錢，老鄉去了福建，卻從沒逼他還債，只是每年秋天托一位親戚來看看，見他沒能力償還也就算了。有的債主來討債，見施永春生活十分困難還掏些錢來接濟他。

一九九六年，他的研發有了較大的進展，並申請了專利。一九九七年秋，他的割曬機在大豆地裡進行了試驗，效能良好，只不過操縱者要跟在機械後面走。有人提出要買他的專利，他沒有賣。一九九八年，他對割曬機又進行了改進，人可以坐在機械上操縱了。

我問他回北大荒後不後悔。他說，我不後悔。我今後就在這疙瘩生活下去了，哪怕什麼地方有幾萬元錢等著我去掙，我也不會去的。

談起婚姻，他無限感慨地說：「我最留戀的還是當飯店老闆時的那位女友。她是實心實意地對我好，那時她父親來喝兩瓶啤酒她都生氣。她的婚姻也很不幸，離婚了，帶著一個孩子自己過呢……」

「你們有沒有可能重歸於好？」

他黯然地說，「現在她在哪兒我都不知道。」

二〇一五年，我再次去勤得利，跟人打聽「施老闆」，人們都說「不知道」。最後總算問到一個知道的。

「小上海啊？早就走了，回上海了。」

「他的割曬機研發成功沒有？」

「好像沒有什麼結果吧？有結果他會走麼？」

## 畫在版圖上的婚姻句號

童舉第三次離家時，計畫從漠河出發，沿著中俄、中朝邊境跑到大連。同前兩次相比，這次路途很短，沒有險段，可是這位飽經滄桑的硬漢卻面朝家鄉悲抑地抹一把辛酸淚，在心底默默地呼喚著：

「采貞，我還是愛你的！」

他不知道這次還能否歸來，也不知道是否還有必要歸來，更不知道歸來時等待他的將是一個什麼結局。

一九九九年四月二十一日，童舉和岑采貞在家鄉八五三農場悄然辦理了離婚手續。一對讓人羨慕、敬佩不已的夫妻為他們十七年的婚姻劃下了一個悲愴的句號。

他們的離異絕非偶然，從童舉環跑中國那天起，他們的婚姻就潛伏著危機。

有些東西只有在痛失之後才能掂量出分量，可是到那時已經晚了。童舉只有仰天長歎，痛不欲生……

一九九七年一月，童舉實現了環跑中國的夢想，回到家裡休整五個月。一九九七年七月一日，他又從北京起程，跑中國內陸的省市。童舉越跑名氣越大，他與采貞之間的隔閡也就越大，感情日趨淡漠。一九九六年，一家晚報刊一篇質疑的文章，在童舉的家鄉引起不小的反響，眾說紛紜，給采貞造成了很大的精神壓力。九月，當童舉跑到上海時，為申請世界吉尼斯長跑紀錄，采貞帶著童舉寄回家各地的郵戳趕到上海。這對分別兩年多的夫妻終於重逢，可是他們相處得並不如意。童舉在荒郊野外奔跑了兩年多，他的心態有了些變化，再加上他本來就不善於處理夫妻關係，使得夫妻感情受到了傷害。

一九九九年三月，童舉跑完中國內陸十三個省市回到家鄉，徑直去看望父母，並想在那住一夜。明智的母親對他說：「孩子，你還是回家去住吧，你看看父母就行了。」童舉回到了自己家，采貞的眼裡沒有歡欣與喜悅。晚上，采貞平靜地說：「童舉，第一次你跑完了，第二次又跑完了，中國三十四個省市自治區，你跑了三十一個，就剩港、澳、台了。這次回來，咱們就好好過日子吧。」

四十五歲的童舉身體已每況愈下，跑完一天之後渾身酸痛，難以入睡。第二天早上如不狠狠掐大腿兩把都難以爬起來。再穿上沒有晾乾的濕淋淋的衣服，那種滋味實在難受，但是他還割捨不了長跑情結，還想跑港、澳、台和世界。他企盼有一個好心人幫他圓了這場夢。

童舉原先所在的汽車隊已經解散了。為留住童舉，采貞跑到總場去找領導，為童舉求得了一份工作。沒想到，童舉竟執意說，他還要跑下去，不僅要跑港、澳、台，還要跑遍全世界。采貞十分失望，童舉見此只好提出離婚。

多年來，離婚之念一直盤桓在童舉心裡。上次歸來，當他走進自家的小院，看到的是家裡沒有男人的淒冷景象：牆泥剝落，倉房傾斜，燒柴告罄……再看采貞，年僅三十九歲的她已哭壞了眼睛，愁白了頭，身體更糟了。在他離家時，他將一封信寫給采貞的信悄悄藏在家裡。他在信中寫道：「采貞，請原諒我，我人生的追求還沒有完全實現，我想跑下去。跑遍全國之後，我還想跑世界，想把自己的後半生獻給體育事業，並為之奮鬥下去……采貞，我在環跑途中，遇到許多類似我這樣的人，他們不是像余純順那樣的離婚者就是單身漢，只有我擁有一個完整的家。這既讓我自慰又讓我不安。我知道自己很對不住你，欠你和孩子的太多了，但我深孚眾望，不能不跑下去。再說，我不能老讓你一人守空房，女兒也大了，我希望你再找一個合適的丈夫，這樣我也就放心地跑下去了。」可是，他一直沒有勇氣讓采貞看那封信。這次，他終於提出了離婚。

童舉在家待一個月後，在要去省城求人幫助辦理出境手續時，采貞無奈地說：「童舉，我已經四十多歲了，也等不起你了，如果你要跑世界，那麼你把婚離了再走吧。」童舉說：「離就離吧，家裡的一切財產全部歸你，孩子咱們共同撫養。」

那天，清晨七時他們就趕到了總場，直到中午十二時，他們才辦完離婚手續。從心裡講，他們都不想離，可是誰都不肯讓步。離婚後，他們在總場吃了一頓飯。采貞望著倔得寧折不屈，耿直得不會拐彎的童舉，又氣又恨，又疼又憐，淚水抑制不住地湧了出來。她對童舉說：「咱們回去之後，離婚的事誰也不要告訴，咱們還像過去那樣過，我再等你一年半……」她多麼希望童舉能說一句：「采貞，我不跑世界了，回去和你好好過日子。」采貞這句話儘管讓童舉很受感動，他卻什麼也沒有說。他既不想和采貞離婚，又不想放棄去跑世界。

離婚之後，童舉在哈爾濱等了兩個月，出境之事毫無進展。他趕回家想和采貞復婚，他覺得和采貞的離婚只不過是一種形式，她是不會真離他而去的。當他回到「家」時，發現采貞已將房間重新間壁了，他不由得有些心慌意亂。

「你行啊，我不在家，你把房子都改了。」童舉不滿地對采貞說。

「你回來幹啥？」采貞不快地問道。

「我回來復婚唄！」

「你想復婚就復婚哪？告訴你，以後文化站你別去。」在文化站工作的采貞說。

「我為什麼不能去文化站？我除了唱歌之外沒有別的愛好。」

這時，童舉才意識到自己和采貞已沒有了夫妻關係了。他不相信十七年的夫妻就這麼了結了。

想復婚的童舉又在「家」裡住下了。一天，童舉走進倉房，兩次跑中國寄回家二十八本日記本、近萬幅照片、一百二十雙跑鞋和沿途收集的地圖、地方誌，還有那根打狗棍子都被采貞整整齊齊地擺在那裡。婚姻有時固如金湯，有時脆弱如紙。當年童舉留給采貞的那盤磁帶還在，歌聲依舊，可是他們的婚姻已不復存在了。童舉感到這一切猶如一場夢。

性格決定命運。童舉去不了港、澳、台，采貞又不肯復婚，童舉猶若困獸，不知如何是好。一代壯士，儘管他有耐力有毅力不畏勞苦地奔跑四年多，可是他在處理婚姻關係方面卻顯出十足的低能，他不擅表達自己的感情，不知道如何求得采貞的諒解，他只是不停地和采貞吵，結果越折騰積怨越深。每次吵過之後，他又痛悔不已，到下次還忍不住要吵……

一次，女兒萌萌領著同學去文化站唱歌，童舉要給女兒獻上一首歌，負責選曲的采貞沒理他。他們在大庭廣眾之下吵了起來。女兒堅定地站在了母親的一邊，指責童舉的不對。童舉一時氣昏了頭，打了女兒一個嘴巴。采貞氣憤不已地說：「就你這樣，我還能和你復婚？」

就這樣，童舉離婚的消息在家鄉傳開，掀起了軒然大波。有人說，人家岑采貞等了他這麼多年，他回來還這樣，這種男人誰和他過？也有人說采貞不該那麼對待童舉……

從此，采貞與童舉真正分居了，他住在前屋，采貞住在後屋，互相很少說話。女兒也不再叫他「爸爸」。童舉傷心地對女兒說：「孩子，好比說，你前邊挑的是媽媽，後邊挑的可是爸爸啊！」女兒氣惱地說：「不，我背著我媽走。」「女兒，你是爸爸的親骨肉，你身上流有爸爸的血。」女兒絕情地說：「那我就去換掉你的血。」童舉傷心地哭了。

秋天，河北有線電視臺節目組來採訪童舉，並請他們「一家三口」去石家莊拍專題片《路漫漫》，采貞拒絕了。記者卻偷拍下了下來：采貞說，一個家庭，男的不在，沒有頂樑柱，那還叫家麼？

二〇〇〇年春節，采貞帶著女兒回了娘家，童舉孤身只影地過了一個淒涼的春節。他的父母讓他回去過，他沒有回去。

春節後，他決計離開「家」，從漠河沿著中俄、中朝邊境跑到大連。這次選擇對童舉來說很無奈，但他不得不跑出去，否則他滿腹的悲苦如何消化……

臨走之前，童舉把「家」的倉房、庭院和廁所，裡裡外外收拾個乾乾淨淨，還給采貞劈了許多柴。鄰居家的大嫂見了問道：「童舉，你又要走了？」童舉說：「對，要走了。今後采貞和孩子還得麻煩你多關照啊！」

童舉告訴采貞，他走了。采貞沒有吱聲，似乎在心裡已將他抹去。童舉心裡更加空蕩和痛苦了。

白髮皤然父母老淚橫流地為童舉送行：「孩子，你自己多保重吧！」自從得知童舉離婚後，七十四歲的老母親不知哭了多少次，老人哭著對童舉說：「孩子，家沒有了，你以後怎麼辦哪！」老母親找過采貞，勸她復婚；童舉的兄弟九個也都找過采貞，可是童舉已使采貞傷透了心。沒辦法，老父親只好勸慰童舉，童舉淚水長流地說：「爸爸，雖然離婚了，可我還愛著采貞。爸爸，你們沒離過婚，不知道離婚是啥滋味兒！」父母老了，就是不老，他們又能幫童舉什麼忙呢？

童舉先到離家一百七十公里的紅興隆農場管理局去看望在那裡讀中專的女兒。童舉回想起環跑中國離家的前一天的晚餐上，女兒一個勁兒地往他碗裡夾好吃的。夾著夾著，女兒突然撲到他的懷裡，放聲大哭：「爸爸，我不讓你走……」那種父女之情令童舉銘記於心。女兒還在他隨身攜帶的全家福照片的背面寫道：「爸爸，當你看到照片的時候，一定想著我和媽媽，你要頑強地活著……」在農場為童舉剪綵送行時，女兒堅強地說：「我不能留給爸爸眼淚，讓爸爸環跑中國不放心。」女兒硬憋著沒有哭。當童舉的身影消失時，女兒抱著媽媽哭成一團。當童舉第一次歸來，女兒激動地喊了聲：「爸爸！」撲到他的懷裡哭起來。童舉哽咽著撫摸著已長高一頭的女兒，百感交集。那天晚上，女兒給他唱了《流浪歌》和《久別的人》，唱得他淚如雨下。那時的女兒是何等地愛他啊！

童舉在天南海北奔跑時，他最想念是女兒。他跑在路上，每逢見到和女兒年齡相仿的孩子，總禁不住要多看幾眼。一九九六年，中央電視台要在春節聯歡晚會播放萌萌講爸爸，童舉因奔跑在路上沒有看到，他心裡難受得數夜難眠，直到采貞寄去了錄影帶。他多少次遇險，在幾乎要放棄求生時，想起了女兒，他又重新燃起求生欲望……

童舉在紅興隆看到女兒時，他對女兒說：「萌萌，爸爸要走了，你再叫一聲『爸爸』好嗎？你已經快九個月沒叫『爸爸』了。」女兒沒吱聲，哭了。童舉望著女兒，心如刀絞，萌萌，爸爸對不起你，爸爸知道你很有繪畫與唱歌的天賦，可是爸爸去跑中國，沒有投入精力和時間培養你，也沒有錢來供你，可你知道爸爸那天在學校看了你出的黑板報，畫得那樣好，你知道爸爸的心情嗎？爸爸嘴太笨了，爸爸不會表達啊！童舉從自己僅有的錢中取出了二百元給了女兒。一位親戚見童舉囊中羞澀，急忙從兜裡掏出一百元錢塞給了童舉。童舉又把那一百元錢給了女兒。女兒不要，童舉說：「你拿著吧，希望你多買點書，好好學習。」說罷，他轉身離去，悄悄地抹了兩把鼻涕和淚水，他在心裡對女兒說：「女兒啊，儘管你不叫我爸爸，但你永遠是我的女兒，爸爸是不會忘記你的……」

這次只要采貞說一句：童舉，別跑了，咱們還像從前那樣好好過日子吧！童舉就會留在家裡。童舉對奔跑的放棄可能太晚了，采貞已經不會這樣說了。童舉說，這次長跑是一次十分無奈的，因為他無法在「家」裡待下去了，只要他在「家」待下去，他就無法擺脫復婚的欲望。他知道自己已和采貞、萌萌鬧得很生分了，不能再鬧下去了，給她們一點安寧吧！

童舉眼噙淚水地說，千錯萬錯，采貞沒有錯，萌萌沒有錯，只是我一個人的錯。不能不承認童舉是一個壯士，他完成了一樁十二億中國人不敢想像的事情，用他那雙腳板量遍了中國的三十一個省市自治區。可是，他把一個好端端的家毀了……

他說，他不知道自己還能否有體力和勇氣跑完全程，不知道還能否歸來。前兩次，他的心裡充滿了信心和愛，這次卻滿腹的悲傷和痛苦。失去家庭和愛情的童舉感到自己像一斷線的風箏，他不知道自己會飄落到哪裡……

二〇〇七年七月，童舉終於踏上「環跑世界」旅程，計畫跑遍世界一百九十八個國家。

二〇〇九年五月三十日，童舉卻在馬來西亞沙巴州公路遭遇車禍身亡。

## 婚姻的「習慣性流產」

人的情欲與感官享受猶如饕餮，是永遠不會饜足的，得到的愈多，胃口愈越大。它一旦成了婚姻的主宰，那麼帶來的只能是系列的悲劇和鬧劇，害己害人。

侯一先的第五次婚姻又宣告流產了，這次與前幾次不同：這回不是他休妻，而是妻休夫。侯一先猶如仙人球開花，燦爛一夜便衰微了。四十六歲的男人，好似一下子變成六十四歲：腰彎了、背駝了、腿伸不直了，整個人都抽縮了。他一臉的憔悴，神情嗒然若喪，見了人就像過街老鼠似的繞著走。

侯一先官品不高，區區縣文化館的副館長，但很有名氣，在M縣是位聞名遐邇之人物，縣城裡不知縣長何許人的不少，不知大畫家「螳螂」者不多。這絕非他在M縣生活時間長，土生土長，而與他佔領的文化陣地有關：不論車站、碼頭、酒家、飯店還是賓館、茶館殯儀館到處都有他的墨蹟。

侯一先這人其貌不揚，任何人見之都不知從何角度欣賞和恭維：瘦骨嶙峋的身體、粲然若鏡的禿頂、顴骨凸突的長臉上卡著一副猶如酒瓶底般的近視鏡。人們常常覺得造物主造他時似乎模仿了人以外的什麼生物，可又想不起來究竟何物。沒想到這一點竟被頗有自知之明的侯一先自己點破了。一次，他喝酒喝出了情緒，步履蹣跚地走到桌前，從兜裡掏出一支美工筆，三下五除二便畫出了一幅自嘲畫：螳螂，其神情體態惟妙惟肖，讓人擊節叫絕。

大凡相貌對不住觀眾者上帝都給予了「補償」，往往有點「鬼才」。這一點在侯一先身上更為突出。他不僅善寫一手瀟灑飄逸、淋漓酣暢的行草，而且能畫一手氣勢磅礡、雄渾開闊的大寫意，還擅寫那種似高山流水般的清新婉麗、情感奔瀉的散文詩。

當年在農村插隊時，侯一先便憑他詩畫字融為一體之才，力挫群雄，贏得了相貌端莊、溫文爾雅的女知青小栗的感情。小栗返城前，擺脫了家人與親友的竭力反對，冒著與父母決裂之險，同侯一先結為伉儷。婚後侯一先在他的鄉村修他的地球，小栗在都市教她的書，兩人的感情倒不減當年。兩年後，侯一先放下鋤頭拿起刀——返城進了M縣的副食品商店賣豬肉，每天同肘子、排骨、肉皮打起了交道。此工作雖然與畫畫無緣，但實惠不少，每週到省城看望小栗，總不忘帶去一些「近水樓臺」——骨頭，板油什麼的，生活雖然清貧，倒也安逸幸福。

小栗賢慧能幹，為了支持侯一先畫畫，她捨棄了省城，調到了M縣，每天除了教書育人外，便是相夫教子，承攬了全部家務，讓侯一先安心作畫。夫妻的工資收入除去家庭必要開銷之外，全被小栗換成了紙墨筆硯。這幾年侯一先的繪畫水準有了突破。柏楊先生說，男人支持女人成功是冒天下第一大風險，女人支持男人成功是冒天下第二大風險。而小栗絕沒有意識到自己的風險，更沒想到形象欠佳的侯一先有朝一日會與她仳離。

對有了家室的侯一先來說，那種詩畫為媒的使命就該結束了，可侯一先卻偏偏不情願荒廢這一浪漫，於是隨著他的一些畫的誕生，一片片帶有女性溫馨感情的彩雲也向他飄了過來。當他放下砍刀拿起畫筆——在店裡幹起美工時，他與一位年輕美貌的女營業員有了「情況」，隨之歷經半年之久的各方調節，最後宣告無效，他同小栗離了婚，和那位女營業員結為了連理。

他說，他不是喜新厭舊，而是新舊都愛，可國家只給他一個「編制」，不允許他「擴編」，他只得從中選一個。那女營業員比小栗年輕漂亮，又能給他創作激情，所以他只好傾向於她了。若他能就此甘休也就再沒有那幾集離婚的悲劇發生，無奈他這人的情感與欲望總隨他繪畫及地位的變化而變化，他又不善於把控，用他的話說就是他感情的燃點太低，而且一燃起來就不可收拾，非燒成灰燼不可，所以他一個接一個地愛下去，十年間他愛過十二位，娶了其中的四位。那八位並非他不想娶，而是人家在沒到結婚時便發現他這人與他的作品並不是一碼事，他這人似泥沙，而他的作品卻如同從泥沙中淘出的金子。尤其是他有許多讓女人難以接受的癖好：他不愛洗澡，更不願洗腳，晚上一脫鞋那似烤褲衩般的氣息滿室彌漫，他不修邊幅，衣領總像被油過似的，「黑又亮」；腦袋上僅剩的那點頭髮蓬亂著，如同蹲了幾年大獄剛剛被特赦出似的。這些還不是算最重要的，最重要的是他感情的「戶頭」只有一個功能——支取，從不想存入，他從不管別人如何，只管自己感受。

那幾年他幾乎是年年結婚年年離，繼那位營業員之後，他還娶過一位幼師、一位業餘歌手。在人們眼裡，他結婚猶如小孩過家家，離婚則如小孩玩完分手，各回各家。侯一先解釋說，人的情欲和性欲同創作力有著直接的聯繫，畫家不能壓抑自己的情欲和性欲，壓抑了創作力也就受到了抑制。他不想為凡人，想成名家，只有犧牲那些愛他的女人了。

「但見新人笑，哪聞舊人哭」，那幾次離婚對他來說精神上並沒有什麼重創，只不過經濟上受到些損失，每次仳離前他的情欲與性欲都找到了寄託，渴望脫身，哪還顧及體味離愁呢？

不論什麼遊戲，玩久了都會乏味，都會讓人感到疲憊，況且結婚離婚又不那麼容易，結婚要辦手續、要購置被褥家具、衣物炊具，還要舉行婚禮；離婚更是麻煩，要辦手續，要分家當，要搬東西，最讓他打怵的便是婚禮，因為他常常從眾人的眼裡讀出幾分嘲笑，從他們的舉止中發現幾分戲弄。只有他的老師，縣重點中學的老校長十分認真，每次都送他諸如「願為形與影，出入恒相逐」之類的條幅。不過不能每次都能「撥冗」參加，一年一次參加不起（好在他的弟子像侯一先這樣「出類拔萃」者不多，否則的話他什麼也不用幹，成了婚禮專業戶了）。當侯一先第五次結婚時，他連請柬都拒收了，過世了。

有人說，「一次婚姻一場戲，咱們老侯是連續劇。」連續劇集數太多，難免要拖沓、重複、讓人厭煩、疲倦和感到乏味。當演到第四集時，侯一先演夠了，他說他懶得結婚了，四次離婚使他發現愛情與婚姻本來就不是一碼事，兩者只能取一，不能兩全。愛情猶如歡快的小鳥，婚姻好似厚重的口袋，結婚宛如將愛情裝入口袋，紮上法律約束之繩子，那還他媽的有好？於是他第四次離婚後，足足有兩年多沒再結婚。當他同小媚進入熱戀後，他決心再鑽一次「口袋」，這次就是悶死在裡面也不出來了。

小媚是他第四位新娘的伴娘，也是他所有的女人中最年輕漂亮、最有才氣的，她的靈氣貫穿她的一切，只是人有點疏懶、霸道，是位得理不讓人，無理爭三分的女性。這也難怪，人就是人，一旦有點資本毛病就會陡增，對男人來說他的資本是地位和金錢，對女人來說自然就是她在男人心目中的分量了。所以這一次婚姻改造了侯一先，使他從將軍到了奴隸，從過去由女人伺候，到了伺候女人，每天早上他早早從溫暖如春的被窩裡爬起來給小媚煮牛奶、臥雞蛋，然後再喚太太起床。如小媚心朗情暢，便伸伸懶腰，吊著他的脖子、撫摸著他那光亮的頭頂撒一會兒嬌，如不高興便給他幾巴掌，喊聲「討厭！」他不論小媚如何發脾氣，都像如今父母對待獨生子女一樣逆來順受，從不惱火。

當小媚起了床，喝完奶，吃完蛋，梳洗打扮完，侯一先就忙著給她準備衣裳和鞋子。事先侯一先得根據小媚當天的活動，天氣的冷暖拿出一套服飾方案，然後便是小媚的調整。不知是小媚有意和他作對，還是侯一先在服飾方面的確不行，總之他的穿著方案在小媚那總是難以順利通過。所以，常常他給小媚準備好了褲裙，她偏要穿連衣裙，侯一先就得將幾十件連衣裙統統掏出來，一件件地請示：

「這件怎麼樣？」

「不行！」

「這件呢？」

「還可以，不不，還是穿那套南韓的吧！」

裙裝調整完了，便是鞋，鞋比衣服麻煩多了。因為鞋都放在床下，侯一先得像警犬一樣一頭紮到床底下，一雙雙地往外掏。

「這雙怎麼樣？」

「不怎麼樣。」

「咣」的一聲被侯一先扔到一邊。

「這雙呢？」

「不行！真笨，夏天穿那鞋還不捂出腳氣？」

「咣」一聲又被他丟到一旁。

他一口氣掏出了八雙鞋，才找到她要的那雙，他有些惱怒，四十多歲的男子漢，每天早上像僕人一樣給二十多歲的老婆找鞋、找衣裙，活得真沒勁！但他還得忍著，不敢表現出來。小媚可不是好惹的，惹著了她，她那不依不饒的勁兒上來，他一個禮拜也別想消停。「大丈夫能伸能屈」，他也只能如此自慰了。

如僅僅早晨那些活倒也能應付，難的是每天不等下班，他就得走街串巷地為小媚選購那既可口又有益健康和減肥的青菜和副食。好在M縣不大，三十多分鐘就能跑個遍。採購完，侯一先便匆匆趕回家，一道道地精心燒出來，等小媚下班走進門時，一桌熱氣騰騰的飯菜已恭候在桌上了。每個月侯一先還得陪小媚去幾趟六十五公里之外的省城，去選購服飾。小媚說，這縣穿的太屯，如一個月不去幾次省城，不逛逛百貨公司，便不知流行什麼服飾，就不知自己該穿什麼。不知是小媚的折騰和刁難使侯一先迸發了靈感，還是經濟上的入不敷出逼迫他不得不起五更爬半夜地作畫，反正他同小媚結婚後，「作品」便鋪天蓋地湧向了M縣的犄角旮旯，不過也舉辦過兩次個人書畫展。

婚後小媚也有很大的變化，不僅是習作從黑板報上躍上了刊物的封底，而且還在一次省辦的畫展中入選，工作也從三班倒的擋車工變成了「以工代幹」的宣傳幹事，隨後又調到了侯一先的領導機關——縣委宣傳部。從此她不僅在家能領導侯一先，就是在單位也可以「領導」他了，有事沒事手指頭一撥電話，侯一先便像耕耘了幾十畝地的老黃牛，連呼哧帶喘地出現在她面前。

婚後的第二年，一向主張不要孩子的小媚竟懷了孕。聽到這個消息侯一先傻了眼，呆坐那認認真真地反思了一下自己上個月的「表現」，覺得「一招一式」完全符合「避孕法」。但見小媚並沒因此責怨他，沒和他鬧起來沒完，且決意要將孩子生下來。他不由喜上眉梢，並非真想要孩子，而是想到有孩子，小媚就會把這個家看得重一些，如此一來婚姻的口袋就更堅固了，袋口紮得也就更牢靠了。所以，侯一先對小媚肚裡的胎兒很上心，每天變著法給小媚增加營養，不讓她抻著閃著，生怕造成流產。

小媚生了一個女孩。侯一先好似從來沒當過爹似的，對女兒又嬌又慣，一會兒給她洗澡，一會兒換尿布，一會兒餵水，一會兒聽音樂……一天累得他頭昏腦漲、腰酸背痛，這回他才感受到老子難當，可又想不起來當年那兩次爹是怎麼當的。隨之孩子的體重增大、身高見長，侯一光的臉漸漸泛起了菜色，且顯得更長、顴骨也更加凸突，與他自嘲畫中的螳螂也愈加逼近了。

當孩子滿月時，侯一先想請幾位親朋好友祝賀一番，所以上班轉了一圈便溜了出來，一家副食店接一家副食店地採購起來。當他拎著雞鴨魚肉、提著法國波爾多乾紅走到家門口時，見門前停兩輛車，難道小媚和孩子出什麼事了？他惶惶地三步並兩步跑過去，見小媚正笑吟吟地抱著孩子坐在縣長的「帕薩特」上，比他小十來歲的大舅哥和小媚的頂頭上司——宣傳部的葉部長正往後面的麵包車上搬東西。

「孩子今天滿月，給她挪挪尿窩，我帶她到姥姥家住幾天。」小媚趴著車窗朝他嚷道。

可晚上……不過也好，這樣自己還可以休整一下，要不這樣沒白沒夜地熬下去，自己還不變成螳螂乾？想到這，侯一先匆匆將買的酒菜從車窗塞了進去。唉，這回晚上可以睡個安生覺，可以作畫，還可以悠閒自在地喝茶……多麼誘人的夜晚啊，過去怎麼就沒發現呢？看來還是太沒悟性了。侯一先邊想邊幫往上車搬東西。

「組合音響也搬去吧，孩子沒有音樂睡不好覺……」於是組合音響，卡西歐電子琴統統搬上了車。侯一先不禁感到好笑，小媚快趕上貴夫人了，就差沒帶自己的馬桶。裝完車侯一先跟著上了車，自家的事自己不出力哪成？到了岳母家把東西卸了下來，擺好了，侯一先便熱情地將葉部長，大舅哥和司機邀到飯店吃了一頓，然後才晃晃悠悠地回了家。

夜晚，侯一先形隻影單地坐在畫案旁，看著空蕩蕩的，一片狼藉的，如同被洗劫過似的家怎麼也畫不下去，也睡不著覺。人真就是怪，她們娘倆在家累得他喘不上氣，整天像小媚給女兒買的那個電動狗一樣，只要沒人摁「ＯＦＦ」就得不停地跑下去，真恨不得能死上一次，休息休息。可是當她們娘倆不在時，他又感到寂寞難耐，心裡空落落的，如同自己生命的一部分被帶走了。他的心境和這家竟是如此的相諧，這種相諧增添了他心中的灰色。

驀然，一種不祥之感襲上心頭，他感到如同一柄利劍懸於頂上，讓他惶惶不安。人想聰慧不易，人想糊塗亦難。不論禍福人都會有一種想弄清楚的欲望和衝動。侯一先衝動了、耐不住了，半夜時分他趿拉著鞋向岳父家奔去。

「咚咚咚」

「有人敲門！」似乎是那位葉部長的聲音。

「誰呀？」小媚問道。

「是我，一先哪！」

「這麼晚了你來幹什麼？我們都睡下了，有事明天再說吧！」小媚隔著門說道。他們都睡下了？她跟誰睡？是那位葉部長麼？侯一先想弄個水落石出。

「咚咚咚……」他惱怒了，一鼓作氣地敲下去。

「開門，快給我開門，要不我可要砸門了！」一不做，二不休，侯一先大喊起來。左鄰右居被喊醒了，一個個從門縫裡伸出腦袋，但好似他們都知道屋裡的內幕，沒人出來勸解。

「誰他媽的敢砸老子家的門？真他媽的膽肥！快他媽的滾，否則老子把你給撅了……」這是那位混頭混腦的大舅哥的聲音。這小子可不好惹，練過幾路拳腳，平日無事還惹是生非，他要跳出來把自己打一頓，那還不是白吃虧。看來「夫人」已經賠了，就別再「折兵」了，他只好沮喪地溜回家。

次日清晨，小媚在哥哥的陪同下回來了，還沒等侯一先開口，便提出離婚。侯一先決然不離，他從沒像現在這樣看重過婚姻這只口袋。他含淚說，由於他的過失，已經使兩個孩子缺爹了，說什麼也不能再讓這個女兒缺爹少娘了。說到傷心處，淚水滾落了下來。

「想不到你這人還挺有人情味。明白人好辦事，實話告訴你吧，這孩子根本就不是你的，要是你的我早就做流產了。我現在正是為了一家三口人的團圓才要和你離婚的……」

這話猶如一盆冷水順頭頂澆下，侯一先的心頓時涼透了，四肢顫抖了起來。

「如你堅持孩子是你的那再好也不過了，不論怎麼說婚還是要離的，孩子還是得歸我的，你每個月給出撫養費好了……」

「你，你……」侯一先憤然地站了起來，但在那虎背熊腰的大舅哥那凌厲的目光下，又頹喪地坐了下去。

就這樣侯一先在離婚協議書上簽了字。儘管他離過四次婚，這次他才真正嘗到被人拋棄的滋味。

侯一先還得結婚，因為他才四十多歲，生活中不能沒有女人……

像侯一先這樣不停結婚、離婚的人，在當今社會已絕非極其個別，離過兩次婚的人已不少見，北京有一位四十三歲的女性竟離過九次婚，她是否是中國人離婚紀錄保持者還很難說。不論人因何離異，每一次離異都會在人的心裡留下一塊難以痊癒的創面。創面多了，人就會變得麻木，感受不到離婚的痛楚與悲淒了，而這對於婚姻、愛情則是一種可怕的事情。愛情也猶如女人的妊娠，一旦形成「習慣性流產」，再想保胎也就難了。一位結過八次婚的男人說，女人已越來越激發不起他的激情，婚姻已無法給他帶來熱望。他認為，愛情無非是高級動物的一種自我欺騙。戀愛中的人雖然能感受到一種愜意和幸福，那只不過同人喝醉了酒、吸足了鴉片一樣，是一種錯覺。他說他不會愛上任何一位女人了，但這並不影響他再婚，因為他需要有夫妻生活，需要有人給他洗衣燒飯。

不斷的離異把一個現代人帶回到了遠古、洪荒，使其文明的痕跡和社會化的年輪淡化了，本能的、原始的欲望增強了，然而當這些滿足以後，他還會真切地感到一種悲哀，一種難以排解的悲哀。

離婚問題不僅是個人問題，也是社會問題。北京大學社會學系教授夏學鑾認為，本來愛情、家庭關係講求的是一種奉獻的公有關係，但是市場經濟條件下的現代化過程中，包括婚姻在內的人際關係凸顯的是一種市場條件下的交換關係，在婚姻關係中金錢物質占了相當大的比重。所以，市場交易法則自然破壞了家庭關係的公有基礎，離婚率當然就升高了。

夫妻往往比社會還需要和諧。破壞和諧的因素委實太多了，有性格上的，心理上的，文化上的，地位上的，經濟上的，生理上的等等，等等。如今，每一個人都不想像于治國那麼委屈自己，都把自己的幸福看得很重，甚至重要過其他任何人，於是離婚問題也就突出出來。這也是社會發展的一種必然結果。

改革的大潮沖散了「城堡」內的虛假的寧靜與安穩，潛在的矛盾、衝突、不和諧、不滿足的暗礁漸漸裸露出來。隨著夫妻積怨的釋放，「城堡」的地震帶寬了，地震頻次多了，離婚、婚外戀、未婚同居等現象也增多了，使一些人恐慌了，一些人眩暈了，還有的人感受到了衝擊感和危機感……

從某種意義上說，在我國，離婚率的上升，恰恰是一種人性復歸的表現；是人的需要層次及婚姻期望值上升的表現。過去我們將人完全理性化、階級化，因此，種種的束縛壓抑了人的精神與肉體的需要，許許多多的婚姻靠血淚艱難地持續著，人變得麻木了、遲鈍了，需要層次和對婚姻、家庭的期望值降低了，對生兒育女、養家糊口的婚姻模式適應了。當人們從沉睡中醒來，對生活、婚姻、家庭的現狀不再盲目地滿足，那種因循苟且、寧可犧牲一生也要求得安穩的心理定勢被打破。「夏娃」已不甘心居於「亞當」的兩條肋骨的地位，她要掙脫傳統的、封建的重重枷鎖，成為一個獨立的、完整的人！「亞當」也不滿於那種唯唯諾諾、毫無主見、逆來順受的「夏娃」，而需要一個富有美的個性與氣質的、有一定文化修養的、文明的「夏娃」。

不滿足感實際上就是希望同現實之差距，這個差距越大，人的不滿足心理便愈強。因此，要解決婚姻問題就要縮小這一差距。離婚是對此的絕望，萬不得已的措施。離婚的確能幫人擺脫不幸，但很難將人帶入充滿溫馨和幸福的樂園。婚外戀只能使人擺脫一時的痛苦與不滿足，取代的將是一種更深的痛苦和更強的不滿足。只有正視現實、完善自己、幫助對方，異質整合才是解決婚姻問題的最佳選擇。

隨著人們需要層次的提高，要想全面地滿足配偶的需要越來越困難了，「城堡」再也不會像以往那麼「寧靜」了。人要想把握自己的幸福，就必須學會調適需要與現實間的動平衡！

# 第十章　背著愛情走婚旅

愛情到底是什麼？

《現代漢語詞典》的解釋是：男女相愛的感情。

《梅里亞姆韋氏英語詞典》對ＬＯＶＥ的解釋是：一、強烈深厚的感情；二、熱烈的依戀；三、以性欲為基礎的吸引力；四、被愛戀的人；五、網球賽中的零分。

詞典是權威的。可是，「愛情」這個詞卻讓其失去權威性。每一位有過愛情的男女不見得有機會去解釋「愛情」，但卻有的是機會去感受和體會自己的愛情。在這一點上，他們不迷信什麼專家學者，也不迷信什麼偉大人物，他們相信的是自己的體味。

愛情，可能永遠都像盲人摸象，每個人都有自己的觀點。

對絕大多數中國人來說，在二十世紀初愛情還是種奢侈品，那時婚姻跟愛情還不搭界，婚姻多以父母包辦和買賣為主。等到了中葉，愛情又被革命鬥爭、階級鬥爭和無產階級事業所取代；當改革開放之後，愛情逐漸被看重了，可是又出現「一切向錢看」，男女關係又出現了新的買賣關係……

我們在這裡講述幾位普通人的婚姻悲劇，講述愛情被死亡奪去的悲情，同時也講述了愛情在他們生活中的位置，以及他們對愛情的感受。

## 金婚時牽不到你的手

一九九九年九月一日，墓碑林立、莊重落寞的陵園內，夕陽殘照，秋風刮起片片枯葉。一位白髮皤然、面容清臒的老者捧著鮮花走到一座墓旁，他點燃幾支香，然後敬獻上鮮花。他幽情的目光落在墓碑上，無限思戀地說道：

「吳靜，我又來看你了。今天是我們的金婚紀念日，本該隆重慶祝一下，可是我已牽不到你的手……吳靜啊，沒有你的日子很無聊，很寂寞……」

那墓碑上刻有兩個名字：吳靜、蘇里。不同的是，「吳靜」黑字，「蘇里」紅字。一黑一紅，一陰一陽，殘忍地將這對相濡以沫的夫妻分隔兩世。

蘇里凝望著墓碑，望著望著淚水潸然而下，眼前漸然模糊，彷彿那位渾身煥發青春朝氣的、有著猶太血統的、清純柔媚的十八歲的吳靜若雲般飄浮在眼前……

一九四九年九月一日，漢口不時傳來防空警報和國民黨飛機的轟炸聲，樓房變為火海，人們不時惶然望著天空。可是，東北軍政大學前線文工團的駐地卻熱鬧非常，蘇里與吳靜要在連天戰火中結為夫婦。

蘇里是前線文工團團長，吳靜是一位膚若凝脂、頭髮略黃、鼻樑挺拔，兩眼凹陷的的姑娘，她的俄文名字叫柳芭。她的母親是烏克蘭人，父親是河北人。她十六歲參加了革命。一九四七年，她在東北軍政大學畢業時，因音質有磁、歌聲圓潤悅耳、姿容清純柔媚而被留在了文工團。

夜幕落下了，戰友們將這對新婚夫妻擁進洞房。蘇里環視一下那空空蕩蕩，一無所有的洞房，想到讓吳靜在這硬邦邦的地板上度過新婚之夜，歉疚之情油然而生。吳靜面含羞澀地打開了兩人的被子，悄然地鋪在了地板上，一床當褥，一床做被。她抬起頭，望一眼這位戎馬生涯十幾年，在抗大（中國人民抗日軍事政治大學）頗有名氣的蘇里，心裡蕩起幸福的波瀾。

蘇里和吳靜在地板上度過了為期三天的蜜月。當時部隊發的被子很窄，只有一人多寬，兩人睡在一起不敢翻身，一翻身後背就露在了外面，只得相擁而眠。從小沒有體味到家庭溫暖的蘇里感到無比的幸福。洞房是團裡臨時倒出來的，三天後蘇里和吳靜就分別搬回了各自的宿舍。當時前線文工團有四位團首長，其他三位副團長都有自己的房間，只有蘇里沒有，因為房間是他分配的。

一九四九年，周恩來親自將蘇里調到長春的東北電影製片廠（現為長春電影製片廠）。蘇里到電影製片廠後，拍的第一部影片是《保衛勝利果實》。本來讓他飾男一號，後來領導對蘇里說：「你當過抗大文工團的團長，還當什麼演員哪，趕快改導演吧，我們導演太缺了。」於是，蘇里改飾男二號，兼副導演，從此走上導演之路。

蘇里是個工作狂。在「文革」前那十七年裡，他廢寢忘食、疲於奔命地一個劇本一個劇本地接，一部電影一部電影地拍。由於在外拍戲吃飯不及時，他得了嚴重的胃病，常常吃不下飯，甚至一天只吃一片饅頭片，但從沒耽誤拍戲。他執導《劉三姐》時，兩條腿被燙成重傷，在醫院住了一天就跑了出來，躺在擔架繼續執導。他說，拍一部電影需要耗資三四十萬元，說什麼也不能拍砸了。他還執導過《六號門》、《祖國的花朵》、《紅孩子》、《戰洪圖》、《我們村裡年輕人》、《平原游擊隊》等深受觀眾喜愛的影片。與此同時，蘇里也成為全國著名的電影導演。

吳靜隨同蘇里調到電影製片廠後，擔任過副組長、科長、副處長，在中國第一部譯製片《普通一兵》中，她為女主角配音。吳靜的音質柔美、珠落玉盤，很快就成為一名出色的配音演員，先後為《列寧在一九一八》、《列寧在十月》、《攻克柏林》、《卓婭》等譯製片的女主角配音。

蘇里和吳靜到了長影之後，他們才有了自己的房子。蘇里非常珍惜這個家，可是他常年跟隨劇組在外邊拍戲，在家待的時間太少了。吳靜三次分娩，他只有一次守在身旁。一九五一年，吳靜生大兒子時，長影剛恢復，拍的電影很少，蘇里在產房門外提心吊膽地守候三十六個小時。一九五三年，吳靜生二兒子時，蘇里正在外地拍戲，封鏡之後，他才風塵僕僕地從外景地趕來，冒著瓢潑大雨去醫院去看望吳靜母子。一九五四年，當吳靜生第三個孩子時，蘇里正在外地拍《祖國的花朵》。廠長給蘇里拍去一封電報：「靜生一女，大小平安。」

三個孩子長得很像俄羅斯的孩子，高高的鼻樑、凹陷的眼睛、長長的睫毛，惹人憐愛。田華、陳強等人都特別喜歡這三個孩子，沒事就跑過來看看。蘇里和吳靜有空就領著三個孩子去湖邊划船，不論他們一家走到哪裡都會引來羡慕的目光。

那時，蘇裡家有十一口人。一九五一年，他從家鄉接來了寡居的姑媽和小表弟。接著，他又把吳靜的母親和兩個讀小學的妹妹接到家裡。房子一下緊張了，蘇里就在房間裡拉一個簾，一邊住著他和吳靜，另一邊住著其他人。人們說：「蘇里，你家可真是共產主義大家庭。」

一九六六年，正值蘇里夫妻事業的鼎盛時期，「文革」爆發了。一天半夜，蘇里家突然闖進一幫人，把蘇里揪走了。吳靜望著消失在溶溶夜色中的丈夫，心緒黯然，溢滿憂傷。緊接著廠裡召開隆重的批鬥大會，被打成「黑幫」、「反動學術權威」的蘇里跪在臺上。台下口號聲若雷，拳頭如濤似浪。蘇里等人被打得皮開肉綻，殷紅的鮮血洇透衣衫。

吳靜如坐針氈，帶嘯的皮鞭聲聲韃在心上。一小時過去了，兩個小時過去了，三個小時過去了……批鬥會終於散了。吳靜目睹在臺上跪了五個多小時的蘇里被造反派拖起，身體消瘦的他膝蓋早已硌破，血黏住了褲子。吳靜跑到街上，給蘇里買了一副護膝送去。蘇里感動不已，「牛棚」裡其他人的家屬都不敢去，只有吳靜經常去，不僅給蘇里送吃的用的，而且還幫別人傳紙條。後來被看守發現，看守拎著大棍子將吳靜攆出很遠。造反派讓吳靜與蘇里劃清界限，逼迫她揭發蘇里的「罪行」。吳靜是一個思想單純、心地善良、做事認真的女性，她不會胡說亂編，栽贓陷害。她說，她不認為蘇里是反革命、是壞人。

為了收集蘇里的「罪證」，造反派將蘇里的家抄了一遍又一遍，最後把他們趕到了一間破土房。吳靜怕給蘇里帶來麻煩，她和孩子們將家裡的一些書和東西都燒毀了，她穿的高跟鞋也都剁去了後跟。可是，這也沒使蘇里一家擺脫厄運。

一九六六年年底，傳說在黑河偵破一個蘇修特務組織，經特務交代吳靜是潛伏下來的特務。造反派把吳靜抓了去，用皮鞭抽她，逼她交代。晚上，吳靜才踉踉蹌蹌地回到家。她的臉上傷痕累累，衣服破綻，白襯衣上有著一道道帶血的鞭痕。吳靜的母親——心地善良的烏克蘭老人眼含淚水，給女兒塗藥水。塗著塗著老人的淚水滴落在女兒的背上，她不禁與女兒抱頭痛哭。吳靜不怕皮肉之苦，她忍受不了這人格的污辱與精神的摧殘，尤其是過去那些要好的同志都變得十分殘酷和冷漠。

吳靜是內心充滿著愛的女性，熱愛工作，熱愛生活，熱愛家庭，熱愛所有的人，在長影的口碑極好。在演員評級時，她將最低的級別——藝術十級留給了自己；在調級時，她又把指標讓給別人。當她在長影工作了十七個年頭時，已是資深的配音演員，她還是藝術十級。

在那無中生有的「蘇特」的風波下，吳靜被折磨得死去活來，滿腹的苦水無處傾吐，丈夫被關在牛棚，孩子不諳世事，母親雖然在中國生活了幾十年，可是對中國的政治運動知之甚少。吳靜只得一個人默默承受這黑雲壓城般的壓力。最後，她精神崩潰了，被逼瘋了。她躁狂不已，打人罵人砸東西……

被關在牛棚裡的蘇里獲得「恩准」回家看望吳靜。他望著瘋了的妻子，心緒黯然，無腸可斷。他想起自己不幸的童年，想起在淒風苦雨中度過一生祖母和母親……

蘇里的祖籍在合肥，爺爺在荒年餓死，新寡的奶奶帶著九歲的父親一路乞討，從江北逃難到江南。到當滁縣後，奶奶改嫁。蘇里出生在安徽省當滁縣城外的破茅草棚裡。他的學名叫夏傳堯，乳名叫「二寶」。可是，從他懂事起，就沒見到其他「寶」。他的父親在縣衙門送信。在他六七歲時，父親和城裡的一個寡婦好上了。那個寡婦家裡有些積蓄，能給父親一個溫飽的生活。

被父親拋棄的母親整天以淚洗面，漸漸哭瞎了雙眼。父親也不是沒有良知的男人，他疼愛兒子，也可憐妻子，可是他在那個家是個吃軟飯的，能奈何呢？後來，不知父親如何做通了那個女人的工作，把蘇里和母親也接進了城，把母親安置在他們後院的一間房子裡。蘇里中學畢業後，離開了家鄉，奔赴延安。母親姓蘇，他為紀念母親和自己離家千里參加革命，改名為蘇里。他年過而立才成家，就是想擺脫家庭的陰影。

精神失常的吳靜把蘇里當成發洩對象，她打他、罵他。一天，吳靜拿塊磚頭要砸蘇里，她一口氣將蘇里攆出幾條街。到了晚上，她還不讓蘇里回家，見他就打。蘇里的姑媽跪在地上苦苦哀求吳靜。蘇里勸慰姑媽：

「姑媽，您別這樣。吳靜不是有病嗎？再說，她也不總這樣。她好的時候對我不是挺好麼？這點委屈我還是能忍受的。」

最後，蘇里沒辦法只好找了一間沒人居住的破房子藏身。蘇里在那間破房子蟄居數日，同事家裡吃飯叫他一聲，他就過去填飽肚子，如沒人請他吃飯，他只好餓著。那時，蘇里還是「黑幫」，大多數人雖然同情他，卻不敢請他到家裡吃飯。岳母怕蘇里凍著，她和孩子背著吳靜將被子給蘇里送了過去。這位慈祥的烏克蘭老人拉著蘇里的手，流著淚水說：「蘇里啊，好孩子，實在對不起你呀，吳靜鬧得你有家不能回呀。」

時隔不久，吳靜的母親就去世了。她去得那麼匆忙，那麼淒涼，吳靜住在精神病院，蘇里還在「牛棚」，蘇里的兩個兒子下鄉了，只有蘇里的女兒夏玲在她身邊，可是夏玲只不過是個十四五歲的孩子啊。岳母死不瞑目啊，她還期待著女兒從精神病院歸來，她不願閉上嘴，她還想為那精神失常的女兒和命途多舛的女婿多祈禱幾遍。可是，她死了也就解脫了，她不必女兒悄然抹淚，不必為女婿擔驚受怕，不必再為自己不會跳忠字舞、不會唱「語錄歌」，不會背誦「老三篇」而苦惱，也不必再面對那些不友好的、朝她揮拳高喊「打倒蘇修」的面孔。在那場「文革」中，瘋癲的何止吳靜，我們整個民族都瘋了。在「文革」的最後一次整黨中，一些人將吳靜關進貯有白菜的菜窖裡，逼她交代問題。在陰冷潮濕的菜窖，吳靜又一次受到摧殘，她患上了嚴重的關節炎。一天，吳靜將菜窖裡的大白菜一棵棵地削了，扔得哪兒都是——她的病加重了。

十年動亂如噩夢飄逝，留下滿目瘡痍，許多重創無法恢復。

被任命為長春電影製片廠藝術副廠長的蘇里又煥發出勃勃創作生機，執導了《嚴峻的歷程》、《春眠不覺曉》、《點燃朝霞的人》等影片。

「文革」前，蘇里腦袋裡想的是拍戲，常常睡半夜覺來了靈感，急忙開燈記下來。他為了不影響吳靜休息，夫妻分室而居。吳靜患精神病後，蘇里不放心，怕她半夜犯病，和她住在了一起。一天半夜，蘇里從夢鄉遊弋到現實，被眼前的情景驚呆了：吳靜一手握著剪子，一手拿著暖瓶忿然望著他。他一翻身滾落到地上，這才避免了那場災難。從那以後，他不敢再和吳靜住在一起了。

吳靜的病情時好時壞，時瘋時醒。她清醒時就想自殺。她自殺過三次，都被搶救過來。一次，她服了很多安眠藥，醒過來時發現守候在身邊的蘇里蜷縮在她的腳下睡著了。她望著蒼老而憔悴的蘇里大為感動。蘇里醒來時，她說：「蘇里呀，要沒有你我早就死了。」

吳靜犯病時總懷疑周圍的女性都想勾引蘇里，而且他們的關係不正常。在街上，一位女性遠遠地向蘇里打招呼，她逼蘇里交代他們之間是什麼關係，「為什麼她對你那麼熱情？」劇組出去拍戲，蘇里去送行，圍著大客車和演員們一一握手，她就認為蘇裡和其中一個女演員關係不正常。她經常去找黨委書記，強烈要求組織上把蘇里「這個壞分子教育好」。當她清醒時，真誠地向蘇里道歉：「蘇里，我對不起你。」蘇里很理解她，她有病。

吳靜瘋後多次提出要和蘇里離婚。許多人都勸蘇里，離就離了吧！是啊，作為一個男人，守著患有精神病的

蘇里在吳靜的遺像前

老婆，過著那種不正常的日子，真不容易。吳靜精神失常後，他們就沒有了夫妻生活了。蘇里是全國著名導演、長春電影製片廠的文藝副廠長，如果離婚是不愁找不到合適妻子的。可是，蘇里堅決反對離婚。一天，他突然接到法院的傳票，沒想到吳靜竟跑到法院起訴離婚。蘇里呆呆地望著那張傳票，想起當年祖母孤苦無助地領著九歲的父親沿途乞討，失明的母親在訴說著婚姻的不幸……不能啊，不能。吳靜精神失常了，她最需要有人照顧啊，他怎能離婚呢？絕不能讓吳靜重蹈祖母和母親的覆轍，無論多麼艱難他都要把這個家維持下去。蘇里領著兒女來到法院，向法官講清了事實真相。法官很同情蘇里，為吳靜撤了訴，並退回部分起訴費。

蘇里讓吳靜到南京、上海、廈門等地去散心，希望她的精神狀態能有所改善。後，吳靜患了糖尿病。她神志不清時不管甜酸苦辣什麼都吃，三個孩子當兵在外，蘇里又忙於工作，吳靜身體每況愈下。

一九八八年，蘇里離休了。這時，他突然感到自己欠吳靜的太多。「文革」前的十七年，他常年在外邊拍戲很少回家，在家時他也從沒跟吳靜拉著手散步，還很少親吻和擁抱吳靜。他雖然導演過那麼些優秀影片，卻沒導演出夫妻的浪漫，為此而深感痛悔。

一九九六年三月七日十八時四十分，飽經坎坷與磨難的吳靜與世長辭。噩耗震動了許多人的心靈，大家紛紛趕來悼念。親友不讓患有嚴重哮喘病的蘇里去醫院與吳靜告別。蘇里執意不肯，最後親友同意讓他坐在車裡看一眼出殯的情景。可是，蘇里不顧一切地走下車，步履沉重地走到吳靜的遺體旁，悲痛欲絕地俯下身去，吻別了吳靜……

吳靜走了，她帶走了蘇里的生活，帶走了他情感的春天，留下了寂寞與孤苦。在他們四十七年婚姻中，真正的夫妻生活只有十七年。在那十七年裡，他又在外邊不停地拍戲，夫妻在一起的時間累積起來也沒有幾年。蘇里在家裡掛滿了吳靜的照片，家裡的一物一景都令他回想起和吳靜在一起的時光……

孩子們買了一塊墓地，把瘋癲三十年的吳靜安葬在環境幽靜、沒人打擾的地方。蘇里讓兒女把他的名字刻在了吳靜墓碑上。他說，活著時沒有陪好她，將來死後一定要陪好她。二〇〇五年五月二日晚，蘇里在家看完兩集電視劇後，坐在沙發上去世。他終於有時間好好陪伴吳靜了。

## 荒原上一條無帆的船

初冬，北大荒的完達山北麓、大孤山下的五九七農場為茫茫大雪所覆蓋。日暮，縷縷炊煙眷戀地飄向寒天。在一間燈光昏暗、簡陋凌亂的小屋裡，炕上躺著一位氣若游絲、形如骷髏的女人。一位憨厚的男人坐在她身旁，握著她那乾枯如柴的手說：「今年隊裡照顧咱家，幫咱家種那兩垧多玉米收成不錯，能掙四五千元。咱家這回可有救了，明年可以拿這筆錢種大豆，債有指望還了……」

女人默默地望著他，眼睛裡閃爍出欣慰的神情。

他走出小屋，倚門隱泣，如煙的往事一一浮現在眼前……

一九六六年，初中畢業的李慶福由鶴崗市下鄉到了五九七農場，被分到十四連開拖拉機。十六歲的李慶福猶如一個半大孩子，長著兩顆小虎牙，一顰一笑，一穿一戴，幾分稚氣，幾分傻氣，幾分頑皮，幾分邋遢。他小時很不幸，出生六個月時母親溘逝，是哥哥把他帶大的。

光陰似水，轉眼間就流逝了八年，慶福到了談戀愛的年齡。可能從小沒娘，缺少母愛和溫暖，他找對象的標準與別的知青大相徑庭，只希望找一位能吃苦、能理家、知冷知熱的當地姑娘。有幾位女知青對他頗有好感，他不感興趣。他覺得兩個知青在北大荒成個家，就好似漂泊在茫茫海上的一條孤零零小船；如找個當地的姑娘，就猶如找到了一個擁有眾多船隻的港灣，寂寞了可以走動走動，有困難相互照應一下。

就這樣，當有人把其他連隊的、比他大兩歲的趙蓮花介紹給他時，儘管他看照片時感到不大如意。見面後見她勤快樸實，她的父母心地善良，待人熱情，就一口答應了。不久，未來的岳母給他做了一身棉衣。慶福穿上那千針萬線縫製的棉衣，心裡暖烘烘的，有了一種家的感覺。

一九七五年元旦，李慶福與趙蓮花結為連理。他不擅理財，工資月月光，一分錢也沒有攢下。喜事是連隊幫辦的，非常熱鬧。當時連裡剛開荒建點，住的大都是草房，卻分給慶福一間磚房，並將蓮花調到了十四連的農工班。在冬天雪虐風饕、夏季蚊蟲遍野的北大荒，有了一個家，有了一位關愛體貼的女人，慶福心滿意足。慶福的疏懶、蓮花的勤快，慶福的任性、蓮花的隨和，塗繪出了他們容讓和諧的生活底色。慶福每天早晨起來，蓮花已把熱氣騰騰的飯菜端上了桌；晚上下班回來，過慣單身生活的慶福懶得燒火做飯，蓮花幹了一天農活卻毫無怨言地淘米擇菜，生火燒飯。

春風和煦，草兒拱出了鵝黃，點綴春意。蓮花使得慶福那顆匱缺疼愛也不懂得疼愛的心漸漸復甦了。蓮花很要強，幹活兒不惜力，秋天割豆子累得站不住，她就跪在地上割，不割完不回家。慶福再不忍心讓勞累一天的妻子下廚了，下班回來把飯做好。儘管飯做得不好吃，蓮花卻無限幸福地望著慶福，吃得很香。他們的愛隨著這飄著嫋嫋熱氣的飯菜，隨著入微的體貼愈來愈濃。

婚後的第三年，他們有了兒子。男人做了父親才會成為真正的男人。兒子的降生，使慶福的家庭觀念和責任意識得以強化，每天下班後，主動去托兒所接回兒子，然後回家把飯做好。幾年後，他們又有了兩個女兒。

一九七九年，知青大返城開始了。知青的婚姻發生了震盪，有人遺棄了糟糠之妻，有人拋棄了襁褓之子，有人搞了假離婚……和知青結婚的當地人惶然不安了。那幾棟知青宿舍越來越空闃了，慶福的心也空蕩了，一股酸酸的情味溢了出來。善解人意的蓮花看在眼裡，對慶福說：「你要想回去就回去吧！」

「不行，夫妻怎能分開呢？我既然在這裡安家了，就不會去離開你和孩子。」慶福決然地說道。一個誠意相勸，一個真心要留，彼此為對方那顆金子般的心所感動。是啊，慶福怎麼能離開蓮花呢？她是他的家，他的港灣，他的方舟。他要像鳥兒守著小巢那樣守護在妻兒的身邊。

一九九五年深秋的早晨，一列火車將李慶福夫妻和兒子載進了省城哈爾濱。他們出站後，匆匆趕往醫院。

九年前，一片濃重的陰影遮蔽了他們生活的天空——蓮花病了，先是脖子裡面痛，痛不可忍。慶福陪她到場部的醫院就醫，找院長做的檢查。院長說，怕不是什麼好病。聽了這話，惶然的慶福頓時感到懸起來的心墜向了無底深淵。院長說，這病需要手術治療。手術後，院長告訴慶福：淋巴和腫塊全部切除了。慶福心靈的天空又晴朗起來了，家裡又有了歡樂。蓮花刀口好之後就下地幹活了。這只闖過礁群的小舟又順暢地漂向了下一個里程。

第二年，蓮花手術過的部位又痛了，做了第二次手術。手術後，院長把慶福叫到一旁，一臉陰雲地說，她得的是癌症。慶福震悚了，兩眼發黑。老天哪，我從小喪母，難道你還忍心讓我中年喪妻麼？他踉踉蹌蹌地走出診室，一屁股就坐在花壇上，傷心地哭了起來。悲傷沒有隱退愧悔襲上心頭，十幾年來蓮花對他關心有餘，而他對蓮花愛護不夠。有一次，他讓雨淋著了，從小沒撒過嬌的慶福就賴在炕上不起來，蓮花只好把飯端進屋，像哄孩子似的一勺勺地餵他。

敏感的蓮花覺得慶福的神色有些不對，悄然地跟了過來，見他涕泗滂沱，立刻就明白了。夫妻默默無語，慘然相對。彼此都想安慰對方幾句，可悲傷彌漫於心，擠不出一句寬慰話。蓮花扭過身去，悄然拭去淚痕，擠出一絲微笑，對慶福說道：「別上火了，咱們住幾天院就回家吧！」她知道，她是慶福和家庭的桅杆，無論如何她都要咬牙挺住，不能倒下。

蓮花捨不得花錢，幾年來，農場經濟不景氣，孩子又一個個地出生，搞得家裡一點積蓄都沒有，兩次看病，已負了一些債。因此，她在醫院住了些日子，便毅然決然地出院了。

蓮花望著三個孩子，大的只有十幾歲，小的才八歲，她怎能忍心走了呢？她怎忍心讓家庭的重擔全然落在慶福一人的肩上呢？她怕羸弱的慶福吃不消啊！她知道自己的病已沒有治癒的希望，所以捨不得花錢看病，怕到頭來人財兩空，讓他們父子四人債臺高築，難以度日。為了延長生命，她想方設法郵購一些治療癌症的藥物。不知是她感動了上帝，還是堅韌不拔的意志支撐住了生命，癌症晚期的蓮花又奇跡般地活了十年。這十年，對於淋巴癌轉移肺癌的蓮花來說要忍受多少滾油煎心的痛苦！

一九九五年，蓮花病情惡化了，在慶福和兒子一再堅持下，他們帶著僅有的一線希望，千里迢迢地來到了省城。臨行前，隊長叮囑道：「你們到哈爾濱後，找個好醫生，掛個好號。這些錢你們先拿著，如不夠就來個電報。」慶福握著隊長跑東家串西家借來的數千元錢，感動得不知說啥好。近年來，農場屢屢受災，連年虧損，但在這種情況下，蓮花每次看病，隊裡都想方設法地給擠出點錢來。如趕上隊裡實在沒有錢，隊長不是從個人腰包往外掏，就是去給借。

慶福在哈爾濱的一家大醫院給蓮花掛了專家門診。三十多元錢伴隨著一家的希望就在檢查和拍片之中悄然地流去了。X光片出來了，慶福讓蓮花坐在候診的椅子上，他和兒子進了診室。專家看罷X光片，又打量一下慶福，冷漠地說道：

「她得的是淋巴癌，這種病如放療還能維持一段時間，不過費用很高，放療一次就得三千元，恐怕得放療幾次，你打怵是不是？」

「確實有點兒打怵，看病的這點兒錢還是從隊裡借的。不過，如果放療管用，那就治吧！」慶福說罷，淚水潸然而下，他不是心疼錢，而是那一線希望在這轉瞬之間破滅。兒子聽說後也哭了起來。

「別哭了，把眼淚擦乾，去把你媽送下樓。咱們誰也別哭了……」慶福怕讓蓮花看見，對兒子說道。可他的話還沒有說完，又抑制不住地啜泣起來。

蓮花看著慶福父子兩眼通紅地從診室裡走出來，她靜靜地用慈愛的目光撫慰一會兒慶福父子，然後對慶福說：「咱不看了，我也知道是啥病了，別再浪費錢了。這錢不能再花了，孩子還小，姑娘才十幾歲，我們還得為以後的生活著想哪……」她知道，對她來說已經沒有太多的「以後」了，可慶福和孩子的「以後」還長著呢。

「那病歷還要不要了？」兒子問道。

「不要了，咱們現在就回家吧！」蓮花不容慶福說話，果斷地說道。

當天，李慶福一家三口懷著希望破滅的悲絕踏上了返程列車。

苦難的一九九五年總算挺過去了，在病魔爪下的蓮花又走入了人生的下一驛站。她已艱難地走過了十個驛站，這個驛站她能否走得過去？她已感到自己的生命若熬盡油的燈，說不上來股弱風就能吹熄。春節，平時不愛照相的蓮花讓兒子攙扶到門前，在兩個倒著的「福」字下面照了她人生最後一張照片。

春節過後，蓮花病情加重，癌細胞已擴散到脊柱和四肢，慶福又從隊裡借了兩千多元錢，把她送進了幾十公里外的場部醫院。自從蓮花生病以來，隊裡為照顧慶福，讓他做修理工，沒活兒可以不上班，蓮花外出看病他可以隨時走，工資如數照發。春天要備耕，機車要檢修。隊裡在經濟緊張的情況下，給了慶福那麼多幫助，慶福不忍心在這個節骨眼請假，便讓兒子去護理蓮花。捨不得丈夫、放心不下兒女的蓮花又挺了過來。病情稍有緩解，她就出院了。

出院後，蓮花每天靠兩個輟學在家的女兒給打十支杜冷丁來減輕那撕心裂肺的疼痛。慶福下班回來，見蓮花小屋的燈亮著，心裡便有一絲暖意和慰藉。他進家後先去看望蓮花，不論多麼勞累都要給她揉揉腿，和她嘮幾句嗑：今年咱家的那兩垧地都種上了，莊稼長勢很好。地裡的莊稼都收回來了。咱家沒有機車和勞力，都是大家幫種的，也是大家幫收的……

一天，蓮花時斷時續地對慶福說：「我覺得我不行了……你為我準備一下後事吧。」

「你放心吧，全隊這麼些人，不會不管你的……你不會死，還沒陪我到老呢！」

「對不起，把你一個人丟下了……」蓮花笑了，笑得很苦。

「誠知此恨人人有，貧賤夫妻百事哀」，她多麼想再陪慶福幾年，多麼想和他白頭偕老。

一九九六年十二月二十四日，趙蓮花走了，她帶著滿足和缺憾，欣慰和痛苦離開了人世，離開了相愛二十二年的李慶福。她頑強地活了十年，看到孩子們都長大成人了，長子已參加工作，長女年已二十，次女已十八歲；她看到慶福已不再那麼孱弱，看到這個負債累累的家有了轉機……

慶福悲痛欲絕，在他的四十六年的人生旅途中，給他最多溫暖的是蓮花。她帶走了他的溫馨和依戀，但卻給他留下了生活的桅杆，他要活下去，給孩子們都成個家，還要還清那兩萬多元的債務。

## 現代版的「麥琪禮物」

一百年前，美國作家歐・亨利在《麥琪的禮物》中講述這樣一個故事：在聖誕前夜，一對囊空如洗的年輕夫婦都想送給對方一件貴重的禮物。為此，妻子賣掉了自己的秀髮，給丈夫買了一條白金錶鏈；丈夫卻賣掉金表，給妻子買了純玳瑁的髮梳……

一百年後，一對中國夫妻用生命演繹了更為淒美的故事：為幫助丈夫完成學業，在大學任教的妻子東渡扶桑打工；為照料身染絕症的妻子，博士研究生畢業的丈夫辭去了系主任職務，放棄了發展的機會……

病房的窗外，雪花紛揚，呼嘯的寒風拼命搖曳著樹枝，似乎在對生命最後的征剿；窗內蒼白的四壁，蒼白的被子，還有徐曉微那張蒼白面孔。

她剛做完開顱手術，正處於半昏半醒之狀，忽而嘟噥幾句日語，忽而又昏睡過去了，反反覆覆，覆覆反反。

凜冽的寒風終於無奈地嗚咽而去。曉微甦醒了，她久久地望著身邊的丈夫，欣慰說道：

「王信，我剛想你來了，一睜眼睛你就坐在我的身邊……」

王信是一位魁梧而不失儒雅，聰敏中又蘊蓄著憨厚的男人。他望著已被疾病奪去正常思維與情感的妻子，眼裡噙滿淚水，不由得緊握妻子那涼涼的纖手。她終於又一次逃離了死神的魔爪，他長長喘了一口氣。

從徐曉微的頭部發現惡性腫瘤以來，她先後做了六次手術。每一次手術對她和王信都是一次煉獄之旅。一位日本醫學權威說，她還能活一年，能活三年的可能性僅有百分之二十到三十。可是，七年過去了，在丈夫照料下她仍然活著。

王信——留學日本的博士研究生、北京國際關係學院日語系的副教授，在這七年裡，他為妻子付出了巨大的代價，他不惜辭去了日語系副主任職務，放棄了許多發展機會，如今年僅四十六歲的他已鬢髮皤然。可是談到這些時，王信卻真誠地說，我永遠也忘不了她曾為我東渡扶桑，靠打工賺的錢來供我讀書。她為我付出了很多。

一九八六年，哈爾濱師範大學的日語教師王信赴日本進修。對一個學日語的人來說，這是件大喜事兒，不過在王信與妻子徐曉微告別時，他的眼裡閃爍著依依惜別和深深歉疚。這些年來他欠妻子的太多了，結婚時沒為她準備一間洞房；如今女兒快兩歲了，曉微還帶著女兒擠在一間單身宿舍裡。那間宿舍還住著兩位帶著孩子的媽媽……

一九八〇年，在哈爾濱科技大學任教的王信剛剛二十五歲，他不僅長得英俊瀟灑、玉樹臨風而且工作勤勉踏實，為人謙和，深受同事的喜歡。他的家不在哈爾濱，在較偏遠的依安縣。他曾下過鄉，在農村當過大隊副書記，一九七五年被推薦上了大學。一天，一位同事要給王信介紹個對象，姑娘叫徐曉微，比他小一歲，黑龍江大學英語系的畢業生，她的父親是黑龍江省很有名氣的教授。王信有些為難了，同意吧，又不知那姑娘長得什麼樣；不同意吧，她的母親還是他所在大學的組織部副部長。一想，他們是同一所大學畢業的，儘管他在日語系，她在英語系，還比他低兩屆，但是兩人在校園裡很可能見過面。他苦思冥想了許久，還是一點印象也沒有。人們說，曉微可是個好姑娘，她不僅聰穎過人，勤奮好學，而且下過鄉，在農場當過會計，管理過食堂，很能吃苦……

一九八〇年農曆八月十五，月圓如輪，月色溶溶。沒談過戀愛的王信忐忑不安地叩開了曉微的家門。王信沒有想到，曉微竟是一位長得亭亭玉立，氣質和修養很好女孩，見面後兩人都很滿意。他們以十分傳統的方式相愛了。戀愛兩年多，兩人接觸卻不很多，約會總是偷偷摸摸的，生怕被人看見。在他們記憶中，戀愛中最親昵的一次是看冰燈時兩人情不自禁地拉了手。

一九八二年元旦，他們結了婚。那時他們倆已調到哈爾濱師範大學任教。結婚的事兒，王信誰也沒告訴。結婚前一天的晚上，學校讓他陪外教狂歡了一整夜，那種日本式階梯飲酒法（不斷地換地方喝酒）搞得他頭暈腦漲。早晨，他洗了一把臉，疲憊不堪地騎自行車去接新娘。他們在曉微家吃了一頓便飯，也就算完婚了。晚上，他用自行車馱著新娘回到了學校，在外教值班室裡度過了新婚之夜。幾天後，這對新婚夫妻被攆回了各自的宿舍。他們只好每天中午在一起吃飯，晚上一起在圖書館裡學習，然後各回各的宿舍就寢。夫妻想團聚一次，只有到曉微的娘家住一宿。當時，岳父家也不寬綽，兩居室的住房，一間住著岳父岳母，一間住著曉微的妹妹。一九八四年六月，他們的女兒出生了。

王信要出國了，他心裡知道，妻子和孩子的日子將很難過。可是，作為工農兵學員，在高校裡的境地很是尷尬的，那張一口氣就能吹得飄起來的文憑，那不深不透不系統的專業學識，逼得他們不得不去考研，去進修，去拼搏。

王信在日本上越教育大學研修了一年。第二年，他轉入了日本的築波大學。王信渴望能在日本多學幾年，能拿到碩士學位。第三年，他以優異的成績考取了日本崎玉大學的碩士研究生。作為自費留學生，經濟的拮据、生活的艱難是可想而知的，不僅廢寢忘食、夜以繼日地攻讀學位，而且還要打工，靠打工賺的錢來讀書和生活。隨著學習逐漸深入，王信漸漸感到難以應付這雙重的壓力。

一九八八年三月三日，三十二歲的徐曉微隻身飛往日本。她這位大學教師、知名教授的女兒遠離年邁的父母和年僅四歲的女兒、捨棄了即將要到手的講師職稱，赴日本打工，幫助丈夫完成學業。

在新潟，王信與曉微租了一間沒有衛生間的僅八平方米的學生單身宿舍。在日本，夫妻應住夫妻房，不可以住單身宿舍。為此，王信只好多塞給房東點錢。

曉微到日本後，先是王信帶著她去打工，後來她就自己去打工了。異國他鄉，地陌人生，徐曉微一句日語也聽不懂。白天，她像片樹葉孤零零地漂泊在人流之中；晚上，回到那間單身宿舍，她憋一天沒說話，和丈夫說上幾句，感到無比溫馨。那間小屋，在她的眼裡就是他們夫妻在日本的港灣，他們互相體貼，恩恩愛愛。

打工的歲月，雖然艱苦，但又難以忘懷。一個周日，王信和曉微到一家美裝公司打工。王信以為那是一家裝修公司，沒想到竟是一家清潔公司。他們四個打工仔一組，到各家各戶去打掃衛生。領班的是一位日本人，每到一處就客戶說：「這些都是中國的留學生，活幹得很好。」中國留學生自尊心很強，在日本打工最怕讓別人知道，工頭的話讓他們很是難堪，在他們踏進一間病房時，沒想到屋裡突然冒出了一句漢語：「你好！」走在前邊的留學生如遇猛獸，一轉身躥了出來，其他人也收住了腳步。他們站在門口，面面相覷。最後，王信硬著頭皮說：「我進去。」曉微卻一把拽住了他：「你別進，我替你幹。我不是留學生，只不過是一個陪讀的女人」於是，她默默地走了進去。王信望著曉微的背影，半是感激，半是愧疚……原來那病房裡住著一位日本老嫗，她在偽滿時期到過中國。王信說，這件事，他永遠這不會忘記。每每想起來，都對曉微充滿感激之情。

在日本，曉微的最大痛苦不是打工的難堪與累，經過幾年北大荒鍛鍊的她幹活踏實、潑辣，使挑剔的日本人十分滿意。她最大痛苦的是王信他們那些留學生在攻讀碩士、博士，而她卻在角落裡打工，空耗生命。讀小學時，她趕上「「文革」」，然後下鄉，然後當了三年工農兵學員，她多麼渴望去美國、英國、加拿大等英語國家留學啊！

王信是位情感細膩、善解人意的丈夫，他知道曉微內心深處的淒苦，他經常安慰曉微說，他拿到碩士學位後，一定要為她打工，讓她去美國或加拿大留學。曉微期盼著那一天，期盼著自己早日坐進國外教室……

一九九二年十一月二十日，日本川崎的雨不停地下著。王信的心境也是烏雲密布，淫雨飄飄，一派泥濘。早晨，王信生氣了，幾天來多次催曉微去看醫生，她卻捨不得花那辛辛苦苦打工掙來的錢，遲遲沒有去。正忙著洗衣服的曉微一氣之下飯也沒吃就去醫院了。

一九九〇年，在王信碩士研究生要畢業時，美國、加拿大等國家有了新的規定：中國留學生不得從第三國入境。曉微盼望已久的從日本去美國或拿大留學的希望成了泡影。她只得放棄了留學的打算，勸王信：「你考博士研究生吧！我再為你打三年工。」王信望著為他而放棄前途和事業、昏天黑地地外出打工的曉微，他熱淚盈眶。

在日本，日語專業的博士研究生很難考，只有幾所大學有博士點。為了支持王信，那些日子，曉微下工後一邊艱澀地讀文字處理機的日文說明書，一邊幫王信打畢業論文和資料

一九九〇年，王信考取了日本東海大學日本語言與文學專業的博士研究生。隨後，他們把家搬了川崎的麻生區，租了一間稍大點的房子，托人將分別數載的六歲的女兒帶到了日本。一家三口在日本團圓了。

川崎的麻生區是個居住區，附近的工作很難找，徐曉微先是在離家很遠的一所語言學校找到了一份工作。她每天要奔波一個多小時才能趕到學校。不久，那所學校倒閉了，她又在家附近的一間彈子房謀了一份工作。彈子房十分嘈雜，煙霧繚繞，而且工作時間很長，十分辛苦。王信很體貼妻子，他不僅儘量多做些家務，而且每天中午他都做好飯菜，騎著摩托車給曉微送去，看著她吃完，然後把飯盒捎回來。在那些日子，曉微下班回家，經常情不自禁地說：「哎呀，好累。」王信以為是她只不過是日語不過關，和顧客說話很吃力，精神上過於緊張而已，只好勸她多休息。

日子在夫妻的奔波勞累中一天天過去了。王信的博士研究生將要畢業了，他已聯繫好了接收單位——北京國際關係學院，並且談妥一家三口人都進北京，王信當日語教師，徐曉微做英語教師。一個陽光燦爛的日子就要來臨了……

一九九二年八月，王信偕妻子、女兒前往鎌倉看煙火。天氣燠熱，車上擁擠，曉微說頭痛，下車就吐了。她怕掃大家興，就說：「吐完就好了，挺好的。」晚上回到川崎時，已是半夜十一時了，大巴已經收了，曉微儘管身體不適，還堅持不打出租，要領著孩子走回去。怕王信擔心，她邊走邊說：「晚上在外邊走一走，好舒服啊。」

回家，王信就勸曉微去醫院檢查。曉微捨不得錢，他催緊了，她就去了一家個體診所。醫生說，這是感冒初

期的症狀，給她開了一些藥。她吃了兩周也不見效。王信忙著趕寫畢業論文，一是沒有時間陪她去看病，二是也沒想到她的病會很重。

每逢周日王信都要出去打工。當他打工時，曉微在家照顧孩子。曉微頭痛之後，王信總感到不放心。一到中午，他就給家裡打電話。好幾次都是女兒接的，他不安地問女兒：「你媽媽呢？」女兒說：「媽媽倒著呢。」王信聽後心裡就更緊張了。於是，他和曉微生了氣。

那天中午，曉微從醫院打來了電話：「醫生說，左腦可能有問題，片子上有一個白點。」王信聽罷騎上摩托，頂風冒雨趕往醫院……醫生告訴他，徐曉微必須住院治療。醫生說的醫學術語王信聽不大不懂，但是他從醫生的表情和口吻中得知她病情很重。

那天，王信回到家時，天色已晚，女兒餓得饑腸轆轆地坐在床上哭。她放學到家已經三個小時，被雨澆得像落湯雞似的，凍得渾身發抖。王信摟著女兒，淚如雨下，他不知該如何對女兒說，也不知道等待他們一家的將是什麼。

曉微住進了醫院，她為自己的病而感到恐慌，為自己不能打工還要支付高昂的醫療費而內疚和不安。她發現同病房的那些腦瘤術後的患者，不是昏迷不醒的就是癱瘓在床不能動彈的，她更加惶恐不安了。暗夜沉沉，難以入眠，她望著窗外的星斗，一邊想著自己的病，一邊思念父母和家鄉那條奔流不息的松花江……不行，我要回家，我要是死的話也要死在自己的家鄉！

她對王信說：「王信，我要回家，我要回哈爾濱！」

王信忍著內心的痛楚，耐心勸慰：「日本的醫療條件和水準比我們國家要好。我們等手術做完之後就回國，回去看望我們的親人……」

一九九二年十一月二十七日，曉微做了開顱手術。王信提心吊膽地守候在門外，等待著妻子術後出來。他默然祈禱著：她千萬別得惡性腫瘤啊！結婚十年來，她還沒有享過福。為了我她拋家舍業，遠渡重洋，來日本打工，我欠她的太多太多了！

一個小時過去了，兩個小時過去……九個半小時過去了。那九個半小時對王信來說，每一分鐘每一秒鐘都像斜陽下的影子，長長的，暗暗的。手術做完了，醫生把王信叫過去，語調深沉地說：

「她得的是惡性腫瘤。病灶沒有徹底切除。如徹底切除的話，人也就徹底廢了。手術後，她可能有一段最佳狀態，你們就趕快回國吧。」

王信如一頭跌進無底深淵，他感到骨軟筋麻，汗水伴隨淚水潸然而下……

在日本，曉微住了五個月院。王信天天去醫院看望她，變換花樣給曉微做好吃的，蒸包子，包餃子，想盡辦法讓她吃得可口。那些日本女患嫉妒不已，她們的丈夫只有在周日才來看她們一眼。每當王信見到曉微，他心裡彌漫著愴痛，臉上卻掛著笑容，他沒有將真實的病情告訴她。他只告訴她，長了一個良性的瘤，摘除了。每當他走出醫院的大門時，不禁淚水滂沱。在痛苦的煎熬中，他的頭髮漸然白了……

一九九三年九月，王信懷著無比沉重的心情攜妻子、女兒回國了。他望著舷窗外的日本海悔不堪言：為了一紙文憑，妻子染上了絕症。他多麼想用那張渴望已久的文憑換回妻子的健康啊？可是這到哪兒去換呢？

一九九五年，曉微的右腦又長出了腫瘤。國內的一位腦科權威說：「如果她的腫瘤徹底切除，那麼百分之百會變成癡呆；不徹底切除的話，那麼就像割韭菜一樣，過不多久還會長出來。另外，如果手術做不好，她將會變成癡呆、癱瘓；即使手術成功了，情感也會喪失的，性格和思維也將改變。這種手術做與不做意義並不很大……」

又一場若滅頂之災的強風暴席捲了王信的心。

王信回國後，想放棄生活和工作比較優裕的北京國際關係學院，重返哈爾濱師範大學。他想讓曉微在父母和親人的身邊愉快地度過最後歲月。對此，曉微的父母也表示同意。可是，曉微堅決不同意，在日本「洋插隊」吃的那些苦，不就是為了王信回國後能幹一番事業嗎？在師大日語屬小語種，怎麼能發揮作用呢？在曉微的堅持下，王信在北京國際關係學院報到上班，曉微和孩子暫居哈爾濱，她一邊養病，一邊等待北京的住房分下後再過去。

王信一想起曉微在日本從早到晚昏天黑地的打工就深感愧疚萬分，於是，他想不論花多少錢也要陪她去日本旅遊一次，再到聖瑪麗亞醫院複查一下。這時，曉微從哈爾濱來電話說，家人帶她到黑龍江省腫瘤醫院做了檢查，醫生認為還有必要再處置一下，讓王信把日本那邊的病歷寄去。那份病歷是用英文寫的，王信也不知道上面寫了些什麼，他以為無非是些醫學術語，曉微不會看懂的，於是就給曉微寄了回去。王信沒想到醫生在病歷寫下了他的預言：「她可能還能活一年，能活三年的可能性只有二十到三十%。」曉微看過病歷後，腦袋「嗡」的一下，感到天昏地暗，她才三十七歲，女兒才九歲啊，她和王信的好日子才剛剛開始！她急忙抓起電話找王信。這時，不論王信如何解釋和安慰都難以驅散她心中的絕望了。曉微像慘遭嚴霜打過的青苗萎蔫了。接著她在黑龍江省腫瘤醫院又做了一次手術。

一九九四年一月，曉微在王信的陪同下又來到日本，他們在京都遊玩了六天，要去伊豆半島時，曉微的頭部突然起個包，脖子也變得僵硬了，不得不中止旅遊，去川崎複查病情。日本的醫生認為，還需要手術一次。曉微在日本又做了第三次手術，王信只好給學院打電話，又續了兩個周假。

王信在北京國際關係學院工作不到一年，就擢升為日語系副主任。系裡沒有正主任，王信主持系裡的工作。他要管理八個本科班和一個研究生班，還要備課授課，系裡的教師少，他得超課時講課；他要做家務，照料病重的妻子和上學的女兒，晚上十一二點前很少睡覺，只要曉微不睡，他就得陪著；另外，他還要四處為曉微尋醫問藥。聽說有一種中草藥對癌症有效，王信先是托人從哈爾濱買，後又托人從天津買。

儘管曉微服了不少中草藥，日本醫生預言如咒語般應驗了：術後一年，曉微的右腦又長出了腫瘤。王信又把曉微送進醫院，她的嘴裡不停地咕噥著，誰也聽不懂。兩小時後，突然曉微不會說話了，不認識人了，緊接著她什麼也看不見了。王信慌然找來了醫生。醫生說得做一下ＣＴ。王信急忙把曉微抱到推車上，推著她就往ＣＴ室跑……

醫生確診後，王信將岳母請到北京。岳母心緒黯然地表態：既然手術沒多大意義，那麼就別讓她再遭罪了。一位母親怎忍心眼看著女兒變癱變傻？王信認為：「還是應該手術，手術是一個積極的措施，哪怕她癱了，我也要養著她……」

曉微又做了第四次手術。醫生說，伽瑪刀手術效果好，且不用開顱，可減少患者的痛苦，但費用昂貴，而且是自費。王信毫不猶豫地選擇了伽瑪刀手術，只要能減輕妻子的痛苦，多少錢他都認。可是，伽瑪刀手術沒有成功，三個月後曉微又做了一次手術。

一九九六年夏，曉微又出現了腦積水，顱內壓力升高，不能說話，右腿失去知覺，又住進了醫院。經過三天三夜不停輸液，她終於能說話了，可是從那以後她像變了一個人，思維紊亂，情感淡漠，文靜而內向的她變得很粗魯，有時罵王信，什麼話都說，王信只得苦笑，一話也不說，可心裡湧淌黃連苦湯；看電視時，她常常跟電視大喊大叫：「王八蛋！處死你！」；有時還發出一種怪叫，讓人聽了毛骨悚然，王信只好勸她：「別出這聲，出這聲不好。」手術後，她每天必須服用脫水藥，服藥後她就尿床，王信每天夜裡要給她換好多次尿墊子，那尿味特別的大，使得家裡到處都彌漫著一股爛韭菜味兒。術後有一段時間，曉微起不來床，全靠王信伺候；後來她能起來了，有時到外面走一走，可是回來時不是將尿了褲子，就是把屎拉在了褲子裡。最後，為了照顧曉微，王信不得不辭掉了系副主任職務。

一九九九年初，正值期末王信最忙時，曉微做了第六次開顱手術。為了護理曉微，王信從家鄉黑龍江請來一位小保姆。白天，他守在她的病榻旁，有課時他匆匆跑回學校上課，下課再急忙跑回來，一邊批改作業，一邊照看妻子；晚上，把妻子交給小保姆陪護，他回家去照顧女兒。生得小巧的小保姆還可以擠在一張病床上睡一覺。

一天，王信正在餵曉微吃飯，有電話找他。原來，小保姆交班後，騎自行車回家時，被一輛白色的桑塔納撞傷。卑鄙的司機將她拉到一家醫院後就逃掉了。小保姆昏迷不醒，瞳孔已近擴散。醫生從小保姆的身上找到了醫院的看護證，電話打了過來。王信放下電話，就跑去看小保姆，代家屬在手術單上簽字，把她推進手術室，然後急忙回家籌錢，跑到教室給學生布置作業，又跑回醫院來照料妻子和小保姆……

一年過去了，曉微的病情有所好轉，她能在別人陪伴下到外面散步了。可是她沒有情感，她不知道親一親自己的女兒；思維混亂，什麼話都說，王信的心裡話已無法對她說了。每當女兒放學時，她就和女兒東一句，西一句地瞎聊，弄得女兒無法做作業。女兒煩了，不高興了，氣得和她吵。王信見了就勸導女兒：「她是你媽媽，她好的時候不是這個樣子。在你去日本時，我周日去打工，她領你出去玩。媽媽渴了都捨不得買一瓶飲料，卻什麼都捨得給你買。有時給你買一瓶飲料，媽媽看著你喝……」在父親的勸導下，女兒漸漸理解了媽媽，再不和媽媽吵了。當媽媽吵得她不能學習時，她就勸媽媽：「你快回你的房間吧，你再說我的作業就寫不完了。」

女兒剛從日本回來時，插班在三年級，可是她漢語全都忘了，一句也不會說了，所以每次寫作文對她來說都是一大難關。開始時，她用日語寫，然後再找人給翻譯成中文。王信十分著急上火，可是他又沒有時間教女兒漢語。他想給女兒請一位家教，十分懂事的女兒知道家裡的境況拒絕了。女兒在班級乾坐了一年，然後用三年的時間學完了六年的語文。小學畢業時，她被評為北京市三好學生，在全國小學生作文競賽中榮獲三等獎。在升學考試中，她在北京市入學考試分數很高的海澱區考取第一名，被全國重點中學錄取。

王信非常希望岳父岳母能經常來看看曉微，讓曉微在有限的歲月裡活得愉快些，於是他一次次邀請他們到北京來。可能老人無法接受這麼一個殘酷的現實，難以承受這麼大的打擊。一次，王信給岳母打電話介紹一下曉微的情況，岳母說：「你不要再跟我們說了，我們一想到她心裡就很難過……」已不會悲傷和痛苦的徐曉微還時不常地打電話對父母們說：「我過兩天就回去了。」王信聽罷心如刀絞，他多麼希望讓妻子見到她的父母啊！

一九九五年，當曉微手術之後，情感沒有了，夫妻生活也就終止了，她已無法再充任妻子的角色了。情感豐富的王信工作和照料病妻之餘，只好把精力全然投入到授課與做學問之中，幾年來，他在日語系授課的課時最多，成果也最多，有近二十項科研成果問世，並且在日本發表了三篇學術論文，在外文出版社出版了一部二十五萬字的《精修日本文法》。

也有人為王信感到悲哀，他是一個健全的感情豐富的、擁有七情六欲的男人，他是一個擁有高學歷的、很有發展前途的學者，為一個已不可能康復的、失去了正常思維和情感的妻子而付出這麼多是否值得？也有人認為，王信應該將徐曉微送進條件最好的療養所，然後他去尋找自己的生活和愛情，去攀事業的高峰，他不該為此而斷送自己的幸福和前程。

這是一種理念與情感的衝突，是一種道德的二律背反。

## 「生死鏈」下的浪漫婚戀

十二月二十四日，又一個尋尋常常的平安夜若近在咫尺的路標悄然逼近。

可是，對宋學文和昕子來說，每一個平安夜都不再尋常。

宋學文本來是一名尋常的合同制工人，一九九六年一月五日，他在工地撿到一條像鑰匙鏈似的「生死鏈」——銥一九二放射源後，他再也找不回自己的尋常，他成為中國首例核輻射受害者。

這一不尋常，使得他先後做過七次大手術，總縫合多達三百多針，幾乎針腳爬遍了全身，四肢被截去兩肢半，僅存的右手被截去指頭……不僅如此，核輻射的戕害像一座暴戾恣睢的惡魔潛伏在他的體內，說不上什麼時候就會瘋狂地發作，同時還斷了父母的一線希望——他喪失了生育能力……

一九九八年的歲末，宋學文的心裡風饕雪虐，暗無天日，核輻射的戕害使得他那一‧七六米的身體像枯樹樁似的一截截地被切割掉。

他的世界蛻變為一張床和一扇窗。床是他的駐地，窗是他與外界的主要聯繫。每天，他趴在窗臺遙望路旁的柳樹草坪，窺視那行動自如的行人和自由飛翔的鴿子。那鋸骨切膚的煉獄之旅，他頑強而樂觀挺過來了，這時面對著殘肢敗體，他卻找不到了自己。我只有二十二歲啊，我的路在哪兒，我的生活哪兒，我的愛情在哪兒？他絕望了……

他開始策劃離開這個冷酷的世界。他還渴望和一位梳著披肩髮的漂亮女孩聊聊天。這一渴望攪得他六神不安，不知所措。十二月二十三日，他總覺得那個女孩將要出現。他焦切地等待著，等得一夜未眠。他望著那悠然自得地踱著循規蹈矩步子的錶針，倍感煎熬。好不容易熬到二十四日清晨五時，他說什麼也等待不下去了，綽起電話，像彩民選號般慎重而又茫然地按下一組數字。

嘟……電話居然通了，他惶恐起來，不知道這麼早「騷擾」別人會引來什麼後果。

「喂？」當響第二聲時，那邊傳出一個女孩甜美聲音。

「我……我是……那什麼，你好！」他慌然無措地說。

「你好！你是哪位呀？」

「啊……我是……是這樣，二十二年前的今天的這個時刻，我母親生下了我。此刻我很孤獨，心情也不好，沒人祝我生日快樂，所以我隨便撥了個電話，只想找個人聊聊天……」他唯恐女孩掛斷電話，急中生智地胡編了一個理由。

「那我首先祝你生日快樂！」女孩善解人意地說。

就這樣，他如願地和一個叫楊光的女孩聊了起來。他們從清晨五時熱聊到上午九時。她告訴他，她是一位梳著披肩長髮的姑娘，也是二十二歲，剛剛中專畢業。此刻，她正在一家民營醫院值班。她還告訴他，這一天是西方的平安夜。他們不僅越聊越投機，驚異地發現彼此不僅有許多相似之處，而且還同月出生，她比他大十九天。直覺告訴他，他找到了屬於自己生命的那一半。

楊光攜著她的陽光和浪漫走進了他那冰天雪地、黯淡無光的生活。從此，他們開始了通話和通信。他在信中道出了「想愛又不能愛、不敢愛」的心態。

「我有一種感覺，你——是殘疾人！」一天，聰慧的她在電話裡突兀地說。

他否認了。

「即使你是個殘疾人也沒什麼，也許我還會喜歡上殘疾人呢！」她不明白自己為什麼要這麼說，是為彌補唐突？

放下電話後，他又撥通電話：「對不起！我剛才——騙了你……」

一九九九年一月十八日，楊光披著飄逸的秀髮，捧著一束康乃馨，走進了宋學文的小屋。他們一見如故，有一種似曾相識的感覺，兩人有著說不完的話。從早晨聊到日暮。

他不敢相信這不是夢。他一遍遍地用目光愛撫著那束出滿天星簇擁著的康乃馨印證她的存在。他不由想起，一位醫生安慰他的話，上蒼是公平的，在這方面讓你有了缺憾，一定會在另一方面給你以補償。他不相信上蒼，他相信楊光就是天使，是來拯救他的天使！

一九九九年三月十二日，吉林市的天空飄著雪花，而開往北京的硬臥車廂裡卻春意融融。楊光陪同宋學文進京複查。夜深燈熄，同行他人已睡去，他們卻難以入寐，她流著淚對他說：「從我決定踏上火車的那一刻，我的命運就跟你連在一起了……我會永遠陪伴在你身邊，無論發生什麼事！」

一個姑娘將自己命運的經緯織入一個男人的人生，那不是一件小事兒，何況他還是位重度殘疾人。他是一個有趣味的男人，他幽默，達觀，有思想……還有他的愛，對她有著強烈的吸力，她在不知不覺中將對他的好感內化為了一種責任。

在決定陪他進京複查前，楊光回到家鄉圖門跟母親商量。那是一位心地善良的母親，一位愛比天大的母親，當母親聽說她對一位四肢失去兩肢半的殘疾人有了感情之後就哭了。後來，她只問了女兒一句話：「你覺得這輩子能不能對得起他？」

阡陌的人生，如今有哪個情侶能保證白頭偕老？就算是能夠白頭偕老，又有誰能保證得起對方？可是，她的母親知道，對於像他那樣的殘疾人來說，沒有愛情是不幸的，失去愛情是致命的！

在北京，春風和暢，鳥語花香，宋學文「陪」著楊光去逛街。她推著輪椅上的他，他幸福地抱著她買的報紙、小食品，還有用於疊千紙鶴的彩紙。自截肢之後，只要在大庭廣眾之下，他就恨不得找個地縫鑽進去，將殘疾的身體徹底地藏匿。進京後，楊光不斷地開導他：「你又沒做什麼虧心事，怕別人看幹什麼？殘疾只不過是你身體的一個特徵，就像人的高矮胖瘦一樣，不要太在意，否則你就會自卑，就會遠離人群和社會。」

她這麼輕鬆地一劃分，他這樣的殘疾就進了高矮瘦胖之列！她的確是他的陽光，一縷能照亮他心靈角落的陽光。不論楊光怎麼劃分，他那「魔鬼」的身材只要一出現在街頭，「回頭率」就會步步攀升，有同情，有憐憫，也有獵奇。對於那些不友善的目光，楊光就像衛士一樣「以眼還眼」，錙銖必較地冷冷逼視著對方，直到對方膽怯心慌，將那目光挪開。

那個春天，他們是幸福的，無邊無際的幸福感掩去了生活的殘缺和苦旅的荊棘與坎坷，忽略了前程的磨難……

一九九九年七月二十六日，楊光和他的叔伯小弟一起將他背上吉林開往北京的火車。這次，他們買的是硬座票。不同的還不僅僅是這些，此時，他們臉上的甜蜜已被幾多悲壯、幾多心酸、幾多窘迫、幾多無奈淹沒了。

這次進京，對宋學文來說與其說是上訪，不如說是出逃。他想逃離那間小屋，逃離自己的母親和家人。他和楊光相愛後，一直誠惶誠恐。世俗那是一道道冷漠無情的圍牆，讓多少人摔得頭破血流。這一道，她跨過去了，後面的能否跨得過去？

他沒有想到，在那一道道圍牆中，最高的竟是自己的母親。

一隻、兩隻、三隻……在從北京回來，楊光就無限虔誠地給他疊千紙鶴和幸運之星，她要把自己一輩的祝福都疊進去，送給他。一千隻千紙鶴、三百六十五顆星星終於疊完了，她把它們三三五五地掛在小屋的棚上，他像一個頑皮的孩子，一個勁兒地鼓腮引頸地去吹那一隻只紙鶴。

紙鶴飛舞起來了，可是他們的愛情卻在那狹小的空間裡無路可走了。在疊紙鶴時，她就在跟自己賭命，如果疊的黑鶴多，紅鶴少，她就離開他。可是，她每次數都是紅鶴多於黑鶴。她不時叩問，自己那麼虔誠，那麼執著，那麼認真為他祝福，幸福怎麼會離他越來越遙遠？

「兒子的不幸在母親那兒總是要加倍的。」在宋學文慘遭核輻射戕害後，母親曾滿面淚水地哀求過醫生：「醫生啊，我求求你，把我的腿截下來，給我兒子接上。」為了兒子，她的淚流成河，她竭心盡力地照顧他，生怕他再受到一點兒傷害。在操勞和憂愁中，她患了嚴重的哮喘和高血壓，連上三層樓都困難了。

母愛是無私的、博大的、執著的，也是自私的、狹隘的和頑固的。可是，當母愛轉化為一種傷害，那將是一種殘酷的、無法躲避的傷害！

不知母親對他們那場戀情沒有信心，怕給他帶來傷害，還是擔心楊光的目的不純，最後讓他雞飛蛋打，雪上加霜。

母親的態度越來越明朗了，臉也很少開晴了。母子間的衝突也越來越激烈，很快就到了水火不容的地步。隨之妹妹也跟他形同陌路。叔伯兄弟們找上門來，苦口婆心地勸他讓楊光離開：「這個女孩對你不合適，長痛不如短痛……」

在世人的眼裡，一個漂亮的女孩若不圖點兒什麼，怎會跟殘疾人在一起？可是，他有什麼可圖的呢？父母是普通農民，收入低微；他每月的工資和護理費加在一起只有八百多元。

面對宋學文母子關係的緊張和他那日益加劇的痛苦，楊光心如刀絞，她在日記中寫道：「不知是否因為我的加入使他們產生了矛盾，如果真的是這樣的話，我情願退出，而且我也再無法承受這種壓力了，我是真的想退出了……」淚水遮住了她的陽光。她給他收拾好了東西，並將自己的衣物裝入旅行袋。這時，他眼含著淚水，緊緊地拉住了她的胳膊，苦苦地哀求：「別離開我好嗎？」

後來，在無盡無休的衝突中，他心靈那縷陽光黯淡了，對生活無望了，不想再把這位可愛的心地善良的女孩困在自己的陰影裡。他忍著淚水對她說：「你走吧！」

可是，她卻沒有走，堅強地留了下來。她忘不了那二十四朵玫瑰啊，忘不了北京那個早晨。她在洗漱間裡給他洗衣服時，聽到他的喊聲，她轉過身去。「祝你生日快樂！」他說著，將一束鮮花遠遠地遞過來。她無限幸福地接過那二十四朵火紅的玫瑰簇擁著一支百合的花束，眼睛濕潤了。那時，他還承受不了別人目光，可是為了這束鮮花，他卻早早起來，讓別人推他上街……

他越來越忍受不了母親的摔摔打打，吵吵鬧鬧，他感到那個家無論如何也不能待下去了，他和她必須逃出來。

在他受戕害之後，單位曾表示要給予他一定的經濟補償。可是，三年過去了，他不僅沒得到經濟補償，而且連安裝假肢的要求也被拒絕了。母親執意讓他去單位鬧，直鬧到解決問題為止。他堅決不肯。母子間的分歧和衝突更大了。於是，他決定進京上訪。

母親堅決要陪他去，他斷然拒絕了。母親不依不捨，他走到哪兒就跟到哪兒。最後，在他的哀求下，母親才放棄陪同，給了他五百元做盤纏，他們買了三張硬座票，登上了進京的列車。夜幕降臨了，車廂的燈光暗淡了，她把自己的座位倒給了他，讓他躺下睡去，她將自己瘦弱的身軀蜷縮在茶桌下面的地板上。怕他掉下來，她把頭靠在椅子上……

一九九九年十二月二十四日清晨，在北京沙窩的一間只有七平方米的局促的、簡陋的小平房裡，宋學文早早醒來，悄悄地喚醒睡在身邊的小弟。小弟把他推到附近的一家花店，瀟灑地花五元錢買了一枝玫瑰。

「耶誕節快樂！」當他回到住所，舉著鮮花溫情地喊道。她驚喜地接過那枝穿越風霜的玫瑰，深情地嗅了一下，兩眼噙滿了淚水。

僅僅五個月，他們卻經歷了太多的辛酸與苦難，心態有了很大的變化，這枝五元錢的玫瑰，在她的心裡是多麼的奢侈啊！

到北京後，他們以每月三百五十元的租金租下了這間小屋。那時，小屋溽熱難熬，晚上他們三個人擠在一張雙人床上，身上像被裹了保鮮膜似的透不過氣來，整夜整夜睡不著。熱還好克服，最難的是那捉襟見肘的窘迫。

為此，楊光忌諱起自己的名字來：

「別總叫我『小光』或『光啊』的，叫著叫著錢就『光』了。」

於是，他給她取個日進斗金（斤）的暱稱昕子。

名改了，他們日子卻越來越艱辛了。秋風淒緊，寒意逼人，她給他穿上了厚厚的毛衣，自己還穿著單薄的夏裝，腳趿拉著一雙拖鞋。每當她推他出門，她就像路邊的柳枝在冷風中瑟瑟抖動。他勸她買一雙鞋，她不肯。他催緊了，她就推著他去逛地攤，這雙拿起看看，那雙拿起瞧瞧，可就是不買。他急了，「買一雙算了，別挑了。」她不是挑剔那鞋，她是捨不得花二十元錢買鞋啊。當她走到他前邊時，他看著她那身「與眾不同」的穿戴，那瘦骨嶙峋的身體，心酸從心底湧出，淚水滾落下來……

進入冬季，他們的日子更艱難了，為了打官司請律師，為了二萬五千元的律師代理費，他們已債臺高築。最後，還拖欠六千元的代理費。冬天，小弟回吉林張羅錢去了，小屋變得空蕩陰冷，為節省一角五一塊的煤餅，他們只好受凍。每天晚上，昕子把他的殘肢放自己的懷裡，用自己的體溫給他取暖。他截肢後，血脈不暢，殘肢冷得像塊冰啊！

為了維持生存，昕子只好給別人織毛衣，織一件五十元。為那五十元，她要從早到晚，日復一日地不停地織上四五天。她一天到晚地坐著織，身體麻了，換個姿勢；手指磨破了，纏一塊膠布，她累得晚上腰酸背痛睡不著覺。過度的勞累，她患了頸椎病。可是，她不能休息，她要織，要不停地織，如果歇息了，他就得挨餓受凍，他們的房租已經拖欠半個多月了，她要不織下去，就會無處藏身。

他望著昕子那瘦弱的不懈織衣的身影，寸心如割。這樣下去，她會累垮的。可是他一個四肢少了三肢的殘疾人，能做些什麼呢？他狠了狠心，決定去乞討。當他以輕鬆的口吻把這一想法說出來時，不僅昕子嚇了一跳，連他自己也嚇一跳。

「其實，乞討也是一種生存手段，是一種謀生的手段……」為了說服昕子，他只好違心地把乞討說得不那麼丟人。

在他的苦苦勸說下，昕子只得同意了。那天，他們一夜未眠，乞討那是用尊嚴換得生存啊，他的身體已經站不起來，還能讓尊嚴倒下嗎？他認為，為了昕子，有什麼不能付出的呢？哪怕一天能討得十元錢，她就可以歇息一天，緩解一下疲憊。

十一月十二日，早晨四時，他們就起來了，她把所有能穿的衣服都給他穿上。天還沒亮，她就推著他，冒著呼嘯的寒風，來到翠微大廈附近。

「你能行嗎？」她滿懷悽愴與牽掛地問道。她多麼希望他說不行，那樣她就可以放心地將他推回家。

「沒事兒，你放心吧！」儘管他很緊張，說得卻很輕鬆。

「天氣冷，要是挺不住就喝兩口，暖暖身子。」說著，她把一小瓶白酒塞到他的懷裡。他知道，這瓶酒花去了他們僅有的那點兒錢。他默默地望著她，想說幾句俏皮話安慰她一下，卻說不出來。最後只好叮囑一句：「別總是一個勁兒地織毛衣，織累了就歇一會兒！」

她離開了他。可是，她沒有走開，站天橋上看了許久……

「求您可憐可憐我吧！」

「宋學文」

「求求您幫幫我，給我點兒……」

那天，他放下了自尊，卻沒討到一分錢。

小弟回來了，帶回了一點兒錢，他們急忙將拖欠的房租還了。在平安夜那天，他們的手裡還有五十元錢，他卻掏出五元錢給她買了一枝玫瑰。

昕子捧著那枝在寒冷中怒放的玫瑰，感激不已地說：「我真的很感動，我感到自己很幸福！我會永遠記住這一天的！」

二〇〇〇年十一月十六日，宋學文終於打贏了那場官司，吉林省高級人民法院判決：他所在的單位承擔全部責任，一次性賠償他各種損失費四十八萬餘元。

他清還了所有債務後，在昕子的陪同下前往武漢，花了十四萬元安裝了假肢。

在核輻射戕害五年之後，宋學文又站起來了。

當他回到吉林，望著飽經磨難的父母，眼裡閃爍著淚花。

「我兒子終於能站起來了！我兒子站起來了……」父母激動得一遍又一遍地重複著這句話。

經過一場場磨難之後，宋學文的母親對昕子轉變了態度，不時用行動來感動昕子。昕子也不計較過去，在農忙季節，她和宋學文回到他家，幫助他的父母做飯，幹些力所能及的活。

那間小屋被原單位收回了，他們只好在吉林市租一間房子，把家安上。六年過去了，不論是苦難，還是歡快的日子，他們都是那麼浪漫。如今，他雖然安上了假肢，可是仍有許多不便。在吉林市的一個市場，人們經常能看到昕子推著宋學文，他的懷抱著一捆大蔥。當記者問他，為什麼總買大蔥？他風趣地說，因為大蔥便宜呀。他還說，只要昕子上街，就會不辭勞苦地把他和輪椅搬下樓，推著他一起去。她想讓他多接觸外界。

他仍然經常送她鮮花。每當她接到鮮花時，都會想起北京平安夜的那枝紅玫瑰。

浪漫總也擠不去艱辛，他雖然安裝了假肢，生活仍然難以自理。有時，他在大街上摔倒了，昕子就吃力地將他抱起來。一次，他們居住的社區停水一周，那些日子可苦了昕子，她天天要背著他去小吃店吃飯。在一個大雪紛飛的夜晚，昕了背他過馬路時，腳下一滑摔倒在地，怎麼也爬不起來。他讓她把他放在地上，可是昕子說什麼也不肯，愣是背著他，爬到路邊，扶著欄杆站起來。他回首望著昕子用赤手和雙膝在雪中趟出的路，淚水湧出眼眶……

二〇〇四年六月，宋學文創作的《生死鏈——中國首例核輻射受害者與生命對話》一書出版了。如今，他的最大的希望就是當個作家，用自己的筆來支撐他和昕子的家。

如今，他們已經結婚。

當問昕子，結婚後，會不會為今生今世沒有自己的孩子而遺憾？

昕子說，我只要照顧好他，他能夠健健康康、快快樂樂地活著，我就滿足了。沒有孩子，我們可以享受到彼此全部的愛！她說，她非常滿足，自從他安上假肢後，不僅提高了自理能力，而且還經常幫她做些家務，比如洗衣服，擦地等，還經常給她按摩後背和腳……

有人問他，如果上帝再給他一個選擇機會，他會不會選擇今天這個樣子。他坦率地說，會的。雖然我失去了很多，但上蒼讓我擁有了昕子，此生知矣……

第十一章

# 寄以希望的婚姻換乘

男人一半是女人；男人只有成了家，人生才是完整的。所以，無論男人還是女人失去了伴侶，生活都會變得黯淡、單調和痛苦。

喪偶、離異將一座座「城堡」變成斷垣殘壁、廢墟一片。這些失之「城堡」的男女懷著對愛情、婚姻、幸福的渴望，在茫茫人海中尋覓著自己的歸宿……

國外學者對婚姻的穩定狀況進行過調查，夫妻雙方均為再婚的，離婚率為初婚的二倍，若夫妻雙方均為二次再婚的，離婚率為初婚的四倍，而且他們的婚姻期要比初婚的短。在國內，有人對七十二對離婚後再婚的夫妻進行過調查，其中再婚一年左右離異的有十四對，現已分居尚未正式辦理離婚手續的有二十九對，真正感到滿意的僅有八對，其餘大多數屬於「湊合夫妻」。總之，再婚的成功率還是比較低的，在離婚率不斷上升的形勢下，如何提高再婚成功率的問題不能不引起重視。

## 十幾年才讀懂的「二手妻」

那天，雨淅淅瀝瀝、纏纏綿綿地下著，稍在窗上的雨點兒順著玻璃涔涔地流著。

孫躍林的心也像這窗上的玻璃水濛濛的。小珍走了，印在庭院的腳印積滿了雨水，漸漸又被雨水淹沒。雨點落在積水裡，泛起一層層水泡。水泡像小船順水流了一段，又被雨點擊破了，接著又有一些新的水泡漂在水上。

此刻，小珍的心一定同這天氣一樣，無聲無息地哭泣著。孫躍林想像得出，淚水和雨水在她臉上流著，流落在濕淋淋地貼著羸弱身子的衣服上。她走時用手遮雨的影子留在他的心裡。

那年，天也下了這麼一場淅淅瀝瀝的雨。

那時，她還是個寡婦，丈夫在那場政治運動中暴死街頭，給她留下一雙不諳世事的兒女和那段飽含辛酸的記憶。

在單位，人們都不敢接近她，不知是怕寡婦門前是非多，還是因為她是「反革命」的遺孀。那時，孫躍林正在車間接受「再教育」。孫躍林同情她的不幸，理解她的苦處，孫躍林家庭出身也不好，父母進過牛棚，挨過鬥。為此，只要有可能的話，他就給她一些幫助，比如單位分秋菜，他幫她弄回去，過節分豆油和豬肉，他就把自己的送給她。她很感激，但是從沒說過，他是從她的眼睛裡看出來的。

那天下班時，雨和今天一樣越下越急，越下越大。他騎著車子，眯縫著眼睛，吃力地往家蹬。眼前雨簾很密，除了高大的建築物以外什麼都看不清。突然，眼前閃現出一個人影，他慌忙剎住閘。啊，是她。她左手遮著頭，身上淋得濕漉漉的，正不顧一切地跑著。他趕忙脫下雨衣，追上了她，將雨衣塞進她的手裡。

「啊，是你呀，不用了，反正濕透了。你快穿上吧，別淋著。」她把雨衣又塞還給他。

「我騎車子快，一會兒就到家了，你穿上吧……」

她邊攏著手邊跑著。驀地，她身子一歪，坐在泥水裡。她的腳崴了。孫躍林要送她去醫院。她說，她還要回家給孩子做飯。可是她走了幾步就痛得不能動了。他只好把她送到了醫院。

醫生要留她住院，她執意要回家。她說，家裡有兩個不懂事的孩子，沒有大人不行。於是，孫躍林又把她送回了家。

到她家時已經很晚，屋裡黑洞洞的。打開燈一看，四歲的佳佳摟著二歲的麗麗坐在地上睡著了。麗麗的小臉上還掛著淚珠。望著這兩個孩子，她眼圈一紅，淚水順著消瘦的臉頰流了下來。孫躍林眼睛也潮潤了。

孩子們醒了，如同兩隻歡快的小麻雀，圍著她問這問那。當他們知道媽媽的腳崴了時，兩張小臉上都露出了害怕與痛苦的表情。麗麗一會兒用小手給她揉腳，一會兒噘噘小嘴給她吹吹。她無限柔情地看著他們，笑了。

那天，孫躍林幫她做的飯。孩子們吃完飯後就睡著了。

在昏暗的燈光下，孫躍林望著十分不幸的她，想安慰幾句，又不知從何說起。他們相對無言地坐了一會兒。他知道自己該走了，可他像還等待著什麼。他把一條熱毛巾敷在她那隻受傷的腳上，當他的手觸摸到她那白皙的腳時，手顫抖了。她的腳也隨之抖動了一下。

孫躍林又坐下來，和她聊起了父母挨整的事。她也講述了她丈夫被打成現行反革命的事。其實，她丈夫只不過說了幾句真話而已。那天，她的話很多，他從來沒見她這麼能說。

他們聊到了十點多鐘，他知道這回該走了。

「你還走嗎？」她柔聲地問了一句。

不走，難道還能留下來麼？他從她的目光裡看出她不希望他走。他的心底湧出一股複雜之情。走不走，他猶豫著，越猶豫就越不想走。驀地，她把手伸了過來，撫摸著他的頭。他要走的勇氣沒了，溫順地讓她撫摸著。莫名的欲望在他的心裡亂撞著，似乎在渴望著什麼。他緊緊地抓住了她的手，把她攬入懷裡……

事後，她哭了，淚水順著他的胸膛流到背後。他突然清醒了，我為什麼要這樣？是愛她，還僅僅是衝動？我幫助她是同情她還是另有所圖？她是那麼不幸的女人，而我卻利用小恩小惠佔有了她，我多麼卑鄙，多麼無恥啊！

他告訴她，他要娶她為妻。

「不，我不能嫁給你。我比你大四歲，還帶著兩個不懂事的孩子，我不能拖累你。你有知識，有文化，應該找一位稱心如意的姑娘。不過，我很喜歡你，也很感激你，不僅僅是你幫了我許多忙，而是只有你看得起我……我願意和你在一起，如你什麼時候想了，就來吧！」

他在想，她到底是對我不信任，還是對我不抱什麼奢望？

「不，如果那樣我們還有什麼臉面見兩個孩子？還怎麼做人？嫁給我吧！我們不是已經……」孫躍林摸著她那細膩而潮潤的臉頰，誠懇地說著。

她的淚流得更多了，她咬著被角，不讓自己哭出聲來。

「我不是個好女人，我和陳禿子睡過覺……」她哭過一會兒，哽咽地說。

孫躍林如同被人擊了一悶棍，驚疑地望著她。她為什麼要和他睡覺？陳禿子好幾次在大會上點她的名，說她遲到早退，不遵守勞動紀律，還扣她的工資……

「那幾年，孩子的爸爸被抓起來，我去送飯，陳禿子當著我的面讓那些被專政的人排成隊，他拿著皮帶挨個打。打到小孩他爸時，他朝我笑了笑沒有打。當天晚上他就來我家了。我拒絕他，他說，如果我不和他睡覺，明天就把小孩的爸爸吊起來打。為了孩子的爸爸，我只好順從了。小孩的爸爸死後，他還來。我說，你再來我要去告你。他說，那樣的話，別人只能說你是階級報復。於是，我就沒去告發他。再說他現在又當了革委會副主任，我就更得罪不起了……」

孫躍林氣壞了。她孤兒寡母的夠不易的了，那個畜生還欺侮她！

他想，我必須娶她，我要不娶她的話，和那個畜生有什麼區別？

第二天一上班，他就把陳禿子叫到一個旮旯，一拳就把他打倒了，接著撲過去，拳頭像雨點一般地落了下去。

那天，他為她出了氣，他卻被關進了「三大教育學習班」。

兩個星期後，他才被放出來。那天，她躲在「學習班」門口，將一把鑰匙悄悄地塞到他手裡之後就走了。他知道那是她家的鑰匙。他徑直去了她家。屋裡沒人。

不一會兒，她就回來了。她摟著他哭了。哭了一會兒，他們就做愛，做完愛後，她接著哭。她告訴他，是陳禿子把他放出來的。他火了，將她一把推開，厲聲問道：「你是不是又和他睡覺了？」

她不吱聲，只是哭。他明白了，抬手打了她一個嘴巴。

「我為了你去打他，你卻跟他上炕，你這個婊子！」

「我也是為了你，要不你說不上得關到什麼時候……」

他抱著她哭了起來。

兩個月後，他們結了婚，沒有舉行婚禮。當他把糖果散發給大家時，那糖果如落入水中的雨點一般，激起了無數的水泡，水泡相碰，有的破滅了，有的變成了一個更大的水泡……有的人嘴裡吃著糖，還說著難聽的話。

「你怎麼偏偏看中了她呢？」

「你小子有眼力，一結婚就當了兩個孩子的爹……」

「你是不是那玩意不行，自己弄不出來，要不一個黃花小夥幹嘛找個寡婦。」

幾個月後，她懷孕了。他挑戰似地望著那些說三道四的傢伙。

「哼，瞧他那德性，牛什麼呀？頭戴綠帽子，肩上拉幫套子，到老沒有人要……」

他氣得綽起棍子就打，她卻跑過來把棍子死死抓住。他怎麼奪也奪不過來，他們倆扭成了一團。為此，她流產了。

起初，他很愛她和那兩個孩子，他們也很愛他。家雖然並不富裕，但卻有著一種溫馨。

她流產後，又懷孕兩次都沒有保住。從此，她再也沒有懷孕。

開始就反對這樁婚事的父母及親友都勸他離婚。他們說，她當初說不想嫁給你是欲擒故縱；說她嫁給你是為了你的錢，想讓你幫她把孩子拉扯大，還有人說，她流產是有意造成的……

他對那兩個孩子漸漸不像過去那樣好了，常常發脾氣。一次，他發現麗麗在偷偷地吃糖，而他的錢包裡少了兩元錢。他斷定是她拿去了。他問她，她說糖是鄰居給的。她拿了我的錢，還想欺騙我！他氣不打一處來，打了她幾巴掌。她放聲大哭起來。佳佳卻闖進來，指著他的鼻子吼道：

「她沒拿你的錢，那糖是別人給她的，你憑什麼打她，你又不是我爸爸！」

對，他們是一家人，自己只不過是個自作多情的傻瓜，是個多餘者。可是，這些年來，自己用血汗養活了他們。他被他的話激怒了，綽起了笤帚向他們兄妹打去。

沒打幾下，笤帚就被一隻手抓住了。她淚盈滿眶，祈求地望著他。他丟下笤帚悻悻而去。

事後，他想起來那兩元錢買煙了。孩子向他道了歉，他的心卻離他們越來越遠了。

他的父母過世了，給他留下一套房子。他獨自搬了過去。她沒有阻攔，而是有空就來看看，每次來不是用飯盒帶來點好吃的，就是買點好吃的到這來做。走時，把他的髒衣服拿回去洗。只要他不冷落她，她就會在這住一晚。第二天早上，給他做好了早飯，再匆匆趕回去給孩子做飯。

他想和她離婚，又怕被人恥笑，說他當初不聽勸，才落個如此下場。

有一次，她對他說：「咱們離婚吧，趁年輕你再找一個，還能有個一男半女。」

「你少來這套，當初娶你時，我就沒想這些，現在更不想了。是不是孩子都大了，你們用不著我了……」

她望著他，兩眼蓄滿了淚水。

十幾年過去了，佳佳已經參加了工作，麗麗高中畢業了，他希望她也早點參加工作。她來告訴他說，麗麗已考上了大學，得交五千元的費用。他想她是為錢來的。這些年花在他們娘仨身上的錢還少嗎？他越想越來氣，一氣之下，把酒杯和暖壺都摔了。

她哭著走了。

他寫好一份離婚協議書。

下午，她又頂雨來了。她買來了酒杯和暖瓶，還買了魚和肉。他想，她這樣做無非是為了那五千元錢。這個賤女人，當年為了丈夫和人睡覺；後來，為了孩子嫁給了我，現在為了那筆錢不知還要什麼鬼把戲。他沒理她，她悄悄地做好了飯菜。

她給他倒了一杯酒，也為自己倒了一杯。她舉起酒杯說：

「都是我不好，這些年來，讓你吃了不少苦。我永遠也不會忘記你對我和孩子們的恩情。如今孩子們都大了，咱們倆應該相依為命才是。我想明天就搬過來。」

他沒理她，她不過是為了那五千元錢罷了。

她見他不吱聲，就說道：「如果你覺得我很討厭，那我就離開你……」

他想，她是說如果我不出那筆錢，她就要離婚了。他和她吵了起來。

「如果你覺得我們只有走這條路，那麼，我答應你。你的東西我什麼都不要，那邊的東西你需要什麼就拿好了。這個存摺留給你，你會用得上的。這些年來真對不住你了……」

她又走了。他拿起桌子上的存摺，上面有七千多元！

這是再婚家庭裡的悲劇，如果他們是原配夫妻的話，會有這種心態和衝突麼？

好在他在離婚前讀懂了她，他們沒有離婚。

## 換顆心和你再婚

如果說換心人楊玉民創造了亞洲心臟移植的記錄，那麼趙艷華創造的則是換心人婚史的紀錄。

用醫生的話說，楊玉民活著的每一分鐘、每一秒鐘都刷新中國和亞洲的紀錄，都在延伸一個醫學史上的奇跡。

楊玉民曾經是瀕危的心臟病患者。那時，他除了高築的債台之外，還有一個半身不遂的父親、一個年僅十四歲的兒子。他生命裡的唯一的一縷陽光那就是小他八歲的戀人趙艷華……

在死神面前，趙艷華不僅沒有離去，反而義無反顧地把自己的命運和他拴在了一起。

他們不僅擁有了一個溫馨的家，而且還擁有了一個活潑可愛的、能歌善舞的女兒。醫學認為，人在心臟移植手術後，自身的細胞將不斷地排斥著那顆本不屬於自己的心臟，因此生命的危險隨時都會顯現。然而，在這十幾年的生死戀中，他們那堅貞的愛情受到了多少考驗？

二十世紀九〇年代初，楊玉民在哈爾濱市郊的東風鎮恒西村算得上是個人物了。在八〇年代初，他辦起了生豬屠宰作坊，很快成了十里八村遠近聞名的「萬元戶」。他有了錢，不僅蓋起了三大套紅磚大瓦房，而且還購置了一輛摩托車、兩輛農用車……

那時，楊玉民身材魁梧，虎背熊腰，膂力方剛，身高一米七〇多，體重九十二公斤，幹多少活都不知道累，最忙的時候，他一天殺上百頭生豬。

可真可謂「病來如山倒，病去如抽絲」誰也沒想到楊玉民會被病魔撂倒。

一九九一年秋天，楊玉民感冒了，陣陣寒戰，四肢綿軟。對一個大男人來說，這點兒小病算什麼，挺挺不就過去了？他沒吃藥，該幹什麼還幹什麼，該宰多少豬還宰多少豬，照樣起早貪黑地忙碌著。可是，這場病不僅不見好轉，而且愈來愈重，漸漸他渾身無縛雞之力，稍微活動一下就喘了起來。這時，他才意識到這場病不可忽視。他到醫院一檢查，醫生說，他高燒時間過長，得了心肌炎。在醫院打了針，吃了藥，病情稍有緩解，楊玉民就又殺豬買肉做生意。

讓楊玉民始料不及的是這病反反覆覆，時好時犯，就在這病潮起潮落之下他的身體每況愈下。偏巧這時，他的十二歲的大兒子落水身亡。這對把兒子看得重如山的楊玉民來說真是一場滅頂之災，他又病倒了。

楊玉民為人豪爽仗義，古道熱腸，可就有一個缺點——脾氣暴躁。這一喪子加生病，他的脾氣就更大了。他們夫妻誰的心情也不好，於是就發生了衝突，且衝突還不斷升級，在兒子死後兩個多月時，這對當年攜手致富的夫妻分道揚鑣。

離婚不久，三十三歲的楊玉民和二十五歲的趙艷華相愛了。趙艷華也結過婚，可是那看似牢不可破、固若金湯的婚姻竟在生活的暴風雨中坍圮了，只留下對孩子和苦澀的記憶。愛的晨曦在他們的心上剛剛灑下期盼，紛飛的大雪又把他們拖進了嚴酷的冬季——楊玉民又住了幾次醫院，治來治去他的病不僅沒得到根治，反而愈來愈重了。

趙艷華的親戚朋友本來就不贊成她和楊玉民談戀愛，見楊玉民又病成了這個樣子，都紛紛勸趙艷華離開他：「趁還沒結婚，你趕快離開他吧，你看看，他家老的有腦血栓，半身不遂，生活不能自理；他的二兒子才十幾歲，需要人照顧；家裡就他那麼一個好人，如今還病成了這個樣子，還不知能不能治好。你才二十多歲，如不趁早撤出來，將來得跟他遭多大罪啊？」

「他有什麼好的，一個殺豬的，還病病怏怏的，我看你還是離開他吧！你那麼年輕漂亮，找什麼樣的找不到？」

難道趙艷華不知道這些嗎？知道啊，可是，她是位重情重義的女人，是個為了愛什麼都可以不要的女人，她能撤嗎？

為了照顧楊玉民和他那老的老、小的小、病的病的家，趙艷華索性來個「先駕車後辦照」——沒結婚就不顧輿論的壓力搬進了楊家，提前擔負起了為人妻、為人母、為人兒媳的擔子。她相信愛是會創造奇跡的，楊玉民的病會好的。

遺憾的是趙艷華的真摯愛情並沒給楊玉民的病情帶來轉機，他的病還是不可逆轉地惡化了，他病得胸悶氣短，浮腫乏力，難以入睡，體重減至五十五公斤，連幾步路都走不了。趙艷華不禁暗自落淚。

我不相信天底下就沒有能治好楊玉民病的醫院！趙艷華領著楊玉民一連跑了幾家醫院。一位醫生對她說，他這病需要換心臟瓣膜，這種手術哈爾濱醫科大學附屬二院能做，不過費用很高。聽說費用很高，一向做事果斷的楊玉民猶豫了，兩年來病沒治好，家裡那點兒積蓄都扔給了醫院不說，房子和車能賣的都賣了，再賣就得賣住的房子。要是賣了，那他可真就成了「房無一間，地無一壟」的窮光蛋了。

楊玉民是很有責任心的男人，他不能不為患腦血栓、半身不遂的老父親和正在讀書的兒子著想啊。如果房子賣了，病要是治好了還行，萬一治不好，落個人財兩空，扔下他們祖孫二人可怎麼生活？再說，和趙艷華談戀愛時，他雖說病魔纏身，在十里八村也算是個有錢人，如果沒了房子，身無立錐之地，年輕漂亮、嫋嫋婷婷的趙艷華還會跟他嗎？

「玉民，不要總算計錢，人比什麼都重要。你就是沒有錢，我也照樣愛你。我和你在一起一天，就能享受一天的幸福。」趙艷華對顧慮重重的楊玉民說。

是啊，我為什麼就不為她著想著想呢？還沒結婚她就不顧家人的反對搬了過來，一心撲實地照料我，照料我的父親和孩子。我們還懷過一個孩子，那是我們愛情的結晶啊。可是，因為我這病一直沒結成婚，也就沒得到生育指標；另外，她每天得照料生病的我，哪還能養育這個孩子？懷孕七個月時，她忍受著撕心裂肺的痛苦、冒著生命的危險做了引產。引產導致大流血，搶救了兩天兩夜，醫生都給家人下了病危通知單。為了我，她都捨得性命，我為了她為何就不能再拼一下？楊玉民緊緊地攥著趙艷華的溫柔小手，熱淚盈眶地望著她。

他們孤注一擲地賣掉最後一間房子，揣著一萬多元的賣房錢來到哈爾濱醫大二院。

手術的那天，對三十四歲的楊玉民來說是個生死攸關的日子，生命的重心已移過了死亡線，只留下一點兒渺茫的希望。

清晨六時，手術室的車推進了病房，攢集的親朋好友悲悲淒淒地看著楊玉民爬上了車，淚水一下子就湧了出來。他活著上去，不知還能不能活著下來。親友步履沉重地推著車向手術室緩緩移去，腳步猶如音量調鈕，每移動一步哭聲就增大一點，漸漸由低聲的抽泣變成了放聲慟哭。

躺在車上的楊玉民卻十分冷靜，在要進手術室那一瞬間竟然笑著了，對推車的趙艷華的姐夫說：「手術後我就好了，咱哥倆再喝酒！」

趙艷華淚流滿面地拉著他的手，無限悲情地望著他，心如刀絞，她恨不能隨他而去，生死與共。

手術室的門關上了，楊玉民消失了。趙艷華感到那份希望在眼前飄浮不定，撲朔迷離。她站不住了，兩腿一軟，蹲在地上大哭起來。

在二院，關振中教授對楊玉民做了認真的檢查之後，確診為嚴重的擴張性心肌病，並伴有心力衰竭。他的心臟已比正常的大了三倍，使得胸腔幾乎失去了容得心臟跳動的空間。對這種病有兩種選擇，一是保守治療，只能使病情緩解無法根治，還能活一年左右；另一種選擇就是做心臟移植手術，不過做這種手術風險很大，當時這種手術就是在美國其存活率也不過百分之五十。我國首例心臟移植手術是一九七八年在上海完成的，那位叫李弘梅的黑龍江姑娘手術後僅存活了二百一十四天。哈爾濱醫科大學已研究探索了十年心臟移植術，但是還從來沒有做過。醫院經研究提出，如果楊玉民同意手術，可以免去十二萬元的手術費用。

趙艷華傻了，她的心懸置在了空中，怎麼也落不下來。兩條道，哪一條都站著死神，她不知該如何為自己的愛人做出抉擇。她除了偷偷和他的姐姐、妹妹商量之外，只有偷偷地跑到走廊裡去哭。她不敢拿主意啊，萬一選擇錯了，她得後悔一輩子。後悔一輩子又有什麼用？他人沒了，她的生活和情感也就在汪洋中失去了那條僅有的船。

醫生見趙艷華拿不定主意，只好和楊玉民談了。他聽後沉思片刻，問道：

「做這種手術你們到底有多大的把握？」

「百分之四十。」醫生很客觀地答道。

他表示接受這個手術，要為遲到的愛情活下去。

「你同意了？你怎麼這麼輕易就同意了？萬一手術不成功，那麼你就連手術臺都下不來了！」她流著淚水，緊緊地抓住他的手，生怕一撒手就失去了他。他深情地對她說：「哪怕是百分之一的希望，我也要一百分百地去爭取。如果手術成功了，我就像正常人一樣了，否則這樣賴賴巴巴地活著，我自己遭罪不說，還耽誤了你。就是為了你，我也要拼這麼一把……」

在手術前，有人提出給他們照一張相。他們不願意照，可是又不好拂人好意。這張相是他們的第一張合影，兩張臉都極力想擠出一絲能溫暖對方的笑容，結果擠出的卻是要哭又哭不出來的苦澀。

手術的前一天晚上，一種生離死別之情籠罩在他們心頭，楊玉民無可奈何地說：「這就看咱倆有沒有緣分了，如有緣分的話，手術成功了，我們還能生活在一起……」

「你一定要全力以赴地配合醫生，手術後，不論你怎麼樣，哪怕臥床不起，我也要跟你在一起……」趙艷華說。

楊玉民再也抑制不住心中的悲愴，一把將她摟在懷裡，淚水滴落在她的臉上。他們抱頭痛哭起來。手術室的門關上了，牽掛的目光被切在門外。

突然門又開了，一位護士把五百元錢交到趙艷華手上。原來在上手術臺時，楊玉民發現襯衣兜裡還揣著五百元錢，對醫生說：「把這點錢給我媳婦。」她攥著錢一股暖流湧上來，這是他僅有的一筆錢了，他應該把這錢交給他的姐姐。萬一他下不來手術臺，姐姐可以把錢轉交他的父親和兒子。可是他卻給了自己，這說明他對自己是多麼的信任！

門又關上，她和親戚內心如焚地守在外邊。等待是痛苦的，也是漫長的，每一分鐘每一秒鐘都被痛苦拉得很長很長。

手術室裡，氣氛緊張，供體到位了，給楊玉民開胸，摘除心臟。主刀的是著名心外科專家夏求明教授。

一個小時後，手術室裡傳來消息，四個主要脈管已順利縫合，移植的心臟已經起搏。趙艷華流著眼淚和親人抱成一團，她心裡有一種預感：手術肯定會成功，他不能死……

下午七時許，楊玉民被推進了監護室，手術成功了！

聽說，楊玉民三天後才能醒過來，她回娘家去取換洗的衣服。他醒後就讓護士出來看看她在沒在外邊。「她不在。」護士告訴他。

「她去哪了？」他不安地問道。

「她去買東西去了。」守候在門外的姐姐只好讓護士告訴他。

「你再去看看她回來沒有？」他一趟趟地讓護士出來看她。他不能沒有她，她是他的精神支柱啊！

第四天，他能坐起來活動了；第八天，他能下地走動了；第三十天，他平穩地度過了衰竭期，心律整齊，血、尿、便均正常。一個多月後，醫生允許他們見面了。她像鳥一樣飛進監護室，來到了他的身邊。他把她攬入懷中，興奮地說：「我的身體恢復到了三年前的狀況，我和正常人一樣了！」

從此，護理他的事落在了她的身上。他脾氣不好，有時對她發火，她就處處讓著他。他不願吃醫院的飯，她就用酒精爐給他做。他對飯菜特別挑剔，差一點兒都「罷吃」，她只好儘量做得讓他可口。人說，久病床前無孝子。她護理他好幾年還那麼有耐心。

手術後七個月，楊玉民又重操舊業開始賣肉了。每天早晨三點鐘他們倆就爬起來去早市，賣到八九點鐘收攤回家，一天能賣十多扇豬肉。

她勸他別累著，她不求什麼富貴，只要他能活著她也就知足了。可是，他要把看病花掉的錢賺回來，要給她一個幸幸福福的生活。

為了便於監護，醫院借給他們一間房子。他們就在那棟筒子樓裡生活了下來。儘管他又能賺錢了，可是他們的日子還是挺清苦的，借的錢要還，他的老父親要看病，孩子還要上學。

一天，她感到身體不適，於是到醫院檢查，醫生對她說：「你懷孕了。」怎麼會呢？他手術剛剛一年，會有生殖能力嗎？她又檢查了一次，結果一樣。

這怎麼辦，這個孩子要不要？從那次引產之後，他們一直渴望再懷孕。可是，這個孩子來得太不是時候了，一是他們的經濟還沒走出窘迫，二是手術後他需要天天服用抗排異藥物，這種藥物副作用較大，會不會對孩子的大腦和身體有影響？萬一生下個殘疾的或弱智的孩子怎麼辦？

她想把胎兒做掉，又下不了決心，萬一這個胎兒是健康的呢？他已經三十五歲了，她也二十七歲了，如果做掉了，以後還能懷孕嗎？又一想，雖然他做了手術，可是他還是個病人啊，排異使得他生命的危險隨時存在，他隨時都有可能離她而去，如果把孩子生了下來，那孩子就會隨時都有可能沒有了父親。再說了，萬一沒有了他，她一個農村婦女，沒有穩定的收入，也沒有住房，帶著個孩子怎麼生存……

可是，他們太想要這個孩子了。她只好去徵求當初給楊玉民診斷的關教授。關教授一聽說她懷孕了，高興極了：「這是個好事，這個孩子得要，為什麼不要呢？」

院長聽說也興奮地說：「沒想到楊玉民做那麼大手術，還能有個孩子，這在醫學史上也是個奇跡。這個孩子就要了吧。」

經過檢查胎兒正常。於是，她決心生下這個孩子。胎兒一天天長大了，她的腹部也一天天凸起了。懷孕七個月了，趙艷華做飯時腳下一滑，摔了一跤，感到陣陣的腹痛，她住進了醫院。七天後，孩子降生了，是個女孩，可是她像個小貓似的，才一・九公斤，而且渾身青紫，體溫很低。醫生只好在她的周圍擺滿了熱水瓶子。

孩子滿月了，孩子過百天了。楊玉民對這個女兒喜愛極了，隨著女兒的出生、兒子的長大，楊玉民賺錢的心情更迫切了。為賺錢，他販運過原煤。那是很辛苦的事，寒冬臘月，大雪紛飛，他瞞著妻子去了煤礦。汽車盤行在山道上，一顛簸就是十幾個小時。裝煤的人手不夠，他就操起大板鍬跟著裝車，而且一點也不比那幫小夥子幹得差。有時，他走得匆忙，忘帶了藥，他就停藥十天八天的。

幾年下來，他總算賺了五萬元錢。一九九八年，他卻把這錢全部拿出來給兒子娶了媳婦。他還給兒子買了一間房子，還有冰箱、彩電、家具。有人為趙艷華鳴不平地，楊玉民身體那個樣，說不上哪天就走了，他怎麼不說給你留點錢？他連自己都沒房子住，卻給兒子買房子。你看看你們家，房子是借的，那張破鐵床是沒人要的，彩電是醫院送的，舊衣櫃是別人給的，櫃門上的鏡子打了，掛個布簾糊弄著……

「唉，只要他高興，怎麼都行，他高興了，身體好，多活幾年，這也就是我和孩子的幸福了。再說，孩子這些年也不易，結婚是終身大事，花就花了吧。」

二〇〇〇年五月，楊玉民騎摩托車出去上貨，在路上被一輛計程車撞倒，摩托車砸在了他的身上。趙艷華聽到後可嚇壞了，他那顆「別人心臟」能承受得了這麼大的重創嗎？結果有驚無險，那顆心除了心律加快了之外，沒有什麼反應。半個月後心律也平穩了下來。

在楊玉民心臟移植十周年紀念日那天，剛剛榮獲首屆中華醫學科技進步一等獎的夏求明教授和心臟移植課題組的其他醫生、楊玉民的親朋好友、新聞媒體的記者，還有在他之後做心臟移植手術的病友都趕來向他祝賀。那天，楊玉民身著趙艷華花八百多元錢為他買的休閒裝，顯得十分精神。

一位記者問他：「您今年多大歲數？」

「十歲。」楊玉民摟著他八歲的女兒洋洋得意地說，「如按

楊玉民、趙艷華和女兒楊陽

出生之日算，我應該是四十五歲，但從『換心』之日算，我是十周歲。我知道，我多活一天對醫學就有一點兒貢獻，所以我要將生命進行到底。」

說起女兒，他說，這孩子天生就愛說愛笑，愛唱愛跳，每天逗得我呵呵直樂。他說，換心之後，他的性格、愛好、習慣、情感等都沒有改變，只是感到女兒的性格與他和妻子大不相同，不知供體的遺傳基因對她是否有影響。

楊玉民夫婦已從「筒子樓」搬進新居，這套三十二平方米的一室一廚的房子是醫院借給他們的。醫院還把食堂的一個操作間借給了他們。他們在那開了一家麵食店，每天都有進項。

可是，二〇一〇年十一月，楊玉民由痛風導致急性腎損傷，進而導致多臟器衰竭而死亡。

## 「地產英雄」的再度柔情

在溫州採訪吳昊時，正趕上他妻子的生日，同時也是他們結婚周年紀念日。晚飯後，本來想再跟他們聊聊，他們卻被親朋好友拉出去喝酒了。

據說，那夜吳昊安然無恙，太太卻被灌個酩酊大醉……

吳昊是位曾經滄海的男人，過去是溫州市委統戰部的幹部，上世紀末停薪留職去拍電視劇《鄧小平的故事》，結果片子拍到一半被叫停，為此負債累累，妻離子散。

二〇〇一年八月，吳昊為還債，辭職下海，辦起了溫州超然不動產營銷有限公司。他發現上海、溫州兩地房地產市的縫隙：溫州有市場沒產品，上海有產品沒市場。於是，他做起了溫州看房團，將上海的樓盤引進溫州，將溫州的資本引入上海。

二〇〇三年，吳昊已經算得上成功男人，在上海、溫州等地擁有五個公司。

如果兩人相識就放不下，那麼最終不是摯友就是戀人。吳昊與A就是由摯友到戀人的，他們很談得來，且越聊越開心，越聊兩個人的心貼得就越近。可是，他們很少見面，吳昊是「空中飛人」，他像隻鳥似的總在天上飛，一會兒是北京，一會兒是南京，一會兒又是溫州。有時，他早晨在台州，中午趕到了溫州，下午去了南京，晚上飛回上海。空間的距離並不影響他們聊天，不論他走到哪裡，都會給她打電話。

只要電話一通，他們就沉浸在幸福之中，那永遠也說不完的話語就像沐浴在春風中的小樹，開始是一二鵝黃嫩芽，然後是七八葉片，最後是滿樹綠蔭。愛就隨著這株樹移到他們的心裡。她喜歡李清照的詩，陷入傷感之中就出不來；他喜歡李白的詩，吟來如醉如癡。有時，他們從晚上九點一直聊到第二天早晨五點，口乾舌燥了，握著話筒的手麻了，才依依不捨地放下電話。那是心疼對方，想讓一夜無眠的對方小憩片刻，否則他們還會聊下去。

一晃幾個月過去了，愛的常春藤已悄然蔓延至情感的窗櫺。一天，A說要去深圳出差，吳昊說他要去海口，約她同行。他先陪她去深圳，然後她陪他去海口。

在飛機上，他講了許多童年的苦難，青年的坎坷。他告訴她，他曾有過一次婚姻，有一個兒子。兒子跟前妻一起生活。兒子很懂事，當溫州刮颱風時，兒子發簡訊說：「爸爸，今天溫州刮颱風了，你應該去看看奶奶。」父親節，兒子發過來簡訊說：「父親節快樂！」那兩條簡訊都讓吳昊「快樂」不已，而且每每想起來就接著快樂。從他的話中她感受到了他那融融父愛。她覺得那孩子很可愛。她的心在翹候著一份期待，冥冥之中在告訴她，期待的正在向自己走來。

海邊是戀人的天堂，藍藍的無際的大海，那是深情一片；捽打在岸上的海浪，是千言萬語；海邊的沙灘，柔情似水。吳昊向她求婚了。可是，她卻情緒低落，鬱鬱寡歡，提不起精神。原來，剛才在酒店登記房間時，她無意中看見他身份證上的出生時間：一九六三年。

他比自己整整大十五歲！這十五年，這是多麼遙遠的距離啊！

她心裡無論如何也接受不了這麼個事實。

那四個阿拉伯數字就像一排炮彈在她的心裡爆炸，守候多日的期待像受驚的小鳥逃竄得無影無蹤，剩下的只有一個想法，那就是快逃離海口，離開他，回到上海，回父母的身邊。打聽了一下，當天已沒有飛往上海的航班，她只好無奈地留下來。

「你是幾幾年生的，多大歲數？」她問吳昊，話語裡已攙有了怨懟。

那是一個無眠的海島之夜。十五年，這十分遙遠而又近在咫尺的距離在她的心裡變幻著。回上海的勇氣與衝動被這漫長的夜晚和情感的回潮浸泡得脆弱。第二天，她拒絕去海島觀光，而是把自己關在房間裡，整整想了一天。她是一位單純的女孩兒，出身於書香門第的女孩，父母都是教師。她覺吳昊是一位很成熟的、很有責任感的男人，只要跟他在一起，就會感到背後有一種強大支撐力；他還是一位善解人意、感情細膩、懂得呵護和關愛女人的男人，他常常叮囑她一些女孩都難以想到的細節。他還是她的人生導師，她想不開的事，經他一開導，惑散了，結開了。

晚上，她終於接受了這個男人，接受那十五年的距離！

他們將結婚之日定在十一月二十一日。那天是她的生日。

回到家裡，她把自己的婚事跟父母說了，並希望父母見一下吳昊。父母說，你和他年齡相差那麼大，當你老的時候怎麼辦？另外，他還是一個商人。不見！態度決絕。她知道，父母希望她能嫁給一位教師，有一份穩定的收入，穩定的生活，穩定的家庭。

十一月二十一日，A頭一次違背父母的意願，像位要離家出走的孩子似的把戶口和身份證偷偷揣到兜裡，早早趕到虹橋機場。吳昊跟她約好了，他會在中午十二點前從北京飛回上海，然後他們去登記婚姻。

她在機場等啊等，一個多小時過去了，既不見他的身影也沒有他的電話。她越等心越煩，哪有新娘子孤零零一人在機場等新郎的？他是不是變卦了？變卦了怎麼也不告訴一聲。當初是你向我求婚的，又不是我跟你求婚！她生氣了，要打道回府了，不等了。

正值她要離開機場之際，接到了吳昊的電話，原來他要乘的飛機在北京還沒起飛呢！他說，飛機延誤了，他的手機沒電了，所以只好跑到公用電話亭給她打電話：「你千萬別走，一定等我！」

氣消散了，牽掛又來了，他乘的飛機會不會出什麼事啊？她坐立不安了。

下午三時，吳昊總算在她的翹盼之中出現了。他們急忙趕到婚姻登記處，那裡已是屋冷人清，辦事員正收拾文案準備下班。在那天，他們是最後一對辦理結婚手續的夫妻。

辦完結婚手續，他們就是夫妻了。可是，父母那邊堅冰難釋，她就像一個淘氣的孩子做了父母不讓做的事，不敢說，又不能不說。再說了，這麼大事，哪裡能瞞得住？早晚要「曝光」的。

她想來想去，最後終於想出了轍：向爺爺求助。

A雋身趕到浙江義烏見爺爺。她從小是在爺爺身邊長大的，祖孫感情特別深，她對爺爺也特別信賴。八十二歲的爺爺早年留學法國，是位開明老人，鮮有傳統的條框。她把自己的婚戀跟爺爺說了。老人只是默默地聽著，既沒有像她父母那樣立即表示反對，也沒有表示她所期待的積極支持。

老人沉吟許久，平靜地說，這事只要你覺得好就好。最重要的一點是你們兩個人的人生觀、價值觀和情趣是不是一致，能不能朝著一個方向走。年齡的差距不重要，重要的是思想的差距。

她告訴爺爺，他們不僅情投意合，心心相印，而且思想契合，對許多問題的看法都有共鳴……

爺爺舒口氣說，那好吧，我來勸你的父母。

爺爺給她的父母打電話：「你們兩個過來一下……」

她的父母接到電話後，莫名其妙地連夜趕回義烏。

對她的婚姻問題，爺爺跟她的父母商量了一番。爺爺對她的父母說，他們已經領取了結婚證，是合法夫妻了，你們做父母要為他們祝福，否則他們會生活得很不開心，會感受不到婚姻的美滿與幸福……

她的父母表示願意接受吳昊。

情投意合的人真的走到了一起，也會像新車上道一樣——需要走合。

結婚後，她就把工作辭了，回到家裡做全職太太。

她不僅不會煮飯燒菜，而且在她的觀念裡，煮飯燒菜等事情都應該男人幹，上海的家庭大都是這樣的嘛。於是，她也想和那些女人一樣，晚上就等著老公回來煮飯吃。可是，吳昊每天要忙到很晚才能回家，而且回到家已筋疲力盡，不願理完「公事」再理「廚事」。為此，搞得他們很不開心。

不開心自然就會吵架，吵完架，她就跑回娘家訴苦，以求得父母的同情和「聲援」。可是，她萬萬沒有想到，每每說起她和吳昊吵架的事，父母總先批評她，說她哪點哪點做得不對，然後再要求她給吳昊打電話，把事情解釋清楚。父母對她說，凡事你要多站在他的位置，多為他著想著想。夫妻之間是要互敬互諒的……

有一次，吳昊下班回來，她正在幹「應該」他幹的事兒——煮飯。自己煮飯了，哪能讓他閒著？她給他派活把地拖了。他說，太累了。

她不高興了，那麼你來煮飯，我來拖地！

說完之後，沒有動靜，她進屋一看，他竟躺在沙發上睡著了。你既不拖地也不煮飯，家裡的事都我一個人幹哪？家是兩個人的，沒有理由全讓女的幹！她越想越生氣，不管她怎麼生氣，爐上的火還是把飯煮熟了。她一個人吃了飯，進臥室睡覺去了。

第二天早晨五時，她從夢中醒來，發現床那邊空蕩蕩的，進客廳一看，吳昊還在沙發上睡著。再到餐廳一看，昨晚給他盛的飯還在那裡，他沒有吃！她氣不打一處來了，你不煮飯，不拖地，不吃我煮的飯，還不進屋睡覺，想怎麼著？

算了，不理你了。她進屋收拾收拾，把穿的用的一股腦兒塞進了包箱，把包箱拖下樓，打的回娘家了。

她叩開了媽媽家的門，媽媽驚訝地看著拖著笨重包箱的女兒，再向後望望，沒見到吳昊，於是問道：「你怎麼了？」

「我跟他吵架了。」她滿腹委屈地說。

「吵架了？」媽媽橫在了門口，「你們兩個已經結婚了，回娘家要好著回來，如果吵架回來，我這裡是不會接納你的。你先回去，把你們兩人的問題處理了，把矛盾解決了，你們再回來。」

她眼裡蓄滿了淚水，看著媽媽那堅決的表情，心裡酸酸的，拖著包箱往回走。別人娘家都向著出嫁的女兒，哪有像媽媽這樣的？看來到了關鍵時刻這個「避難所」是不起作用的，自己的夢自己圓吧，還得回家去找吳昊理論。

「你怎麼飯也不吃啊，什麼意思啊？我好心好意地給你煮了，你又不吃了。」回到家，她氣呼呼地聲討他。吳昊告訴她，他沒別的意思，他只是太累了。

自從父母接納吳昊之後，就被吳昊「統戰」過去了，不論什麼事父母都向著吳昊，從來沒向著她過。每次打電話，父母都問：「吳昊在哪啊？身體好不好啊？」吳昊的行程，她的母親知道得一清二楚。他不在家的時候，每天晚上母親都會給她打電話，問她一個人在家安全嗎？過得怎麼樣啊。當她剛剛體味到一點媽媽的溫暖時，媽媽卻說：「吳昊不在家，我幫著他看著你，你別到處亂跑！」鬧半天媽媽還是向著吳昊！自從有了吳昊，她和家人的關係就變了，似乎自己不是他們的女兒，而是兒媳。她不僅很不理解，而且心理很不平衡。

吳昊卻得意地說：「你爸媽是很疼我的。」

爸媽疼吳昊了，自己沒人疼了，倆人再吵架，她回娘家也不說了，說也沒有「同盟軍」。戀愛行的是通衢大道，婚姻走的是獨木橋，需要妥協和讓步，否則誰也別想過去。

吳昊太忙太累了，她只好接管了廚房。剛剛燒菜時，她不是燒鹹了就是燒焦，燒了一桌子菜，沒一樣好吃。可是，吳昊每次吃都得很開心，邊吃邊說：「我老婆的廚藝不錯，比昨天有進步！」

她弄不清楚，為什麼自己天天進步，頓頓進步，可是那菜怎麼還那麼難以下嚥？

功夫不負有心人。她燒的菜終於讓吳昊有了胃口，他道出了實情：「你知道嗎？你當初燒的菜有多難吃嗎？比藥還難吃呢！我只好努力吃下去。我那時是鼓勵你，為的是不讓你太傷心。」

嫁給一個懂得體貼老婆的男人就是好，不論大事小情，他都會想到你的感受。

她的菜越燒越好了，兩人的感情也越來越好了。吳昊在家還是很勤勞的，只要不是太累，回到家裡見到她在做家務，他就會說：「老婆，你辛苦了。我們一起做吧。」說著，他就動手做起來。

一天，吳昊從北京回來，她生病了。吳昊問她怎麼沒煮飯？她不願意告訴他自己生病了，那樣他又得陪她去看醫生了。她說，我今天沒有胃口。

「你沒胃口啊，那麼我來做給你吃呢？我做一道溫州最好吃的東西給你吃！」吳昊說著就動手和麵。他要給她烙肉餅，那是一種工藝很複雜的食物。

盛夏，廚房很熱，不一會兒吳昊渾身上下就被汗水浸透了。

當肉餅端上桌，讓她吃時，他還不知道她生病了，不想吃油膩的東西。

她吃了幾口肉餅，轉過頭去問道：「你怎麼不吃啊？」

這時，她才發現他已經躺在沙發上睡著了。看來他是太累了！她望著他，感到很心疼。他很愛乾淨，每次回家做的第一件事就是洗澡，可是這次他卻穿著被汗浸透的衣服睡著了。

事後，他告訴她，前一天他一夜未眠，在思考公司的重大決策。本想在北京休息一下再回來，但是他已經跟她說好了，在那個時間回來。他怕她擔心，就趕了回來。

一次，她早晨到外邊辦事回來，見吳昊把家裡收拾得乾乾淨淨。她情不自禁地說一句：「唉，家裡怎麼這麼乾淨啊？」正準備出門的吳昊說：「我看你每天這麼累，我就幫你做了，我多幹點兒，你就省得累了。」

「那你不是也累嗎？」她心疼地說道。

「不要緊，我是男人嘛。男人就應該讓自己的老婆輕鬆一點兒，讓她享享福嘛。」

二〇〇三年年底，她不慎從樓梯上摔了下來，三處胸骨骨折，只好搬回娘家。吳昊的公司在徐家匯，她媽媽家在閘北區，交通非常不便。公司九點鐘上班，他每天早晨七點鐘就得動身，特別辛苦。

儘管很辛苦，吳昊還是每天趕去照顧她。餵她吃飯，給她洗澡。他的腰扭傷過，平時不敢吃力。可是，他要抱著她，抱她時還得讓她身體保持平穩，不能讓她腰彎，這對他實在是個挑戰。

她的思想負擔很重，一會兒擔心自己成為駝背，一會兒害怕自己再也站不起來了，想著想著就偷偷地哭起來。這些話，她沒有說，可是他卻心知肚明，在班上擠時間給她打電話：「你不用擔心，不論你什麼樣，我們都會在一起的。我們還會有孩子……」他的話讓她倍感安慰。

醫囑，她必須睡木板床。他就陪著她睡木板床。她痛得睡不著覺。醫生說不能動，她就一動也不敢動。他也不動。可是，她知道他沒睡，睡在木板床很不舒服，他很不適應。那些日子，他特別的忙，如晚上睡不好覺，那怎麼吃得消啊？

她勸他，你到旁邊的房間去睡吧。他說，不用了，不用了。我在你身邊挺好的，還可以照顧你呢。她被感動得直想流淚。

日子像一枚漂在歲月之河的樹葉，不論夫妻是相融還是相吵，總要順流而下。

他們有一個厚厚的本子，列著吳昊的種種「罪狀」。每逢她覺得他應該這樣做，可是他偏偏那樣做了，她就在本子上面「聲討」他。比如，在買房子時，上海人都要在房證的產權人一欄寫上夫妻雙方的名字。說明那個家，那幢房子是歸夫妻雙方所有。吳昊卻在那一欄寫了他自己的名字。她一氣之下，在本子上寫道：「房證上只寫你一個人的名字，這就是你要跟我分清你我。結婚時，我都沒有跟你分，現在你卻要跟我分了。好像我的全部都是你的了，你的還不是我的！」

吳昊看過她的聲討，只得一一作複：那樣我會在溫州人眼裡很沒面子的。但是，既然你們上海的風俗是這個樣子，那我照辦好了。

吳昊不僅是商人，還是詩人，他的詩獲過浙江省和溫州市的獎項。他的感情不僅豐富，而且細膩。他經常會送她一個驚喜。讓快遞送來一束鮮花，給她寫首小詩在檯子上，讓她無意間讀到，感受到那融融之愛。儘管他特別繁忙，他沒有星期日，只有星期七，一年三百六十五天從早晨起來，一直要忙到凌晨兩點多鐘。可是，她的許多小事，他都會記在心上。有時在外地，凌晨二點鐘忙完工作，他也要給她撥個電話，道聲平安。

身體的過度透支，他的飯量越來越少，白髮越來越多了。她每每想起，心裡就很難過。二〇〇四年歲尾，當她在報紙上看到王均瑤死了的消息，她一夜沒有睡覺，想著想著淚水就流了下來。這時，吳昊在北京給她打電話來，聽他的嗓音有點沙啞，問她怎麼了，是不是不舒服？她流著淚說：「我看到王均瑤死了，我很擔心你的身體。等你回來，我一定要每天都給你補一補……」

她決心把星期日奪回來，還給他。當吳昊回來時，她強行把他的手機關掉了，讓他在家裡靜靜地休息了一天。晚上，她陪他去散步，她對他說，以後你每個週末必須待在家裡，不許工作。一年，你要出去旅遊兩次。否則，你這樣長時間超負荷運轉，很容易生病。

為了他的身體，她還特意跑去學習按摩，想要在每天他下班回家後，給他鬆鬆筋骨，讓他解解乏。

婚後，吳昊還像過去一樣，在天上飛來飛去的。有一次，他從上海飛往溫州。飛機應該三點鐘到，那邊三點半了還不見他的身影，電話還打不通。那邊的員工一著急就把電話打到了他的北京的家裡，她和吳昊的母親接到電話心都懸了起來，撥吳昊的電話，不通；撥通溫州機場的電話，那邊天氣很好，沒發生什麼問題；又撥上海機場的電話，那邊在下暴雨……她和婆婆擔心得直哭。

她心疼吳昊，吳昊也關愛她的家人。一天，她吃完晚飯，興致勃勃地跑回了娘家，一進屋見父母正在吃飯，桌上只有一道菜——鹹菜。他們每次回家，父母都燒一大桌子菜，十分豐盛，沒想到父母平時竟會這麼艱苦。在回去的路上，她越想越難過，回到家裡，見到吳昊就說了這事。他一聽就說：「你明天早晨過去，給他們把所有的菜都買好。等你弟弟大學畢業後，就讓他們搬到我們家附近來住。我們每天晚上去他們那裡吃飯，他們的伙食就改善了。我們在經濟上補貼他們一下。你不僅要讓他們捨得花錢，捨得吃，還要讓他們感到開心。否則，你讓他們花錢，他們會覺得是浪費。對老人的孝順得讓他們願意接受。」

吳昊不僅關愛她的父母，而且關愛她家的每一個人。有一段時間，她的舅舅生病住院了。吳昊每天都給她打電話詢問：「你舅舅今天怎麼樣？你每天要給他打個電話，當然了，最好是過去看看。你要跟醫生說，錢不要緊，要緊的是治病。」

第十二章

# 來自婚姻第三邊的報導

社會學家費孝通說，「婚姻是社會為孩子們確定父母的手段。從婚姻裡結成的夫婦關係是從親子關係上發生的……婚姻之外的兩性關係之所以受限制還是因為要維持和保證對兒女的長期的撫育作用，有必要防止發生破壞婚姻關係穩定性的因素。」他還說，「婚姻的意義就是建立這社會結構中的基本三角。夫婦不只是男女間的兩性關係，而且是共同向兒女負責的合作關係。在這個婚姻的契約中同時締結了兩種相聯的社會關係——夫婦和親子。這兩種關係不能分別獨立，夫婦關係以親子關係為前提，親子關係也以夫婦關係為必要條件。這是三角形的三邊，不能短缺的。」

在我們回顧婚姻的軌跡時，不為能不注意婚姻的第三邊——親子關係。

老百姓將子女稱之為婚姻的「壓艙」，如果婚船上沒有了壓艙那麼一個浪打來就可能翻船。

## 渴望父親牽手走過紅地毯的女孩

當黑龍江流過中國版圖的雞喙上部時，它與烏蘇里江、松花江相匯了。三江之水悄然無息地擁抱著，流向海洋。它載走了昨天的沉重與痛苦，也將載走了今天的喜怒與哀樂……

一九九五年，我在離三江交匯處不遠的二九〇農場見到趙玉珠時，無論如何也不能把眼前這位頭髮花白，滿面皺紋，衣衫不整的老嫗跟知青聯繫一起。

「你是哪個城市的知青？」我問道。

她沒理睬我，繼續走她的。

「你為什麼沒有返城呢？」

「你在這生活好麼？」

「你今年多大年紀了？」

我一連問她幾個問題，都沒有得回答。從她的表情看得出來，她不屑於理我回答我。她在住宅區內那條土道上步履匆匆，不知疲倦地來回走著。似乎這是她的地盤，由她來做主。

連隊陪同採訪的人告訴我，她是一九四九年生。我算了一下，她那年僅四十六歲。我望著她那漠然的表情和皤然白髮，蒼老的面孔，心裡一陣陣酸楚。

我懷著那份酸楚走進她的家。沒有圍牆的庭院空落落，房門沒有鎖，屋不大，約十多個平方米。不知屋裡晦暗還是由於主人那淒慘命運，我有種壓抑和窒息之感。家裡沒有什麼東西，卻亂得難以下腳。一鋪糊著花紙的炕，炕頭有條裸露著黑白摻雜棉花的破棉被；炕梢放著幾個空酒瓶和兩只黑得難識真面目的箱子，箱子上放著與炕上同樣破的棉被和些許零錢，幾包沒開封的香煙成了控制整個家的亮點，似乎向人昭示著這裡還有人居住。

連隊幹部從田裡找回正在插秧的徐燕。二十一歲的徐燕滿身泥水、穿著水靴。她身體健壯，臉色紅潤，性情開朗。徐燕用平靜的語調講起了她和媽媽，帶著我們沿著黑龍江的河流去追尋著已融入海洋的那滴水。

趙玉珠本可以不下鄉，可是為響應號召，衝破了家人重重阻撓，偷出了戶口本，報名下鄉。於是，她從數百里外的蘿北縣來到二九〇農場。在那個年代，誰阻撓上山下鄉就是反革命，家人可能為此靈魂遭受深刻的「觸動」。

下鄉之後，趙玉珠發現了現實與理想之間的距離後悔已來不及了，為此流過淚。在那個年代個人的意願必須無條件地服從組織需要，趙玉珠後悔也好，痛苦也罷，總之下鄉容易返城難，戶口、糧食關係、工作關係就如幾道繩索，把她死死地捆在農場。

草吐出鵝黃，春光明媚；驕陽似火，麥子熟了，金浪滾滾；秋風蕭瑟枯葉紛飛，滿目凋零了；狂風呼嘯，雪野茫茫，滴水成冰了……趙玉珠的心跟隨著北大荒的腳步走過春夏秋冬。在這段時間，她有過愛情蓓蕾初綻，嫣紅姹紫，也有過蕭瑟秋風，愛的花瓣被一片片扯碎，枝葉枯萎。趙玉珠悲痛欲絕過，那脆弱的情感在人生沼澤艱難跋涉，被折磨得死去活來，幾近崩潰。

冬天總算過去了，趙玉珠又與一位上海知青相愛了。愛情的秋天來了，結出了果實——她結婚了。一九七五年，他們的女兒徐燕降生了；一九七七年，他們又有了兒子小斌。孩子給家庭帶來了生機和希望。

知青大返城的潮流湧來，接班的、病退的；假離婚的……知青若潮般地退去了。農場冷落了，知青若北方寒冬時節的候鳥兒，所剩無幾。不久，趙玉珠和當連長的丈夫也離婚了。寄養在上海的孩子領回一個——女兒徐燕歸了趙玉珠。那位上海知青從家裡搬了出去，不過時常回來小住，幫趙玉珠擔水劈柴料理家務。

一年後，那位上海知青如斷線的風箏不見了。

愛能把人送上天堂，也能把人拽進地獄！失卻寄託的情感飄落了，黑龍江、烏蘇里江、松花江伴隨著一個女人的嗚咽流淌著。究竟是生活欺騙了她，還是她沒拉住命運的纖索？她的精神徹底崩潰了。

家殘破了，坍圮了，一團凝重的愁雲慘霧在這間小屋駐紮了下來，歡聲沒了，笑語沒了，只有一個瘋女人和一個七歲的女孩。七歲的孩子屬於天真爛漫，像花朵剛剛開放的那剎那間，徐燕兩隻受驚的眸子，望著那一犯病就砸東西、罵人的母親。

過年了，家家吃餃子放鞭炮，節日的氣氛把這個家烘托得更加淒涼了。八歲的徐燕孤寂地守著一亮一暗的火光，那是母親吸的煙火；「小斌啊，小斌」媽媽的呼喚聲像屋外那低徊的北風不時地襲來，孩子的心涼涼的，如同家裡那掛滿冰霜的四壁。徐燕抵擋不住節日誘惑，悄悄溜出去了。當她在別人家看完電視回來時，門被拴上了。任她怎麼叫媽媽也不開。一天沒吃飯的徐燕蜷縮在廚房的草堆上睡著了。半夜她被凍醒了，手腳都凍僵了，在黑暗中摸到一盒火柴，點著一把草，放到灶裡，暖暖手腳。她像賣火柴的小女孩望著灶裡的火，幻想著幸福的明天……早上，門開了，母親坐在炕上默默吸煙。凍得不住哆嗦的徐燕蹲在冷灶前扒拉碗掛著冰碴兒的飯。大年初一的晚上，徐燕又忍不住地跑了出去。回來時，房門又拴上了，她在外面叫了一個多小時，最後身軀凍麻木了，坐在了雪地上，漸漸失卻了知覺。醒來時，發現自己躺在了冰冷的炕上，這就是一個八歲的女孩過的一個沒有父親的年。

乾坤顛倒的趙玉珠可能記不得離婚那碼事，也可能弄不清離婚對於她和那個上海知青意味著什麼。她一年四季牽著女兒，奔波在三十隊通往場部的道上，見到一個男人就死盯著看。她一次次失望，可是不屈不撓。

北風呼嘯，枯枝瑟瑟的雪野上兩行腳印印向遠方，一個穿著單薄的瘋女人頂著狂風踽踽而行；大雨瓢潑，電閃雷鳴，一個柔弱的身影走在泥濘的路上，睜著那流淌著雨水和淚水的眼睛在尋找著；數個寒冬過去了，她頭髮漸漸斑白了，背也駝了，皺紋爬上了臉頰。

小徐燕上學了，有了同學，有了老師，找到了溫暖的地方。從小就沒人玩的徐燕終於可以和同學們坐在一起聽課，一起玩耍了。可是，好景不長，母親不讓她念書了。她背著書包坐在家門前哭過，拽著校門的柱子喊過：「媽媽，我要上學，我要上學啊！」隊長找上門來了，老師也來了，同學也來給她說情，他們要為徐燕付學雜費，要給她買書本和鉛筆。可是，趙玉珠死活也不讓女兒念了。徐燕僅讀了一個學期就失學了。

當徐燕十四歲時，看別的小姑娘都有漂亮的涼鞋和裙子，再看看自己那短得吊著腿角的褲子和露著腳趾的農田鞋，感到無地自容。她托鄰居阿姨從場部商店給捎回一條花裙子。她迫不及待地穿上了。一隻忘卻了苦難的蝴蝶歡快地飛到了趙玉珠的身邊，她被抓住了，美麗的裙子被剝去了。徐燕跪在地上苦苦哀求著母親，那不是裙子，那是一個女孩的自尊啊。最後，裙子還是退了回去。徐燕說，那是她有生以來見過的最漂亮的裙子。

過不久，隊裡不再給趙玉珠開工資了，每月僅給她五十元錢的補助，年幼的徐燕只好挑起了生活的重擔，下地勞動了。豆芽般稚嫩的女孩子怎麼幹得動繁重的農活？她累得流過鼻血，暈倒在田裡。第二年，隊裡給趙玉珠辦了病退，每月有一百二十元的退休金，她們的生活有了好轉。

徐燕說，現在好多了，她有了男朋友，不常在家住了。徐燕還說，她常常想那位沒為她盡到責任的父親。儘管在她八歲時，他就狠心把她丟給了瘋媽媽，儘管他走後給過她一個月的撫養費，以後再也沒給而且連音信都沒有，但是她還是抑制不住地去想他。她還想那個叫小斌的弟弟……她說，等到夏天時，她一定要去找他們。聽說，她的爸爸已再婚了，現在哈爾濱工作。

在我離開時，想給她們母女拍張照片。徐燕截住了來回走動的母親。趙玉珠卻說什麼也不讓拍。徐燕拉住了媽媽，哀求道：「媽，求求你了，你就和我照一張吧，我就求你這一次……」趙玉珠依然不允，我在她母女的拉扯中按下了快門。

我對陪同採訪的蘿北知青、農場黨委副書記張智江說：「用吉普車把徐燕送回地裡吧！」

徐燕剛上車，趙玉珠便撲了過來，死死地抓住車門，聲嘶力竭地喊道：「你幹什麼去，你給我下來，下來呀！」我望著趙玉珠，心裡一陣陣發酸，只好勸徐燕下去。徐燕說：「沒事兒，她經常這樣，走吧。」吉普車開動了，趙玉珠張著手，跟著車踉踉蹌蹌地跑了一段。

吉普車捲起的塵土忽而把趙玉珠的身影遮住，忽而她又從塵霧出掙扎出來。漸漸遠了，趙玉珠的影子越來越小了。我突然明白趙玉珠為什麼不讓女兒上學。她所愛的人——丈夫、兒子一個個離去，她那一縷縷牽掛沒有了著落，徐燕成了她唯一的親人，唯恐失卻，她要把她牢牢地攥在手裡，不讓她離開自己半步。我望著車後面那團煙色的人影，那飄動的白髮，我感受到一種殘忍，是生活，是命運，抑或是人……

當我回到哈爾濱之後，收到一封徐燕的來信，信上說：

朱記者，我要結婚了。我非常希望在我的婚禮上能見到我的父親，能得到他真誠的祝福。如果父親不想回來見我，哪怕給我寫封信或寄來一張照片也好。父親和母親離婚時，我才七歲。父親留給我的印象已經十分模糊。

我曾經恨過父親，恨他的自私，恨他的無情，恨他狠心把我丟給精神失常的母親……可是，那一切都已過去了，我已在淒風苦雨中長大成人，並將擁有一個自己的家。

有人說，我父親可能在紅興隆農墾分局駐哈辦事處，他叫徐染紅，是一個戴近視鏡的、瘦高個的上海人。請你一定想法幫我找一找……

我讀完她的來信就給紅興隆農墾分局駐哈爾濱辦事處打電話，那邊說，沒有這人。我又跑了幾家北大荒的駐哈爾濱機構，也沒有找到。哈爾濱有幾百萬人口，想找一個人很難。我令這位盼望父親趕去參加婚禮的姑娘失望了……

知青，那段歷史離現實愈來愈遙遠了，它留給人的磨難與創傷或像落入蚌口裡的砂粒變成了珍珠，或成為疤痕被歲月漸漸撫平。然而對那些被知青父母遺在北大荒的孩子來說，他們的創傷還時常流血……

十二年後，我又去二九〇農場，趙玉珠已經過世了，她是在二〇〇五年去世的。我和徐燕在咖啡廳見面，她看上去比十二年前成熟多了，也憔悴多了。她說，她的女兒已經九歲了，婚姻不大美滿，離了。她還沒找到父親徐染紅。可能我的採訪又激發了她找父親的欲望，在採訪結束後，我接到她許多電話，跟我談的都是如何找到父親。

## 有媽的知青孤兒

吉普車在北大荒的雪野上顛簸著駛向濃江農場四區，車後留下兩道深深的車轍。向外望去，天高雲淡，茫茫雪野悄然抹去了地平線，天地合一，猶如一個宏大的懷抱。這多麼像母親的襟懷，那麼博大坦蕩，真摯深遠，能包容兒女的一切。對母親來說，不論兒女瀟灑、漂亮，還是殘缺、頑皮和執愚，統統都愛，全然接納，沒有選擇。可是，我去採訪的卻是兩個被知青遺棄的孤子。我實在不理解那位母親怎麼會捨棄自己的骨肉，怎麼會不愛自己的孩子。

開車的濃江農場土地分局的局長陳寬峰當過四區的主任兼書記。我們是在火車上認識的，他和我對鋪。我一看那身軍裝就知道他是北大荒人，地方上已沒有人穿那種軍裝了，北大荒人有一種兵團的情結。

陳寬峰聽說我要採訪留在北大荒的知青，熱情地邀請我去濃江。可是，我已定好去寶泉嶺農墾分局，只好等回來時再去濃江。

去濃江之前，我給陳寬峰打了電話。早晨五時，他就頂風冒雪到前進火車站接我。他把我領到一輛北京二一二吉普車前，一臉歉意地說：「車破了點，將就坐吧。」車開起來，車門顫抖著，嘩啦嘩啦地響著，凜冽的寒風呼嘯著一個勁兒地往裡鑽。車裡很冷，有點兒凍腳。寒冷使得車內有點空蕩和淒冷。那兩個被遺棄的孩子的家是否也像這樣呢，他們能耐得住持久的嚴寒嗎？

陳寬峰一邊開車，一邊向我講述那兩個孤兒的故事。

一九七七年，山東青年紀廣站投奔遠親來到濃江農場。不久，遠房的嫂子給他介紹一個哈爾濱女知青。紀廣站和她處了一段時間就成了家。第二年，他們的大兒子東江降生了，過幾年又有了二兒子東海。紀廣站很能幹，也肯付辛苦，這個四口之家本可以在北大荒和和睦睦地生活下去。

可是，一九九〇年秋，那位女知青和鄰居借了二十元錢就悄然離去。紀廣站下工回來，望著空蕩蕩的家，餓得直叫的雞鴨豬狗和哭喊著要媽媽的十一歲的東江、六歲的東海，心被掏空了，這個歷經千辛萬苦營築的家傾圮了。她可能不會回來了，想到這，他抱著兩個孩子哭了起來。

幾日後，紀廣站上路了，到哈爾濱找孩子的母親去了。他背著沉重的麵粉、大豆，拎著自己平日捨不得吃的豆油……

幾天後，紀廣站沮喪地回來了，跌跌撞撞地推開遠房哥哥的家門，撲到了老嫂的懷裡，像孩子一樣慟哭起來，「嫂子啊，俺命咋這苦哇，她不回來了，孩子沒有娘了，我這日子可咋過呀……」老嫂跟著一個勁兒地抹眼淚，孩子的媽媽不回來了，她有什麼辦法？

紀廣站不死心，他一趟趟地去哈爾濱，他想畢竟是十多年的夫妻，還有倆孩子，不念舊情還得看孩子吧？那幾年，他的工資幾乎全搭在路上了。讓他傷心的是最後竟然連她的影也見不到了。希望猶如一盞耗乾的油燈越來越暗淡了。

沒有葉的樹枝是蕭瑟的，沒有女人的家是淒冷的。紀廣站艱難地維繫著這個殘破的家。他每天洗衣燒飯，照料孩子，餵豬養雞。夏天，用他那雙粗大的手將孩子的棉衣一件件拆洗了；秋天，再笨拙地一針一線地做上……紀廣站臉上的生氣漸漸被生活榨乾了，脾氣越來越暴躁了，話也越來越少了，整個兒人瘦得若寒風中瑟瑟發抖的枯枝，虛弱得幹點活就大汗淋漓。隊裡的人看了沒有不心疼的，大家只能安慰他：

「廣站哪，想開點吧，別再想她了。」

紀廣站聽了眼圈紅紅地望著對方，說不上是感激還是心酸。隊裡體諒紀廣站的難處，不再派重活給他，只讓他放牛。

一九九二年九月三十日，紀廣站一早起來就覺得胸口不好受，所以沒吃飯就上工了。感到身體越來越難以支持時，他便請假回了家。他想躺在炕上休息一會兒，見家裡還有那麼多的活等他去幹，他掙扎著挑了一缸水，烀了一鍋豬食，把豬、雞都餵飽了，又給孩子做好了飯，驀然倒了下去……

當人們把紀廣站抬上車，要送往醫院時，他艱難地睜開眼睛，無限牽掛地望一眼那間沒有女人的茅草房，那個他用生命艱難維繫的家，淒絕說了聲：

「我不行了……」

紀廣站死了，死前燒好了飯，卻一口都沒有吃，他走時穿著又髒又爛的破衣服、一雙縫了又縫的農田鞋，只有蓋在他臉上的那兩張紙是新的。

悲哀籠罩著四區，人們流著淚為這個不幸的男人送葬。人們在心裡呼喚著：廣站哪，你哪能瞑目呢，哪能就這麼淒淒慘慘地走了呢？

十三歲的東江已經懂些事了，他跪在爸爸的遺體前失聲痛哭；八歲的東海還不明白死意味著什麼，他一臉稚氣地望著父親身旁那些供果，天真地問道：

「俺爸咋不起來吃呢？」

他問得大家的心裡酸酸的，誰能把這一殘酷的現實解釋給他呢？

四區的領導給孩子的媽媽發去了電報，卻沒有回音。只好把紀廣站下葬了。人們圍著那座新墳默默地流著淚，只有東海那雙天真無邪的目光盯著那墳丘，一個勁兒地追問：

「俺爸啥時回家？」

要回去了，東海驀然哭喊起來：

「俺爸咋不出來呢，俺爸咋還不出來呢？」

八歲孩子的哭喊聲，猶如一塊沉重的石頭砸在人們的心上，心碎了。人們抱起哭喊著、掙扎著的東海，也禁不住地慟哭起來……

父親沒了，那僅剩的半爿家也坍圮了，兩個孩子成了孤兒。夜半，時常有要爸爸的哭聲從那間破舊茅草房裡傳出，淒哀地向野外飄去。那哭聲纏綿悲淒，催人淚下……

還沒見到孤兒，我的心便籠罩一片陰霾，我以為人之父的心體味著那對孤子的淒苦與無助。我竟有點怕見到他們，不知是怕自己孱弱的心承受不了現實的冷酷，還是不忍心去觸碰他們那血肉模糊的創口。

那間破舊的茅草房映入了我的眼簾，房頂幾塊磚頭壓著一塊塑膠薄膜，看上去像塊包紮的藥布。屋裡很冷，和那四處漏風的破吉普裡差不多，不同的是這個家比吉普亂得多，兩個孤兒長得都很帥，濃眉大眼，令人憐愛。十六歲的東江剛剛蒸出一鍋饅頭，熱氣騰騰的饅頭猶如從戰場抬下傷兵，掛著一塊塊黃黃的城漬。十一歲的東海穿著髒髒的褲子，落滿灰土的棉膠鞋，坐在緊靠裡面的炕沿邊上，直愣愣地看著我們這一行不速之客。靠窗處有一台縫紉機，上面積滿厚厚的塵埃，已有五年沒有轉動了。

驀然，我腦裡閃出了一組鏡頭：一位飽經滄桑，滿面皺紋的老人坐在輪椅上，望著那似血的夕陽，癡情地呼喚著：「媽媽，我要回家！」母親就是孩子們的家。可是，此時此刻這兩個孩子的母親在哪裡？我抑制著淚水問東海：

「想媽媽嗎？」

東海遲疑地望著我們，沒有回答。看來「媽媽」這個字眼對他已經遙遠和陌生了。

「不想了，已經習慣了。」東江冷淡地說。

是啊，五年了，這五年對孩子來說是多麼的漫長。在這漫長的五年裡，他們經受了多少風霜和淒苦，流過了多少淚？東江給媽媽寫過好幾封信，媽媽一封也沒回。一次，老師留作文，題目是：世上只有媽媽好。他一看那幾個字就想哭。他流著淚水給媽媽寫了一封信：

「媽媽，你回來吧，爸爸沒了，我在營部上中學，住在學校裡，弟弟沒人照顧。我們好想你啊！媽媽，回來吧！回來吧，媽媽！」

信寄出去了，還是泥牛入海，沒有音訊。

「你沒去哈爾濱找過媽媽嗎？」

「找過，姥姥家動遷了，找不到了。姥姥也死了……」

「有人在哈爾濱見到過他的舅舅，和他說了孩子的情況，他冷漠地說，樹枝都死了，還要樹葉幹什麼？」四區的主任解釋說。

俗話說：「娘親舅大。」孩子的舅舅啊，四區這些非親非故的人都熱心地伸出了手，你為何這般冷酷？

我又來到了東江的遠房大娘的家。這位曾為紀廣站爺仨操盡了心，最後因此而患上心臟病的老人說：

「東海也經常和我打聽他媽媽的事兒，可是一提起那些事兒我就心酸，我就不愛和他說。」

歲月可以將孩子的媽媽印象變得模糊，但怎能沖淡他對媽媽的眷念呢？東海也許是想憑藉別人的記憶將媽媽在心裡描繪得清晰一點，再清晰一點。

她說，最可憐的是東海，他還小不懂事，身邊沒人照料不行啊。他有時早上三四點鐘就背著書包去上學了，有時十多鐘還沒起炕；冬天家裡冷，放學時常不回家，哪兒暖和就在哪兒睡一宿；作業經常完不成，學習也跟不上。人家看著著急，可是，說淺了孩子不當回事，說深了孩子就哭了，大家心裡也很不好受。

春節前，東海的身上生了很多蝨子，一團團的，抓也抓不盡，沒辦法鄰居和遠親只得用熨斗來熨燙，熨斗走過之處留下血肉模糊的肉團。後來，考慮到東海沒人管不行，就勸念初中二年的東江退了學，留在家裡照顧弟弟。可是東江也是個孩子啊！

遠房的大娘實在看不下去了，就對東海說：

「東海啊，你還不如死了呢，這樣活著多遭罪呀！」

「我才不死呢！」東海倔強地說。

遠房的大娘還說：「我們只求孩子的媽媽回來，把東海領走吧，別讓孩子再遭罪了。我們也想把東海送給個好心人家，讓孩子得到點母愛和教育……」

她說，四區對這兩個孤兒很好，陳寬峰當主任時，夏天給他們買單衣，冬天買棉衣，沒菜了送菜，沒煤了送煤，門窗壞了修門窗，儘量不讓他們受委屈。寬峰調走了，他在交代工作時，把兩個孩子交給了下一任主任和書記。他每次回四區都不忘去看望這兩個孩子，過春節時，他還悄悄塞給孩子五十元錢。

後任的主任和書記對兩個孩子也很好，夏天安排他們到隊裡吃飯，冬天給他們送去米麵，在經濟不景氣的情況下，還救濟了他們四千多元錢。主任晚上經常過去看看他們。過年時，給他們送去五斤牛肉，十來斤豬肉，還有三百元錢，除夕夜還安排人給他們包餃子……

「她要不走的話，廣站是不會死的。」人們都這麼認為。

「她那人不壞，很老實，有點窩囊……」。

歷史待人有時是不公的，有的人在它面前可以叱吒風雲、扭轉乾坤；有的人卻渺小得如同一粒沙子，任歷史的波瀾左右。一九七五年，那位老實孱弱、甚至有點窩囊的孩子的母親被上山下鄉的大潮捲到北大荒。從來的那天起，她就如被沖到海灘上的魚蝦，夢寐著潮起再把她捲回城市。她望眼欲穿地盼啊，可是只有歲月和青春在悄然流逝，那大潮卻不見蹤影。她失望了，那顆年輕的充滿活力的心很快又燃起了新的熱望，她和一位男知青相愛了。她是位很癡情的女人，把感情全然地投入進去。現實對她來說太冷酷了，那場驚心動魄的戀愛也像那把她捲到僻壤的下鄉潮一樣，把她拋到讓她難以承受的處境。

她徹底絕望了，她的腳猶豫著探向了死亡，好心的鄉親怕她出事，晝夜地守著她，勸慰著她。接著，紀廣站的遠房嫂子為她和紀廣站牽線搭橋。也許她相中了廣站的為人忠厚老實，心地善良；也許這時她的感情已麻木，對愛情不抱希望了；也許在坎坷的人生苦旅上她已感到疲憊，需要靠在一個可信賴的肩膀歇息一下；也許她像賣火柴的小女孩那樣渴望溫暖，而不去想最後的結果，她在家人的反對下嫁給了紀廣站。

成了家以後，她那顆像浮萍般的心漸漸紮下了根，和廣站過起了日子。她的生活能力較差，廣站就儘量多做些，讓她多體味一點丈夫的溫情和家庭的舒適。不久，他們第一個孩子降生了，為紀念他們的結合，給孩子起名為東江（山東和黑龍江各取一字）。

一九七九年知青大返城的潮流終於來了，可是，她已像落到石縫裡的沙粒，不能隨著返城潮回歸了。她眼巴巴地望著同車皮來的知青歡天喜地地返回她朝思暮想的城市，知青宿舍一幢幢地空了，這塊土地顯得更荒涼了，痛苦和悔恨又在她心中泛起，她又被拋棄了。又過了幾年，她又有第二個孩子東海。但她還是不甘心就這樣在農場生活一輩子，她把東江的戶口遷回了哈爾濱，還和廣站商量如何攢點兒錢，去哈爾濱做點小買賣什麼的。儘管廣站很勤勞，但掙的就是那幾十元的死工資，一家四口，孩子又小，攢錢不過是一廂情願罷了。

回來的路上，我已感受不到車裡的寒冷，只覺得很累，心情沉重。他們說，孩子的媽媽回城後，也很不如意，她先是在一家小餐館裡打工，後來就不知道漂泊到哪去了。她沒有戶口，沒有正式的工作，也沒有姿色，人又老實孱弱，恐怕還生活在貧困線下。她自己的人生何嘗不是一場悲劇呢？遺棄了自己的孩子，這會在她心靈深處留下一處永遠無法癒合的創口，時時會有血水滲出。也許她無力來管這兩個孩子，生活的窘迫使得她無顏回來看望孩子。

讓孩子失卻了母親淪為孤兒，她有責任，可是她的人生悲劇，難道也是她個人的責任嗎？在那場知青運動中，在全國一千七百萬知青中，有多少人為了返城遺棄了自己孩子呢？看來這是一起三角債，在經濟的三角債中，債主死了，那筆債也就不了了之；社會責任的陳債只要推給歷史，只要劃入了社會的檔案，也就沒人去管了。中國的歷史如同我家門前的那堆垃圾——幾年前清潔路邊突然被人倒了一車垃圾，人們罵過一陣後也就在那兒拉倒了。那垃圾堆越來越大，漸漸如山，責任也就分不清了，似乎倒過垃圾的人都有責任，也都無責任。

我一直牽掛著濃江農場的東江、東海那兩個孩子。又一年過去了，當我去勤得利農場採訪時，陳寬峰說，東江的母親回來待了一年又走了。

二〇〇七年，我再次去濃江農場，寬峰告訴我說，東江和東海已經離開農場了，一個在哈爾濱，一個在瀋陽。我算了一下，他們哥倆都二十多歲了，可能都已成家。

他們會忘記那段孤兒的生活嗎？肯定不會的。

## 單親母親的臨終托孤

夫妻離異後，一方常常以不讓對方看望孩子作為懲治、報復的手段。自私而霸道的父愛或母愛不僅會戕害孩子的心靈，還會給孩子帶來痛苦與不幸。

有一位深明大義、母愛薄天的母親，她與背叛她的前夫仳離後，卻拒絕女兒捲入父母的怨懟與幽恨，還千方百計地讓女兒感受到父愛的存在，而且在彌留之際把女兒託付給了生死冤家——她的前夫。

一九九九年四月。北京東城區一家醫院的病房。

一具形若骷髏的身軀仰臥在潔白的床上。她目光散落，求生的欲望已被殘忍的病魔夷滅。呼吸已如翻山越嶺般地艱難，可是她還在不屈不撓地喘吸著，不忍把最後一口氣咽下。

每一聲門響，每一串跫音，她那呆滯的眸子都如閃電亮一下，隨後又被失望湮沒。

驀地，一位中年男子急急匆匆地走到她的床邊，單腿跪下，握著她那枯乾如柴的手，哽咽地說：「陸怡，我來了，你有什麼要求就說吧……」

她散落的目光在那男人的臉上聚焦後，如釋重負地呼出了最後一口氣，緩緩地閉上了眼睛。

陸怡走了，她的生命溶入了母愛。

男人抱著她的遺體慟哭。

周遭的人用鄙夷的疑惑的目光打量著那個男人，他是良心發現，還是人性復歸；是對自己深重罪孽的懺悔，還是為死者留下女兒而大傷腦筋……

一九八〇年，姿容嫵媚、嫋嫋婷婷的陸怡從衛校畢業，被分到京城的一家醫院當護士。當身著白服的陸怡出現在病房時，她那天使般的端莊與清麗傾倒了眾人。於是，這個護士長給她介紹對象，那個醫生請她到家做客。可是她卻在眾多的追求者中選擇了護理員吳姨的兒子鍾誠。

鍾誠是從黑龍江生產建設兵團返城的知青，在一家服裝廠當維修工。他身高只有一米六八，比陸怡還矮一釐米。通常長得黑瘦的人都給人精神抖擻之感，鍾誠偏偏長著一對腫眼泡，總像沒睡醒似的。鍾誠的家境貧寒，父親是環衛工人，家住在一個破落的大雜院的兩間西廂房裡。不過，鍾誠勤奮好學，不僅寫一手好字，作一手好詩，而且還特別會討女孩子的喜歡。他用那富有磁性的男中聲背誦泰戈爾的詩：「到我的花園的小徑來吧，我的情人。走過那擠在你眼前的、熱情奔放的花朵……」常常令一些清純的女孩迷倒。

於是，陸怡就「走過擠在眼前的、熱情奔放的花朵」，踏上了他的小徑。陸怡是一個嚮往知識，崇拜才華的女孩。在她的眼裡，鍾誠是位學識淵博、才華橫溢、富有魅力的男人。

一九八一年初，陸怡在一片惋惜聲中嫁到了大雜院。年底，她的女兒燕燕就出生了。陸怡是不畏葸貧寒不怕吃苦的女性，雖然出身書香門第，可是在農村插過隊，做起事來風風火火，潑潑辣辣，乾淨俐落。那間終年見不到陽光的陰暗潮冷的小屋在她的打理下變得清新整潔、溫馨怡人；粗茶淡飯在她手裡變得香甜可口，別具風味。陸怡一心想做鍾誠身後的女人，做一個賢妻良母。她節衣縮食地擠出錢來給鍾誠買書和滋補品，她承包了家務瑣事；她做點好東西自己捨不得吃，留給丈夫和孩子。她怕孩子的吵鬧攪散鍾誠的靈感，背著孩子躑躅於夜色下的街巷……鍾誠的臉上漸漸有了紅潤和光澤，他的詩從報紙屁股上的小「豆腐塊」變成文學期刊的組詩，他也由維修工成為宣傳幹事、報社記者。

有人說，女人永遠也得不到她所創造的男人。這話在陸怡身上不幸應驗了。當燕燕兩歲時，陸怡去院外辦事，中午辦完事路過家門時，她想起鍾誠和孩子脫下的髒衣服沒有洗，想趁午休洗完衣服再去上班。當她走進家時，見到鍾誠和一位年輕妖媚的女人赤裸裸地滾在床上……

陸怡的內心世界頃刻崩潰了，變成一片無法清理的廢墟。鍾誠抱著她的腿跪在地上，哀求她原諒，他聲淚俱下地懺悔，狠狠地抽打著自己的嘴巴……陸怡是性情剛烈的女人，是能忍受饑寒交迫不能蒙受屈辱的女人。她轉過身子，眼噙淚水走出家門。

晚上，她從托兒所接回孩子，坐在公共汽車上，不知不覺淚水潸然而下。燕燕的小手不停地給她擦著淚水。淚越擦越多，最後孩子也放聲大哭起來。女兒哭聲喚醒了陸怡的母愛，喚醒了她的堅強與理智。陸怡五歲那年父母離婚了，從此她失去了父愛。家裡沒有了父親就猶如房間沒有了門。美國作家莫雷說，房間沒有門就不是房間，而是一個過道。她是在過道裡長大的女孩，是在別人的歧視與內心的恐懼中走入成年的女人。她為此而憎恨父親，抱怨母親。她絕不能讓女兒重蹈自己童年的覆轍。她默默地下決心，為了女兒，不論多麼艱難也要和鍾誠過下去。她撤下了家裡的床單，換去了被褥，卻留下了孩子的父親。

可是，鍾誠與那個女人在床上廝混的情景總在她眼前晃動著，像一隻黏乎乎的蒼蠅趴在她的心頭，讓她感到厭恨、噁心又無奈。她知道為了孩子，就要接納這隻骯髒的蒼蠅，用漫長的屈辱和痛苦把它吞下、消化。家變得沉寂了，失去以往的歡樂。陸怡在沉寂中悲苦地舔舐療著內心的重創。鍾誠恢復了殷勤與乖巧，他的改變常常令她回憶起那撕心的一幕。歲月悄然流逝，默默沖刷著陸怡記憶的溝壑。歲月給人們留下了一片片空白，可鍾誠似乎耐不住空白的寂寥，總想讓那空白中充塞進他的緋聞……

一九八四年春，科裡的一位同事說，周日在北海公園看見鍾誠了，他正和一位穿著時髦的女孩偎傍一起。陸怡解釋說：「他在採寫一本關於都市女性的紀實文學，那女人是採訪對象。他為這本書忙昏了頭，早出晚歸的，深更半夜還在伏案寫作。」她天真而善意地認為，鍾誠已經背叛她一次了，總不會再有第二次吧。

然而她錯了。周日早晨，鍾誠扒拉幾口飯，抓起衣服就跑了。陸怡想帶女兒上街，拿錢時卻發現家裡的存摺都不見了。下午洗衣服時，她又發現鍾誠的襯衣上有一道紅印，好似口紅的痕跡。她的心如寺廟大鐘般被狠狠地重撞了一下。晚上，鍾誠喝得酒氣沖天回來了。他說，錢讓他借人了，口紅痕跡是一個女人蹭的。被歲月掩埋的記憶又被血淋淋地撕開了，屈辱和痛苦在陸怡的心裡流淌著。鍾誠已沒了上次那般痛心疾首，他理直氣壯地說：

「別那麼不開化好不好？喜新厭舊是人的本性，日本人曾做過試驗，把一雄一雌兩個猴子放在一個籠子裡，三年之後，雄猴將喪失性衝動，再也不肯動雌猴一下。猴都如此，何況人呢……」

「那麼你就去找能引起你性衝動的雌猴好了……」陸怡是一位很自尊的女性，她絕不容忍自己和其他幾個女人分享一個男人。

一九八五年，陸怡與鍾誠仳離。在法庭上，陸怡提出，除了孩子之外，別的什麼都可以不要。鍾誠說，除了那間祖業房產之外，別的都可以給陸怡。法官說，你把她們孤兒寡母趕出門去，讓她們住露天地，虧你還是個男人？最後，鍾誠無奈地同意房子先讓陸怡母女住著，等她們有了房子，他再收回。陸怡實在不想在那間給她帶來無盡痛苦與悲愴的破房子住下去，可是為了孩子她又不得不暫且蟄居那裡。

離婚不久，鍾誠和曾與他鬼混的女人之一吳小姐去了海南。

陸怡是一個灑脫女性，卻不是一個善於擺脫內心痛苦的女性。婚姻的磨難使她身體垮了，她患了神經衰弱、萎縮性胃炎等疾病。疾病使她失去了健康、雋秀與嫵媚。儘管如此，仍然有人追求著她，其中有學識淵博的教授，有才華橫溢的畫家。遺憾的是陸怡那扇情愛之門閉鎖了。陸怡不願讓女兒的生活中出現一位陌生的男性，更不願意女兒像買一贈一的商品帶給一個和她毫無關係的男人。

家又像陸怡童年一樣成了過道，過道總難免會淒風悲涼。早晨，陸怡匆匆地帶著孩子走了，晚上她匆匆地領著孩子回到從遠處看不到燈火的小屋。家裡清鍋冷灶，她進門就淘米燒飯，飯好了，女兒已經在沙發上睡著了。女兒到了上學的年齡，陸怡使出了渾身解數把她送進了一所離家很遠的重點小學。為了不讓女兒感到自己比別的孩子差，陸怡早晨要把女兒送到學校，然後再倒車去醫院，晚上再提前下班去接女兒。燕燕是個懂事的孩子，她知道媽媽的艱辛，二年級時，她就不讓媽媽接送了。

在一個隆冬數九、滿天飄雪的晚上，陸怡下班回家，遠遠看見一個渾身是雪的孩子凍得哆哆嗦嗦地走過來，怯怯地說：「媽媽，你……你別生氣。我……我把鑰匙……丟了。」陸怡慌忙打開屋門，蹲在地上，把女兒緊緊地攬進懷裡，淚水潸潸地從她的眼裡流到了女兒的臉上。從那以後，每到下午，陸怡就牽掛女兒。下了班，她就心急火燎地不顧一切地往家趕。

陸怡把大部分生命融在了女兒身上，每天晚飯後，她要檢查女兒的作業，輔導女兒的學習；節假日她要陪同女兒去學習繪畫、書法、英語和手風琴。夜深人靜才屬於她自己。她伴隨著燕燕的軟微鼾聲挑燈讀書，她就這樣讀完醫大的業大，攻下了英語專科，讀完比較文化專科。幾年來，她不僅獲取了一大摞管用與不管用的文憑，還譯過一本二十多萬字的醫學書稿，在報刊發表了多篇散文和隨筆。陸怡憑著自己的努力由護士轉為醫師，最後晉升為主治醫師。

燕燕在母親苦難與艱辛的跋涉中漸漸長大。不幸常常使孩子早熟，早熟的孩子常常會帶給父母以慰藉。燕燕不僅懂事，而且善解人意，從小就知道體貼母親，知道為母親分憂。她從別人嘴裡知道了一些父親的事，但她從不問媽媽。她在日記中寫道：「我對父親既有一種奇怪的親近，又有一種奇怪的怨恨……他跟著一個放蕩的女人走了，把我像裝在方便袋裡的垃圾一樣丟給了可憐的媽媽……他有時寄些錢來錢，那錢不過是一筆垃圾處理費。」

陸怡深知沒有父愛的不幸，尤其是女孩。為了讓女兒感受到父親的存在，讓女兒知道在遙遠地方有愛她的父親，陸怡不倦地告訴女兒：「媽媽爸爸離婚了，這並不意味著你沒有了爸爸。爸爸還是你的爸爸，還會像過去一樣愛你。和別的孩子相比，只是你的父母不再生活在一起罷了。」儘管每提起鍾誠她的心裡都在流血。

鍾誠到海南之後生活並不如意，他辦的文化公司一直不景氣，最後只好放棄公司，去給人打工。他和那個女人生活不到兩年，感情就急轉直下，沒等結婚就分手了。舐犢之情人皆有之。鍾誠很想念燕燕，很懷念那個溫馨的小屋。他在電話裡對陸怡說，他很想回北京，很懷念和陸怡與孩子在一起的日子。陸怡清楚地告訴他，她今生今世都不會原諒他。不過，燕燕是他的女兒，希望他能經常給她寫些信來，讓女兒感受到父愛。另外，他隨時都可以來看他的女兒。

鍾誠寫給女兒的第一封信就讓女兒撕了。陸怡語重心長地對女兒說：「你要學會感受和體會愛。雖然他與媽媽離婚了，但並不意味他不再是你的爸爸。媽媽恨他，是因為他毀了媽媽的一生。你是媽媽的女兒，也是他的女兒。你不該也沒有必要捲入父母的積怨之中。對你來說，父親只有一個，那就是鍾誠，這是不可改變的事實……」

鍾誠回京看女兒了。有人說陸怡：「他當初拋妻棄女，無情無義，他憑什麼見燕燕？」陸怡平靜地說：「對燕燕來說，沒有父愛是悲哀的。這會給她幼小的心靈帶來無法癒合的創傷，甚至會影響她的一生。只有無知的母親才會以不讓他見孩子作為對他的懲罰和報復。」

陸怡主動把女兒送到約會地點，遠遠地看著女兒與鍾誠見了面才離去。見過幾次面之後，燕燕就抱怨地說：「他總看我幹什麼，見了面無非就是先去飯店後去商店，吃飯、買文具、買禮物。然後送我回家。」陸怡則耐心地勸女兒：「他和你不在一起的時間久了，不知道該如何去愛你了，你要體諒他。」

「可是，他並不體諒我們，為了那個放蕩的女人拋棄我們。」陸怡對女兒和藹地說：「不是的，是媽媽和爸爸過不到一起去了，他就和那個女人走了。」鍾誠聽說後，給陸怡打電話說：「謝謝你維護了我在女兒心目中的形象。」陸怡說：「我維護的不是你，而是女兒。在孩子心目中，父親應該是位行品端正、高風亮節的男人，是英雄。如果讓一個孩子承認自己的父親是無賴、行為不端的人，對孩子則是一種精神摧殘。」鍾誠沉默了很久，說：「我知道了，我很對不住孩子。」

一九九五年，身體過度透支、心理過分抑鬱，使陸怡患了乳腺癌。為了活下去，把女兒撫養成人，她做了乳腺切除手術……手術之後，陸怡忍受著煉獄般的磨折堅持化療。長時間的化療使得她的食慾喪失，為活到女兒高中畢業，她強迫自己把飯咽下去。吃下去的飯噴射出來，她就再吃下去。陸怡被病魔折磨得漸漸脫相了，一頭如瀑布的秀髮掉光了。她認為自己生命已不屬於自己，而屬於女兒。她只有一個堅定的信念：要活下去，一定要陪伴著女兒參加完高考。燕燕沒有辜負母親期望，一九九六年，她以優異的成績考取了重點高中。

女兒高考的日子一年年、一月月、一天天地逼近了，陸怡的生命如一盞耗乾的油燈頑強地燃著，用自己最後的昏黃光、微弱熱量來溫暖著女兒。

陸怡盡了一切努力也沒有阻止癌細胞的擴散……濟南的姐姐要來京護理陸怡，她謝絕了。她說，剩下的日子已經不多了，我想將最後的日子留給女兒，想單獨和女兒待在一起。傍晚，她用充滿母愛的目光深情地凝視著女兒；夜深，她一邊端詳著熟睡的女兒，一邊給女兒寫信。她寫道：「孩子，媽媽只不過是你人生旅途中的旅伴，可是媽媽不能陪伴你永遠地走下去。媽媽走了，你要獨自上路了。媽媽很不放心，但對你——我的女兒充滿信任。請記住媽媽的話，一定要走好！在人生路上，只有你能為你自己負得起責任。你要珍惜每一抉擇和每一腳步。許多機會錯過了就永遠失去了。世上沒有一扇門永遠向你開著……」「你的爸爸雖然有許多缺點，但是你不要為此而瞧不起他。他愛你，是除了媽媽之外唯一肯無條件接納你的人。你不要因為媽媽而怨恨他……」她把對女兒說的話寫在信裡，把母愛留給女兒，陪伴著她走完沒有母親的人生。她忍受著劇痛，一筆一畫、工工整整地寫著，整整寫了五大本……

最後，她給鍾誠留下了一封遺書：「鍾誠，我走了，燕燕就交給你了，希望你一定要善待她。父母把孩子帶到世上，就應該讓她健康愉快地活下去，沒有任何理由去傷害她，尤其是精神和情感的傷害。對孩子來說，心理的缺陷比生理的殘疾更為可怕……鍾誠，我希望你不要像有些父母那樣把孩子視為自己生命的延續，那樣就會有一種佔有孩子人生的欲望，要讓孩子活出自己的人生。父母永遠不能把孩子視為自己私有財產。父母應遵守的最高準則是：一切為了孩子。中國有句俗話：前三十年看父敬子，後三十年看子敬父。你已讓孩子感到羞恥和自卑，希望你不要再做對不住自己也對不住孩子的事。一個人可以卑俗、貪鄙、輕佻和無知，作為父母則必須正直、淵雅和高尚，可以有一個醜陋的外表，但絕不能有一個卑劣的靈魂……鍾誠，作為女人我是永遠不能寬宥你的，你毀了我的一生，但作為燕燕的母親我無法不原諒你。我希望在沒有我的日子裡，你們父女會相處得很好……」

一九九九年，陸怡與女兒在家過完了生命中的最後一個春節，她把燕燕託付給了女友，住了進醫院。臨離家時，她無限留戀地看著女兒的小床，床上的枕頭了破了，她為自己沒有能力再為她縫上而愧疚。反覆叮囑女兒：「孩子，你一定不要去醫院看望媽媽。媽媽最不放心的就是你的學業，只要你安心學習，就是對媽媽的最大幫助和最大的安慰。你不一定非要考北大、清華，只要盡力就好。」

陸怡住進了醫院，她的心還留在家中，留給了高三備考的女兒。她知道自己已沒有了生的希望。死亡並不畏懼，畏懼的是死得不是時候，影響女兒的學業與前程。她默默祈求上蒼，讓我多活幾天吧，讓我活過今年的高考……

燕燕也掛念著媽媽，用買午飯的錢給媽媽買了一束康乃馨。她捧著康乃馨來到醫院，在病房門口徘徊了幾圈又回去了。她瞭解媽媽的性格，她怕惹媽媽生氣。她每天睡前，在康乃馨前為媽媽祈禱。康乃馨一朵朵地凋謝了，她越來越不安了。她又買了一束。她知道這種家境買花是奢侈的，可是當她看到那盛開的康乃馨就猶如看到媽媽。她可以不吃飯，不喝水，怎能沒有媽媽？當第二束康乃馨將要萎謝時，她忍不住地捧著鮮花闖進了媽媽的病房。當她見到媽媽臉色蒼白，骨瘦如柴，雙目緊閉，媽媽的臉和身上還插著許多管子，她的淚水一下子就湧了出來，撲到媽媽的身邊，握著媽媽的手喊道：「媽媽，你怎麼樣了……」

陸怡艱難地睜開眼睛，看到了自己朝思暮想的女兒，她的眼裡閃現出興奮的目光，彌漫著融融母愛。

「媽媽，讓我明天來護理你吧……」

「不，快回去。你好好複習就是給媽媽的最大寬慰……媽媽為你活著是幸福的，而你為媽媽活著會讓媽媽感到痛苦。再不要來了，來了我也絕不見你。」陸怡忍著內心的痛苦對女兒說。

燕燕留戀地望著媽媽，一步一回頭地走了。女兒的身影早已在門口消失，陸怡還癡癡地望著，望著望著，兩行慈母的淚水落在了枕頭上。

陸怡知道到自己大限將至，已挺不到高考，她讓人給鍾誠打了電話，請他無論如何也要回來一趟。她漸漸說不出話了，呼吸十分艱難，但她的生命還在頑強地掙扎著——她要等到鍾誠來，把燕燕託付給他，否則她怎樣能閉上眼睛？

陸怡走了，她帶著遺恨走了，她沒有等到女兒高考，但她終於等到了燕燕的父親到來。

在陸怡的遺體火化了，骨灰撒進女兒喜愛的河流……

鍾誠回海南了。不久，他收到燕燕的來信和匯款。燕燕在信上寫道：

爸爸：您好！

請不要掛念。有媽媽的日記相伴，有老師和同學的關心，我過得很好。媽媽的日記我每天僅讀一段，這樣五日記就能讀三年了。

我把您留給我的錢給您寄回去了。請不要再給我寄錢了，媽媽給我留下的錢足夠我花到高考了。考上大學後，我將邊讀書邊打工。您放心，我只會進取，不會墮落，為了媽媽為我遭受的苦難。

高考之後，房子就可以還給您了。您在外邊漂泊也很不易，不行就回北京吧。我走時，會把鑰匙放在鄰居的李嬸家，您到她那去取就是了。謝謝您給了我生命和父愛。如今我已長大，自己能照顧自己了，請不必再為我操心了。今後，您要多多保重身體……媽媽說過，我永遠是您的女兒。等您花甲之年，我會找您，照料您的晚年……

我把房子和錢還給您並沒有別的意思，媽媽為我忍辱負重地活了這麼多年，我只想還媽媽一個尊嚴……

鍾誠滿面淚水地仰望蒼天，「陸怡，我對不起你啊……」他又不禁想到陸怡在遺書中說的話：

燕燕在我的身邊長大，她身上既有我的優點，也有我的缺點。當孩子長大之後，在她的婚姻大事上，你一定要多關心她，千萬別讓她再犯我這樣的錯誤（這是我的錯，絕不是譴責你）。你要多愛她，多關心她。她是你在這個世上最親的人。

「燕燕啊，你真是你媽媽的女兒，像你媽一樣剛烈，像你媽一樣要強，像她一樣自潔自愛。我實在不配做你的父親。孩子，等我配做你的父親時，一定會去找你……」鍾誠頹然低下了頭，無限的悔意彌漫心中……

## 女犯背後的淒哀情節

母愛是動物的一種本能。如老牛產牛犢後會與孩子寸步不離。倘若有人把小牛犢牽走，母牛會眼流長淚，不思食料，引頸哞叫，那種哀戚的悲鳴讓人不忍耳聞。如將一個假的牛犢放進牛棚，母牛將會以為自己的孩子回來了，它不僅會深情地望著假牛，還會不停地舔著假牛，將自己的全部母親都施于假牛。

人比牛要聰明得多，不會像牛那樣把母愛施於假子。中國有句俗話：「老婆是人家的好，孩子是自己的好。」在黑龍江省有這麼個女人，她叫劉曉紅。我在佳木佳的看守所裡採訪她時，這位矮胖的戴著近視鏡的三十多歲的女人痛不欲生地坐在對面的長條凳上，她一邊哭著一邊講述著自己的經歷……

劉曉紅出生於黑龍江省海林市。在讀初中時，年僅十六歲的劉曉紅和閨蜜的哥哥相愛了。那個男人足足比她大九歲，是牡丹江市一個單位的保安。那個男人在十六歲的劉曉紅的心目中是高大的完美的，她為能有這麼一份愛情自豪不已。十六歲，還處於青春期，還是一個沒發育成熟的孩子；十六歲的孩子還沒讀懂得愛情，沒讀懂婚姻。不懂愛情的人大都會表現出一種不顧一切的癡情；不具備結婚條件的人往往對婚姻與家庭無限嚮往。劉曉紅就在似懂非懂的狀態下與那個男人相愛著。她的荒唐戀情自然而然地遭到了父母的阻攔。令父母沒有想到的是癡情的劉曉紅竟背著父母跑到了牡丹江，和那個男人居住在了一起。他們像模像樣地過起了日子。女兒的這一行徑不僅使父母十分難堪，也令父母十分惱火。

十七歲，在成人眼裡還是個孩子，可是還是個孩子的劉曉紅卻挺著隆起的腹部艱難地爬上了醫院的產床。不知是生理還沒成熟，還是其他什麼原因，總之她生孩子時難產，在產床上折騰了三天三夜才生下一個男嬰。劉曉紅說，產後醫生十分遺憾地對她說，她從此以後再不能生育了。

還沒有成熟的劉曉紅成了人妻人母。歲月如流，劉曉紅在鍋碗瓢盆的交響曲中漸漸成熟。可能劉曉紅善於勤儉持家，也可能家裡進項較豐，總之她的日子過得比較富足。對富足者來說，最為頭痛的事莫過於有人登門告貸，來借錢的不是別人，而是她的公公。不知劉曉紅是怕借出的錢打了水漂，還是別有緣故，她沒借。從而引起了她男人的不滿。她的男人有嗜酒，每當喝得酒氣沖天地回到家時就對劉曉紅大發脾氣。劉曉紅不服。不服，那個男人就以武力制裁，就動手打她，且越打越凶越打越狠，反正他有的是力氣。一位矮胖而且又戴著近視眼鏡的女人怎能抵得住一位身健如牛的男人？據劉曉紅說，有一次，那個男人持擀麵杖猛勁兒地打她，最後把她的屁股都打青了……

在兒子四歲時，劉曉紅被那個男人打了出來。同居時她沒到年齡，沒有登記；離異他們也沒辦什麼手續，財產和孩子的分配也沒人給予公斷。劉曉紅十分想要孩子，可是那個男子說，兒子是他家的根。是「根」就得留住，讓他長在自己的家園，豈能讓她帶到別處？於是兒子只好留給了那個男人。那個男人對此還不放心，對劉曉紅威脅說，如果你要敢回牡丹江來看孩子，我就打折你的腿。不知劉曉紅是被他打怕了，還是另有原因，總之她再也沒見過孩子。

婚離了，家沒了，牡丹江市也不能待了，海林市又沒臉回去，劉曉紅的世界頹然傾圮，荒草沒脛。她像一葉失去纜纜的小舟，在茫茫的水面漂泊著。儘管那場過早降臨的「愛情」毀了她的人生，可是她仍然對愛情充滿渴望。在那段漂泊的歲月裡，只要有男人對她好，她就不惜為之獻出一切。可是那些卑俗下流的男人之所以對她好，只不過是想解一時之需，過後便像用過的方便袋毫無情地丟棄，並非真心想娶她這麼一位既沒有姿色，也沒有金錢的女人。

劉曉紅不僅有生存的需要，也有感情的需要，她像其他女人一樣渴望有個疼自己愛自己懂得珍惜自己的男人，有一個溫暖舒適的家。劉曉紅懷著這一渴望輾轉到了哈爾濱，在那裡認識了一位做汽車配件生意的江蘇男人。不久，她便和那個男人一起來到佳木斯。他們租了一間小房，像夫妻似的過起了小日子。那個男人不僅比劉曉紅大很多，而且還有家。他對劉曉紅並不好，她還為這位對她不好的男人被他的妻子痛打一頓。她對他絕望了，離開了他。

劉曉紅生活和情感又沒有了著落。情感沒有著落的劉曉紅越來越牽掛和思念自己的兒子。那份母愛像哺乳期的乳汁一樣鼓脹著，讓她痛苦，讓她不安。可是她不敢回牡丹江看望。

為了生存下去，劉曉紅一天到晚在佳木斯火車站前轉悠，以期找事做。轉悠時間長了，她認識了在火車站旁賣饅頭的何俊英。何俊英也是個不幸的女人，她初中畢業就下鄉，返城不久丈夫就丟下她和孩子撒手人寰。她的第二位丈夫是個酒鬼，喝點酒就醉，醉後就打她；第三位丈夫肖君待她還好，為此患有子宮肌瘤的何俊英冒著危險懷了孕。

一九九三年十二月一日，何俊英妊娠八個月時，因子宮肌瘤壓迫胎兒，她做了剖腹手術，取出了孩子，切除了子宮。中年得子，三十八歲的何俊英和四十五歲的肖君由衷歡喜，他們倆不再去賣饅頭，整天捧著兒子小肖何。兩個多月過去了，本來就窘迫的家庭越來越難以維持了，這時，劉曉紅找上門來，要給他們帶孩子。長得矮胖，戴著一副近視鏡的劉曉紅給人一種樸實之感。她說話爽快：「我看，我每天早上五點半鐘來，晚上六點半鐘走，你們儘管幹你們的事兒，不用操心孩子。」她索要的報酬也不高，每月僅一百五十元。就這樣何俊英夫婦把小肖何交給了劉曉紅。

可以說，劉曉紅是一個乾淨俐落的女人，她對小肖何像自己的孩子一樣，侍候得十分之好。小肖何像春風中的小苗一天天地長大了，他那長長的睫毛，黑亮的眼睛，毛茸茸的小臉，令人憐愛。孩子越來越撩人了，會笑了，開始咿呀學語了。天朗氣清，惠風和暢時，劉曉紅就抱著孩子到外面去曬太陽。孩子如荷葉上的露珠躺在她的臂彎，躺在那柔軟溫馨身上。

她從孩子身上感受到一種久違的陶醉，一種母親才有的陶醉。劉曉紅的母愛漸漸復蘇。過路的人都很喜歡逗逗她懷抱裡的孩子，問一句她：「你的孩子多大了？」每當劉曉紅聽到這話時，心裡就十分苦澀。她多麼希望這孩子就是她的，多麼渴望自己擁有這麼一個孩子！

想到孩子是別人的時，他的一顰一笑都令她心慌，孩子怕隨之那暫短的微笑從她的生活中消失。她感到自己越來越離不開這個孩子了。傍晚，當她把孩子交還何俊英時，那種綣繾之情就縈繞於懷。當她頂著夜色踽踽往住所走時，就感到心裡空蕩蕩的。深夜一覺醒來，下意識地摸一下身邊，空空落落，不由猛然坐起。她突然意識到孩子不在自己身邊，他根本就不屬於自己的。黯淡的心緒陡生出無盡的悲哀，她躺在陰森淒寒的夜色中，再也睡不著了。

一天，一位鄰居說：「這孩子怎麼長得這麼像你呢，要說是你的兒子，誰也不會懷疑。」這話兒讓她感到無比受用。是啊，他為什麼就不能是我的兒子呢？他從兩個月起就和我在一起，我待他像自己的兒子一樣，一把屎一把尿地把他伺候這麼大，我對他傾注了所有的母愛，容易麼？於是，一種把孩子拐走的念頭萌生了。

這時，她正和穆棱縣泥爾河鄉躍進村的農民朱文舉同居。朱文舉家裡很窮，他不僅有沒什麼手藝，而且為人又有幾分窩囊。幾年前，村裡發生一起鬥毆事件，好心的朱文舉趕去拉架，卻被砍傷了右眼，留下了終生殘疾，使本來就有點兒其貌不揚的他就更難看了。眼睛的殘疾讓他自卑，而年過而立還沒討到媳婦則讓他自餒。為了多賺點錢討個女人，他來到佳木斯的建築工地打工。白天他疲於奔命地幹活，倒是什麼也不想，而晚上睡不著覺時他就感到無限的寂寞。寂寞了他就想去舞廳，儘管舞跳得不好，可是那裡有女人。就這樣，一來二去認識了劉曉紅。當時劉曉紅心裡也十分寂寞。這對孤男寡女相識後，他對她一往情深，體貼入微，讓她生出幾分感動。因此，儘管朱文舉容貌醜陋，儘管他有些窩囊，劉曉紅還是和他住在了一起。

劉曉紅承認何俊英待她不薄，買兩雙襪子也得給她一雙；劉曉紅也知道拐走何俊英的孩子有點喪盡天良。可是她無論如何也擺脫不掉擁有小肖何的欲望。劉曉紅把抱走走小肖何的想法和朱文舉說了，沒想到這個有些愚鈍的農村小夥子卻堅決反對。可是他反對無效，因為他已離不開劉曉紅，好不容易才找到這麼一位不嫌棄他的女人，怎麼肯放棄呢？

劉曉紅早就把朱文舉看透了，她表示如果他不同意的話，那麼倆人只好分道揚鑣，她另找他人來做。拐騙孩子是犯法事兒，是要坐牢的，朱文舉再糊塗也沒糊塗到那種地步。可是擺在他面前的路有兩條：一是冒著坐牢的危險和這個女人拐走那個孩子，二是像過去那樣過沒有女人的日子。

一連好幾個晚上，朱文舉思來想去，輾轉反側，焦慮和痛苦在他的心裡彌漫著，這個窩囊的男人越來越感到沒有別的路可走。最後，他把一百片安眠藥吞進了肚，以死來擺脫這一兩難選擇。劉曉紅發現了，把他送到醫院，經過一番搶救，他又活了過來。劉曉紅在他瀕臨死亡時所做的一切深深地感動了他。

一九九四年七月十二日，當劉曉紅把小肖何抱出來後，朱文舉見生米已煮成熟飯，只好鋌而走險。

昏聵者也不乏小聰明。他們在住所躲起來，避開了何俊英一家四處尋子的風頭。第三天，劉曉紅心驚肉跳、惶恍不安地抱著孩子和朱文舉擠上開往穆棱的火車。北方的盛夏十分悶熱，車廂裡擠得透不過氣來，他們沒有座位，本來就胖的劉曉紅又緊張地抱著孩子，不一會兒就汗如雨下了。可是她一直這麼站著，直到穆棱。以至於她被捕後，還十分委屈地說：「我當初一手抱著孩子，一手拎著奶瓶子，容易麼？」

朱文舉像討了女人有了娃的後生風風光光地回到家。他向親戚朋友介紹說，劉曉紅叫楊小麗，是他的媳婦，小肖何是他們的兒子，叫朱建強。躍進村是偏僻落後的鄉村，那裡不僅沒「躍進」起來，而且一直在貧困中徘徊。朱文舉又是那個村裡最窮困的農民，居住在村裡最低矮破陋的泥草房裡，房牆坼裂著讓人惶悚縫子，怕房子坍圮，牆的四周支著左一根右一根的木頭。劉曉紅這位城市女人，為了孩子竟在這黑洞洞的隨時都有可能倒塌的泥草房裡，像個農婦般地過起了窮苦日子。

劉曉紅只想有個家，有一個知道心疼體貼、把她當回事兒的男人，有一個聰明靈慧、天真可愛的孩子，至於家庭的富足，丈夫的相貌與品位早已不敢奢求。她終於如願以償了，當人如意時就會內曠外疏。心滿意足的劉曉紅不僅對朱文舉的老人十分孝順，而且對左鄰右舍親戚朋友也有求必應，不論村裡誰家有個大事小情她都主動相助。

她對小肖何情若舐犢，愛如己出。他們剛到泥爾河時，家徒四壁，艱難竭蹶，可是在小肖何身上的花銷上從來沒有慳吝過。孩子一天一個蘋果、數塊餅乾還不說，三天就一袋奶粉，一直吃到四歲。劉曉紅和朱文舉僅有的那點兒錢都花在了孩子身上，以至於三年來，嚮往年輕漂亮的劉曉紅連件衣服也沒捨得買。孩子小時三天兩頭地鬧病。一次，深更半夜，外面下著瓢潑大雨，孩子發了燒，劉曉紅慌忙背起孩子打著雨傘就走，匆匆融入那濃濃黑夜。正值育苗時，孩子出了水痘，平時一分錢也要掰兩瓣花的劉曉紅二話沒說，打了輛計程車就跑到縣城去給孩子看病。為了撫養這個孩子，他們兩人欠下了兩千多元的外債。

一晃三年過去了，襁褓中的小肖何已變成了滿地玩耍的孩子。劉曉紅以為不會再被發現了，於是放心大膽起來。在修哈伊高速公路時，劉曉紅和村裡的人坐手扶輪拖拉機去工地出勞務時，被泥爾河鄉的土地助理員趙四海一眼認出。

泥爾河鄉派出所接到舉報後，立即派員追趕那輛拖拉機。他們把劉曉紅叫到了車下，詢問了一番，因沒有確鑿的證據又放了。劉曉紅意識到自己要犯事，如想逃跑的話是完全來得及的，可是她戀戀不捨地看看那個苦心經營的家，再看看那個養育了三年的孩子，她的心如一灘泥水。我跑了，孩子怎麼辦？帶著跑，顛沛流離日子她受得了，孩子受得了麼？朱文舉跑到當村長的四哥家打聽了一下，又沒打聽到什麼消息。劉曉紅僥倖地想，也許這次能躲過去。

第二天早晨，劉曉紅一家三口被帶到泥爾河鄉派出所。審訊進行三個多小時，劉曉紅和朱文舉拒不招認。最後，員警拿出一本雜誌，上面有一篇尋找劉曉紅和小肖何的啟事，並配有她的照片，她一下子就癱軟了。在泥爾河鄉派出所，劉曉紅被關了兩天兩夜，這兩夜她沒有合眼，只吃兩頓飯。她吃不下去，睡不著啊。這時，她擔憂的還不是自己，也不是和她生活了三年之久的朱文舉，而是那個不是兒子的「兒子」。不諳世事的孩子天真無邪地問道，「媽媽，你手上戴著鐲子（手銬）幹嘛？」「媽媽，你為什麼不陪我上炕睡覺？」「媽媽，你幹什麼總低著頭啊？」

員警忍不住地告訴孩子：「她不是你媽，她是把你從媽媽身邊拐來的騙子。」

「不是，不是！你壞，你騙人，她是我媽，是我媽！」孩子號啕大哭起來。

小肖何從小就不認生，他很快就和員警混熟了，他對員警們哀求道：「叔叔，叔叔啊，你把我媽的鐲子打開吧！」「叔叔，你把我爸我媽放了吧，我不在這兒了，我要回家，我要回家……」孩子的哭喊聲催人淚下，激起了人們對劉曉紅的痛恨。

劉曉紅被捕後，那個村不瞭解情況的村民開著六輛小四輪拖拉機趕到派出所來看她。他們認為派出所搞錯了，像劉曉紅這樣的女人怎麼可能是罪犯呢？他們給劉曉紅送來了飯菜，給孩子送來了衣服和鞋子。

劉曉紅和朱文舉要被押送佳木斯，近千人人趕來相送，他們得到過劉曉紅的幫助，對她懷有感激之情。劉曉紅被押上警車時，朱文舉的白髮蒼蒼老爹跪在她的面前哭著說：「孩子，我來送送你，等你出來時就看不到我了……」他不是捨不得這個女人，而是為這個孝敬的兒媳而痛心啊！許多人見此都不禁悄悄擦去眼角的淚水。

劉曉紅在佳木斯的看守所裡度過了一個淒慘的春節。許多被看押的犯罪嫌疑人都有家人來看望，卻沒人來看劉曉紅。她坐在令人壓抑號子間裡，想著自己的心事。她突然感到自己對不住養育自己十幾年的父母，對不住愛她的朱文舉和他的家人。最讓她飽受折磨的是她還想那個「兒子」。她對我說：在判刑前，她最想見的是小肖何。

我問她：「你將來出獄後，想做的第一件事是什麼？」

她說：「我要先看看我的兒子，不不，小肖何。如果他們不想養活他，那麼我就把他領走。如果他們還想養他，那麼我只好自己回家了。」她的「母愛」是何等地執著，何等地癡情，又是何等地荒謬！以至於監號間裡的人既同情她、可憐她，又嘲笑她。

母愛是條流不盡的河。當劉曉紅的案子開始審理時，在海林市一家單位任經理的母親匆匆趕到佳木斯。儘管劉曉紅那麼讓她丟臉，那麼那令她傷心，那麼讓他們一家人抬不起頭來，母親還是不能眼睜睜地看著女兒不管。她要盡一切可能幫助她的女兒。母親提出如果不判劉曉紅徒刑的話，她寧願補償何俊英五萬元錢。

世上能夠理解那些為兒女出國留學花上十萬八萬的父母，能理解為了一位犯罪的女兒、一個讓父母絕望的女兒花五萬元錢贖罪的卻很少，不過這足以證明母愛的博大與深厚。劉曉紅的母親在為女兒奔波中崴傷了腳，最後一瘸一拐地傷心失望地回海林了。

小肖何終於回到母親的懷抱。他剛剛回到家時，很不習慣，他總是哭喊著要找「媽媽」，甚至不願聽到人們對劉曉紅的譴責之辭。他拒絕叫何俊英「媽媽」，常常厭祟地稱她為「賣饅頭的那個娘們兒」。劉曉紅不僅毀了何俊英一家，也毀了自己，被佳木斯前進區人民法院以拐騙兒童罪判處有期徒刑五年，朱文舉因包庇罪被判處有期徒刑四年。

我見到劉曉紅時是她被判刑後的第二天，次日她將被送往哈爾濱市女子監獄服刑。劉曉紅一個勁兒地哭著，她翻來覆去地說：「我喜歡那個孩子，侍候出感情了。那孩子我餵了多少袋奶粉啊？我容易嗎，我？誰不說我不值呀……朱文舉說了，他出來就來看我，等我出來後，我們再一起生活。我們再也不要孩子了。我曾對何俊英家說，我給你們家造成了痛苦，那麼我負責把你家的孩子養大，給他討媳婦，我負責養活你們一家老小還不行

何俊英與兒子小肖何母子重逢

嗎……我不恨別人，自己腳上的泡自己走的……」

這個愚蠢的女人啊，為了那份糊塗的母愛付出了三年光陰，還將在牢獄裡度過五年歲月，可是她還沒有對自己的罪行有個清醒認識！

我來到小肖何家時，穿著一身新衣服的孩子已忘卻了劉曉紅，他已經能夠叫何俊英「媽媽」了。當他依偎在何俊英的懷裡之時，我按下了快門。

可以說，劉曉紅是一個愚昧的女人、一個可憐的女人、一個不幸的女人、一個害了自己也害了他人的女人。但是，如不是她在未成年時就和那個男人非法同居，並生下一個孩子，如不是被那個男人趕出了家門，如不是那個男人不允許她看望自己的兒子，那麼也許就不會有這一悲劇。

男人啊，你可以離婚，你可以放棄家庭，但是你不能傷害一個未成年的少女，你不能隨意趕走為你生兒育女的女人，你更不能殘忍地剝奪一個母親的權利！

另外，母愛是動物的本能，只有母愛在理性的程式下才能成為一種高尚的情感。

# 第十三章 金錢惹的禍

有時人窮的時候並沒意識到錢有多麼重要，因為還有比錢更重要的東西。當人有了錢，似乎比錢更重要的東西就越來越少了，似乎什麼都可以用錢來衡量了。錢在改變我們生活的同時，也在改變我們價值觀念，改變我們行為取向，改變人與人之間關係，改變我們的婚姻、愛情和親情。

「金錢不是萬能的，沒有錢是萬萬不能的。」這句電視劇的臺詞深入人心。金錢是財富和資源的象徵，佔有錢即佔有社會財富和資源。可是，佔有財富和資源並不一定就佔有幸福，也不一定就佔有愛情，在愛情、婚姻和家庭方面不幸的億萬富翁不占少數。錢往往使富翁搞不清楚情人愛的是不是他口袋裡的錢，同樣搞不清楚把他們夫妻捏合在一起的究竟是什麼，這一疑惑往往成為悲劇的嚮導。

不論什麼時代，有錢人都是少數，窮人永遠都是大多數。這些年，我採訪過一些沒錢的人，不，其中有的曾經有過錢，沒有錢是以後的事情。他們的悲劇有的是貧窮導致的，有的是觀念導致的，他們不僅沒有錢，也沒有人格和尊嚴。也可以說，他們企圖用這些不可失去的東西去交換金錢，結果一敗塗地。

## 負妻不負恩的悲欣情節

遼寧省東港市的民辦教師丁明月為救落水兒童呂力東獻出了生命。對此，呂力東的父母本應感激涕零，然而，他的母親柴苓不僅絲毫沒有感激之心，反而否認丁明月是為救兒子而犧牲的。她不僅引起全村人的義憤，最終導致家庭的破裂，夫妻反目，兒子也離開了她……

在丁明月犧牲十個月之後，呂力東的父親呂友平與丁明月的遺孀叢文蘭結為夫妻，他們承擔起養育丁明月的遺孤和老母親的重任。

一九九九年六月二十日，離海邊不遠的村莊剛剛入夏，溽熱就像撕不破的塑膠布籠罩在人的身上。十三歲的初中生呂力東和佟波趁周日放假偷偷跑到水庫摸魚，不知是摸到魚後的興奮，還是邊摸邊玩忘了危險，呂力東滑進了水中。他不會游泳，在水中拚命掙扎著，呼喊著，可是越掙扎離岸越遠。佟波驚慌落魄地爬上了岸，拖著哭腔聲嘶力竭地喊著：「快來人哪，救命啊，有人落水了！」

水庫一片寂靜，只有呼喊聲孤苦無助地在水面上漂蕩著……

在離水庫百米之外，三十九歲的民辦教師丁明月正在自家的玉米地裡鋤草。丁明月不僅授課一絲不苟，而且對學生有一顆慈愛之心。學校下午五時放學，他常常給學生補課到六點鐘。如果天黑了，他不僅把要幾位家在河對岸的學生送過河去，而且還親自送回家，再和家長溝通一下學生的情況，然後才回家。他不僅多次被學校和鎮裡評為優秀教師，而且在村裡村外口碑載道。

丁明月鋤著鋤著，突然聽到水庫邊似乎有救命的喊聲，匆遽丟掉鋤頭向水邊跑去。見到在水中掙扎著的呂力東時，他奮不顧身地向水裡撲去。隨後趕到的村民劉玉廣急忙拉住他：

「丁老師，你不會游泳啊！」這個村子雖然離海邊不算太遠，可是大多數人都不會游泳，丁明月不會，劉玉廣也不會。

「不會游泳也不能見死不救哇！」

性情內向、少言寡語的丁明月說罷，義無反顧地跳入水中。水很深，眼看他就要被淹沒了，可是就在那一瞬間，他竭盡全力地將呂力東往岸邊拉。在拉力的作用下，呂力東靠到了岸邊，被劉玉廣用鋤頭鉤住，拽上了岸。丁明月卻在力的反作用下，離岸更遠了，轉瞬之間就被那濤濤之水淹沒了……

鄉親們聞訊趕來了，丁明月的妻子叢文蘭和呂力東的父母——呂友平和柴苓也趕來了，人們望著那像什麼事情也沒發生的水面，失落若洶湧的浪濤，攪得心裡空蕩悲切。叢文蘭撲到堤上，絕望地慟哭，村民們邊抹淚邊張羅打撈丁明月的遺體。

柴苓見自己的兒子安然無恙，拽了呂友平一把，悄悄地說：「快走領著孩子回家！」呂友平疑惑不解地望著柴苓：「丁老師是為救俺兒子而落水的，全村的男女老少都守在水庫邊上，我們怎能回去呢？」

呂友平是村裡有名的「妻管嚴」，他為人老實厚道，性情懦弱，家裡什麼事兒都做不了主。當年，他所愛的姑娘不是柴苓，而是後來嫁給丁明月的叢文蘭。他和叢文蘭是同學，倆人青梅竹馬，兩小無猜。可是，他們兩家都很窮，父母都窮怕了，怕兒女再像自己那樣窮苦一輩子，所以兩家都反對這門親事。呂友平和叢文蘭都是孝敬父母、溫順聽話的人，見雙方的父母不同意，他們剛剛萌生的戀情也就在撕心裂肺般的痛苦中結束了。

後來，呂友平在別人的介紹下認識了外村的秀媚綽約的柴苓，不知柴苓是相中了他那幾分英俊，還是看中了他的老實厚道，一心想嫁給他。呂友平的父母聽說柴苓有點刁蠻潑辣，因此表示反對。可是，柴苓可不像叢文蘭那樣溫柔敦厚，她是一個我行我素、頗有心計的「小辣椒」，只要是她想辦的事誰也攔不住。柴苓怕夜長夢多，怕耳根子軟、對父母言聽計從的呂友平改變主意，她和他同居了。呂友平的父母見生米已煮成熟飯，只好順水推舟了。結婚之後，呂友平就後悔了，在家裡他必須對柴苓言聽計從，她有一點不順氣就找他的毛病。一九八七年，在呂友平結婚不久，叢文蘭同丁明月結了婚。由於呂友平和叢文蘭談過戀愛所以他們從不來往，生怕別人說長道短。

柴苓見呂友平不想回去，狠狠瞪他一眼。他就和渾身上下濕淋淋的兒子乖乖跟著她回家了。走進家門，柴苓就把門關緊，叮囑呂友平父子：

「咱們說什麼也不能承認俺兒子是丁老師救的，就說是自己游上來的……」

柴苓的話像股凌厲的寒流，席捲了呂友平的心，這不是忘恩負義嗎？這樣的話，在全村的父老鄉親面前還算是人嗎？

「要是不承認，那也太喪良心了。」呂友平喃喃道。

「良心？什麼叫良心，良心多錢一斤？他為救俺兒子搭上了命，咱要承認的話就是傾家蕩產也賠償不起。」

他坐在炕沿，越想越不是滋味，越想心裡越不安，如果不是丁老師救了力東，那麼現在打撈的不就是自己的兒子嗎？丁老師為救力東獻出寶貴的生命，作為力東的父親，怎麼能躲在家裡不管不問呢？

呂友平趁妻子不注意就溜出家門，回到水庫邊。丁老師已經被打撈上岸了，救人時沒來得及脫去的衣服水淋淋地緊貼在身上，他的眼睛沒有閉嚴。他多麼熱愛講臺，多麼熱愛學生；他多麼留戀相濡以沫、恩恩愛愛的妻子；他多麼不願意離開十一歲的兒子和二十多歲時守寡把自己撫養成人的老母親啊！

叢文蘭、丁明月的老母親和孩子守在遺體旁痛不欲生。鄉親們望著這孤兒寡母不禁潸然淚下。呂友平心如箭穿，默然望著丁老師的遺體深深感到自己的卑瑣與懦弱……

鎮政府接到丁明月為救落水學生而獻身的彙報，當即派民政助理趕到村裡瞭解情況，準備為丁明月老師申報烈士。民政助理聽取了劉玉廣和佟波講述的經過之後，又來到呂友平家，卻發現呂家門戶緊閉，已經人去房空。原來柴苓怕呂友平主動承認孩子是丁明月救上來的，早早把他支到了她的娘家。鄉親們村裡村外好一通找，才找到了柴苓時，還沒說上幾句，柴苓就悖惱地大喊大叫起來：

「丁明月淹死了，這關俺家什麼事？你們想敲詐俺們咋的？」

人們驚詫不已，他們做夢也沒有想到天底下還有這麼喪良心的人！丁老師救了她的兒子，她不僅不感恩戴德，反而恩將仇報。

村主任劉軍氣不公地說道：

「柴苓，丁老師是救你兒子而犧牲的，鎮裡找你瞭解一下情況，並商量一下後事的處理，這完全是情理中的事……」

「誰能證明他是救俺兒淹死的，他丁明月不會游水全村人都知道。他知道自己不會游泳怎麼還能下水救人？」柴苓繼續抵賴著。

「你講點兒良心好不好？丁老師為救你兒子而落水，有人親眼目睹，你看看這證言材料，怎麼能不承認？」民政助理氣憤地說。

「這些人喪良心做假證，不得好死！」柴苓撒潑地坐在地上大哭大鬧。

林子大了，什麼鳥沒有？近年來有多少見義勇為的英雄躺在了血泊之中，而他救的人卻溜之大吉；有多少身受重傷倒在病榻上，被救者卻一副冷漠的面孔，拒絕支付任何費用……

柴苓和鎮政府來人鬧了一番之後，還覺得不解氣，又跑到劉玉廣和佟波家去鬧，坐在劉玉廣家門口破口大罵了半個多小時，然後又用棍子在劉家的院裡一通亂舞，搞得雞飛狗跳；她見佟波家裡沒人，就砸碎了他家的玻璃。一位鄉親實在看不下去了，過來勸說幾句。她惱羞成怒地撿起一塊磚頭就砸去，嚇得他落荒而逃。鎮派出所接到報告，急忙派員警趕赴現場，對柴苓進行了批評教育，責令她對損壞的東西進行賠償，而且罰款二百元。

「丁老師就不該去救她的兒子，搭上一條命還不說，人家還翻臉不承認。如果丁老師不把她兒子救上來，現在說不上她哭成什麼樣呢。」村民們悲憤地說。

「丁老師啊，你死得太屈了，你怎麼救了這麼喪天良女人的孩子？」

「柴苓也太喪盡天良了，她這樣做不僅對不住死去的丁老師，也對不住丁老師的家人哪。」

這些純樸而善良的人心裡失衡了，他們不僅斷絕了和柴苓家的往來，而且一提起她家來無不嗤之以鼻。

呂友平的弟弟忍不住去找呂友平：

「大哥啊，人家丁老師為救咱家孩子而死，咱說什麼也不能像嫂子那樣絕情寡義，為利忘義啊。否則的話，你還在村子裡待不待了，還怎麼做人？大哥，錢沒有多還有少吧，就是一分錢沒有的話，哪怕說幾句良心話，對人家也是個安慰呀。」

「不是大哥絕情寡義，而是你嫂子……」呂友平無奈地說。他何嘗不想給丁老師家送一筆錢，說幾句發自肺腑的感謝話，去安慰一下丁老師的家人，可是柴苓已有話在先，他敢去嗎？再說，就算去了，他哪有錢哪？

「唉，大哥，你把這點兒錢給丁老師家送去吧，也算表示一點心意，別讓丁老師家感到太心寒了。」弟弟知道哥哥家裡的錢都在柴苓手裡，掏出五百元錢遞給了哥哥。

呂友平懷揣著弟弟那五百元錢來到丁家。幾年前，在鎮供銷社工作的叢文蘭下崗回家，丁老師成了這個家的唯一經濟支柱，現在這家孤兒寡母，老的老小的小可怎麼活啊。當見到叢文蘭滿臉憔悴，兩眼紅腫，衰老許多時，呂友平不勝愧汗。呂友平把錢悄悄地塞給了叢文蘭。叢文蘭十分瞭解呂友平的境況：

「我不能要你的錢，你家過得也不富裕。再說，萬一讓柴苓知道，她還得跟你打架。」叢文蘭說什麼也不肯收下。

「這是我自己的錢，是我給你的，多少是一點兒心意，你一定得收下。」呂友平眼含著淚水把錢塞給了她。

不料，柴苓不知怎麼聽說了這件事情，勃然大怒，暴跳如雷，揮手狠狠地打了呂友平一個嘴巴，惱怒地罵道：

「你給人家錢，那不等於承認俺兒子是人家救的嗎？他們家老的老，小的小，下崗的下崗，咱家有多少錢去填那個無底洞？你要是看上了那個寡婦，就搬到她家去好了。」說罷，竄出家門，不僅找叢文蘭要回了錢，還將她大罵一通。氣得叢文蘭昏了過去。

有人勸叢文蘭為了丁老師也要勇敢地站出來，和柴苓鬥到底。叢文蘭她知道丁明月生前不重名利。他在救人時已把個人的一切置之度外，他愛學生，而呂力東是他教過的學生。一位教師為學生而死，不是死而無悔，死而無憾嗎？報不報烈士對他來說已經無所謂了。如果自己和柴苓打鬧起來，丁明月在九泉之下也會不得安寧的。再說了，那樣的話，許多人會夾在中間左右為難。見義勇為是一種崇高的境界，是一種走出人類動物性「以我為先」法則的高尚情操，這需要世人的理解和承認，但是絕不能為了求得理解與承認而放棄它本來的高尚！

絕不能讓英雄流血，英雄的妻兒老母流淚！淳樸善良的鄉親見家境貧寒的丁家難以拿出錢來安葬丁老師紛紛解囊，你二十我三十地湊了八百多元錢送到了丁老師家，村小學從辦學資金中擠出了幾百元錢，鎮政府捐助五千元，東港市從見義勇為基金中撥出了一萬元。

一九九九年六月二十二日，丁老師出殯了，在靈車後跟著長長一行送葬的人群，在父老鄉親們那銜哀致誠的臉上流淌著長長的淚水，十里八村都沉浸在哀痛之中。只有呂友平和柴宏沒有去送葬。呂友平被妻子關在家裡，站起坐下，坐下站起，他幾番欲開門而去，可是勇氣和衝動一遇到妻子那鋒利的目光就陡然流瀉了。呂友平又不是那種不仁不義的人，所以他愧疚萬分，倍感煎熬。

在丁明月犧牲不久，鎮政府授予丁明月優秀教師稱號，並號召全鎮人向丁明月學習。在呂力東所在的學校，每當談起丁明月老師，同學們憎嫌的目光就落在呂力東身上。這位十三歲的少年從那目光中掂量出了疏遠和輕鄙的沉重。一天，他實在忍受不了了，放學回家後，流著眼淚對父親說：

「爸爸，咱別再不承認是丁老師救的我，那種喪良心的滋味不好受啊！咱們和村裡把這事說清楚吧。」

年幼的兒子感到不好受，他呂友平又何嘗好受呢？過去因為他怕媳婦，村裡人都替他感到窩囊，有時他和別人說話，人家都帶搭不理的，現在大家就更不把他當人看了。自從柴苓把他給丁老師家送去的五百元錢要回來並把叢文蘭罵了一通之後，他不僅沒臉見人，而且深疚不安，越想越感到對不起丁老師和丁老師的家人。為此，他食無味，睡不安，心裡總嘀咕著：「柴苓啊，柴苓，你積點德吧，別再那麼喪良心了。」可是，他對柴苓敢怒不敢言，在一個窮山村裡，男人娶個媳婦不容易啊，尤其是一想到一點點建起來的家，想到兒子，他也只好忍氣吞聲地一忍再忍，把打掉的牙拌著血淚往肚裡咽了。

呂友平能忍，柴苓可不能忍，聽說兒子在學校受了委屈，第二天一早她就跑到學校去大鬧。學校在忍無可忍的情況下報了警。柴苓為此受到拘留十天的行政處罰。

柴苓被拘留後，壓在呂友平父子心頭石頭去除了，他們不僅承認了丁老師是為救呂力東而犧牲的事實，而且還到叢文蘭家慰問，並且幫助她家修好被雨水泡塌的豬圈。那天，呂友平父子多日陰沉的心境總算開晴了，鄉親們見他們也有了笑模樣。

呂友平領著兒子從叢文蘭家出來，又去看望母親。由於當初他和柴苓的婚事曾遭到父母的反對，所以婚後柴苓不僅不允許他看望母親，而且也不許呂力東見奶奶。前幾年過春節，呂友平給母親買了兩包點心，被柴苓發現了，她一把奪去扔進了豬圈。

母親凝視呂友平許久，十分痛心地說：「友平啊，你白從和柴苓結婚後，越來越沒人拿你當人了。」

呂友平聽後，默默地下決心，等柴苓回來後，一定要好好勸勸她，千萬不能再昧良心做事了。沒想到，柴苓從拘留所回來後，聽說呂友平竟然在她被拘留期間去幫叢文蘭修豬圈，不由七竅生煙：「我在拘留所裡受罪，你卻跑去和那個小寡婦勾搭……」說罷，她操起菜刀向呂友平砍去。呂力東見狀抱住了媽媽的腿，哭喊道：「爸爸快跑啊！」

呂友平被嚇得面無人色，奪路而逃，柴苓甩掉兒子，一路追殺。呂友平先逃到母親家裡。母親見柴苓舉刀追來，上前勸阻。柴苓手揮刀落，一刀砍在婆婆的胳膊上，然後繼續追殺呂友平。呂友平顧不得看母親的傷勢，慌然逃到村公所。當見到村主任和治保主任從柴苓手裡奪下菜刀之後，他驚魂未定、眼含淚水地說：

「主任啊，我實在和她過不下去了，我要離婚！」

「你以為我怕離婚是咋的？誰不離誰是狗養的！」柴苓衝他喊道。

柴苓以為呂友平只不過說說而已，他怎麼敢離婚呢？當聽說，呂友平真的去法院遞交了離婚訴訟狀時，她不禁大吃一驚。她認為呂友平離不開兒子，如果離婚的話，兒子也會跟她，過不了多久，呂友平就會低眉順目找她復婚。柴苓怕萬一兒子有變，在法庭開庭前，她一遍遍地叮囑兒子，如果法官問他跟誰的話，一定要表態跟媽媽。可是，一切都出乎她的意料，當法官問呂力東「如果父母離婚的話，你願意和誰過」時，他竟毫不猶豫地說：「願意和爸爸過。」刁蠻而自信的柴苓一下子就傻了，淚水忍不住地流了下來。

離婚後，柴苓搬回了娘家。她可能感到很委屈，自己全心全意地為這個家，結果卻落個夫妻反目，母子分離的下場。

柴苓的親友找過呂友平多次，勸他和柴苓復婚，他都婉言謝絕了。他感到她不僅傷透了他的心，而且還做了一些昧良心的事情。他說，他只希望柴苓能汲取教訓，做一個有道德、有良心的人。

離婚後，呂友平可以放心大膽地去幫叢文蘭幹些力氣活了。能多幫助丁老師家做點事情，他內心深處的愧疚與不安就會多減少一點兒。隨著來往的增多，兩家人的感情漸然加深，當叢文蘭見到呂友平父子的衣服髒了破了，她就默默地幫他們洗淨補好。兩個孩子相處得也像親兄弟似的了，見兩個孩子在一起玩得開心時，呂友平就想：如果我們能生活在一起那該多好，那樣我就可以更好地照顧丁老師的家人了。

二〇〇〇年四月二十二日，這是一個風和日麗、天朗氣清的日子，呂友平的夢想成真，他與叢文蘭結為夫妻。全村的人都參加這一隆重的婚禮。許多鄉親都說：「如果丁老師九泉有知，也該放心了，他的老母親和兒子有人贍養了，叢文蘭也有人照顧有人愛了……」

婚後，叢文蘭把自己那間舊房賣掉了，搬到了呂友平的那間老屋，和呂友平的母親生活在了一起。一家人相處和睦，心情舒暢，呂友平和叢文蘭倆人恩恩愛愛，有謙有讓。呂友平彷彿變了一個人似的，他逢人便說：「我現在的生活雖然不富裕，但是幸福。我和柴苓過的時候，回到家裡什麼都不說，因說不好了，她『嗷』的一聲，咱就得不吱聲了。那日子過得挺痛苦，我在外面都抬不起頭來，跟別人說話都不搭理。現在不一樣了，家裡有什麼事，我們都商量著辦……」每說到此，他那種「翻身道情」溢於臉上。二〇〇〇年，心情舒暢的呂友平扣大棚種甜瓜，掙了幾千元錢。

據說，柴苓離婚後悔之腸斷，她發現自己還愛那個家。柴苓的潑辣與霸道收斂了許多，缺點和毛病也都改正了不少，可是亡羊補牢，一切都晚了。她回娘家後，一直沒有再找，日子過得很艱辛。她十分想兒子，時不常跑到呂力東的學校偷偷地瞅兩眼。心地善良的叢文蘭聽說後就勸呂力東：

「你媽看你，你別說別的，儘管她做了一些錯事，但她畢竟還是你媽，她對你還有生育和養育之恩。」

丁明月的墓坐落在離村較遠的山坡上，在呂友平和叢文蘭新婚時，他們領著兩個孩子去給丁老師上墳。一家人在丁老師的墓前痛哭一場，呂友平立在墓前說：「丁老師，你救了力東，是你給了他第二次生命，這一救命之恩我永遠不會忘記。如今，我已和文蘭結婚了，我一定會照顧好你的母親和文蘭，像對待力東那樣去愛你的孩子，請你安息吧……

（注：柴苓為化名。）

## 為何將活妻送進火葬場

浙江省台州市路橋區發生一起震驚全國的事件：來自巴蜀偏遠山村的打工農婦尤國英在患腦溢血、不省人事時，被丈夫、女兒、兒子和女婿四位至親送進了火葬場！

這一消息被央視等媒體報導後，引起強烈反響，尤國英的生命成為億萬受眾關注的焦點。在關注中，人們無不疑惑，在將尤國英送進火葬場的四位親人中，不是恩恩愛愛的丈夫就是特別孝順的兒女，那麼到底是一股什麼力量將尤國英送進火葬場的呢？二〇〇五年十一月二十日，我專程前往台州市路橋區，採訪了在重病監護室外守候二十七天的尤國英的丈夫魏德民和女兒魏珍。從尤國英住院以來，魏德民和女兒哭了二十多天，魏珍說，他們已經哭不出來了。可是，魏國民還是時而哭泣，時而哽咽地講述了那樁事件的來龍去脈，以及他內心深處對妻子的深情和歉疚。

魏德民的家鄉在四川省的一個偏僻落後的貧窮山村——內江市永安鎮石板村。

他家是村裡的貧困戶。他身高只有一米五，長得瘦小孱弱，幹不了農活，只好在生產隊當記分員；他的妻子尤國英是個身高一米四、體重不足四十公斤的跛子。他是在二十九歲那年娶的她，那年她二十三歲。

第二年，他們的女兒魏珍出生了。在媽媽眼裡，她就是稀世珍寶。那時，他們家裡只有半間老房，一張飯桌，兩個凳子，家裡窮得長年不見肉，靠野菜和紅薯充饑。尤國英因營養不良，生下孩子後不僅沒有奶水，而且還病在床上。她讓魏德民用家裡僅有的大米給女兒換回一包白糖，用來沖水給女兒喝。魏珍出生的第二年，尤國英又生了一個男孩，因為家太窮，養不起，只好送了人。在那重男輕女的小山村，媽媽沒有選擇將女兒送人，足見她對女兒的憐愛。

在女兒六歲後，生活略有好轉，尤國英才生了兒子魏波。在魏珍的眼裡，媽媽最偉大，媽媽對兒女向來是有求必應，寧可不吃飯，上頓下頓地吃瓜菜，也要把大米賣掉去滿足兒女。魏珍深知一個殘疾的媽媽把她和弟弟拉扯大，付出的艱辛比健全母親要多多少倍。

在女兒九歲那年，突然半夜三更發高燒，呼吸急促，臉燒得通紅，魏德民沒在家，尤國英急得團團轉。最後她一咬牙，背起女兒就往衛生院奔去。天若潑墨，遠山近嶺和爬臥的村莊都消融於夜色，瘦小而跛腳的媽媽背著身高和體重跟自己相差無幾的女兒，深一步，淺一步，跌跌撞撞、氣喘吁吁地疾行在狹窄的山路上，汗水湮濕女兒的衣襟。走著走著，突然殘腿一軟，重重地摔倒在地上……

「孩子，摔壞沒有？」媽媽顧不自己的傷痛，焦急地抱起女兒，內疚地問道。

「媽，讓我自己下來走吧。」懂事的女兒央求道。

尤國英沒吱聲，又伏下身子，艱難地背起了女兒。那天夜裡，她摔了一跤又一跤，愣是背著女兒走了三四公里的山路。她趕到衛生院放下女兒，一下子就癱坐在凳子上。醫生看著這位渾身泥土，臉和頭髮如洗的母親，一股感動湧上心頭。醫生給魏珍看完病後，對尤國英說，幸虧你送來得及時，否則這孩子就會燒成肺炎，甚至燒壞大腦。

尤國英苦了一輩子，沒享過一天的福，從女兒懂事起，看到的就是媽媽不停地勞作著，從來不肯歇息一下。媽媽不僅要種三塊農田，要養一大群豬鴨雞兔，還要照料他們姐弟兩個。當裡裡外外都忙完了，媽媽就洗衣服，縫補破爛兒，就是一個強壯勞力也幹不了媽媽那麼多的活兒。

幾年前，家裡翻蓋房子，欠了一萬多元的債。二〇〇三年，為還債，尤國英和魏德民帶著魏波到台州打工。他們夫妻在路橋區新橋鎮平橋村附近洗垃圾。那活兒時有時無，他們有活時從早晨六點鐘洗到晚上六點半，魏德民能賺三十元，尤國英能掙二十元。十七歲的魏波在一家私企學徒，每月能賺二、三百元生活費。後來，魏珍和丈夫也來到台州，在一家民營冶煉廠打工，兩個人的月收入加在一起有兩千多元。

魏德民夫婦終於攢夠了一萬多元錢，可以還清債務了，尤國英的身體卻越來越糟了，經常頭痛難忍。可是，她不敢進醫院，進一次醫院少花少花也得百八十元。去年，她病重了，女兒領著她到醫院輸兩天液，花了五百多元錢，讓她心疼不已。她得洗三百來小時的垃圾，才能賺五百多元錢啊。從那以後，她有病就瞞著女兒，默默地挺著。有時，挺不住了，她就讓兒子領著去小診所花二三十元錢輸一次液。一次，她去輸液時，醫生給她量了一下血壓之後，說什麼也不敢給她輸液了，讓她趕快到大醫院就診。她不僅沒去醫院，反而叮囑兒子：「這事，你千萬不能跟你姐說。」

這半年來，尤國英總叨咕要回四川老家，說她想家了。

二十四日這天沒有活，尤國英就給在家裡洗衣服。七時許，可能她的頭部又脹痛了，想站起來，卻摔倒在地上昏迷不醒，幸虧被住在附近的妹妹發現，背送到了醫院。

當女兒聞訊趕到醫院時，父親早已守候在媽媽身旁。

「媽媽，你醒醒，我來了。」女兒伏在尤國英的耳畔輕呼喚著。媽媽疼她，若能聽到呼聲肯定會醒的。媽媽醒後，就會用那老繭厚厚、皮膚粗糙的手來撫摸她的臉蛋。臉被媽媽摸得很痛，心裡很暖。可是，媽媽卻毫無反應。

魏德民老淚橫流地告訴女兒，尤國英患的是腦溢血——突發性丘腦出血。醫生說了，治癒的可能性非常之小。女兒的心痛苦地抽搐了一下，失聲痛哭。媽媽，你怎麼會這般冷酷，連報答的機會也不留給女兒？

醫生說，如果做手術也許還有一線希望，不過術後有可能癱瘓，還有可能成為植物人。要做手術的話，要在交二千元住院押金的基礎上，再交兩萬元押金。

魏國民徵求女兒的意見，魏珍說：「不能放棄啊，說不上媽媽會創造奇跡呢！哪怕手術後媽媽癱瘓了，不會說話了，只要她喜歡吃什麼，我就給她做什麼……媽媽受了一輩苦啊，我哪能就這麼讓她走了呢？如果將來聽說哪位腦溢血病患者術後康復，我們做兒女的還不得後悔一輩子！」

魏珍跟趕到醫院的丈夫董濤、弟弟魏波商量一下，他們都同意她的意見。魏珍和董濤是在八月十一日回四川結婚的。董濤的家境貧寒，父親癱瘓在在床已二十多年，母親在十年前就改嫁了，家裡還有一位七十八歲的老奶奶。他們結婚連桌婚宴都沒有擺。他們手裡只有一千五百元錢，全拿了出來。魏珍和弟弟把準備還債的錢取出來，又跟姨媽和住在平橋村的老鄉借了一萬五千元錢。

當天下午醫生就給尤國英做了手術。據醫生說，「手術非常順利，手術後病人恢復情況良好。」太陽下山了，魏德民的希望卻沒有落下，他相信妻子會創造奇跡，會給家人一個驚喜。也許明天一早她就會醒來。魏德民和女兒、女婿、兒子在妻子的重病監護室外的走廊坐守一夜。累了，就躺在冰涼的水泥地上。睡吧，明天醒來，迎來的也許不是太陽，而是媽媽那慈愛的目光……

魏德民的心化為祈盼：早晨，祈盼著妻子中午醒來；中午，期盼著妻子晚上醒來；晚上祈盼著睡一覺，第二天早晨妻子就醒了……

尤國英從沒讓家人失望過，魏德民記得在女兒讀初中第一個學期時，家裡交不起學費。每到放學時，老師就把女兒留下來，問她什麼時候能交學費。尤國英知道後，就把家裡的糧食拿出去買了，給女兒交了學費。為此，她吃了半年的青菜。讀第二學期時，女兒退學了，她不想再苦了媽媽。

可是，這次尤國英卻讓家人失望了。她第二天沒醒；第三天還沒醒。魏德民守著妻子，在心裡說，國英啊，你不醒沒關係，哪怕你動一下，讓我看看也好。可是，她一動也沒動過。國英啊，我知道你太累了，幾十年來，你天天清晨四時起床，幹到深夜還不休息。國英啊，你從沒睡過這麼長的覺啊，要睡就睡吧。不過，一定要醒過來啊！我求你了，哪怕你醒了再睡，給我一個放心。

二十六日，他們一家人的夢開始動搖了，而且瞬間就像堤壩被洪水沖潰了。讓他們惶恐的是存在醫院的二萬二千元像水似的，以每天五千多元的流速流失。在醫院走廊的地上住著許多病患的家屬，大家一臉悲淒地談論著那讓人心驚膽戰的醫藥費。有人說，去年一位腦溢血患者花了九十多萬元也沒治好，最後只好抱憾出院。

早晨八時，一位腦溢血患者的家屬挺不住了，要求出院。他們是從湖北來台州打工的，為治病花了很多錢，結果病情沒有多少好轉。醫院拒絕讓病人出院，他還欠醫院九千元的醫藥費。

一位患者的家屬悄悄地對魏德民一家說，現在的醫生不是白求恩，沒有錢是不會給你下藥的，你只有躺在醫院等死！魏德民一家人心裡越來越沒底了，二萬二千元眼看就歸零了，再過兩天就要欠賬了，對他們這些身在異鄉的人來說，不要說再拿幾萬元，就是幾千元也拿不出來啊。欠賬出不了院，尤國英就是死了骨灰都運不回四川，那怎麼對得起想回家的尤國英？

醫院猶如吞錢的老虎，讓窮人莫名恐懼。有篇報導，四角五分錢的藥，進了醫院就要賣二十八元。有人說，對富人來說，醫院是治病的地方；對窮人說，醫院是送錢的地方。

魏德民和女兒、女婿、兒子面面相覷，一下子沒了主張。過兩天，她會醒過來嗎？不知道。魏德民悲愁一天，最後痛苦地對兒女說，我們也出院吧，把你媽媽送回四川。家那邊醫藥費低，錢也好借，實在不行還可以抵押房子。明天出院，給你媽媽雇輛救護車。

一位老鄉說，內江有位老醫生看腦溢血很拿手，治癒僅需要一萬多元錢。魏德民和兒女們感到了些許安慰，表示同意出院，回內江治療。

二十六日晚上，他們跟醫生提出出院後，一家四口在走廊不禁抱頭痛哭，他們在內心深處感到對不住尤國英。在尤國英的心目中，他們這些人就是天，恨不得像老母雞似的把她的「天」緊緊地抱在懷裡。在魏珍十八歲時，跟著同村的人去廣東打工。走的那天早晨，魏珍在前邊走，尤國英一瘸一拐地跟在後邊哭。女兒沒有讀到中學畢業，這是她一塊心病。女兒上車走了，她一直把車望沒了影兒，然後又回家望那掛鐘。女兒走了一天，她就坐著望了一天的鐘，望著望著她好像心裡有了一掛鐘，滴滴答答地走著，不斷地告訴她，魏珍到重慶了，魏珍到株洲了，魏珍到韶關了，魏珍到廣州了。接下來，她眼前的一切都變成了女兒，看到鐮刀，她就想起女兒在家割草的時候；看到門前的小道，她就想起女兒放學回家的時候……她天天望著那條小路出神，望著望著淚水就情不自禁地流了下來，她想女兒啊，想得很苦。

魏珍打工的第一個月賺了二百多元錢，第一次擁有印著四個偉人的鈔票，高興極了。她跑到街上逛了一家又一家商場，可是什麼也沒買，最後把錢寄給了媽媽。她想讓媽媽開心。從那以後，她每個月都給媽媽寄錢，最多時寄過八百元。可是，媽媽卻來信說，每次收到女兒錢的時候就是媽媽最痛苦的時候，一想起女兒那麼小就跑到那麼遠的地方去打工，她的心就像針紮似的難受……

二○○三年，尤國英聽說外出打工三年的魏珍要來了，她高興得把雞鴨殺了，把菜洗了，等女兒回來。當她聽到女兒的喊聲：「媽媽，我回來了！」她沒有奔出門去迎接，而是站在門口忍不住放聲大哭。女兒跑過來，摟住她的肩膀勸慰道：「媽媽，我已經回來了，你不要哭嘛，我沒事兒，沒事兒。」女兒越說她的淚水越多，她是心疼女兒喲。

尤國英不僅對女兒好，對女婿也好。她自己有病捨不得花錢治，聽說女婿感冒了，她卻花好幾十元買了一盒氨基酸。她對女婿說，你是身體不好才感冒的，需要滋補一下。還有一次，她花一百多元錢給女婿買了一條褲子。她說，女婿穿了丈母娘買的褲子會帶來好運……董濤想到此就哽咽地說，我們這樣把媽媽接出院，將來不論有錢還是沒錢都會為此而後悔終生；在我們老的時候會閉不上眼睛……

魏珍不禁想起弟弟小時的事。一天，媽媽用背簍背年幼的弟弟去幹活，帶子沒繫牢，背簍從肩上滑落下來，把弟弟摔了。結果，媽媽放聲大哭，說什麼也不肯原諒自己。外婆對媽媽說，你這麼心疼兒女，將來兒女不一定心疼你啊。外婆的話像一道讖語，箭鏃般射在魏珍的心上。

魏德民望著重病監護室的門，對躺在裡邊的妻子說，國英啊，不是我心狠，也不是兒女不孝，是我們無能啊，家裡屬女兒和女婿掙得多，可你一天五千多元的醫療費，夠他們賺兩個半月。再說，我不知道你究竟什麼時候能醒過來，如果一個月不醒，那麼欠下的錢兒女們就一輩子也還不完啊。再說，就算兒女們肯給你治病，上哪兒去借啊？

魏德民一家哭了一夜。

二十七日，他們給尤國英辦理了出院手續。接著，他們就聯繫救護車送尤國英回四川。這時，他們才知道台州的救護車的服務範圍僅限於台州市區，不能把尤國英送回內江的。怎麼辦？出院手續已經辦完，醫院已把救護車叫來了，將她往哪兒送？魏珍看看父親，僅三天他已蒼老了許多，頭髮花白了，眼神空洞，似乎失去了生命。

「先回平橋村。」父親猶疑片刻說。

這是一個非常無奈的選擇。他們心裡明白，將尤國英拉回租的房子，無異於讓她在出租屋裡等死。可是，誰都沒勇氣正視這一殘酷現實。魏珍清楚對爸爸來說媽媽幾乎就是一切，放棄了媽媽也就是放棄了他自己！二十四年來，都是媽媽在支撐著爸爸的人生。那些年，爸爸靠崩爆米花賺點兒錢。每當爸爸回家時，媽媽不管多麼勞累也要給爸爸燒好洗澡水，然後坐在燈下把爸爸的衣服補好，洗乾淨，讓爸爸第二天穿。崩爆米花需要用煤，煤需要到鎮上去買，爸爸捨不得雇車拉，只好自己去擔。體重四十多公斤的爸爸要擔著九十公斤的煤，走十五公里的山路。每當爸爸去擔煤，媽媽忙完田裡和家裡的活就一瘸一拐地背著背簍跑很遠的地方去接爸爸。當見到爸爸的身影時，她一瘸一拐地奔過去，讓爸爸歇息。她將背簍裝滿煤，然後瘸瘸拐拐地背回家，倒下，再跑去背。

家裡有點兒好吃的，媽媽先讓爸爸吃，然後讓孩子吃，她自己卻不吃。魏珍勸媽媽吃，媽媽說，你們在長身體，多吃點兒。媽媽看著你們吃就高興。前些日子，媽媽腌了三十個鴨蛋，每天給爸爸吃一個，給弟弟吃一個，她卻一個也捨不得吃。後來，每次爸爸煮三個鴨蛋，讓媽媽也吃一個。媽媽卻把自己那個留下來，給爸爸或弟弟下頓吃。三十個鴨蛋，媽媽居然一個也沒吃。

救護車向平橋村疾駛而去，魏珍望著一動不動的母親，心如刀絞，淚如雨下。媽媽，你到底能不能醒一下，哪怕就醒一下，再看女兒一眼。魏珍抓起媽媽的手，貼在自己的臉上。小時，魏珍最怕的就是媽媽摸她的臉，媽媽手上的老繭像銳利的銼刀，銼得魏珍的臉生痛。現在，媽媽的手任魏珍擺佈。看來，想讓媽媽摸自己一下，已變成了奢望。想到此，魏珍傷心得大哭……

當救護車快到平橋村時，姨夫打來電話說，房東不許把尤國英接回去，村裡的人也不許她進村。當地人最忌諱的就是人死在村裡。

救護車頓時失去目的地，在路邊停了下來。蒼天啊，醫院住不起，租的房子不讓回，家鄉千里迢迢回不去，你讓我們把媽媽放在哪兒？真是走投無路啊！突然，魏珍發現媽媽氣若游絲，眼看就不行了。她和弟弟、董濤不禁放聲大哭起來。

魏德民從牙縫擠出一句話：「那就把她送到火葬場好了。」

把尤國英送回出租屋是等死，送到火葬場也是等死。

救護車向火葬場駛去。進了殯儀館，魏德民去辦理手續，魏珍將一床被子鋪在了地上，家人把尤國英抬上去。魏珍拿出了衣服想給媽媽換上。媽媽從來捨不得給自己買衣服，她要給媽媽買，媽媽堅決不要。她穿了一輩子別人丟棄的舊衣服。前些日子，媽媽頭一次給自己買了一件衣服，那是一件花五十八元錢買的花絨衣。當時，魏珍還跟媽媽開玩笑說，媽媽，你這麼大年紀才想通啦。沒想到，這件衣服竟成了媽媽的壽衣。魏珍含著淚給媽媽換衣服。突然，媽媽的手腳動了起來，兩行淚水從媽媽的眼角流下來……

魏珍感到自己的心在那一瞬間碎了，碎得無法收拾！台州市殯儀館負責人聽說救護車將一個活人送了進來，急忙趕過來，弄清情況之後，不僅叫來了救護車，還捐了一千元錢。在他的帶動下，在場的好心人紛紛解囊，十分鐘就捐款三千三百八十元。

當董濤接過捐款時，兩腿不由得一彎跪在地上。隨之魏德民、魏珍和魏波也都跪下了。他們羞愧難當啊，這麼多陌生人都伸出手來救尤國英，作為最親的人卻把她送進了火葬場，真是無地自容啊……

救護車又開了回來，尤國英被送回台州醫院路橋院區的重病監護室。

這一事件被媒體曝光後，社會各界紛紛捐款，僅幾天的時間就捐了六萬多元錢。

經過搶救，尤國英有所好轉，手腳能動，眼睛能眨動，依然不省人事。醫生說，她處於一種淺昏迷狀。

二十多天過去了，魏德民和兒女守在重病監護室外。晚上，他們就睡在那冰冷的地上。我看了一下，地上鋪的草席很薄，上面只有一床被子，真不知這床被子怎能為四口人遮住寒涼。

提起火葬場那樁事兒，魏珍哭著說：「我能不能不講？我們當時也是實在是沒有辦法啊。到現在我們良心上也過不去。爸爸天天叨念的就是他對不起媽媽。」

「現在我們只希望媽媽能夠活過來，不管她是醫生說的植物人也好，還是癱瘓、半癱瘓，我們都會好好待她。不僅為報答媽媽的養育之恩，也是為了贖罪。不管怎麼樣，我們對不起她。」

「有人說，我們不給媽媽治病，那太誤解我們了。那是自己的媽媽，誰能有錢不給媽媽治病呢？況且，哪個人都是別人的兒女，也會有自己的兒女。」

過段時間，我接到魏珍的電話，說他們帶著媽媽回四川老家了。

## 天堂的門外是地獄

當人們懷著無可遏止的欲望去砸天堂之門時，卻一頭跌進了地獄。這時，人們才發現天堂之外不是更好的天堂而是地獄。

一九九八年九月六日。週日的下午。瀋陽南湖公園門前。一位梳著兩隻羊角辮的小女孩在電話亭撥打完傳呼，便小鳥般瞪著兩隻烏黑的眼睛緊緊盯著話機，彷彿她傳呼的人頃刻就會從話筒裡鑽出來似的。可是，那台話機很對不住她，它不是熱情洋溢地聽別人閒聊，就是像解了弦的玩具，悶悶無聲地趴在那兒。

女孩對那部電話失望了，她又跑向另一個電話亭，繼續撥打她的傳呼，繼續守在著話機。似乎電話之間已串通好了，成心要和她過不去，她等了又等，還不見動靜。她失望地順著街道向下一個電話亭跑去。

「阿姨，請幫我傳×××××號。阿姨……多多傳幾遍，嗚嗚……」女孩抑制不住滿腹的委屈哭了起來。「孩子別哭，別哭，一會兒爺爺幫你呼。」女孩警覺地看看那位看電話的老人，把鼻涕眼淚在臉上抹成花蝴蝶後，又溜到了下一個電話亭，掏出一把零錢，繼續撥打她的傳呼。

撥打一下午傳呼也沒等到回話的女孩，綿軟無力、饑腸轆轆地坐在一幢樓房的臺階上傷心地哭起來。爸爸，你說八月底就能還清債務，然後回家。你說，九月六日是姍姍的生日，要帶姍姍到南湖划船。姍姍早早就坐在樓梯口等你，乾等你也不回來。爸爸，難道你忘了麼，忘了麼？爸爸，還債的那筆款借到了麼？沒借到也別傷心，珊珊過完這個生日就十歲了，等姍姍長大了，就掙錢幫爸爸還債……

爸爸，回來吧，回來吧，姍姍不想划船了，不想要生日蛋糕了，姍姍只想和爸爸媽媽在一起……

女孩靠在臺階的欄杆上睡著，那張稚嫩小臉如花綻開了。姍姍夢到和爸爸媽媽在一起了麼，夢到被爸爸攬在懷裡，爸爸用寬厚溫熱的手掌撫摩她的頭了麼？姍姍肯定不會夢到她那稚嫩的心靈想像不到的嚴酷，夢不到媽媽一直瞞她的內幕：爸爸媽媽已經離婚了，叔叔和嬸嬸、姑姑和姑夫也離婚了，表舅和舅媽、表姨和姨夫也面臨離婚。從法律意義上講，她和那些堂弟表妹都不能和自己的爸爸媽媽生活在一個屋簷下了。

在近郊的一間黑暗的小屋裡，一位頭髮蓬亂，鬍子拉碴的男人，惴惶不安地盯著不時「吱吱」叫的數字傳呼。他站起來，不知所措地搓著兩手。誰呼的呢？而且號碼一會兒一變。是有意引誘還是被迫轉移？肯定不是二弟，也不是小妹，他們都會留密碼。那麼又是誰呢？傳呼機是幾天前小妹給辦的，只有家裡的幾個人知道。如今，他的「雅閣」沒了，手機沒了，猶如躲在洞裡的老鼠，與外界的唯一聯繫就是這台傳呼機了。

該不該回話？他猶豫不決地在屋裡轉悠來轉悠去，煙蒂丟了一地。想不到，幾個傳呼就把自己搞得這等不安。無奈，過去他是深山獵豹，現在他是驚弓之鳥。

傍晚，又一個傳呼，「一一九」，十萬火急。肯定是家裡出事了。他慌忙跑去回話。「吳天洞，姍姍不見了！」傳來的竟是前妻徐嫻芝焦灼得直冒濃煙的聲音。吳天洞手裡的話筒掉在了地上。壞了，壞了，姍姍被綁架了。三個月前，曾有人給他打過匿名電話，說再如不還錢就綁架他的女兒。從那時起，他每天心驚膽戰，惴惴不安，不時叮囑前妻：一定要看好姍姍！

他顧不得回去鎖門，瘋了般地跑上公路，攔截一輛計程車，疾速向市區駛去。

看來鬧了一下午的傳呼，肯定是綁架者傳的。悔之腸斷，他一拳一拳地砸在腿上。可是，綁架者怎麼會知道傳呼號？是二弟、三弟，還是小妹告訴的？酒店倒閉，親朋倒戈，吳天洞對自己失去了信心，對他人失去了信任。姍姍哪，姍姍，這都是爸爸的罪孽啊！上蒼啊，有罪的是我，你就懲治我吧，無論如何不要加害我那幼小無辜的女兒啊！

吳天洞出生在一個貧困縣的以貧窮而聞名遐邇的山溝——吳家窩棚。童年留給他最深的印象就是哥幾個將像狗食缽的豁牙露齒的粗瓷碗扣在臉上，舔掛在碗壁上的苞米麵糊糊。年年餓肚子，使得哥幾個見到雞毛撣子都直咽口水。

貧窮是條蛇，死死地纏繞著吳天洞的童年和少年。他憎恨貧窮，懼怕貧窮，可是卻甩不掉貧窮。為擺脫貧窮，他拚命地讀書，「文革」卻攪了他的讀書夢；聽說鄰村的一個青年寫文章寫進了城市，他就玩命地寫，一篇接一篇地寄向縣廣播站。當他寫的字變成了字正腔圓的聲音時，他竟因為出黑板報寫出了「反標」（反動標語），斷送了前程。

一九七七年，噩夢結束了，二十歲的吳天洞考取了地區師專政教系。接到通知時，他竟一臉的愁雲與無奈。怕啥來啥，他最怕被師範錄取，偏偏被錄取了，而且還是定向培養的，畢業還要回到這個貧困縣。在鄉親們的勸說下，吳天洞歉疚地背著一床打著好多補丁的破棉被離開了家鄉。那是他們一家七口僅有的二床棉被中最好的一床，他背走了，夜晚家裡就會有人挨凍了。

坐在搖搖晃晃的大車上，吳天洞望著家裡那間若隱若現的破草房，淚掛兩頰，默默地發誓：我一定要從這貧瘠的土地爬出去，一定要把弟弟妹妹都帶出這窮山溝。

一九八〇年，吳天洞大學畢業了，回到縣裡教了一年書，便通過一位返城知青調進了瀋陽。聰明勤奮的吳天洞很快就打開了局面，得到了上司的器重，一九八二年，他擢升副處長，一九八三年擢升為處長。吳天洞沒忘自己發過的誓，他把大專畢業分到縣城的二弟辦進了省城，將衛校畢業的小妹留在了瀋陽，又把父母和其餘的弟妹辦到了省城的近郊。一家人終於離開了窮山溝，相聚在省城了，吳天洞感到無限滿足，弟妹們則感激不已。

一九八七年，三十歲的吳天洞與一家醫院的醫生徐嫻芝結了婚。徐嫻芝是位氣質高雅，秀外慧中的女性。她不僅有藍天般的襟懷，也不乏白雲般的柔情。在那藍天白雲的包容下，吳天洞體味到了從未有過的幸福。三年之後，他們的女兒姍姍出生了。中年得女，吳天洞視之為掌中明珠，徐嫻芝傾注了一腔母愛。

一九九一年，吳天洞承包了機關下屬的一個虧損企業。他憑著自己的聰明才智和幾年來苦心經營的關係網，在短短的一年就轉虧為盈，不出三年，公司發生了天翻地覆的變化，擁有了幾百萬資產。隨之吳天洞的生活也發生了變化，住房換成了三室兩廳，彩電換上了三超畫王，答錄機過渡為先鋒音響，那輛除了鈴不響哪都響的「永久」也換成了「雅閣」。

貧窮的人常常爬出物質的窘迫便陷入了精神的拮据。

吃喝是權勢的影子和媒介，似乎沒有了吃喝，官場商場的運行就艱澀不暢，公事難以公辦，交易無法進行……吳天洞在昏天黑地的吃喝中，在生猛海鮮「人頭馬」的圍剿中，他覺得自己變成了酒店的一塊臺布，從這張桌上撤下來，抖摟抖摟又鋪到另張桌子上。自己被應酬強姦了，同時自己也強姦了應酬。被強姦的屈辱與強姦的無恥折磨著他那從貧困地區帶出來的樸實與正直。晚上，他回到家裡，常常困苦不堪地對嫻芝說：

「過去，窮得吃不上喝不上，人們還知道個禮義廉恥；現在生活好了，人們卻成了饕餮，那種貪婪，那種無恥，那種有今天沒明天的窮吃海喝，那種渾身上下只有一副下水的樣子，這他媽哪是人的生活？我真恨不得把這幫腦滿腸肥的傢伙摁在桌子上宰了。」

「咱別幹了，和領導說說，咱回機關吧，別再吃喝出個好歹的。」嫻芝勸道。

吳天洞表示幹到承包期，說什麼也不幹了。

吃喝的痛苦如同初涉毒品的反應，隨著適應而成癮。不久吳天洞適應了酒店的氣氛和那沒節制地吃喝胡侃，習慣了在舌頭硬得像鞋拔子時卡拉那個ＯＫ，唱一曲《最愛你的人是我》。他養成了每到下午就期待著晚上的吃請，如沒人請吃他就請別人吃，邀這個局長，那位老總來啜。半夜時分，他打著飽嗝上樓，兩腿僵硬進屋，先打開音響和電視機，再把自己扔到床上鼾聲如雷。

徐嫻芝漸漸忍受不了守燈熬夜地等他，忍受不了他身上散發的酒臭，更忍受不了他越來越變得圓滑、庸俗和功利。於是，夫妻之間出現頻頻發生衝突。每次衝突都是以徐嫻芝的獲勝，吳天洞的得逞而結束的。吳天洞檢討起來讓嫻芝心顫，可是早上信誓旦旦，晚上卻醉態重演。徐嫻芝苦口婆心勸過，滿腹柔情地求過，也曾把門拴上不讓他進門過，均不奏效。

「我是一個幹大事的男人，不能像那些小男人整天卿卿我我地在家守著你。現在幹大事的男人哪個不整天忙著應酬？你不應酬行麼？」吳天洞既理直氣壯又滿腹委屈地說。

嫻芝失望了，她索性搬到女兒房間，同吳天洞分居了。

酒色，酒與色是最鐵的搭檔。吳天洞的那些酒友中，有「一蜜」、「二蜜」、「三蜜」的已不算稀奇。環境是個場，個人既擺脫不了場的作用，同時也作用於場。在朋友的薰染下，吳天洞酒足飯飽之後，也難免與「小姐」有點小節目。對小節目有興趣的人都有希望搞出大節目來的。終有一天，這台大節目的女主角出現了。記者陸文萍是位二十四歲的嬌媚多情的女性。她採訪過吳天洞，她敬仰他的才能和魄力，嘆服他出手的大方，驚佩他能用俄語流利而地道地背誦《安娜·卡列尼娜》的開場白：幸福的家庭都是相似的，不幸的家庭各有各的不幸。

吳天洞說不清自己的家庭到底歸類於相似的還是不幸的，但他卻真切地感受到了陸文萍的小鳥依人，柔腸百節的魅力。他發現了自己又年輕了，又充滿了活力、激情和自信。他就是在這種激情和自信下萌發辦酒店的想法的。沒想竟與朋友一拍即合，有權的朋友把胸脯拍得山響，吳總，你要開大酒店，我們局每年那十幾萬的招待費就撥給你了；有錢的朋友慷慨表示，缺錢缺物哼一聲；沒權沒勢的親朋好友說，天洞啊，你開大酒店可得帶著我們幹哪，讓我們也體驗下有錢的滋味。誰他媽的不清楚，餐飲業的毛利是百分之五十以上，開個大酒店就等於有了一台印鈔機，酒店門一開，鈔票就嘩啦嘩啦地流出來。

一九九四年，吳洞天信心十足地在較為繁華地段建起了大酒店。吳天洞忘了：酒桌上的話只不過是語言遊戲，酒桌上的承諾是另一個世界的支票。酒店動工後，許多款都沒到位。於是，吳天洞只好四處告貸，八方求援。這時，他才發現那幫所謂的朋友都不過是《南征北戰》裡面的、在緊要關頭絕不肯「拉兄弟一把」的張軍長。

打虎還得親兄弟，在一家企業當頭頭的二弟為幫哥哥融資，親戚朋友借遍了，甚至把年近八旬的老岳父的養老金動員了出來；妹妹不僅將結婚買房子的錢拿了出來，還將人姑姐千辛萬苦、節衣縮食攢下的兒子念大學的錢借了出來……雖然杯水車薪，但感動得吳天洞熱淚盈眶。他拉著弟弟和妹妹的手，一再表示，酒店開業後，一定按三分利償還。

聽說，吳天洞的手足幫忙融資，所給的利率高達三分，朋友、部下、姻親那一顆顆迫望發財的心都摁耐不住地躁動起來了。他們相信吳天洞的能力和實力，最最主要的還是抵擋不住高額利息的誘惑。他們不僅傾囊，而且四處告貸，想從中賺筆可觀的利息。短短幾個月，近百萬的資金如流水般進入了吳天洞的賬面。

吳天洞不是那種有了新歡就忘卻「糟糠」的男人，就是和情人在一起幽會時，他也不忘給嫻芝撥個電話，叮囑她做點好吃的和女兒吃，還不忘問女兒「想要點啥」。他是老婆是老婆，情人是情人，家是家，分得清清爽爽的男人。他嘲笑那些被一場婚外戀就搞得人仰馬翻的男人，說他們都屬於賊心有餘、賊膽和賊力不足的男人，就像能力和財力只適合開食雜店的人，非要去承包王府井，那能不砸麼？

婚外戀常常是所有人都知道，可是那個不幸的受害者還蒙在鼓裡。吳天洞與陸文萍的事，嫻芝的親戚很快知道了。他們即感到不安又予以袒護。他們知道，姻親是條既親密而堅韌又脆弱而無情的紐帶，如關鍵環節斷開了，一切都不復存在。吳天洞的婚姻不僅關係到徐嫻芝個人的幸福，還關係到他們借給吳天洞的以及為他借的那一筆筆巨額款項和誘人的高利息。可是他們無法規勸吳天洞，只能瞞著徐嫻芝。有兩次嫻芝去酒店找吳天洞，他正與陸文萍幽會，嫻芝的表妹急忙把她領到一間空房子，嫻芝的表弟慌然去通知吳天洞。

最終，吳天洞與陸文萍的事還是被徐嫻芝發現了。她痛苦過，絕望過，屈辱過，最後她把一紙離婚協議書擺在了吳天洞的面前。見徐嫻芝去意已決，吳天洞也只好在協議書上簽了字。

徐嫻芝的親戚如熱鍋裡的螞蟻惶惶不安起來，借給吳天洞十二萬元的表妹上門苦苦相勸，為吳天洞融資二十三萬的表弟竟用大量的例子推論出外遇是有才能男人的通病，女人或是選擇窩囊而沒有外遇的男人，或是選擇有能力而有外遇的男人，有能力而沒有外遇的男人是不存在的。堂兄還想出通過姍姍來動搖徐嫻芝的辦法……

姍姍哭著把離婚協議書撕了，她哀求道：「媽媽，不要和爸爸離婚，我們班上有幾個小朋友的爸爸媽媽離婚了，他們很可憐，想爸爸或媽媽都不敢說，只好偷偷哭……」徐嫻芝望著淚流滿面的女兒，那顆母親的心流淌著血。吳天洞千不好萬不好，可是他愛孩子，不論他醉得什麼樣，回家都不忘看看女兒；不論多麼忙，他都想法擠時間領女兒出去玩；女兒愛吃大蝦，他一買就是半水桶。尤其是父女倆開心的笑聲、那忘情的戲耍，徐嫻芝的離婚決心漸漸冰釋了。

離婚擱淺了，但徐嫻芝對吳天洞的感情已成了無法收拾的廢墟，他們的婚姻已名存實亡了。

一九九五年八月八日，吳天洞的酒店在債主的翹足企盼中隆重開業了。這時吳天洞已筋疲力盡，心灰意懶，可是他的手指已插進了磨眼，拽不出來了，只有咬牙研下去。他知道必須維持虛假的繁榮、挺住這空洞的興旺，否則討債的洪水便會把他沖入無底深淵。

酒店開張後，竟出現了意想不到的蕭條，寬敞的停車場偶爾才能見到幾輛車，想像中的印鈔機竟逆轉起來，投進的是鈔票出來的是廢紙。儘管吳天洞幾乎一天二十四小時為酒店操勞，一個月回不了幾次家，可酒店的形勢依然不見好轉。有人說，門前那兩棵樹影響了風水，花錢請市政部門鋸了；有人說，門前那對獅子不對頭，把它換了，可還是不景氣。

酒店不景氣，債主心裡就沒了底，討債的人便蜂擁而至。吳天洞為了撐住門面，只好拆東牆補西牆，借張三錢還李四。他每天疲於奔命地四處告貸，窮於應付。為借錢他不得不大把大把地花錢請客送禮。窟窿越來越大，酒店虧損不說，借錢越難利率越高，三分利、四分利、逼急了甚至給開五分利。因為資金緊張，許多原料採購不進來，給員工開不出工資，聘來的經理和大廚紛紛離去。

在危急關頭親友們有錢出錢，有力出力，眾志成城決一死戰。吳天洞的妹妹過來出任副總經理，他的二弟擔任餐廳經理，徐嫻芝的表弟擔起了大堂經理，她的表妹出任了夜總會經理。

最大的敵人是自己。酒店的失策，使吳天洞的心靈輾轉於希望與絕望的邊緣。在希望的殘燭下，他竭盡全力去借款，去經營，去懺悔；在絕望的黑暗中，他瘋狂地消費，纏綿於瓊漿與情人之間。吳天洞發現自己的猙獰可怖、欲望瘋狂後的淒涼悲哀，可是他的自我猶如受驚的馬，難以駕馭。他終於明白了，道德不僅是種觀念，更重要的是修養；理性不僅僅是抽象思維，而是自我的修煉。可是，一切都晚了。

「嫻芝啊，我是怎麼的了？我到底是人還是鬼？去他媽的酒店！我毀了自己，毀了家，毀了親朋好友，可是究竟是誰他媽的毀了我……」吳天洞酒後回家，不禁慟哭。

「嫻芝，我已到了絕境，看在姍姍的分上，幫幫我吧，再想法籌措點兒錢。我一定要讓酒店正常運轉起來……」酒醒後，他苦苦哀求道。嫻芝的心軟了，夫妻的情分沒了，可他還是姍姍的爸爸；婚姻名存實亡了，還應是朋友，怎麼見死不救？心地善良的徐嫻芝從同學和朋友手中又為他借了二十五萬元。

不知陸文萍是為了證明自己的感情，還是感到自己確實該幫吳天洞一把，她從親友那籌措了六萬多元，同熟悉的企業借了十二萬元……

一九九八年初，吳天洞因拖欠一位朋友的十六萬元而被公安部門拘留。那些想在吳天洞的酒店栽株搖錢樹的債主都傻了，討債的人猶如一九九八年的長江洪峰一次次狂湧上來。大酒店的空調、音響、彩電、沙發被搬走了……大酒店徹底倒閉了。

二弟抵押了住房、小妹變賣了丈夫的企業股份、徐嫻芝取出了母親準備為自己百年之後買塊墓地的二萬元錢，才籌足十六萬元。被關一個星期的吳天洞走出了拘留所，他明白了什麼是自由、幸福和溫馨，可是這一切卻離他越來越遠了。兩行清淚流過吳天洞那溢滿痛苦的臉。

「嫻芝啊，我對不起你和孩子，對不起二弟和小妹，我坑害了大家。我們離婚吧，我不能再拖累你和姍姍了。家裡的一切都歸你和孩子，我借的債務自己承擔……」吳天洞戀戀不捨地望著家裡的一草一木，愧疚而沮喪地對徐嫻芝說。可是，他已無力帶走自己造成的苦難，徐嫻芝借的那二十五萬最終還得落在了她那羸弱的肩上。

徐嫻芝站在陽臺，望著吳天洞那悽愴背影漸然消失，兩行難抑的淚水泫然而下。

悲劇遠沒有結束，鬧劇又拉開了序幕。吳天洞和二弟、小妹已經山窮水盡，可是那一筆筆的債務靠什麼去還？為了躲債，吳天洞和二弟四處躲藏。二弟的住房被債主收去了，二弟的妻子起訴離婚了；小妹不僅同丈夫仳離，而且還失去了工作。陸文萍的家不時有人去討債。她的父母總莫名其妙地問：「酒店是吳總開的，他們怎麼跑到咱們家來討債？」陸文萍無奈，只好辭職去了海南。

親人的背叛是最後的，也是最具殺傷力的。親戚的倒戈使徐嫻芝陷入了想死死不了、想活活不起的境地。早晨，表妹攙著白髮皤然、顫顫巍巍拄著棍子的老娘來了。老人進門就跪在徐嫻芝的腳下：「嫻芝啊，姑姑那點錢可是活命錢啊，你無論如何也得還給姑姑哇……」上班不一會兒，表弟就領著他的債主浩浩蕩蕩地開了她的診室，不依不饒，說什麼也不走。晚上，她筋疲力盡地回到家，堂兄早已等在門口。

她一再聲明，自己已同吳天洞離婚了，他的債務與她沒有關係。當年竭力阻撓徐嫻芝離婚的堂兄說：「你們是假離婚，為的是逃避債務。錢，我不要了，我就要你們這套房子……」第二天，他就領著妻子和孩子要強行搬家。表弟和表妹見她家已沒有什麼值錢的東西了，悻惱地說：「只要我的錢一天不還，我就折磨你一天。你離婚沒事了，當初要不是因為你是吳天洞的老婆，我們憑什麼把錢借給他？」他們找了一群地痞流氓，天天到徐嫻芝的家裡和單位去鬧。

徐嫻芝下崗了，想靠工資來維持生活、償還債務的想法落空了。最讓她痛苦的是表弟表妹不僅常常站在她家門口罵上幾小時，而且還去姍姍學校，對同學和老師說：吳姍姍她爹和她媽都是大騙子！並惡狠狠恐嚇姍姍：如果你爸你媽再不把騙我們的錢還給我們，我就找人把你們整死，塞進下水道。同學漸漸疏遠姍姍了，老師對她也變了。姍姍每天放學都偷偷抹淚，還不敢讓媽媽知道，怕媽媽傷心。不幸使得姍姍早熟了。

吳天洞想女兒，常常等在路邊偷偷看女兒一眼。六月的一天，姍姍在放學的路上發現了爸爸，她驚喜地撲了過去，偎在了爸爸的懷裡。「爸爸，你什麼時候能還清債，什麼時候能回家？」姍姍仰著天真的小臉問道。吳天洞摟著女兒心如刀絞，強抑淚水哄女兒：「七月底，爸爸就會還清債。你過生日時，爸爸帶你去南湖划船，好麼？」從此，姍姍的心裡有了一片晴朗的天空，她每天掰著手指頭算著爸爸還有幾天能回家。她哪裡知道，當爸爸離開她時，就被她的表舅拽到了一個角落，打得頭破血流。

九月六日，她在家的樓梯口等了一上午，也沒有等到爸爸。她就回家把自己的儲蓄罐裡的零錢統統拿了出來，來到南湖公園門口，按前兩天從小姑那得知的傳呼號來傳爸爸。

夜涼如水，睡在樓梯上的姍姍醒了。她突然想起了媽媽，想到了媽媽找不到她時的焦急。她慌忙向家跑去。當找了半夜女兒的吳天洞把失魂落魄的徐嫻芝送到家門口時，發現女兒竟蹲在門口。他們緊緊地抱著女兒，失聲地大哭起來。

夜色很濃，淒涼的哭聲在樓群中縈繞。

「跟著感覺走，牽著夢的手」幾乎人人會唱，只有少數人知道：夢的手無限淒涼……

# 後記

人生有無數夢想，能圓的無幾。有的夢想似流星一閃而過，而有的耿耿於懷數十年，到頭來還是一場空。

一九九九年，我在東北一家期刊社當編輯，採訪了趙君揚和孫力。新世紀到來之前，我策劃一個選題——百年婚姻，長春的一位朋友說《吉林日報》刊發一幅老照片，引起較大反響。於是，我通過朋友的朋友聯繫上趙君揚夫妻。我採訪了好幾天，不僅去過趙君揚的家，還去過趙文加的酒店。

當我寫完《百年婚姻》時，一個夢想在心底升起——寫一部反映中國百年婚姻變遷的書。記者猶如一輛公交車，總有下一站等在那裡，在之後的四年裡不停地採訪與寫作，難以完成這部書稿，這期間寫過留守在北大荒的知青、雞西「六・二〇礦難」第一責任人趙文林等，這一夢想似乎要像公車轉一圈後才能拾起。偶爾想起，我甚至有點絕望，覺得它像一個既放不下，又拾不起的夢，也許永遠也圓不了。

二〇〇三年，女兒被保送到浙江大學，我被浙江理工大學引進，由編輯變成傳播學專業的教師。這個夢似乎連想的勇氣都沒有了，我從此要「改弦易轍」，告別文學寫作和婚姻研究，全力以赴投入到教學與科研之中。沒想到，二〇〇七年看到浙江省社科聯科普課題的通知，我的夢想像逢春的枯木長出新芽，將填寫的申報表遞交上去。幾個月後，《婚姻的震盪——百年婚姻回眸》獲得立項。原以為這一項目起碼要用兩年時間完成，結果不到一年就完成了。看來有些夢想並非像想像的那麼遙遠，只要翹翹腳，伸伸手就可以夠到，遺憾的是我們往往沒有為之努力。這一項目之所以順暢完成，得益於這二十多年的積累，百分之九十的故事都是過去調查與採訪的。我們整理一下，調查與採訪過的人有百位之多，每一個人和每一樁婚姻都像樹葉，看上去似乎相似，仔細觀察卻截然不同，看來托爾斯泰在長篇小說《安娜・卡列尼娜》開卷語中說的：「幸福的家庭絕不是相似的，不幸的家庭各有各的不幸。」僅說對一半，幸福的家庭都是相似的。

我們從一百多個婚姻故事中選取了三十多個，力求每個故事都有典型意義，能呈現百年來婚姻的變化。二〇〇八年年初，專案順利結題。當年，《中國百年婚姻檔案》在鳳凰出版集團江蘇文藝出版社出版發行，社會反響不錯，二〇〇九年獲得浙江省第十五屆哲學社會科學優秀成果獎。

九年前的種子就這樣抽芽、開花、結果。遺憾的是蘇里、常青、于治國、芮嫣、徐曉微等人沒有讀到自己的故事就已經辭世。《中國百年婚姻檔案》出版後，徐肖冰、侯波、童舉、楊玉民等人也過世了。細細想來，世上最殘酷的莫過於歲月。我的危機感與緊迫感與日俱增，時常想起趙君揚夫婦，我採訪時他們已是耄耋之年。十八年過去了，他們如若健在已是百歲老人，真心希望他們能夠讀到這本書，讀到自己的故事。

二〇一六年上半年，在臺灣東華大學作駐校作家期間，將《中國百年婚姻檔案》更名為《中國婚情報告》，進行了較大幅度的調整，增刪部分故事。《中國婚情報告》得到秀威資訊編輯部經理鄭伊庭小姐的厚愛與鼎力相助，劉亦宸小姐為之出版付出了艱辛的勞作，在此深表謝意。

朱曉軍

二〇一七年十二月十八日於杭州

Do觀點58　PF0193

# 中國婚情報告

**作　　者**／朱曉軍、梁春芳
**責任編輯**／劉亦宸
**圖文排版**／楊家齊
**封面設計**／葉力安

**發 行 人**／宋政坤
**出　　版**／獨立作家
地址：114 台北市內湖區瑞光路76巷65號1樓
電話：+886-2-2796-3638　傳真：+886-2-2796-1377
服務信箱：service@showwe.com.tw
**印　　製**／秀威資訊科技股份有限公司
http://www.showwe.com.tw
**展售門市**／國家書店【松江門市】
地址：104 台北市中山區松江路209號1樓
電話：+886-2-2518-0207　傳真：+886-2-2518-0778
**網路訂購**／秀威網路書店：http://store.showwe.tw
國家網路書店：http://www.govbooks.com.tw
**法律顧問**／毛國樑　律師
**總 經 銷**／時報文化出版企業股份有限公司
地址：333桃園縣龜山鄉萬壽路2段351號
電話：+886-2-2306-6842

**出版日期**／2018年2月　BOD一版　**定價**／550元

|獨立|作家|
Independent Author

寫自己的故事，唱自己的歌

版權所有·翻印必究　Printed in Taiwan　本書如有缺頁、破損或裝訂錯誤，請寄回更換
Copyright © 2018 by Showwe Information Co., Ltd.All Rights Reserved

中國婚情報告 / 朱曉軍, 梁春芳著. -- 一版. --
臺北市 : 獨立作家, 2018.02
面 ; 公分. -- (Do觀點 ; 58)
BOD版
ISBN 978-986-94308-9-0(平裝)

1. 婚姻 2. 報導文學 3. 中國

544.3092 106023293

國家圖書館出版品預行編目

# 讀者回函卡

感謝您購買本書，為提升服務品質，請填妥以下資料，將讀者回函卡直接寄回或傳真本公司，收到您的寶貴意見後，我們會收藏記錄及檢討，謝謝！如您需要了解本公司最新出版書目、購書優惠或企劃活動，歡迎您上網查詢或下載相關資料：http:// www.showwe.com.tw

您購買的書名：________________________________

出生日期：________年________月________日

學歷：□高中（含）以下　□大專　□研究所（含）以上

職業：□製造業　□金融業　□資訊業　□軍警　□傳播業　□自由業

□服務業　□公務員　□教職　□學生　□家管　□其它______

購書地點：□網路書店　□實體書店　□書展　□郵購　□贈閱　□其他

您從何得知本書的消息？

□網路書店　□實體書店　□網路搜尋　□電子報　□書訊　□雜誌

□傳播媒體　□親友推薦　□網站推薦　□部落格　□其他______

您對本書的評價：（請填代號　1.非常滿意　2.滿意　3.尚可　4.再改進）

封面設計____　版面編排____　內容____　文／譯筆____　價格____

讀完書後您覺得：

□很有收穫　□有收穫　□收穫不多　□沒收穫

對我們的建議：________________________________

________________________________

________________________________

________________________________

請貼
郵票

11466
台北市內湖區瑞光路 76 巷 65 號 1 樓

**秀威資訊科技股份有限公司** 收

BOD 數位出版事業部

........................................................................................................

（請沿線對折寄回，謝謝！）

姓　　名：＿＿＿＿＿＿＿＿＿＿＿＿　年齡：＿＿＿＿＿　性別：□女　□男

郵遞區號：□□□□□

地　　址：＿＿＿＿＿＿＿＿＿＿＿＿＿＿＿＿＿＿＿＿＿＿＿＿＿＿＿＿＿

聯絡電話：(日) ＿＿＿＿＿＿＿＿＿＿＿＿＿＿ (夜) ＿＿＿＿＿＿＿＿＿＿＿＿＿＿

E-mail：＿＿＿＿＿＿＿＿＿＿＿＿＿＿＿＿＿＿＿＿＿＿＿＿＿＿＿＿＿